현·명·한·부·모·의·자·녀·코·칭

조금 다른 내 아이 특별하게 키우기

THE CHALLENGING CHILD

Stanley I. Greenspan
Jacqueline Salmon 공저
서수균 · 송호정 · 정지현 · 김성준 공역

학지사

The Challenging Child
by Stanley I. Greenspan

Korean Translation Copyright ⓒ 2009 by Hakjisa Publisher
Copyright ⓒ 1995 Stanley I. Greenspan

First published in the United States by Da Capo Lifelong Press,
a member of the Perseus Books Group.

Korean edition is published by arrangement with The Perseus Books Group,
Cambridge through Duran Kim Agency, Seoul.

본 저작물의 한국어판 저작권은
듀란킴 에이전시를 통한 The Perseus Books Group과의 독점 계약으로 학지사가 소유합니다.
저작권법에 의해 한국 내에서 보호를 받는 저작물이므로
무단 전재와 무단 복제를 금합니다.

· 역자 서문 ·

　우리 아이가 만 세 살쯤 되었을까? 어느 날 내게 다가오더니 "아빠, 노란색이 뭐야?"라고 난데없는 질문을 했다. 나는 아이의 생뚱맞은 질문에 한참 동안 어리둥절해했다. 나중에 알고 보니 변기의 노란색 버튼이 뭐냐고 질문한 것이었다. 어른인 부모 입장에서 아이의 생각을 이해한다는 것은 이처럼 내가 익숙하게 접하고 있는 세상일에 대한 상식 밖의 접근인 경우가 많다. 아이는 자기가 생각하고 있는 것을 아빠도 당연히 알려니 생각하고 물어본 것이었다. 아이가 경험하고 기대하는 세계를 충분히 이해하는 것, 아이의 욕구를 적절히 충족시켜 주면서 피할 수 없는 현실의 제약들을 아이가 너무 낙담하거나 상처받지 않고 수용하고 인정할 수 있도록 돕는 것은 이 세상 모든 부모들이 감당해야 하는 매우 부담스러운 과제다. 이를 위해서는 부모들이 매우 현명해져야 하며 자녀의 양육에 관한 전문가가 되어야 한다. 언젠가 내가 상담했던 한 대학생의 원망이 떠오른다. "나는 부모님한테서 공부하라는 이야기를 한 번도 들어 본 적이 없어요. 그런 이야기를 들으며 지내는 아이들이 너무 부러웠어요." 물론 이 말을 그 학생의 부모가 들었더라면 할 말이 많았을 것이다. 하지만 그 학생의 부모가 자녀가 진실로 원하는 것이 무엇인지 자녀의 입장에서 이해하려는 노력이 부족했던 것만은 분명해 보였다.

　아이들 중에는 태어날 때부터 양육하기 까다로운 아이들이 있다. 자녀양육 분야의 베스트셀러 작가 Stanley I. Greenspan이 쓴 『조금 다른

『내 아이 특별하게 키우기(The Challenging Child)』는 키우기 어려운 다섯 가지 자녀 유형의 기질 및 심리 특징에 대해서 자상하게 소개하고 있다. 특히 자녀의 입장을 이해하고 그들의 성장을 돕기 위해서 부모가 주의를 기울여야 할 부분과 부모의 행동 지침을 구체적으로 잘 소개하고 있다. 저자는 기질적으로 까다로운 아이들을 다섯 유형(과민형, 자기몰입형, 반항형, 부주의형, 활동-공격형)으로 나누고 이런 아이들을 잘 키우기 위해서 부모가 이들의 타고난 기질을 잘 이해하고 있어야 함을 강조한다. 부모가 아이의 독특한 기질에 맞추어 아이와 섬세하게 상호작용해야 하는 이유는 이 과정을 통해서 아이가 자신의 타고난 약점을 자연스럽게 극복하고, 자신의 강점을 충분히 발휘할 수 있는 어른으로 성장할 수 있게 되기 때문이다.

이 책이 까다로운 자녀를 양육하면서 수많은 좌절을 경험한 끝에 무력감에 절망하고 있는 부모들에게 희망을 줄 한 가닥의 끈이 될 수 있으리라 생각한다. 보육센터나 아동상담장면에서 일하는 많은 전문가들에게도 좋은 안내서가 될 것으로 믿는다.

끝으로 이 책의 출판을 위해서 지원을 아끼지 않은 학지사 김진환 사장님과 편집부의 이하나 선생님, 바쁜 가운데서도 번역을 위해서 긴 시간 동안 함께해 준 다른 역자분들께 진심으로 감사의 마음을 전한다.

봄을 맞은 금정산 자락에서
2009년 5월
역자 대표 서수균

차 례

- 역자 서문/3

01 부모는 아이가 가진 문제의 해결사가 될 수 있다 9

02 발달단계: 아이를 바라보는 새로운 방식 23
서로 다른 감각 세계 27
발달단계 31
강점을 토대로 하기 46

03 과민한 아이 49
예민한 아이의 걸음마기 52
예민한 아이의 학령전기 54
예민한 아이의 학령기 56
예민한 아이는 어떻게 느끼는가 59
예민한 아이에게 피해야 할 양육 방식 63
예민한 아이를 어떻게 도울 것인가 66
한나의 이야기 84
플로어 타임: 신뢰를 형성하고 주도성을 지지하기 96
문제해결 시간: 두려움과 불안에 대처하기 101
공감: 예민한 아이와 동일시하고 공감하기 106
도전 단계 쪼개기 109
부드럽게 제약 두기 111

04 자기 몰입형 아이   115

    자기 몰입형 아이의 걸음마기 119
    자기 몰입형 아이의 학령전기 121
    자기 몰입형 아이의 학령기 123
    자기 몰입형 아이가 된다는 것은 어떤 느낌일까 125
    자기 몰입형 아이에게 피해야 할 양육 방식 129
    자기 몰입형 아이를 어떻게 도울 것인가 131
    로비의 이야기 139
    플로어 타임: 자기 몰입형 아이에게 개입하기 150
    문제해결 시간: 현실에 직면시키기 159
    공감: 자기 몰입형 아이의 관점에 공감하기 166
    도전 단계 쪼개기: 사소한 일상적인 대화 시도 168
    제약 두기: 중요한 것을 지키기 169

05 반항적인 아이   171

    반항적인 아이의 걸음마기 174
    반항적인 아이의 학령전기 176
    반항적인 아이의 학령기 177
    반항적인 아이는 세상을 어떻게 느끼는가 180
    반항적인 아이에게 피해야 할 양육 방식 182
    반항적인 아이를 어떻게 도울 것인가 187
    카일의 이야기 194
    문제해결 시간: 반항적인 행동의 의미 이해하기 209
    플로어 타임: 안전기지 확보 216
    공감: 반항적인 아이와 공감하기 222
    도전 단계 쪼개기 223
    제약 두기: 협상하기 225

06 부주의한 아이   229

부주의한 아이에 대한 새로운 이해 232
주의를 기울이는 과정 237
주의력 문제들 241
정서와 주의력 259
주의력과 학습의 어려움 261
부주의한 아이에게 피해야 할 양육 방식 262
부주의한 아이를 어떻게 도울 것인가 264
전문적 치료와 약물 복용 문제 282
루이사의 이야기 285
플로어 타임: 공감적 분위기 유지하기 298
문제해결 시간: 아이의 강점 활용하기 307
공감: 비판을 공감으로 대체하기 315
도전 단계 쪼개기: 주의력 증진시키기 '한 번에 한 걸음씩' 317
제약 두기: 아이가 주의를 유지할 수 있도록 돕기 320

07 활동적-공격적인 아이   325

반사회성이 심한 아이: 가족과 사회가 겪게 되는 도전 329
활동적-공격적인 아이는 어떻게 느낄까 331
활동적-공격적인 아이에게 피해야 할 양육 방식 335
활동적-공격적인 아이에게 유용한 양육 방식 340
반사회성이 심한 아이 돕기 347
스콧의 이야기 349
플로어 타임: 깊은 관계 형성 360
문제해결 시간: 공격적 감정을 예상하는 것 배우기 364
공감: 분노 이면의 취약성에 공감하기 372
도전 단계 쪼개기: 한 번에 하나씩 공격성 줄이기 375
효과적인 제약 두기 377

08 환경과 식생활이 아이의 행동에 미치는 영향　　383
　　식생활 통제　387
　　화학 물질 찾기: 탐정처럼 접근하기　390

09 우리 아이의 성격 유형 찾기　　393
　　과민한 아이　396
　　자기 몰입형 아이　398
　　반항적인 아이　400
　　부주의한 아이　402
　　활동적-공격적인 아이　403

10 자녀양육의 어려움에 맞서기　　407
　　원리 1: 부모가 되는 것에 현실적으로 임하라　410
　　원리 2: 아이에게 가장 값진 선물인 당신의 시간을 주라—플로어 타임　412
　　원리 3: 아이의 신체 구조에 민감해져라　416
　　원리 4: 문제해결 방향으로 작업하라　419
　　원리 5: 아이에게 공감하라　422
　　원리 6: 차근차근 진행하라　424
　　원리 7: '당근'과 단호한 제재를 사용하라　424

01 부모는 아이가 가진 문제의 해결사가 될 수 있다

01
부모는 아이가 가진 문제의 해결사가 될 수 있다

여덟 살 난 제시카는 온순한 아이가 아니었다. 으스대고 까다로워 친구가 별로 없었으며, 제시카를 매우 사랑하는 사람조차도 좌절시키고 소원해지게 만들었다. 제시카는 사소한 일로도 엉뚱한 고집을 부려 주변 사람을 당혹스럽게 만들었다. 예를 들면, "이 양말은 발이 아파!" 또는 "주스에서 이상한 냄새가 나. 이 주스 안 마실래!" 하는 식으로 투정을 부렸다. 제시카는 부모가 자신을 보모에게 맡기려 하면 화를 내며 바닥에 드러누워 사납게 소리를 질러댔다. 잠잘 때는 부모가 옆에 꼭 있어야 한다고 고집했다. 담임선생님은 아이가 쉽게 당황하고 집중을 잘 못한다고 했다. 학교에서 돌아오면 "모든 여자애들이 나를 미워해. 선생님은 날 바보로 생각해."라며 속상해하곤 했다. 하지만 제시카는 총명하고 자기 표현을 잘했다. 가끔씩 다정하고 재미있는 아이가 되기도 했는데, 똑똑 놀이(knock-knock로 시작하는 문답식 놀이)를 익살스럽게 하기도 했고 소파에서 엄마나 아빠를 꼭 안아 주기도 했으며, 말에 대해 흥미를 갖고 몰두하기도 했다. 그러나 대부분의 경우 제시카는 예측하기 어려운 '폭군'처럼 행동한다고 부모는 이야기했다.

부모들이 자녀에 대해서 흔히 가지는 불만들을 정리하면 대략 다섯 가지 유형으로 구분된다. 그중 하나가 제시카처럼 까다롭고 매우 예민한 성격 유형이다. 그 외의 유형으로는 자기 몰입형, 반항형, 부주의형, 활동-공격형 등이 있다.

만일 우리 아이가 이들 중 하나의 유형에 해당되면 부모는 매우 혼란스럽고 당황스러울 것이다. 게다가 다른 아이에게 효과가 있었던 방법들이 이 아이에게는 들어맞지 않을 수도 있다. 친구나 가족, 책에서 얻게 되는 조언은 처음에는 그럴듯해 보이지만, 아이와 하루하루 전쟁을 치르다 보면 그 효과가 점점 사라지게 된다. 감정을 표현하고, 아동과 절충하며, 한계를 단호하게 설정한다는 게 말로는 쉽지만 30분 동안 소리를 질러대고 대화하고 가라앉히려고 해도 더 크게 소리를 지르는 아동을 다루기는 쉽지 않은 일이다.

지난 수십 년 동안, 자신의 감정과 행동을 통제하는 데 문제를 보이는 아이들을 대하는 우리의 관점은 양극을 오갔다. 한동안은 부모에게 잘못이 있다며 비난의 화살을 부모에게 돌리기도 했다. 만일 부모가 좀 더 엄격하다면, 혹은 덜 엄격하다면, 좀 더 관대하다면, 아니면 덜 관대하다면(전문가에 따라 다르지만), 아이들은 훌륭하게 자란다는 것이다. 이런 관점은 부모들에게 죄책감을 유발시킬 뿐 납득시키지는 못했다. 더 나아가 특정 양육 방식이 한 아이에게는 효과적인데 그 아이의 형제에게는 그렇지 않다는 사실에 혼란스러워했다. 많은 부모들은 아이들 중 하나 또는 그 이상이 특별한 어려움 속에 있다는 것을 직관적으로 알고 있지만 막상 그 아이를 도와주려고 하면 난관에 부딪히곤 했다.

이후 이러한 관점은 또 다른 관점으로 변했다. 전문가들은 아이들의 문제가 선천적인 것이라고 믿게 되었다. 기질에 대한 최근의 많은 연구들은 중요한 성격 특질은 대부분 고정되어 있고 생물학적인 근거에 기초한다고 가정한다. 이런 관점에서 보면, 우리는 외향적이거나 또는 내향적으로 미리 정해져서 태어나는 것이다. 아이들이 보이는 신경질, 냉담함, 공격성 또는 까다로움은 선천적으로 타고나는 것이고, 부모가 자녀에게 중요한 영향을 끼치기는 하지만 자녀가 보이는 타고난 성격을 감수하는 법을 배우는 것 외에는 선택의 여지가 없다. 부모가 변화하고 아이에게 맞추려고 노력하는 것이 상황을 더 악화시키지 않는 데는 분명히 도움이 되지만, 아이가 정서적으로 더욱 유연해지도록 하는 데에는 한계가 있다는 것을 알게 되었다.

이러한 극단적인 관점들은 '양육'(대부분 부모에 의해 결정되는 것)과 '본성'(대부분 생물학적인 것)으로 양극화되었다. 그러나 이런 관점들은 아이의 모든 행동들을 설명할 수 없을 뿐 아니라 실질적으로 부모들에게도 도움이 되지 않는다.

아동발달을 연구하는 많은 사람들이 생물학적 측면과 양육이 함께 작용하고 있다는 것을 인식하고 있지만, 이러한 인식은 도움을 필요로 하는 부모에게 조언하는 데에 충분히 적용되지 못하고 있다. 나는 키우기 어려운 아이들을 다루는 데 있어 보다 긍정적으로 생각할 것을 제안한다. 나의 접근법은 어떻게 하면 본성과 양육을 함께 고려할지에 초점을 맞추고 있다. 낯선 자극에 겁을 내는 것과 같은 선천적으로 타고난 것처럼 보이는 성격도 양육에 의해 변화될 수가 있다. 사실 어릴 때의 보살핌은 아이의 행동과 성격을 바꿀 뿐 아니라 신경 체계의 작용을 변화시킬 수도 있다. 예를 들면, 인생 초기의 특정 경험들은 청각, 시각 같은 신경 체계 세포들이 작용하는 방식을 실제로 결정 짓는다. 이와 동일하게, 어떤 경험들은 정서적 융통성을 강화시키고 또 어떤 경험들은 완고한 경향성을 증가시킬 것이다. 각 아이의 성격 특질을 살펴보면 앞으로 그 아이에게 필요한 경험들이 무엇인지 어느 정도는 정확하게 알 수 있다. 이런 관점에서 본다면, 아이들은 변화할 수 있다. 아이들은 더욱 즐거워질 수 있고, 융통성 있는 사람이 될 수 있다. 아이들과 함께 지내는 게 더 편안해질 수 있다. 즉, 완고함이 덜 해지고 사람들에게 더 신뢰감을 가지게 될 것이다. 도전적이고 까다로운 아이와 늘 전쟁을 하는 것처럼 살 필요는 없는 것이다.

왜 어떤 아이들은 유독 더 까다로운 것일까? 우리의 연구를 비롯하여 Jean Ayers, T. Berry Brazelton, Sybil Escalona 그리고 Lois Murphy와 같은 다른 많은 연구자들은 아이들이 신체적으로 개인차를 가지고 이 세상에 태어난다고 한다. 예를 들면, 어떤 아이들은 몸이 단지 편안하지 않아서 까다롭거나 신경질적이거나 부정적이거나 위축된 모습을 보일 수 있다. 심지어 생후 초기 몇 개월 된 아기들도 특정 감각에 대한 지각이나 운동 체계에서 자신만의 독특한 특성을 드러내기도 한다. 아이들은 기본적인 감각을 모두 동일하게 경험하는 것이 아니라, 시각, 소리, 촉감, 냄새 그리고 운동 패턴을 지각하는 방법이 매우 다양하다고 한다. 주어진 자극에 대해 지나치게 예민하고 과민한 반응을 보일 수도 있고, 둔감하고 미온적인 반응을 보일 수도 있다. 어떤 아이는 특정 감각을 통해 전해진 정보를 받아들이고 이해하는 데 뛰어난 재능을 보이지만, 어떤 아이는 그러한 감각을 통해 받아들인 정보를 이해하는 데 어려움을 겪는다. 어떤 아이들의 경우는 복잡한 행동과 움직임을 계획하는 데 뛰어난 능력을 보이는 반면, 또 어떤 아이들은 손가락을 입속에 집어넣는 것처럼 가장 기본적인 일련의 행동조차 매우 어려운 과제로 받아들인다.

고장 난 차를 운전하고 있다고 상상해 보자. 당신이 속력을 올리면 어떤 때는 차가 앞쪽으로 쏠리고 어떤 때는 아예 반응하지 않는다. 당신이 경적을 울리면 이상한 소리를 요란하게 낸다. 차의 속도를 줄이는 브레이크는 제 구실을 하지 못한다. 방향지시등은 어쩌다 제대로 작동하고, 핸들은 뭔가 이상하며, 속도계는 정확하지 않다. 당신은 차가 도로에서 제대로 달리도록 하는 데 집중하느라 다른 것에는 신경을 쓸 수 없을 것이다. 말할 것도 없이, 이런 상태에 처하게 되면 당신은 매우 신경질적이 될 것이다!

문제 아동들이 갖는 느낌이 이와 유사하다. 그들의 몸이 바라는 대로 움직여 주지 않기 때문에 차가 길 위를 벗어나지 않고 달리도록 분투하고 있는 것과 같다. 그들은 스스로를 통제할 수 없다고 느끼고 좌절한다.

제시카를 다시 한 번 보자. 아기였을 때는 접촉과 소리, 냄새에 매우 예민했다. 엄마가 쓰다듬어 줄 때마다 버둥거리며 울음을 터뜨렸다. 좋은 느낌이 아니었던 것이다. 누구든 제시카의 머리를 빗어 주려고 하거나, 목욕을 시키고 또는 기저귀를 갈아 주려고 하면 고통스러워했다. 새 옷을 입는 것도 좋아하지 않았는데, 그 이유는 그것이 너무 뻣뻣하기 때문이었다. 모직 스웨터는 너무 가려웠다. 세제로 빤 옷에서는 화학 냄새가 났다. 제시카는 오직 부드럽고 낡은 면 옷만 입기를 고집했다. 심지어 소리조차 그녀에게 고통을 주었다. "내 작은 천사!"라고 부르는 아빠의 중후하고 굵은 목소리는 손톱이 칠판을 긁는 소리같이 들렸다.

제시카는 세상에 대해 무엇을 어떻게 경험했을까? 그것은 매우 불쾌하다는 것이었다. 제시카는 마치 "제발 나 좀 내버려 둬요!"라고 말하듯이 울음을 터뜨리는 것으로 반응했다. 이런 어려움은 아이의 발달단계마다 나타났다. 자라면서 마주치게 되는 많은 소리, 광경 그리고 냄새에 너무 민감했기 때문에 때때로 아이는 부주의해지고 당황하

부모는 아이가 가진 문제의 해결사가 될 수 있다

곤 했다. 제시카가 처음으로 북적거리는 교실에 있게 되었을 때, 아이들은 조심성 없이 지나가면서 제시카의 민감한 피부를 건드렸고, 쉬는 시간에는 고함과 비명을 질러 놀래켰으며 때로 제시카가 자신을 위해서 뚜렷하게 경계 지어 놓은 방어 공간을 침범하기도 했다. 이때 제시카의 반응은 짜증에서 두려운 회피까지 다양했다. 누구나 알 수 있듯이, 제시카는 순한 아이가 아니었다.

제시카와 많은 아이들에게 있어 생물학적인 것은 큰 위치를 차지하지만 반드시 결정적인 것은 아니다. 우리는 부모가 아이들과 어떻게 관계하느냐에 따라, 아이들이 자신에 대해 느끼고 세상에 반응하는 데 있어 커다란 차이가 생길 수 있음을 발견했다. 예를 들면, 접촉과 소리에 대한 민감성 때문에, 제시카가 쉽게 과도한 자극을 받아서 소란을 피워 댄다고 상상해 보자. 비슷한 성향을 갖고 있는 아이의 엄마는 제시카가 오랜 시간 동안 발끈하는 것에 짜증을 내고 더 자주 화를 내고 강요하는 것으로 반응했다. 제시카의 엄마는 매우 좌절했고, 때로 정서적으로 매우 위축되기도 했다. 제시카의 아빠 역시 좌절감을 느꼈다. 부드럽게 놀아 주려고 시도해 보지만 이것이 오히려 제시카를 질리게 만들어 버렸고, 아빠는 그 자신과 양육 기술에 대한 불확실감에 직면하는 것이 힘들어 직장 일에 더 오래 매달리기 시작했다.

한편, 제시카의 부모가 아이의 신체적 특징과 신호를 읽어 낼 수 있었고 아이가 대처할 수 있는 새로운 방법을 배울 수 있도록 도울 수 있었다고 상상해 보자. 그들은 적당한 목소리 톤과 리듬, 달래며 어루만지는 가장 좋은 방법을 찾아냈다. 그들은 제시카를 안았을 때 아이에게 안정감을 주는 적절한 방법을 발견했다. 예를 들어, 제시카가 화를 내면서 어쩔 줄을 몰라 할 때조차도 부모들은 등과 팔 그리고 다리를 지그시 누르면서 달래 줄 수 있었다. 아이가 자라면서 그들은 아이가 자신의 감정을 표현하고 점프나 율동적인 게임처럼 특정 활동을 통해 자기 스스로를 진정시킬 수 있도록 도왔다. 가장 중요하게, 그들은 점차적으로 아이에게 자신의 상황을 책임지는 법을 보여 주었다. 조금씩 새로운 경험들을 늘려 나가고, 그에 맞게 안정감을 추가적으로 제공하고, 제시카가 자발성을 발휘하도록 격려하면서 그들은 아이가 점점 더 자신 있고 외향적이 되도록 도왔다. 느리지만 확실하게, 제시카는 그녀의 세계와 그 안에 있는 사람들에 대해 탐색해 나갔다. 아이는 주변에 쉽게 압도되어 버리는 소심한 아이에서 자신을 진정시키면서 새로운 경험들을 습득하는 법을 찾아가는 아이로 바뀌었다. 아이는 즐길 수 있고 자신을 압도하지 않는 그런 게임에 친구들을 자연스럽게 끌어들이는 방법을 배워 나갔다. 결국 아이의 타고난 정서적 민감성은 리더십과 타인에 대한 공감 능력 그리고 동정심을 발달시키는 토대가 되었다.

많은 아이들이 자신의 신체적 경향성을 다루는 법을 배우고 더욱 많이 자기 의사를 표현하며 공감적이고 유연하게 되면 그들 자신의 신체적 경향성은 변할 수 있다. 예를 들면, 특정 접촉이나 소리에도 더욱 편안해질 수 있는 것이다.

부모는 아이들이 각자 가진 놀라운 재능들을 발휘하도록 돕는 데 있어 극적인 변화를 만들어 낼 수 있다. 아이들은 감각과 신체를 사용하는 방식과 세상에 반응하는 방식에 따라 매우 다양한 모습을 보일 수 있다. 그리고 부모는 그 각각의 독특한 패턴을 위해 유연성을 증진시킬 수 있는 경험들을 고안해 낼 수 있는 것이다.

우리가 앞서 언급한 신체적 차이에 대해서는 금세기 동안 쭉 설명되어 왔다. 최근 이런 차이들은 Sybil Escalona와 Lois Murphy 같은 연구자들이 심각한 심리적 문제를 가진 아이들을 대상으로 한 연구에 의해 확인되었다. 신생아에 대한 T. Berry Brazelton의 연구, 학습의 다양성과 감각 통합 문제를 보이는 아이들에 대한 Jean Ayers의 연구, 기질적 근원에 대한 Stella Chess와 Alexander Thomas의 연구, 스스로를 억제하는 기질을 가진 내성적인 아이에 대한 Jerome Kagan의 연구도 주목받고 있다. 나의 동료인 Serena Wieder, 고인이 된 Reginald Lourie, Stephen Porges, Georgia DeGangi, Diane Lewis 그리고 Valery Dejon 등이 참여한 우리의 연구에서, 우리는 유아와 어린이들이 지각 체계에서 감각을 받아들이고 지각하며 반응하는 방식에 차이가 있다는 것을 발견했다. 우리는 또한 이 차이점을 평가해 낼 수 있다는 것과, 유아와 어린이들 중 위험군과 비위험군 모두에게 이 차이점이 존재하고 있다는 것을 알아냈다. 더 나아가, 어떤 신체적, 심리적 프로파일은 아이들을 특정한 종류의 학습 장애와 심리적 장애의 위험에 놓이게 한다는 것도 알아냈다. 이에 근거해서 우리는 아이들을 크게 다섯 가지 유형으로 분류했다. 무엇보다 가장 중요한 것은 이들 특질들이 초기와 후기 경험들에 의해 상당한 영향을 받는다는 점이다. 더 나아가, 이들 특질들은 친근감과 공감을 가지고 관계하기, 행동과 충동을 조절하기, 상상력을 이용하기, 창의적이고 논리적인 사고하기와 같이, 인지적 그리고 정신적 건강에 중요한 보다 큰 성격 유형의 한 부분일 뿐이라는 것이다.

따라서 아이의 기질이나 특질이 고정되어 있다는 말을 듣게 된다면, 이들 특질들이 고정되어 있는 게 아니라는 것, 그리고 우리가 흔히 언급하는 성격 특성은 특질보다 더 큰 개념이라는 것을 기억해야 한다. 사랑하고 타인을 공감하며 자신감을 가지고 자기 의사를 밝히며, 창의적으로 생각하는 능력은 우리가 갖고 있는 많은 특질들의 복잡한 산물이다. 사실 이러한 이해들은 여러 해를 거쳐 우리가 경험해 온 것들의 산물이다. 예를 들어, 아기 때 예민하고 까다로웠다고 해서 당신은 온화하고 애정을 가진 배우자나 부모가 될 수 없는가? 배려심이 없고 자기주장이 강하다고 해서 앞으로도 그럴 것인가? 전혀 그렇지 않다. 사실 예민한 아이가 공감하는 능력과 돌보는 것을 배우기에 조금 더 쉬울지도 모른다. 대부분의 아이들은 정서적으로 건강한 개인, 훌륭한 부모가 될 수 있다.

그러므로 아이의 성격은 본성과 양육, 이 둘의 단순한 산물이 아니며, 양육이 본성에 맞춰 이루어지는 것도 아니다. 성격은 본성과 양육 '사이에서' 독특하고 지속적인 상호작용에 의해 형성된다. 그리고 이러한 상호작용은 여러분과 아이의 관계에서도 일어난다. 아이는 자신의 본성을 드러내고, 여러분은 온정과 사랑이 배어 있는 특정한 방식으로 아이를 양육한다. 지난 수십 년 동안, 우리는 이런 상호작용을 통해 많은 것들을 배워 왔다. 그것은 자물쇠와 열쇠 같은 기능을 한다. 적합한 열쇠를 찾는 것은 새로운 유형의 상호작용을 만들어 내는 것과 같다. 이 새로운 관계로부터 아이는 흔히 자신이 필요로 하는 친밀감과 자신감을 발달시켜 나갈 수도 있다.

더 나아가, 각 발달단계는 다음 장에서도 설명되겠지만, 그것 자체의 목표를 가지고 있고 그 목표들은 본성과 양육이 함께 작용하는 새로운 방식과 관련이 있다. 각 발달단계에는 특별한 열쇠가 있다. 나는 아이를 도울 수 있는 열쇠를 찾는 방법에 대한 지식이 모든 양육자와 부모에게 있어야 한다고 믿는다.

그러나 이러한 지식이 즉각적인 해결을 가져다주는 것은 아니다. 시간이 필요하며, 여러분은 아이 안에서 본성과 양육이 서로 영향을 미치면서 아이를 긍정적으로 변화시켜 가는 방식을 경험을 통해 알아가게 될 것이다. 그렇다고 계속해서 발생하는 아이의 문제들에 대한 책임이 여러분들에게 있다는 것은 아니다. 모든 부모를 압박하는 잘못된 통념에 부모는 엄마 아빠이기 때문에 모든 환경에서 모든 유형의 자녀에게 엄마 아빠 역할을 할 수 있어야 한다는 신념이 있다. 그러나 이성적으로 생각해 보면, 우리 자신도 부모가 되었다는 사실 말고는 부모됨에 대한 아무런 준비도 못했다는 것을 깨닫게 된다. 우리들 대부분은 부모 역할을 하면서 그 과정에서 배우게 되며, 우리의 자녀가 함께 살아가면서 우리에게 가르쳐 주기를 기대한다. 그러나 특별히 신경을 더 써야 하는 아동들은 우리가 잘하고 있다고 느낄 수 있는 방식으로 우리를 가르치지 못한다. 그들이 너무 많은 어려움과 부담을 부모인 우리에게 안겨 주기 때문에 우리는 부모 교실을 열심히 찾아다니거나 아니면 도중에 포기할지 심각하게 고려해 보곤 한다. 이 책에서 소개하는 특별한 어려움이 있는 아이들과 작업할 수 있는 방법을 배우고 실행에 옮기기까지는 많은 시간이 걸릴 것이다. 부모나 양육자는 양육하기 어려운 자녀로부터 배우는 동시에 그 자녀를 도울 필요가 있음을 이해하고 있어야 한다.

나는 이 책에서 다섯 가지 기본적인 성격 양식(과민형, 자기 몰입형, 반항형, 부주의형, 활동-공격형)과 각 양식들이 지닌 신체적 및 정서적 특성들을 소개할 것이다. 심한 경우, 이 성격 양식들은 부모를 심하게 좌절시킬 수 있다.

다섯 가지 성격 양식은 많은 개인이 서로 다른 비율로 가지고 있는 특징으로 볼 수 있다. 물론 우리 모두(또는 우리의 자녀)는 이 중 어느 한 가지에만 깔끔하게 해당되지 않는다. 우리 중 어떤 사람은 복합적이어서 이 다섯 가지 유형 중 하나 이상에 해당되기도 하고, 어떤 사람들은 한 유형에 전적으로 해당될 수도 있다. 책을 읽어 가면서, 여러분은 각 특징별로 부모가 하는 어떤 행동 방식이 자녀의 융통성, 창의성, 해당 행동 양식을 나타내게 하는 잠재력 등을 향상시키는지를 알아 가게 될 것이다. 또한 우리는 부모가 취한 접근법들이 어떻게 타고난 특성에 의해 표현된 문제들과 복합적으로 작용하는지를 설명하고 있다.

책에서 소개하는 많은 사례들이 키우기 어려운 아이들의 예지만, 대부분의 부모들이 키우기에 그렇게 어려움이 없는(가벼운 수준이거나 모호한 형태를 띨 수도 있지만) 아이들에게서도 유사한 특질들을 일부 발견할 수 있음을 다들 알게 될 것이다. 이 책에서 내가 목표로 하는 것은 부모가 자녀의 독특한 특성에 맞추어 양육하는 데 유용한 일반적인 철학을 제공하고, 키우기가 매우 어려운 극단적인 사례에 해당되는 아이를 다루는 구체적인 접근법과 전략을 소개하는 것이다.

02 발달단계
아이를 바라보는 새로운 방식

서로 다른 감각 세계
발달단계
강점을 토대로 하기

02
발달단계
아이를 바라보는 새로운 방식

　　　　각각의 아이는 많은 다양한 발달적 도전 상황을 극복해 나간다. 예를 들면, 생의 초기에 아기는 관계에 관심을 보이고 관계의 일부가 되는 것을 배워야 한다. 그 이후에는 상상력을 사용하고 논리적으로 생각하는 것을 배운다. 이런 각각의 단계나 도전에서, 타고난 특성과 외적인 영향이 다양하게 결합해서 바람직한 결과를 만들어 낼 수 있다. 예를 들면, 감각적으로 압도되어 쉽게 주의가 분산되는 아이는 수다스럽고 빠르게 움직이는 엄마에게 주의를 기울이기가 힘들 것이다. 하지만 운 좋게도 아빠나 할머니가 잘 달래 주고 편안하게 해 주면 이 아이는 엄마와 잘 맞지 않는다는 어려움이 있음에도 자신 있고 호기심 있는 아이로 성장할 수 있을 것이다. 이렇게 우리의 새로운 방식으로 보면, 아이의 성격은 아이와 주로 아이를 돌보는 사람과의 상호작용 방식이 서로 영향을 주고받아 결정된다. 아이가 주위 사람들과 어떻게 상호작용하는지에 본성과 양육이 영향을 미치는 것이다. 아이는 본성에 기반한 독특한 특성을 가지고 타인과 상호작용한다. 가벼운 접촉을 좋아하는가, 싫어하는가? 진공청소기 소리를 좋아하는가, 그

소리에 쉽게 압도되는가? 가족 구성원과 아이를 돌보는 사람의 성격, 문화적 패턴, 가족 패턴도 아이와의 상호작용에 영향을 미친다. 아이를 도와주려고 하는데 아이가 고개를 돌리면 엄마는 거절당했다고 느끼는가, 거절당했다고 느낀 엄마가 더 열심히 도와주려고 하는가? 피곤하고 자극에 압도된 12개월 아이가 격렬하게 움직이면서 아빠의 코를 쳤을 때 아빠는 화를 내며 반응하는가, 아이를 진정시키려고 더 노력하는가? 이런 상호작용들은 자체적으로 생명력을 가지고 있으며, 본성과 양육보다 초기에는 더 많은 영향을 미치기도 한다.

아이는 발달단계마다 각기 다른 욕구를 가지며, 그 단계의 성취를 촉진하는 경험도 있고 장애가 되는 경험도 있다. 이것은 부모가 아이의 성격에 긍정적인 영향을 미칠 수 있는 기회가 많음을 의미한다. 그리고 이런 중요한 시점마다 본성과 양육이 상호작용하는 방식이 달라질 수 있다. 예를 들면, 민감한 아이가 상상력을 사용하는 방법을 배우려고 하는 시기에 매일 밤 새벽 2시, 3시, 4시에 부모를 깨운다면, 아이를 달래는 것이 완벽하지 않아도 (어느 누구도 그런 상황에서 진정할 수 없을 것이다) 이는 아이가 자신의 감정에 대한 융통성을 발달시킬 수 있게 하는 기회가 된다. 아이는 상상력을 사용하는 것을 배우려고 하면서 자신과 타인의 감정을 이해하고 보호받고 안전함을 느낄 수 있는 방법을 찾기 시작한다. 예를 들면, 부모가 일상생활에서 아이를 달래는 것과 같이, 엄마 인형이 우는 아이 인형을 달래고 공감할 것이다. 이 접근법에 대해서는 3장에서 더 이야기할 것이다. 중요한 것은 발달단계의 복잡성이 우리에게 많은 기회의 문을 열어 준다는 점이다. 이 책에서 나는 아이가 접하는 모든 도전을 통해 새로운 대처방법, 새로운 기술을 발견하고 인간성을 키워 가는 새로운 기회를 얻는 과정을 보여 줄 것이다.

••• 서로 다른 감각 세계

아이의 생물학적 기질, 가족, 지역사회 환경이 어떻게 상호작용하는지 간단하게 살펴본다.

우선 아이의 신체적 능력을 보자. 많은 부모들이 이미 알고 있듯이 아이마다 소리, 접촉, 시각에 반응하는 방식이 다르다. 아이가 아주 특이한 신체적 기질을 가졌다면 더 그렇다. 하지만 역사적으로 대부분의 사람은 감각을 통해서 받아들인 기본적인 경험에 유사하게 반응한다고 생각되어 왔다. 다시 말해 우리는 보통 심한 청력 손상을 가진 사람을 제외한 거의 모든 사람에게 큰 소리는 크게 들리고 온화한 소리는 온화하게 들릴 것이라고 가정한다. 깃털같이 가볍게 부드러운 느낌으로 쓰다듬는 것은 우리들 대부분에게 좋은 느낌을 주고 간지러우며, 단단하고 깊숙이 누르는 것과는 다르게 지각되리라고 예상한다. 하지만 앞에서 밝혔듯이, 아이마다 감각을 다르게 받아들인다는 여러 연구 결과가 있다.

아이들은 유전자, 태아기의 경험, 초기 삶의 경험 혹은 그 밖의 요인에 의해서 서로 다른 신체적 기질을 가지게 되며, 신체적 기질의 차이는 여러 가지 감각에 반응하는 방식, 감각을 해석하는 방식, 움직임과 행동을 계획하고 조직화하는 방식에서 드러난다. 우리는 때때로 이것을 '기질 및 성숙 패턴'이라고 부른다.

가벼운 깃털 같은 감촉이 어떤 아이들에게는 햇볕에 탄 피부를 사포로 문지르는 것 같은 느낌을 주지만, 유쾌하고 즐거운 느낌을 받는 아이들도 있다. 진공청소기의 소음을 평범하거나 흥미롭게 받아들이는 아이도 있고, 마치 화산이 방에서 폭발하는 것 같은 느낌을 받는 아이도 있다. 사실 아이들은 감촉, 소리, 시각, 냄새, 맛, 자신의 움직임에 대한 반응과 같은 각각의 감각에 대해 과잉행동을 보일 수도 있고 지나치게 민감할 수도 있다. 반대로 각각의 감각에 대해 과소행동 반응을 보이거나 민감성이 부족한 아이들도 있다. 이런 아이들에게 시각이나 소리를 자각하게 하기 위해서는 많은 자극이 필요하다. 이런 아이들은 상대적으로 고통에 영향을 덜 받고 사람과 사물을 향해 계속 돌진할 것이다. 또한 일반적인 접촉으로는 잘 느낄 수 없기 때문에 촉각을 더 많이 얻기 위해 뒤범벅이 되어 싸우는 것을 좋아할 수도 있다. 어떤 아이들은 공중으로 들어 올려 주는 것을 좋아한다. 높을수록 더 좋다. 반대로 이런 놀이를 할 때 매우 조심스러워하는 아이도 있다.

수줍어하거나 내성적인 아이들이 대개 감각에 대한 역치가 낮다고 제안하는 연구자들이 있다. 우리는 조절에 문제가 있는 아이에 대한 연구를 통해 아이가 한 가지 감각에는 지나치게 민감하지만 다른 감각에는 덜 민감할 수 있음을 발견했다. 아이들은 모든 감각에 대해 일반적인 자극 역치를 가지고 있는 것 같지는 않다. 따라서 각각의 감각을 개별적으로 살펴볼 필요가 있다. 이미 언급했듯이 이런 민감성 자체로 인해서 아이가 수줍음이 많거나 내성적이 되는 것은 아니다. 그보다는 아이를 주로 돌보는 사람, 아이에게 중요한 사람이 아이와 어떻게 상호작용하는지가 아이의 성격에 중요한 영향을 미친다. 이 모델에서는 과다민감성이나 과소민감성이 아이를 돌보는 사람이나 문화적 패턴과 상호작용하여 다양한 성격을 형성한다고 본다. 우리는 다음 장에서 이와 관련된 다양한 유형들을 살펴볼 것이다.

아이들은 감각을 통해 세상에 반응하고 세상을 이해한다. 여러 가지 소리가 모여서 패턴이 된다. 생후 4개월 된 아기가 "붐 붐 뿜 붐 붐 뿜 뿜"과 같은 복잡한 리듬 패턴을 해독(혹은 이해)하기도 한다. 다른 아이는 이런 복잡한 패턴을 제시하면 혼란스러워하고, "뿜 붐, 뿜 붐"처럼 더 단순한 리듬을 제시했을 때만 주의를 기울였다. 이와 비슷하게, 어떤 아이는 두 살 때 부모의 두 가지 단계 요구("트럭을 집어서 장난감 상자에 넣어라.")를 따르기도 한다. 하지만 단순한 요구("사과 좀 줘.")도 이해하기 힘든 아이도 있다.

많은 부모에게 덜 분명해 보이지만, 아이들마다 보는 것을 각기 다르게 이해한다. 어떤 아기들은 엄마 얼굴에 나타난 표정을 쉽게 받아들이고 읽을 수 있다. 하지만 엄마의 바뀐 입 모양이 무엇을 의미하는지 잘 이해하지 못하는 아기도 있다. 걸음마기의 어떤 아기는 낯선 집에 가서 방이 어디에 있고 어떻게 되돌아와야 하는지 쉽게 알지만, 어떤 아기는 길을 잃고 울어서 엄마가 가서 데려와야 한다.

아이가 자신을 돌보는 사람에게, 넓게는 세상에 어떻게 의사를 전달하는지 역시 중요하다. 의사전달을 위해서, 아이는 운동 체계를 사용해서 다양한 의도적 행위와 행동을 만들어 낸다. 손으로 가리키기, 어딘가를 향해 걸어가기, 정서를 전달하기 위한 얼굴표정, 의도를 전달하기 등이 이에 포함된다. 엄마 손잡기, 엄마를 냉장고로 걸어가게 하기, 냉장고 문을 두드리기, 문이 열렸을 때 주스 가리키기처럼 일련의 행동을 모아서 복잡한 의사소통을 하는 것은 보다 발달된 기술에 속한다. 음절을 단어로 만들고 구절과 생각을 나열하기 위해서는 신경계가 더 발달해야 한다.

대부분의 부모가 이미 알고 있듯이, 한 가족 내의 아이들이라 하더라도 지금까지 이야기한 여러 가지 기술의 정도가 아이마다 상당히 다르다. 예를 들면, 어떤 아기는 스스로를 달래기 위해서 손가락을 입에 넣는 것이 쉽지만 다른 아기는 입을 찾으려고 해도 계속 코나 눈을 만지고 있을 수도 있다. 걸음마를 배우는 아기가 엄마가 배고픔을 해결해 주길 바라면서 한없이 운다. 하지만 냉장고를 가리키거나 바닥에 앉도록 엄마를 끌어내리고 원하는 음식을 잡기 위해 엄마의 어깨에 올라가는 아이도 있다. 어떤 아이들은 미묘한 단계를 순차적으로 따라가면서 복잡한 사회화 과정에 쉽게 적응하지만, 각 단계를 의식적으로 궁리해야 하는 아이도 있다.

아이들이 다른 사람에 대한 반응이나 활동을 조직하는 방법은 다양한 범위의 기술을 포함하고 있는 '운동계획'이라는 것으로 요약될 수 있다. 이는 움직임과 행동을 '잘 정렬해서' 패턴으로 만드는 아이의 능력을 일컫는다. 이전의 예에서 시사하듯이, 이는 모든 형태의 의사소통에 영향을 미치며, 사실 신발을 묶는 방법이나 형태를 모방하는 것을 배우는 것보다 더 중요하다. 더 나이가 들어서는 환영 인사하기, 작별 인사하기 혹은 칵테일 파티에서 사람들 사이를 헤집고 다니기와 같이 '자동적으로' 하게 되는 많은 행동이 이런 운동계획에 속한다. 친구 사귀기, 선생님과 협동하기, 가정생활의 복잡한 일 처리하기처럼 복잡한 사회적 과정도 포함된다. 아이의 신체적 기질은 정보에 반응하고 정보를 받아들이고 전달하는 태도로 나타난다. 그리고 신체적 기질은 유전적 요인, 태내기, 주산기* 요인, 초기 경험 및 기타 요인에 의해서 형성된다.

유사하게 가족, 양육자, 지역사회 역시 각각의 독특한 의사소통 양식을 가지고 있다. 어떤 가족과 양육자는 에너지가 많지만 혼란스럽다. 어떤 지역사회 역시 이런 특성을 갖는다. 느긋하고 수동적인 양육자나 가족, 우울한 특성을 가진 양육자나 가족도 있다. 어떤 양육자와 가족은 아이의 신호를 민감하게 읽고 지지적이고 공감적으로 반응한다. 반

---

* 역자 주 - 임신 20주에서 분만 후 28일 사이의 기간을 말한다.

면에 아이의 신호를 잘못 해석해서 아이가 코를 장난스럽게 만지려고 하는 것을 공격 신호로 간주하는 양육자나 가족도 있다. 혹은 학령기 아동의 건강한 주장성을 가족을 거부하는 것으로 보기도 한다. 그런 잘못된 지각으로 인해 가족과 지역사회가 아이의 발달을 지지하기보다는 저해하는 부적절한 방식으로 행동할 수 있다. 어떤 가족은 아이의 창조성과 주도성을 우선시한다. 다른 가족은 협동과 원칙을 선호한다. 어떤 가족은 아이의 흥분을 즐기지만, 어떤 가족은 조용히 집중하는 것을 칭찬한다. 정서적 강도가 너무 높으면 놀라는 가족도 있다. 아이에게 독특한 특질이 있듯이, 양육자와 가족도 독특한 패턴이 있다. 아이를 돌보는 사람이나 가족 구성원은 자신 역시 초기 경험과 유전적 기질의 영향을 받았음을 인식해야 한다. 자신의 패턴을 더 많이 인식할수록, 아이의 발달을 지지하는 타고난 능력을 이용하고, 저해할 수 있는 반응은 조심할 수 있다.

　아이의 특성과 가족 패턴은 한 번만 상호작용하는 것이 아니다. 오히려 본성과 양육은 지속적으로 상호작용해서 아이가 많은 발달과제(안정되고 주의깊게 행동하기, 사랑과 친밀감 느끼기, 의사소통 잘하고 상상력 있고 깊게 생각하기)를 성취하도록 돕거나 성취를 방해하게 된다. 어떻게 그렇게 될까?

발달단계

　여러 해 동안 나는 아이가 건강하고 성숙한 성격을 발달시키기 위해서 거쳐 가야 하는 핵심적인 정서적 초석들을 하나의 지도로 정리해 왔다. 이 지도는 (행동, 신체 발달, 사고방식과 같은) 발달에 대한 단순한 일차원적 측정치가 아니라, 아이가 정서적으로 인지적으로 성장하기 위해서 각 단계에서 어떤 경험이 필요한지 알려 준다.

각 단계는 이전 단계를 바탕으로 형성된다. 각 단계에서 아이는 다음 단계로 나아갈 수 있게 하는 기본적 능력을 배우게 된다. 이런 핵심적인 정서적 초석을 통과함에 따라 생각하고 추론하고 감정을 느끼는 능력이 좀 더 정교화된다. 이 책에서 보게 되겠지만, 일단 하나의 초석을 통과하면 그 경험은 아이의 삶에 계속 남아 있다. 이것은 아이들이 자기감과 자신의 가장 중요한 능력을 형성하는 기반이다. 어떤 이유로든 그 초석이 흔들리면 그 영향은 아동기 전체, 심지어 성인기까지 미칠 수 있다. 이때 생길 수 있는 문제에 대해서는 이어서 살펴볼 것이다.

안전감과 보고 듣고 안정을 찾는 능력

모든 아이들에게 필요한 첫 번째 능력은 진정시키고 조절하는 능력이다. 이를 통해 아이는 사람, 사물, 광경, 소리, 냄새, 움직임 등에 흥미를 가지고 주의를 기울일 수 있다.

하지만 아이가 일상적인 소음이나 예기치 않은 포옹에 지나치게 예민하다면 당황하게 되고 부모와 편하게 상호작용할 수 없을 것이다. 부모가 놀아 주려고 할 때마다 작은 여자아이는 몇 시간 동안 울고 화가 나서 소리를 지르기도 한다. 부모는 이렇게 과민한 아이가 혼자서 진정하는 방법을 시범 보임으로써 아이를 도울 수 있다. 부모가 아이를 진정시키기 위해 부드러우면서도 확고하게 힘을 가하는 동시에 온화하고 공감적으로 대하면 아이는 세상을 탐색하는 것을 배울 수 있다. 부모가 아이를 시끄러운 모터 소리로부터 보호해 주고 놀 때도 부드러운 고음의 소리로 말할 수 있다. 참견하지 않으면서, 작은 단계들을 이용해서 아이에게 신뢰를 줄 수 있다. 예를 들면, 아이에게 장난감을 쥐어 주기보다 아이가 장난감에 다가가도록 하기만 해도 아이가 주도성을 갖도록 도울 수 있다.

관계 맺기: 타인과 친해지는 능력

내적인 안전감이 있어야 아이는 타인에게 관심을 가질 수 있고 또 어른이나 또래 친구와도 온정적이고 신뢰하는, 친밀한 관계를 맺을 수 있다. 보통 이런 능력은 생후 4~6개월 사이에 처음으로 최고조에 달한다. 부모와 아기가 서로 사랑을 표현하고 사랑에 대해 알아감에 따라 아기는 소리 내며 좋아하고, 웃으면서 부모의 얼굴을 관찰한다. 책상에서 뭔가 하다가 선생님을 보자 이를 드러내어 웃으며 자신이 하고 있던 것을 자랑스럽게 내보이는 일곱 살 아이도 있고 쉬는 시간에 친구들 사이를 오가면서 농담을 주고받다가 자연스럽게 한 친구의 어깨에 자신의 팔을 척 얹고 갈비뼈를 장난스럽게 쿡쿡 찌르는 열두 살 아이도 있다.

하지만 다른 사람의 목소리에 지나치게 부담을 느끼고, 몸이 닿으면 놀라고, 사람들이 말하는 것을 해석하거나 몸짓 또는 얼굴표정으로 의사소통하는 것을 어려워하는 아이에게는 관계를 즐기는 것을 배우는 것이 특별한 도전이 될 수 있다. 예를 들면, 쉬는 시간에 아홉 살 아이들이 보이는 모든 접촉, 소리, 몸짓, 미묘한 의사소통을 생각해 보라! 감각들로부터 고르게 정보를 받지 못하는 아이들이 복잡한 관계를 맺는 데 어려움을 보이는 것은 그리 놀랄 일이 아니다.

사람들과 따뜻하고 믿을 수 있는 방식으로 관계를 맺을 수 없는 아이들, 예를 들면 동떨어져 있고 위축되고 의심하는 아이 혹은 모욕당할 거라고 예상하는 아이들은 고립될 수도 있다. 이런 아이들은 자신이 원하는 것을 얻을 수 없다고 생각하기 때문에 외톨이로 있거나 다른 사람에게 상처를 주면서 사람들을 물건처럼 여기는 것이 최선이라고 마음

먹을 것이다. 또한 자신의 생각이나 경험으로만 관계를 맺을 수 있다고 생각한다. 다른 사람에 대해 불신하면서, 자기 스타일에 맞춰 혼자서 나름의 효율성을 가지고 살아간다. 이런 독립성이 어떤 환경에서는 강점이 될 수도 있지만 자신의 감각, 느낌, 생각에 **빠져** 있으면 외부 현실로부터 멀어지고 논리와 객관성이 떨어질 수 있다.

다른 아이나 어른과 어울리기 힘들어하는 아이, 일대일 관계나 집단 내의 관계를 처리하기 어려워하는 아이는 다른 발달과제를 성취하기 전에 근본적인 어려움에 직면하게 된다. 생애 초기에 친밀감과 자존감뿐만 아니라 통찰, 직관, 원칙과 같은 많은 학습이 관계를 통해서 얻어지기 때문이다. 예를 들면, 취학전 아이가 '많다'고 하는 의미는 엄마가 기대했던 것보다 조금 더 많이 주었다는 것을 의미한다. 단어의 의미뿐만 아니라 양이나 시간에 대한 감각도 아이의 관계, 관계 내에서의 경험, 정서와 밀접한 관련이 있다. 아이가 나중에 터득할 추상적이고 지적인 모든 개념들은 이 같은 초기 관계에서 습득된 개념들에 기초하고 있다. 만약 아이가 관계를 맺는 기본적인 능력을 가지고 있지 않다면, 학습에 상당한 지장을 받을 위험성이 있다.

의식적인 쌍방향 의사소통

이 능력은 앞서 말한 두 단계를 바탕으로 이루어지며, 두 단계로 구성된다. 첫 번째 단계는 신체 자세, 얼굴표정 등을 읽는 것과 관련이 있으며, 그 다음 단계는 비언어적 패턴을 이해하고 의사소통하는 것과 관련이 있다.

초기부터 아이들은 언어가 아닌 행동을 통해서 표현되는 신호를 사용하고 읽는 것을 배운다. 얼굴표정, 몸짓 등이 여기에 포함된다. 의사소통하는 능력은 몇 단계로 나타나는데, 생후 6~18개월 사이에 시작된다. 첫 단계에서 아기들은 비언어적으로만 의사소통한다. 하지만 미소, 얼굴 찡그리기, 손가락으로 가리키기, 몸부림치기, 몸을 좌우로 흔들기, 꼴깍꼴깍 하는 소리 내기, 울기 등으로 풍부한 대화를 할 수 있다. 12~18개월 사이에 아기는 비언어적 의사소통의 2단계로 들어가는데, 이때 패턴들을 추론할 수 있다. 아이들은 엄마를 잡고 좋아하는 장난감을 가리키며 달라는 몸짓을 보인다. 많은 부분에서 이런 패턴으로 의사소통한다. 예를 들면, 아빠와 엄마가 직장에서 집으로 돌아오면 18개월 된 아이는 부모가 마루에 앉아서 놀아 줄 것인지 아니면 기분이 안 좋은지 얼굴표정이나 자세를 보고 알 것이다. 아이들은 말을 못하더라도 몸짓, 얼굴표정, 신체 언어로 대부분의 기본적인 정서적 의미—승인, 칭찬, 사랑, 위험, 분노—를 이해하고 전달할 수 있다. 아이들은 낯선 어른을 만나도 그 사람이 안전하고 안정되어 있으며 지지적인지 아니면 위험하고 비판적이거나 거부적인 사람인지 판단할 수 있고, 이런 판단을 가지고 반응한다.

물론 이후에는 말이 이런 기본적인 의사소통 방법을 향상시켜 준다. 하지만 말은 자신의 개인적 특성에 대한 보다 근본적인 이해와 세상에 대한 이해를 바탕으로 구성되어야 한다. 말을 하기 전에 인간은 자신이 무엇을 원하는지, 어떤 사람인지에 대해 배운다. 말은 이후의 발달을 위한 수단이 될 뿐만 아니라 소망과 의도를 전달하는 간단한 방법이기도 하다. 이런 능력은 말 없이도 상황을 직관적으로 빨리 이해하게 해주며 이는 이후의 삶을 살아가는 데 중요한 기술이 된다.

다른 사람의 얼굴표정이나 음성 톤의 빠른 변화 혹은 일련의 행동을 이해하기 어려운 아이는 듣거나 보는 것에서 패턴을 인식하기 어렵기 때문에 재빨리 직관적으로 판단하기가 어려울 수 있다. 사실 우리가 보통 직관력이라고 부르는 것의 핵심은 패턴이나 단서를 이해하는 것인데, 이것은 언어를 사용하기 이전인 생애 초기에 학습한다.

비언어적 의사소통을 이해하고 사용할 수 있는 아이들은 그렇지 않은 아이들보다 사람 사이의 상호작용과 의사소통의 본질을 더 잘 이해할 수 있다. 이 아이들은 학교에서 협동적이고 세심할 수 있다. 말로 표현되지 않은 단서를 잡아내고, 다른 아이들은 이해하기를 포기할 수도 있는 상황을 이해할 수 있다. 비언어적 의사소통을 하기가 힘든 아이들은 학교에서 친구들과 함께 있는 것을 어려워할 수 있다. 만약 선생님이 화난 목소리가 아니라 진지하게 반 아이들에게 "얘들아 오늘 내가 농담할 기분이 아니니까 제대로 하면 좋겠다."라고 주의를 준다면, 비언어적 단서를 읽고 반응하는 데 어려움이 있는 아이는 이런 말을 공격으로 받아들이고 지우개를 던지고 책상 밑으로 몸을 굽히는 등 부적절한 행동을 할 것이다. 그렇지만 이런 단서를 읽을 수 있는 아이는 '아, 선생님이 오늘 농담이 아니고 진심으로 하는 말이구나. 주의해야지.'라고 생각할 것이다.

정서적 개념

다음은 아이들이 정신적 상 혹은 심상을 형성하는 것, 즉 자신의 욕구, 필요, 정서에 대한 개념을 형성할 수 있게 되는 것이다. 연필을 집는 대신에 "나는 저 연필을 원해요."라고 말하는 아이는 생각이나 상징을 사용하고 있는 것이다. 아이들이 "저거 주세요." "행복해요." "슬퍼요."라고 말하면 이런 능력이 있는 것이다. 아이들은 차거나 때리는 행동을 하는 대신에 '나는 화가 났다.'라는 생각으로 대체하기 시작한다. 정서를 느낄 뿐만 아니라 정서에 대해 생각할 수 있다. 이는 말이나 상징놀이로 나타날 수 있다. 아이들은 자신이 원하는 것, 느끼는 것, 하려고 하는 것을 전달하기 위해 생각을 할 수 있으며, 이는 말로 표현된다.

이런 능력은 아이에게 새로운 기회를 주고 아이가 성장할 수 있게 한다. 아이들은 자신의 마음, 신체, 정서를 하나로 통합하기 시작한다. 학령기에 정서적 생각과 상징은 관계와 야외 놀이뿐 아니라 선생님이 읽어 주는 이야기와 수학 공식을 이해하고, 자기 생각을 논리적으로 주장할 수 있게 해 주는 기본이 된다.

정서에 대해 생각할 수 있는 아이의 예를 가상놀이에서 볼 수 있다. 예를 들면, 인형이 껴안거나 싸울 수 있고 로켓을 찾고 있는 탐험가가 될 수도 있다. 환상과 상상력을 사용하는 능력은 창조적 사고의 기초가 된다. 아이에게 이야기를 만들어 내거나 다른 아이가 어떻게 느끼는지 이해하거나 혹은 이야기의 의미를 이해해 보라고 하는 것은 상상력을 사용해서 창조적인 사고를 해 보라고 하는 것이다.

하지만 만약 아이가 운동계획―즉, 자신의 행위를 일련의 순서로 정렬하는 것―에 어려움이 있다면, 예를 들면 꼭두각시 인형을 손에 잡고 말을 하는 생각은 할 수 있을지라도 그에 필요한 행동은 못할 수 있다. 아이는 자신의 생각을 가상놀이에서 표현하지 못하고, '인형이 되어' 시끄럽게 불평하는 대신에 좌절하면서 앉아 있을 것이다. 아니면 연속해서 깊게 생각할 수 없기 때문에 가상놀이가 단편적으로 나타날 수 있다. 그러므로 이 능력이 계발되지 않은 채로 남아 있거나 조직화되기 전에 사라질 수 있다. 대신 아이가 시각적 심상과 음성 변화에 민감하다면, 동물 머리와 낯선 목소리로 하는 가상 드라마에 놀라고 압도될 것이다. 생각을 함으로써 진정되기보다는 무서워할 것이다. 그런 아이는 환상이라는 불가사의한 세상에 들어가고 더 높은 수준의 사고를 가능하게 하는 상상력을 이용하는 것을 두려워할 것이다. 비슷하게, 만일 아이가 한동안 감각에 과잉반응을 보여 왔고 새로운 경험을 아주 무서워한다면, 심상을 만들어 내는 능력은 모험적인 심상보다는 무서운 심상에 의해 더 자극받은 것일 수 있다. 마녀에 대한 백일몽, 도둑과 강도에 대한 악몽이 다른 생각을 밀어내고 아이의 마음을 가득 채울 수 있다.

많은 아이들이 (어른들도) 이 발달단계를 발달시키지 못한다. 그러면 그들은 느낌이나 생각을 행동과 동일한 것으로 여긴다. 즉, "만일 내가 그런 생각을 한다면 나는 그걸 한 것이다." 일반적으로 공격성을 통제하기 어려워하는 아이들은 스스로 자신의 느낌을 인식하고 그 감정에 대한 생각을 말로 표현하기도 어려워한다. 대신에 때리고 물고 미는 행동처럼 운동 체계를 통해 감정을 분출하고 곧바로 행동으로 뛰어든다. 자신의 의도와 감정을 인식하지 못하는 아이들, 오직 행동으로만 접근하는 아이들은 공격성을 이용해서 도전적인 상황에 대처한다. 때로는 경직된 아이들 역시 정서에 대해 생각하는 데 어려움이 있으며, 감정에 대해 융통성 있게 생각하기보다는 경직된 규칙과 패턴을 사용한다.

정서적 사고하기

다음 단계에서는 감정에 이름을 붙이는 것을 넘어서서, 심상을 가지고 생각할 수 있게 된다. 두 살 반에서 세 살 반 사이가 되면, 정서적 개념들은 행동 수준에서 개념 수준으로 향상되고 다른 범주의 개념들과 정서들 사이에 연결 짓기가 가능해진다. '오늘 와서 놀아 주지 않아서 화가 났어.' 혹은 '엄마가 친절하게 대해서 나도 기분이 좋아.' 만일 이렇게 생각할 수 있다면 이는 보다 정교화된 것이다. 즉, 시간대가 다른 생각과 감정을 연결시키는 것이고, 하나가 나머지 다른 하나의 원인이 되고 있음을 인식하고 있는 것이다. 이런 모습은 가상놀이에서도 나타난다. 아이는 이야기를 만들어 내기 시작한다. 한 사건이 다른 사건을 일으킨다. 가상놀이에서 병사들은 그냥 싸우는 게 아니고 어떤 이유 때문에 싸운다. 나쁜 병사가 공주를 납치했고 이제 착한 병사가 공주를 구하러 와서 싸운다.

이 단계에서 아이들은 '나'와 관련된 생각들과 '내가 아닌 것'과 관련된 생각들을 연결시킨다. 이런 식으로 아이들은 내 안에 있는 공상과 내 밖에 있는 현실을 구분할 수 있다. 아이들은 또한 충동을 통제하기 위해, 관심을 가지고 미래를 계획하기 위해 이 '나/나 아닌 것'의 구분을 사용한다. "만약 내가 다른 사람에게 뭔가 나쁜 일을 한다면 나는 다른 사람을 다치게 하고 벌을 받을 수 있다." 아이들은 세상이 이렇게 논리적으로 움직인다는 것, 즉 행위에는 결과가 따른다는 것을 이해하기 시작한다.

하지만 들은 정보를 이해하거나 처리하는 것이 어렵기 때문에(즉, 청각 정보 처리에 장애를 보이기 때문에) 자신만의 세계에 머무는 것을 더 편안해하는 아이를 생각해 보자. 이 아이는 정교한 드라마를 만들어 내고 부모가 보기에는 아주 창조적이다. 하지만 학교 생활에 관해서 어려운 질문을 하거나 파워레인저가 왜 나쁜 녀석을 추적하려고 하는지 물어보면 아이는 질문을 무시하고 자신의 환상 속으로 더 깊이 들어가 버린다. 생각을 이용한 쌍방향의 대화 경험이 없으면 아이는 자신의 생각과 타인의 생각을 연결하는 것을 배우지 못한다. 자신의 생각과 외부의 생각을 연결시키지 못하면 외부 현실로부터 피드백을 받고 정서적 사고를 하는 능력이 손상된다. 이로 인해, 아이가 창조적인 성향을 가지고 있더라도 보다 높은 수준의 논리적 범주를 찾아내고 만드는 능력 역시 손상될 것이다. 고차원적 사고가 정서적 상호작용(이는 상당 부분 관념을 활용한 주고받음인데) 경험에 달려 있다는 것이 잘 이해되지 않을 수도 있다. 관념을 활용한 이러한 주고받음은 경험적인 참조 사항들을 포함하고 있는 개념을 형성할 수 있게 해 준다. 예를 들면, 어른이 사랑이라는 개념을 이해할 수 있는 것은, 사랑처럼 복잡한 개념을 구성하는 다양한 유형의 경험들(기쁨, 헌신, 공감, 흥분)을 떠올릴 수 있기 때문이다.

독서 이해 같은 기본적인 것은 물론이고, 인생의 복잡성을 이해하는 것도 정서적 사고 능력에 기초하고 있다. 정서가 자신감과 사랑하는 능력에 중요하다는 것에 이의를 달 사람은 없지만, 정서가 사고에 결정적인 역할을 한다는 사실은 아직 잘 받아들여지지 않는다. 1979년에 출간된 나의 책 『지능과 적응(Intelligence and Adaptation)』에서 약술한 바와 같이, 1970년대 이후 우리는 정서와 지능 간의 관계에 대해 연구해 오고 있다. 우리는 대부분의 경험이 이중으로 부호화되는 것을 알아냈다. 다시 말하면, 아이들은 사물의 모습, 소리, 촉감, 물리적 특성을 경험하며 동시에 정서적 반응도 입력해 둔다. 그리고 이들 정서는 정보를 조직화하고 이어지는 사고과정에 사용된다.

사고는 거의 항상 정서적이고 생산적이며 범주적인 측면을 가지고 있다. 예를 들면, 아이에게 '대장'에 대해 질문했을 때, 양질의 반응은 사적인 정서적 반응("불필요하게 나를 부려 먹으면 싫어요.")으로 시작해서 이런 주관적인 정서 반응을 보다 큰 참조틀("때로는 대장이 필요하지만, 그렇지 않을 때도 있는 거 같아요.")로 확장하려는 시도들이다. 정서는 범주화될 수 있는 관념을 만들어 낸다. 따라서 관념을 이용한 정서적 상호작용은 창의적이고 융통성 있는 사고활동에 많은 기여를 한다. 어린아이들, 특히 정보처리에 문제가 있는 아이들을 가르칠 때 기계적인 방법은 최소화하고 역동적인 상호작용을 늘려야 한다.

환상과 전능감의 시기

세상에 대한 자신감이 절정에 있는 초등학교 저학년 시기의 아이들은 이때 관계를 맺고 의사소통하며 상상하고 생각하는 능력을 발달시킨다. 이 단계에 속하는 약 네 살 반에서 일곱 살 사이의 아이에게는 모든 일이 가능하다. 자신이 잘나고 마력 같은 힘을 갖고 있다고 믿는다. 인생에 대한 호기심, 대담한 표현성("내가 최고야!"), 세상에 대한 깊은 경이감을 가지고 있다. 미국 문화에서, 남자아이들은 대개 자신을 '닌자거북이' '파워레인저' '슈퍼마리오'라고 상상한다. 여자아이들은 스스로를 '신데렐라', 〈미녀와 야수〉의 '벨' '바비'로 생각하거나 파워레인저' '닌자거북이'로도 본다.

　잘 알고 있듯이 이 단계는 보통 '오이디푸스' 시기로 불린다. 남자아이들은 엄마에 대해서, 여자아이들은 아빠에 대한 로맨틱한 환상을 가지고 있고, 아이들은 이성의 부모에게 강한 경쟁심을 느끼며 이와 함께 사랑의 감정도 경험한다. 이 단계에서는 새로운 관계 유형, 즉 삼각관계가 시작된다. 아이가 더 어려서 안전과 신뢰가 기본적인 욕구였던 때와는 달리, 엄마가 아빠를 대체하거나 아빠가 엄마를 대체하지 못한다.

　세 명이 한 체계 내에 있는 것은 아이를 정서적으로 더 복잡하게 만든다. 아이는 각 부모와의 관계를 모 아니면 도 상황으로 보지 않아도 된다. 삼각관계는 정서적인 견제와 균형을 효율적으로 유지할 수 있는 체계로, 아이가 순간적으로 폭발하지 않고도 복잡한 감정을 풀 수 있게 해 준다. 이때 많은 경쟁과 음모가 나타난다.

　동시에 이 시기는 엄청난 공포의 시기가 될 수 있다. 아이의 거대감과 풍부한 환상은 양날의 칼이다. 아이들은 자신의 힘에 쉽게 놀란다. 침대 밑에 있는 마녀, 들어와서 납치해 가려고 하는 귀신과 갈고리를 무서워한다. 보호받기 위해서 엄마와 아빠의 침대로 달려 들어가고 싶어한다.

소리나 촉감에 과민한 아이의 경우, 삶의 두려운 면이 이 시기의 파워와 전능감을 압도할 수 있다. 뭐든 할 수 있을 것 같은 고양감은 세상 모든 것을 두려워하는 것으로 바뀐다. 시공간 자극을 처리하는 데 어려움이 있는 아이는 세 사람의 체계가 어떻게 작동하는지를 형상화하기가 더 어려울 것이다. 왜냐하면 그렇게 하려면 상호작용하는 세 개의 서로 다른 대상을 마음에 담아 두어야 하기 때문이다. 아이는 일대일 관계에 매달리며 인생의 복잡한 측면을 피하고 중요한 대처 전략을 배우지 못할 수 있다.

만일 모든 것이 잘 진행된다면 아이들이 여전히 환상 세계에 몰두하고 과장된 전능감을 갖고 있기는 하겠지만, 현실에 대한 그들의 이해는 한층 견고해지기 시작할 것이다. 이들은 보다 복잡한 관계를 이해할 수 있으며, 그래서 정서적으로 더 안정된다. 죄책감이나 공감 같은 제법 어른스러운 감정을 경험할 수 있는 능력이 길러지기 시작한다(질투나 경쟁심을 느끼면 공감은 쉽게 사라지지만). 그리고 이들은 보다 다양한 정서와 정서적 드라마(예를 들면, 의존성, 경쟁심, 분노, 사랑을 포함한)를 경험할 수 있다. 이 모든 능력은 아이가 가족을 떠나 보다 넓은 세상으로 나아갈 수 있는 준비를 하게 해 준다.

또래와 정치의 시기

아이는 여덟 살 정도가 되면서 시야가 넓어진다. 그들의 세상은 이제 다른 아이들이다. 가족 지향적인 발달단계에서 또래 관계라는 저돌적인 세상으로 나아가기 시작한다. 가족의 삼각관계의 음모에서 벗어나서 또래의 다면적 세계, 놀이터의 정치로 들어간다.

이제 부모가 자신을 대하는 방식을 통해서 스스로를 정의하기보다는 친구와 어떻게 적응하는지를 가지고 자신을 정의한다. 자기상은 부모와 가까운 가족에 의해서만 결정되는 것이 아니라 집단에 의해서, 운동장에서의 우세한 서열에 의해서 정의된다. 운동능력에서부터 인기, 외모, 두뇌, 의상까지 모든 것에서, 아이들은 다른 아이들을 놓고 그 안에서 자신의 순위를 매긴다. 아이들은 자신이 누군지를 정의할 때 타인의 의견에 얽매이는 경향이 있다.

아이들은 집단에 들어가서 자신을 집단의 구성원으로 정의함으로써 많은 것을 얻는다. 예를 들면, 복잡한 사고를 할 수 있다. 집단 내에서 복잡한 관계를 처리하려면 매우 정교화된 수준에서 추리하는 것을 배워야 한다. '노라는 에밀리랑 놀기를 원하는 것 같아. 나를 미워하거나 내가 매력 없는 사람이어서가 아니라 에밀리가 오늘 노라한테 제일 친한 친구이고 나는 두 번째로 친한 친구이고 조이가 세 번째로 친한 친구여서 그런 것 같아. 하지만 이건 변할 수 있어. 특히 내가 우리 집에 노라를 몇 번 초대하고 내가 생일에 받은 새로운 장난감을 가지고 놀게 해 주면 변할 수 있을 거야.'라고 생각할 수 있게 된다.

집단 역동을 분석함으로써 아이는 인지 기술과 사회 기술을 발달시킬 수 있으며, 이런 기술은 학교와 학교를 넘어선 실제 세계에서도 매우 가치가 있다. 왜냐하면 결국 아이들이 살아갈 세상에도 이러한 역동이 있을 것이기 때문이다. 이 단계에서 아이들은 인생의 많은 일들이 '모 아니면 도'의 양극단이 아니라 미묘한 차이 안에서 움직인다는 것을 배운다. 이런 미묘한 차이를 판단하려면 감정과 인간관계가 상대적인 것임을 이해해야 한다. 아이는 '나는 어느 날은 약간 화가 날 수 있고 그 다음날은 많이 화가 날 수 있고 다른 날에는 격분할 수도 있다.' '타샤는 나를 마리아보다 좋아하지만 에바만큼 좋아하지는 않는다.'라는 것을 배우기 시작한다. 또한 보다 복잡한 수준으로 '쉬는 시간에는 베타니, 조엘, 내가 한 팀에 있고 수학 시간에는 샐리, 라잔, 내가 한

팀이다. 그런데 체육관에서 킥볼할 때 두 팀 모두 나를 자기편으로 하려고 하면 나는 최선책으로 손을 들어서 화장실에 가겠다고 해야 한다.' 등도 알게 된다.

이 연령에서는 경쟁이 매우 강할 수 있다. 게임을 매우 진지하게 받아들인다("너 규칙 어겼지, 나는 알아."). 아이들은 (자신이 아닌) 다른 사람이 규칙을 바꾸는 것을 참지 못하고, 실패를 개인적인 것으로 받아들인다. 이 단계의 아이들은 모욕당하고 존경받지 못하고 인정받지 못하는 것이 가장 두렵다. 여러분은 "데이비드와 놀지 않을 거예요."라는 이야기를 들을 수 있다. "그 애가 항상 이겨요." 혹은 "아빠, 아빠가 이기는 것은 공정하지 않아요. 그렇게 열심히 하면 안 돼요." 아이들은 아직 상실과 실망을 경험하는 것을 힘겨워한다.

이런 복잡한 사회적 작용과 인지적 작용을 잘하려면 동시에 들어오는 다양한 감각에 빠르게 반응해야 한다. 아이들은 자신이 보고 들은 것을 이해하려고 노력하며, 아이 옆에서 보면 알 수 있듯이 묘한 웃음, 눈가에 나타나는 눈짓, 목소리에서 나타나는 유머가 말보다 더 중요할 수 있다. 따라서 (감각에 반응하는 능력, 보고 들은 것을 처리하는 능력 혹은 복잡한 운동계획 기술을 요구하는 여러 활동들을 수행하는 능력에서) 지금까지 논의되었던 모든 어려움들은 이 단계를 숙달하는 것을 더 힘들게 만들 것이다.

이 기간 동안, 학령기 아이들은 점차 집단 내에서 그리고 좀 더 큰 문화 내에서 자신의 위치에 대해 알게 된다. 그리고 나서 모든 것이 잘 진행되면, 아이들은 바깥에서 자기를 바라보는 것을 넘어서서 스스로 내적 가치와 관념들을 발달시켜 이를 타인의 시선과 통합시킬 수 있을 것이다. 외부 현실과 내적 관념들의 결합에 기초해서, 보다 강한 자기감(sense of self)이 나타나기 시작한다.

내적인 자기감

다른 사람이 자신을 어떻게 생각하는지에 의존하는 시기가 지나면, 열 살에서 열두 살의 아이들은 자신이 누구인지에 대해 일관된 인식을 발달시키기 시작한다. 아이들은 점차 다른 사람이 날마다 자신을 어떻게 대하는지보다는 자신의 목표와 가치에 근거해서 그리고 스스로 느끼기에 인간으로서 자신이 어떤 사람인지를 바탕으로 자신에 대한 내적인 그림을 발달시킬 수 있게 된다. 그 결과, 아이들은 그때그때의 이슈에 영향을 덜 받고 자기 안에서 자신의 세상을 만들어 간다.

또한 이 시기는 아이가 가족을 떠나 멀리 가는 것에 대해 생각하기 때문에 두려운 시기가 될 수도 있다. 강한 감정에 동요하면서, 이들은 친밀감과 의존을 향한 아동기적 갈망과 성장해서 청년이 되고 싶은 소망 사이에 붙잡혀 있는 듯한 느낌을 가질 수 있다. 이런 두 소망 사이에서 왔다 갔다 할 것이다. 때로 이들은 반항적일 수 있다("누가 널 필요로 하겠어?" 혹은 "내가 너보다 나아!"). 때로는 독립을 두려워한다("학교에 가기 싫어요. 그냥 집에 있고 싶어요."). 자기감의 출현이 이런 양가감정을 극복하는 데 도움이 된다. 그게 없다면, 아이는 다시 부모에게 과도하게 의존하게 되거나, 반대로 위험한 일을 무모하게 벌리거나 더 반항적인 모습을 보이며 자신의 의존성을 부인하려 할지 모른다.

이 단계 동안 아이들은 또래 집단 내의 관계에서 괴롭힘을 당하면서도 내적인 자기감을 마음속에 간직할 수 있다. 아이들은 자신의 신념을 기쁘게 받아들이고 내적인 가치를 만들어 간다('좋은 학생이 되고 싶어.' 혹은 '뒤떨어져서는 안 돼.'). 그리고 미래에 대해 생각할 수 있다('소방관이 되고 싶어.' 혹은 '나중에 선생님이 되고 싶어.'). 이제 또래 집단의 현실 그리고 자신의 가치와 태도라는 내적 현실, 이 두 개의 현실을 동시에 가지고 있을 수 있다.

 이렇게 두 가지 현실을 만들기 위해서는 지적인 능력과 정서적 능력이 필요하다. 예를 들면, 자극에 지나친 반응을 보이고 따라서 친구의 사소한 정서적 자극에 강하게 반응하는 어린 남자아이는 또래 관계에서 정서에 너무 집중한 나머지 독립적인 내적 자기를 발달시킬 수가 없다. 혹은 보고 듣는 것에서 패턴을 추출해 내기 어려운 여자아이에게 자신이 경험한 것에서 보다 큰 범주를 만들어 내는 것은 어려운 도전일 수 있다. 이 아이는 이제 또래 관계의 경험과 관련된 범주와 자신의 내적 신념과 관계 있는 범주를 만들어야 한다. 그러면서 이 두 가지 패턴을 서로 관련시키고 다른 한편으로는 그것들을 서로 독립적으로 둘 필요가 있다. "네, 나는 바비가 나에게 심술궂게 대한다는 걸 알아요. 그리고 아무도 나를 좋아하지 않는 것처럼 보여서 기분이 안 좋아요. 하지만 난 여전히 매우 좋은 아이예요. 나는 오늘 동생한테 친절했고 학교에서도 잘했어요. 그리고 바비는 아마도 며칠 뒤에 심술궂게 하는 걸 그만둘 거예요."

⋯ 강점을 토대로 하기

 이제 우리는 아이들이 취학 전과 학령기를 잘 헤쳐 나가면서 숙달해야 하는 능력들과 그들이 부딪칠 도전들에 대한 안내 지도를 갖게 되었다. 이러한 단계들은 내가 쓴 『최초 감정(*First Feelings*)』과 『놀이터의 정치학(*Playground Politics*)』에 더 자세하게 소개되어 있다.

 지금까지 아이의 신체적 기질이, 예를 들면 광경이나 소리에 과잉반응하거나 언어적 심상 또는 시각적 심상을 이해하는 데 어려움이 있는 것 등이 어떻게 이런 발달 과정을 거치는 것을 어렵게 만드는지 간단하게 살펴보았다. 나머지 부분에서는 이런 도전이 어떻게 건강한 성장과 발달을 위한 기회가 되는지에 대해서 살펴볼 것이다. 각 유형별로 성격의 강점을 토대로 아이를 어떻게 대할 것인지 보여 줄 것이다. 예를 들면, 부모와 교육자는 지나치게 무서워하는 아이나 다른 사람이 생각하는 것에 의해서만 스스로를 정의하는 어린이에게 도움이 되는 경험을 만들어 줄 수 있다.

아이가 이런 정서적 기초를 다지도록 돕는 방법이 가족마다 다르듯이, 어린 세대가 핵심적인 능력을 형성하도록 돕는 데 있어서 문화마다 독특한 접근법을 가지고 있을 것이다. 우리는 다른 사람과 관계를 맺고 상상력을 이용하고 창의적으로 생각하고 논리적으로 의사소통하는 것을 배우는 많은 어린이와 가정을 관찰할 수 있다. 또래 관계의 미묘한 문제들은 다른 가치관이나 규칙들로 인해 세대마다 다른 방식으로 다루어진다.

아이를 양육하면서 문제에 부딪쳤을 때, 어떤 가족이나 문화에서는 쉽게 해결책을 찾는다. 예를 들면, 전통적으로 다른 사람을 돌보아 온 가족이나 문화에서는 민감하고 과잉반응을 하는 아이를 좀 더 쉽게 도울 수 있다. 아이가 자신을 달래고 자신감을 갖도록 가르친다. 이 책에서 나는 부모들이 가족이 가진 강점을 토대로 아이의 독특한 특성과 발달적 요구에 맞추어서 아이에게 접근할 수 있는 방법을 기술할 것이다. 이런 식으로 부모는 아이의 발달단계마다 아이가 정서적으로 더 건강해지고 함께 생활하기 편안해지도록 도울 수 있다.

03 과민한 아이

예민한 아이의 걸음마기
예민한 아이의 학령전기
예민한 아이의 학령기
예민한 아이는 어떻게 느끼는가
예민한 아이에게 피해야 할 양육 방식
예민한 아이를 어떻게 도울 것인가
한나의 이야기
플로어 타임: 신뢰를 형성하고 주도성을 지지하기
문제해결 시간: 두려움과 불안에 대처하기
공감: 예민한 아이와 동일시하고 공감하기
도전 단계 쪼개기
부드럽게 제약 두기

03 과민한 아이

　　　　과민한 아이는 대개 영리하고 조리 있고 창의적이며, 통찰력이 있어 다른 사람의 감정에 주의를 기울일 수 있다. 다른 사람에 대해서 깊은 공감과 동정을 나타내기도 한다. 과민한 아이는 싹트는 예술가이자 미래의 소설가다. 하지만 과민한 아이는 부모에게 붙어서 잘 떨어지지 않으려고 하며 불평을 잘하고 때로 으스대면서 지나친 요구를 한다. 때로는 이 모든 특질을 동시에 보이기도 한다. 괴상해 보이는 신발이나 익숙한 음식에서 갑자기 다른 느낌이나 맛이 나는 것처럼 사소한 문제에 대해서도 오랫동안 짜증을 낸다. 잘 알고 있는 보모에게 맡기고 엄마가 돌아서려 하면 엄마의 다리를 필사적으로 붙잡고 맹렬히 운다. 선생님들은 아이가 산만하고 한번에 너무 많은 것에 관심을 보인다고 불평한다. 이처럼 변덕스러운 왕자와 공주의 손아귀에 쥐어진 부모가 좌절하고 무력감에 빠지며 화가 나는 것은 당연하다.

　이런 아이를 이해하기 위해 발달단계마다 아이가 어떻게 바라보고 행동하는지 살펴보아야 한다. 부모는 아이의 여러 가지 특징들을 알고 있을 것이다. 물론 모든 아이가 저마다 독특하기 때문에 다음의 설명에서 여러분의 아이와 유사한 점이 몇 개 되지 않을 수도 있다. 그래서 좌절감을 느낀다면, 아이의 도전에 어떻게 접근해야 하는지에 대해서도 논의할 것이니 안심하기 바란다.

⋯ 예민한 아이의 걸음마기

예민한 유아는 종종 배앓이를 하고 까다롭고 화를 잘 내며 지나친 요구를 한다. 첫돌까지 거의 계속 울고 지속적으로 안아 주기를 원한다. 유아의 정상적인 활동들(즉, 자고 먹고 기저귀 가는 것)이 과민한 아이와 부모 사이에서는 전쟁을 치르는 것처럼 힘들 수 있다. 내가 본 생후 7개월 된 한 여아는 엄마가 아주 잠깐 내려놓자 맹렬히 울었다. 부모가 한 시간 혹은 그 이상 흔들어 줘야만 잠이 들었다. 매일 밤 몇 번씩 깨서 울었으며, 다시 잠이 들기 위해서는 흔들어 줘야 했다. 그 아기는 옷이 바뀌는 것을 싫어하고, 기저귀가 더러워져서 빼면 화가 나서 울었다. 모유를 먹던 아기는 젖병을 심하게 거부하고, 밥 한 숟가락과 바나나를 처음으로 주었을 때도 화가 나서 밀어냈다. 진공청소기 소리가 나거나 손위 형제가 떠들면 울었다. 기는 걸 배울 때는 세상을 탐색하기 위해 과감히 나가는 것이 아니라 기어서 엄마에게 달려가서 다리를 붙잡았다. 엄마가 장난감에 흥미를 갖게 하려고 애를 쓰자 불평을 하고, 놀이 울타리 안에 넣으려 하자 짜증을 냈다. 지친 아이 엄마가 말했다. "집이 마치 폭군이 지배하고 있는 감옥 같아요."

이런 예민한 유아는 생후 첫해에 습득해야 되는 정서적 기술을 배우기가 어렵다. 보통, 유아들은 생후 몇 달 동안 스스로를 진정시키고 조절하는 것을 배우기 시작하며, 동시에 주변 환경에 흥미를 갖고 관여한다. 또한 다른 사람과 따뜻하고 믿을 수 있는 관계 맺기를 배운다. 예를 들면, 부모의 얼굴을 보면서 목을 꿀꺽거리고 구구 소리를 내며 좋아한다. 들어 올려 주기를 바라고 손을 뻗치거나 원하는 장난감을 가리키는 것처럼 소리와 몸짓을 통해 자신이 원하는 것을 부모에게 알림으로써 만족을 얻는다. 하지만 그런 목표는 과민한 유아에게는 과분할 수 있다. 과민한 아이는 새로운 사람, 광경, 소리, 냄새, 그리고 스스로 탐색해서 접하게 되는 것(예를 들면, 아빠의 거칠거칠한 턱수염 만지기)에 쉽게 압도되고 울음을 터뜨린다.

걸음마기 단계에, 과민한 유아는 계속 요구하고 매달린다. 낱말 몇 개를 익히고 나면 칭얼거릴 것이다. 성난 엄마는 다리를 감고 있는 아이의 팔을 풀려고 애쓰는데 아이는 "엄마, 엄마, 엄마!" 하며 계속 말할 것이다. 놀이방이나 보모에게 맡기려고 하면 무섭도록 짜증을 낸다. 밤에 무서워서 깨어나 사납게 울면 부모는 제대로 잠을 자기가 어렵다. 아이는 새로운 상황을 접하면 당황하고, 장난감 트럭을 굴리고 장난감 드럼을 치면서 즐겁게 노는 유아들과 함께 있게 하면 머리를 완강하게 흔들고 울면서 다른 아이와 노는 것을 피하려고 한다. 유아는 공격적으로 행동할 수도 있는데, 이는 반항심보다는 두려움 때문에 하는 행동들이다. 다른 유아가 너무 가까이 다가오면 물거나 때릴 수도 있고 장난감을 빼앗으려는 유아를 꼬집을 수도 있다. 그리고 특정한 방식으로 안겨 있거나 이동하는 것을 싫어할 수 있다.

예를 들면, 좀 더 자라서 아빠의 손을 잡고 과자 상자가 있는 곳으로 끌고 가는 식으로 자기 의사를 표현하고 조직화하기보다는, 칭얼대고 아빠가 자기 마음을 알아서 과자를 주기를 수동적으로 바랄 수 있다.

두세 살이 되어서 아이가 가상놀이를 시작하고 부모와 형제 이외의 사람과 관계를 맺게 되면, 과민한 아이는 조심스럽고 두려워하며 매달릴 수 있다. 이 단계에서 상상이 매우 중요하지만 이런 아이들은 상상의 범위를 넓히는 것이 불편할 수 있다. 이런 아이는 가상놀이에서 특정 주제를 탐색하는 것을 조심스러워할 수 있다. 예를 들면, 아이의 인형이나 활동모형들은 늘 키스하고 안고 있으며, 절대 싸우거나 갈등을 보이지 않는다. 혹은 인형이나 활동모형들이 싸울 수 있는데, 그러고 나면 이야기가 끝나 버릴 수 있다. 즉, 단지 인형과 장난감을 서로 쾅하고 부딪히기만 하는데, 이것은 가상놀이라기보다는 에너지를 직접적으로 방출하는 것처럼 보인다.

말을 더 배우면, 침대 밑에 마녀가 있다거나 서랍 속에 괴물이 있다고 이야기하면서 자신의 두려움에 대해 말하기 시작한다. 두려움과 수줍음 때문에 친구를 사귀기 어렵고 자기보다 주장이 더 강한 아이를 보면 놀란다. 어린이집이 친근하고 돌봐 주는 사람을 잘 알고 있어도 부모가 직장에 가거나 밤에 나가려 하면 아이는 "엄마, 가지 마요!" "아빠 돌아와요!"라고 하면서 신경질적으로 소리 지르며 운다.

···예민한 아이의 학령전기

대개 네 살 정도면 아이가 정서적 개념들을 연결시켜 정서적 사고를 할 수 있게 되는데, 과민한 학령전기 아이는 공포스럽거나 무서운 감정을 제법 상세히 설명할 수 있다.

예를 들면, "엄마가 불을 끄자마자 도둑이 와서 나를 데려가려 할 거예요. 안 잘래요." "불을 계속 켜 두면 도둑이 날 찾아낼지 몰라요!"라고 주장할 것이다.

과장된 상상을 하는 데 논리를 이용할 수 있어, 예민한 아이의 두려움은 더 커질 수 있다. 향상된 논리력을 내세워, 부모가 자신이 원하는 모든 것을 들어주어야만 자신이 안전할 것이라고 고집하면, 아이는 더 폭군처럼 보일 것이다.

예민한 학령전기 아이가 학교에 들어갈 때가 되고 생각을 더 분명하게 표현할 수 있게 되면, 대장 행세를 하려 하고 지나치게 많이 요구하는 행동은 새로운 형태를 띤다(예민한 아동은 대개 말을 아주 잘한다.). "시리얼을 잘못 샀어요." 아침 식탁 위에 새로 열린 박스에서 그릇에 담긴 시리얼을 보면서 흥분해서 소리 지를 것이다.

"아가야, 이거 항상 먹던 그 시리얼이야." 부모가 대답한다.

"하지만 상자가 다른 색이에요! 그리고 맛이 달라요. 나는 엄마가 항상 가져오던 그 시리얼을 먹을래요."

이런 일들이 계속 벌어진다. "내 새 옷은 정말 싫어요!" 혹은 "이 양말은 내 발에 너무 끼어요." "이 샌드위치 때문에 입에 상처가 났어요."라고 말할 것이다.

아이는 새로운 경험에 직면하면 온갖 걱정이 생기고, 자신의 두려움에 대해 매우 분명하게 표현할 수 있다. 네 살 아이가 "내가 유치원에 가면, 엄마가 나를 데리러 올 때까지 킴이 나를 때리고 내 테디베어를 빼앗아 갈 거예요."라고 말할 수 있다. 아이는 '나쁜 일'이 일어날까 봐 걱정하고 부모가 자신을 보모 집에 데려다 놓을까 봐 무서워하고 칭얼거릴 것이다. "나를 파웰 아줌마네 집에 두고 일하러 가면 영원히 슬플 거예요!"

영아기, 걸음마기, 학령전기 단계 각각에서 예민함이 나타나는 방식이 다르다. 겉에서 보기에는 매달리고 까다로운 아기가 수동적이고 회피적이고 겁 많은 유아로 빠르게 변하며, 말을 하기 시작하면 이와 동일한 예민함을 정교화시키는 생각, 이야기, 줄거리를 만들어 낸다.

이 시점에서 어떤 독자는 의심할 여지없이, '이런 것들은 나도 이미 충분히 알고 있다구. 내가 할 수 있는 것은 뭘까?'라고 생각할 수 있다.

인내심을 조금 더 갖고 학령기에 대해서 더 살펴보도록 하자. 예민한 아이에 대한 보다 많은 이해를 하는 것이 아이를 돕는 전략을 모색하는 데 도움이 될 것이다.

··· 예민한 아이의 학령기

대여섯 살이 되면 아이들은 자신에 대한 전능감을 경험하고 표현이 대담해지면서 '세상은 자유롭게 무엇이든 할 수 있는' 단계를 거쳐 간다. 과민한 아이는 이 단계에서 환상이 풍부해진다. 하지만 항상 두려워한다. 그 결과, 아이는 기분이 잘 변하고 자기중심적이며 요구적이고 짜증을 잘 부리는 것처럼 보일 수 있다. 예를 들면, 자기가 아빠만큼 힘이 있다고 상상하면서도 나중에 강도가 방에 들어와서 자신을 해칠 것이라고 믿는다. 그래서 부모에게 밤에 같이 있어 달라고 요구한다. 혹은 자신이 비열한 마녀로부터 바닷속 세상을 구하는 인어공주가 되었다고 상상한 후에 어둠이 무섭다고 말하면서 잠자리에 들기를 거부할 수 있다. 에스컬레이터나 높은 곳에 가는 것에 대한 두려움이 새로 생길 수도 있다.

이 단계에서 예민한 아이는 환상과 권력감 모두를 피하려고 할 수도 있다. 너무 두려워서 환상을 정교화시키거나 창조하지 못할 수도 있으며 수동적이고 두려워하고 수줍어할 수도 있다. 식탁에서 접시를 치우거나 장난감을 치우면서 순종할 수도 있다. 새로운 놀이터에 가거나 새로운 친구를 사귀는 것 때문에 안절부절못할 수 있다.

학교에서 예민한 아이는 주의력이 뛰어나서 선생님이 말하고 행동하거나 예상하는 모든 것에 집중하면서 빨리 배우고 열심인 학생이 될 수 있다. 혹은 반대로 아이는 학교생활에 상당한 부담을 느낄 수도 있는데, 이는 많은 사람과 소리를 접하고 새로운 것을 배워 나가는 것에 매우 혼란스러워하기 때문이다.

아이가 일곱 살 정도 되어서, 가족과의 관계에서 충분한 안전감을 느끼게 되면 이제는 또래 관계에 몰입한다. 하지만 복잡한 '놀이터의 정치'에 압도당할 수도 있다. 이런 것들을 처리할 수 없으면 아이는 패배감을 느낄 것이다. "캐서린은 나를 미워해! 놀 때 나를 끼워 주지 않을 거야!" 혹은 "우리 선생님은 나를 안 좋아해. 내가 손을 들었는데 나를 보지 않았어. 나도 정답을 알고 있었는데… 선생님은 나를 바보로 생각해."

어떤 예민한 아이들은 놀이터 정치를 그냥 피하기도 한다. 쉬는 시간에 운동장 바깥에서 다른 아이들이 농구 게임과 줄넘기로 경쟁하는 것을 보면서 혼자서 주변에 머물러 있다. 그런 아이는 그 또래의 다른 아이들이 하는 것처럼 친구를 얻으려고 책략을 쓰지 않는다. 자신이 특별히 좋아하는 아이가 놀아 주지 않거나 자신을 놀리면 매우 고통스러워하고, 때로 너무 상처를 받아서 모든 것과 인연을 끊는 게 낫다고 생각한다. 부모에게 자신의 외로움에 대해 이야기를 할 수도 있고 속에 담아 두고만 있을 수도 있다. 부모는 아이의 이런 모습을 보는 것이 매우 고통스러울 수 있다.

예민한 아이는 당혹감과 굴욕감에 매우 취약할 수 있다. 자신을 놀리는 사람에게 크게 화를 낼 수도 있다. 다른 아이들은 약간 놀려도 쉽게 넘기는 반면("제프리는 바보 같은 신발을 신었어!" 혹은 "애슐리 머리는 우스워!"), 예민한 아이는 매우 고통스러워한다. "아무도 나를 좋아하지 않아요." 여덟 살의 한 아이가 나에게 슬프게 말했다. "모든 사람이 나를 싫어해요. 나는 나쁜 아이예요."

열 살에 가까워질수록, 아이들은 또래 집단의 압력과 자리 잡기 시작하는 자기감 사이에서 보다 균형을 맞출 수 있게 된다. 하지만 과민한 아이는 놀이터 정치판에서 다른 아이와 맞춰 가며 지내는 것을 너무 어려워하며, 상처받거나 당혹스러워질까 봐 갈등하느라 선뜻 또래 집단에 섞이지 못하고 바깥에 머물 수 있는 더 좋은 방법이 없는지 찾는다. 자신만의 내적 가치를 발달시키려면, 아이는 먼저 또래 집단과 관련된 이슈들을 극복할 필요가 있다. 아이가 자신이 어떤 사람인지, 다른 사람들은 어떤 사람인지와 같은 추상적인 주제를 다룰 수 있게 되고 지적으로 발달하면서, 우리는 아이가 치열하게 겪고 있는 갈등들을 볼 수 있다. 예민한 아이는 보다 독립적이고 싶은 소망과 씨름하지만, 매일 또래 집단 안에서 벌어지는 사소한 갈등들에 신경을 너무 많이 쓰느라 자신의 내면세계를 탐색할 기회를 갖기가 어렵다.

 어떤 때는 "나는 다른 사람이 나에 대해서 어떻게 생각하는지에 개의치 않을 거야. 내가 좋은 사람이라는 걸 나는 알고 있어. 많은 사람들이 나를 좋아해."라고 말할 수도 있다. 그리고 몇 분 후에 "엄마, 바네사 엄마한테 말해서 걔가 나랑 놀 수 있게 해 줄래요?"라고 하거나 "난 그 애를 무시해 버릴 거야. 그러면 그 애는 나한테 와서 말을 걸 거야!"라고 말한다.

 예민한 아이가 많은 발달단계를 거치면서 발달한다고 하더라도, 부모는 아이가 날마다 기분과 표정이 변하는 것에 당황해할 수 있다. 키우기 어려운 아이들이 모두 그렇듯이, 이는 예민한 아이가 순한 아이보다 행동 범위가 더 넓기 때문이다. 어느 순간에는 성숙하고 공손하며 공감적이고 인정 많게 보이지만 그 다음날에는 식탁 밑을 기어 다니고 칭얼거리고 매달리고 짜증을 내며 주위의 모든 사람을 쥐고 흔들려고 한다. 부모는 기분과 행동이 이리저리 변하는 예측할 수 없는 '여행'을 하는 아이와 함께 롤러코스터를 탄 것 같은 느낌을 자주 받는다.

다만, 아이가 다음 순간에 어떤 행동을 할지 예측할 수 없어도 아이의 기분에 큰 변화가 있으리라는 것을 예측하고 있으면 안심이 좀 될 것이다. 현자(賢者)에게 슬플 때 기쁨을 주고 행복할 때 슬프게 만드는 말을 찾지 못하면 목을 베겠다고 위협한 왕이 있었다. 그 현자(賢者)는 몇 달 동안 고심한 후에 왕에게 "이 또한 변할 것이다."라는 문장이 새겨진 반지를 주었다고 한다.

이러한 통찰에 따르면 예민한 아이가 보다 유아적인 상태일 때는 부모가 안심하지만 아이가 성숙하고 안정된 상태에 있을 때는 오히려 불안할 수 있다. 하지만 성숙한 기분 역시 달라질 것이라는 것을 알고 예상하게 되면, 부모는 아이가 다시 실망시키는 모습을 보일 때 크게 충격받거나 낙담하지 않을 것이다.

시간이 지나면서 이런 행동들은 점차 더 높은 수준으로 옮겨갈 수 있다. 아이의 좋은 행동들은 시간이 지나면 더 좋아질 수 있고 최악의 행동을 다뤄야하는 부담은 점차 줄어들 것이다. 하지만 이런 변화는 대개 느리고 점진적으로 일어난다는 것을 명심해야 한다.

⋯ 예민한 아이는 어떻게 느끼는가

우리가 느끼는 것들이 우리를 즐겁게 하고 세상과 우리가 접할 수 있게 해 주는 방법에 대해 생각해 보자. 우리는 뺨을 부드럽게 만져 주면 위로받고, 어깨에 친근하게 팔을 둘러 주면 힘이 나고, 좋은 음악 소리에 힘이 솟는다. 우리는 세탁한 옷의 산뜻한 향을 즐기고 개그맨의 얼굴을 보고 웃는다.

하지만 이런 감각은 과민한 아이에게는 완전히 다르다. 친근한 접촉이 이 아이에게 거슬릴 수 있다. 어떤 소리는 휴대용 확성기에서 나오는 것처럼 들릴 수 있다. 어떤 냄새는 괴로울 수 있다. 심지어 밝은 색에 압도되기도 한다.

　예를 들어, 진한 커피를 연달아 마시고 밤을 샌 후에 록 콘서트에 갔다면 어떤 기분일지 상상해 보라. 아마도 콘서트의 소리들이 귀에 몹시 거슬릴 것이다. 불빛이 번쩍이고 사람들이 꽉 차 있어서 어리둥절하고 공황 상태에 빠질 것이다. 마치 자신과 세상 사이에 보호막이 없는 느낌, 과민한 아이들은 매일 이런 느낌을 받는다. 자신이 삶을 통제하고 있다고 느끼기보다는 세상 온갖 일들이 자기를 공격한다고 느낄 것이다.

　이런 물리적 예민함은 여러 형태를 띤다. 예민한 아이는 간지럼이나 포옹을 싫어할 수도 있다. 수많은 사람을 스쳐 지나가야 하기에 사람이 많은 학교 현관이나 운동장을 가로질러 걸어가면 당혹스러운 느낌을 받을 수 있다. 굵고 낮은 목소리나 큰 기계소리에 예민한 아이는 진저리를 칠 수도 있다. 엄마의 목소리조차도 거슬릴 수 있다.

　어떤 아이들은 움직이는 것에 민감하다. 미끄럼틀에서 빨리 내려가기, 그네에서 더 높이 올라가기, 회전목마 타고 빙빙 돌기와 같이 흔히 아이들이 좋아하는 감각을 싫어한다.

　접촉이나 소리에 대한 예민함처럼 일반적인 것은 아니지만 시각에 민감한 아이도 있다. 이 아이들은 너무 많은 것을 본다. 그들은 눈앞에 있는 것을 너무 의식해서 놀라거나 압도된다. 때로는 전체적인 상보다는 시각상의 일부분에만 반응한다. 예를 들면, 광대의 얼굴이나 만화 인물을 보고 그 일부분—예를 들면, 크고 빨간 입술이나 코 혹은 밝은 오렌지색 머리— 에만 초점을 맞추기 때문에 놀랄 수도 있다. 이들은 이런 특징을 편안하고 재미있는 것의 한 부분으로 보지 못한다.

　예민한 아이들은 감각에 너무 집중되어 있어서 세상을 작은 조각들로 경험하는 경향이 있다. 세부적인 것을 보지만 전체적인 그림을 놓친다. 그런 아이는 예를 들면, 그림을 보게 되면 먼저 세부적인 것부터 묘사한다. "분홍색 꽃이 핀 나무와 꽃이 없는 다른 나무가 보여요." "바닥에 빨간색과 흰색의 식탁보가 있어요. 그리고 네 명의 사람이 식탁보 주위에 둘러앉아 있어요."라고 말할 수 있다. 아이는 이런 방식으로 그림을 통합(숲으로 소풍 간 네 사람)한다.

학교에서, 이런 아이들은 어휘, 철자, 언어 기술과 같이 세부적인 것을 파악해야 하는 과목은 잘할 수 있다. 하지만 과학이나 수학 같은 추상적인 과목에는 어려움을 느낄 수 있다. 요소를 파악하는 능력은 양호하지만, 때로 학교에서 너무 혼란스럽고 정신이 없게 보여 학습장애아처럼 여겨질 수도 있다.

과민한 아이는 지각이 아주 예민하며 세상의 모든 뉘앙스와 미묘함을 지각하는 경향이 있다. 여덟 살인 파니가 부모에게 사회 수업시간에 자신을 흘끗 본 친구에 대해 "몰리는 오늘 나를 이상하게 봤어요."라고 이야기할 수 있다. 이 아이는 타인의 감정에도 매우 예민하다. 표정, 몸짓, 목소리 크기로 다른 사람의 감정을 읽을 수 있다. 하지만 너무 예민해서 때로 타인의 기분과 감정에 지나치게 영향을 받을 수 있다. 이런 아이를 둔 부모는 아이가 좀 더 뻔뻔스러워졌으면 좋겠다고 말하곤 한다.

공간개념을 처리할 때 세세한 것에 집착하는 경향이 있어, 때로는 아이가 길을 잃어버릴 수도 있다. 길눈이 어둡기 때문에 부모와 떨어져 있으면 다른 아이들보다 더 불안해하고 쉽게 공황 상태에 빠질 수 있다. '전체 그림'을 생각할 수 있으려면, 즉 특정한 상황에서 조각들이 어떻게 맞춰지는지를 볼 수 있으려면 공간개념을 머릿속에 그릴 수 있어야 한다.

공간개념의 장애와 더불어서, 과민한 아이는 운동계획―즉, 양말을 신거나 이를 닦고 잠옷을 입고 엄마 아빠에게 잘 자라고 뽀뽀를 하는 저녁 시간의 일과를 기억하는 것처럼, 일련의 행위들을 순서대로 이행하는 데 필요한 기술―에서도 어려움이 있을 수 있다. 아이가 다른 면에서는 매우 영리해 보이기 때문에, 이런 어려움은 부모를 아주 당황스럽게 한다. 문제가 너무 심각해서 선생님이 주의력 문제가 있을 가능성, 심지어 약물 치료가 필요하다는 말을 할 수도 있다.

만일 아이가 말하는 데 어려움이 없고 일관성을 유지하며 말할 수는 있지만 연속적인 동작이 필요한 무언가를 해야 할 때 어찌할 줄 모른다면, 운동계획에 문제를 가지고 있을 수 있다. 이런 아이는 강점인 영역에서 뭔가 할 때는 잘 조직화하여 하지만 취약한 영역을 처리할 때는 혼란스러워 보일 수 있다.

어떤 예민한 아이들은 외부의 감각뿐만 아니라 내적인 힘, 즉 자신의 감정에 의해서도 지나치게 자극받을 수 있다. 이들은 감정을 아주 강하게 경험한다. 그런 아이는 슬플 때 마룻바닥에 주저앉아 흐느껴 울고, 행복할 때 뛰면서 소리 지르고, 화가 났을 때 소리 지르며 벽을 세게 칠 수 있다. 중간 지대가 없다. 가볍게 기뻐하지도 않고, 조금 화가 나는 경우도 없다. 슬픔은 절망적이고, 근육이 쑤시고 배가 아프다거나 다른 통증을 호소할 수도 있다. 내적 경험에 대한 민감성 때문에 감각과 신체의 혼란으로 사춘기를 겪어내기가 특히 힘들 수 있다.

지금까지 일반적으로 아이들에게서 과민함이 어떻게 나타나는지 살펴보았다. 조심스럽고 겁이 많아 보이는 아이가 모두 이런 과민한 아이는 아니다. 또한 이런 신체적 민감성을 가진 과민한 모든 아이가 조심스럽고 겁이 많은 것도 아니다.

··· 예민한 아이에게 피해야 할 양육 방식

　과민한 아이를 양육하는 것은 쉬운 일이 아니다. 하지만 다행히도 과민한 아이가 창조적이고 통찰력 있는 사람으로 성장하도록 도울 수 있는 양육 방식이 있다. 또한 아이의 문제 행동을 강화시킬 수 있는 양육 방식은 미리 알아 피할 수도 있다. 특히 지지적인 양육 방식은 세상을 향해 지나치게 민감한 안테나를 가지고 있는 아이에게 매우 유용하다. 예민한 아이는 타인과 타인의 감정에 잘 반응할 수 있어 다른 사람을 깊이 공감하고 동정을 느낄 수 있다.

　불행하게도 부모와 아이가 문제를 더 심각하게 만들 수도 있다. 예민한 아이의 부모는 극단을 오가기 쉽다. 그들은 공감은 잘 해 주지만 제한을 두거나 아이에게 틀을 제공하는 것에 대해서는 잘 모를 수 있다. 노력이 효과를 내지 못하면, 그들은 경직되고 엄해지며 공감적이지 않게 된다. 이런 패턴을 보이는 것이 이해가 안 되는 것은 아니다. 어떤 부모는 자신이 더 '좋은' 부모(즉, 아이를 더 챙겨 주고 이해하고 더 인내하고 더 반응해 주는 부모)라면, 아이가 더 쉽게 살아갈 거라고 생각한다. 그래서 아이의 응석을 받아 주고 과잉보호하기 시작한다. 엄마는 화가 나서 우는 일곱 살의 딸을 껴안고 주스와 장난감을 주면서 달래려고 필사적으로 노력한다. 부모는 아이가 다시 울지 않도록, 내려놓지 않고 계속 안고 다닐 수도 있다. 아이와 계속해서 놀아 주고 아이가 당황할까 두려워 다른 사람에게 맡기지 않을 것이다. 과민한 세 살배기 아이의 부모는 아이가 잠자리에 들게 하려고 책을 읽어 주고, 놀아 주고, 노래를 불러 주고, 등을 쓰다듬으면서 몇 시간을 보내기도 한다. 아이가 친구에게 거부당하는 것에 당황한 여덟 살 아이의 부모는 아이가 다른 아이들과 노는 날을 정해 주고 아이가 요청하지도 않은 충고를 끊임없이 할 수 있다. 열한 살 아이가 숙제가 많다고 불평하자, 부모가 대신 숙제의 일부를 하고 선생님에게 전화해서 학교 숙제가 너무 많다고 불평할 수도 있다.

불행하게도, 이런 행동들은 아이에게 더 무력하고 의존적이 되라고 가르치는 것이다. 그 결과, 아이는 더 투덜대고 지나치게 많이 요구하는 행동을 보일 수 있다. 서툰 부모가 아이에게 맞춰 주려고 애쓰다가 지쳤을 때 이런 일이 벌어지면, 부모의 헌신적인 모습은 사라지고 그 자리에 분노와 조급함이 자리하게 된다. 아마 부모는 아이의 응석을 다 받아 주는 것이 아이를 위해 좋은 일이라고 믿고 있었을지 모르지만 모든 노력과 염려에도 아이는 더 나아지지 않는다. 이제 부모는 끊임없이 아이에게 고함을 지르고, 심지어 아이를 때리거나 아이가 말하고 행동하는 모든 것에 짜증스럽게 반응할 수 있다. 어떤 부모는 화를 내는 대신 도피하기도 한다. 아이와 정서적으로 거리를 두려고 하며 아이와 관계를 맺지 않고, 놀아 주지도 않는다. 하지만 결과는 같다. 이런 악순환이 계속 되풀이된다. 아이를 보호하고 응석을 받아 주다가 나중에는 다시 분노를 표출하는 패턴이 반복된다. 경우에 따라 이런 감정 상태가 몇 분, 몇 시간, 며칠 혹은 몇 주 만에 반복될 수 있다.

때로 부모는 자신도 모르게 역할을 분담한다. 부모 중 한 명, 종종 엄마는 아이의 응석을 다 받아 주고, 아빠는 화를 내고 강압적으로 아이에게 소리를 질러 복종하게 하려고 한다. 아빠가 고함을 지르면, 엄마는 약해 보이기만 하는 아이에게 미안한 마음을 갖게 된다. 때로는 엄마가 화가 나고 좌절한 사람이고 아빠는 보호적인 태도를 보일 수 있다. 부모가 각각 일관적인 모습을 보인다 해도 아이는 부모의 접근 방법이 다르다는 것을 인식한다. 부모가 이혼하거나 별거 중일 때, 그 차이는 더 클 수 있다. 한쪽 부모는 이혼에 대해 죄책감을 느끼고 아이가 멋대로 하게 내버려 두는 반면 다른 부모는 아이가 버릇이 없는 것에 화를 낼 수 있다. 때로 이런 틀을 가지고 있는 부모는 처벌적인 방식으로 행동할 것이다. 예를 들면, 아이에게 소리를 지를 뿐만 아니라 강압적으로 아이를 다룬다. 아이를 잡고 필요 이상으로 강하게 제지하거나 아이에게 오라고 명령할 수 있다("당장 이리로 와. 그렇지 않으면 알지!"). 민감하지 않은 아이는 그런 행동에 영향을 받더라도 그 영향을 최소화시킬 수 있다. 하지만 예민한 아이에게 큰소리를 듣거나 거칠게 잡히는 것은 큰 재난처럼 느껴질 수 있다.

분노와 과잉보호 사이를 오락가락하는 것은 상황을 악화시킬 뿐이다. 예측불가능한 부모에 대처하면서 아이는 불안하고 안전하지 못하다고 느끼며 혼란스러워한다. 야단스럽게 치켜세우고 부드럽게 다루다가 다음 순간에 거칠게 꾸지람을 하거나 무시하는 부모로 인해 아이는 위축되거나 더욱 반항적이 될 수 있다.

부모는 아이의 행동에 책임감을 느끼기 때문에 아이가 달라지지 않으면 무능감과 부적절감을 느낀다. 속으로 자신이 무능하다고 끊임없이 말하면서 그로 인한 죄책감을 참을 수 없기 때문에 부모는 분노를 보이거나 아이에게서 멀어질 수 있다. 어떤 부모는 아이가 자신이 기대했던 것처럼 순하고 사랑스럽지 않은 것에 낙담하고 슬퍼할 수 있다. 그리고 자신의 실망을 인식하기보다는 아이를 비난함으로써 그것을 덮으려고 할 수 있다. 아이가 자기를 조종하기 위해 그렇게 행동하는 것으로 여기기 시작한다. 과민한 아이의 부모들은 흔히 아이가 자신의 관심을 끌기 위해서 그런 행동을 한다고 말한다.

부모는 이런 불편한 감정으로 인해 매우 경직되게 반응할 수 있다. 화난 엄마가 시리얼에 대해 불평하는 아이에게 "네가 먹을 시리얼은 그거밖에 없어."라고 날카롭게 말할 수 있다. "그러니까 그거 말고는 점심 때까지 아무것도 없어!" 아이에게 악의적인 의도가 있다고 생각할 수도 있다. "우리 아이는 우리 부부가 헤어지길 원해."라고 말하는 부모도 있다. 혹은 "얘는 나를 기분 나쁘게 하려고 저렇게 하는 거야." 혹은 "우리 애는 악마 같아. 나를 잡아가려고 왔어." 극단적인 경우에는 심지어 부모가 아이를 신체적으로 학대할 수도 있다.

어떤 부모는 끊임없이 매달리는 아이에게서 도피하려고 하기도 한다. 아이는 부모 곁에 꼭 붙어 있고 부모는 아이의 존재에 숨이 막혀 하거나 화를 낸다. "난 내 시간을 전혀 가질 수 없어."라고 부모가 절망적으로 말한다. 그래서 부모는 기회만 있으면 도망가려 한다. 전화를 하고 잡지를 읽고 집안일과 순간의 자유를 줄 수 있는 일들로 바쁘다. 하지만 이런 도피 패턴은 부모가 자신을 버리고 도망치려고 한다는 아이의 최악의 두려움을 확인시켜 줄 뿐이다. 그래서 아이는 더 경계하고 매달리고, 그로 인해 부모는 더 숨이 막혀 하고 화가 나게 되며, 이는 아이로부터 벗어나고 싶은 부모의 욕구를 더 자극한다.

··· 예민한 아이를 어떻게 도울 것인가

예민한 아이가 정서적으로 발달하는 데 필요한 기본적인 심리적 경험을 제대로 하게 돕기 위해서 부모는 아이의 민감성을 잘 다루어 주어야 한다. 감각에 쉽게 압도되는 아이에게 성공적으로 대처하기 위해서는 특별한 양육 방식이 필요하다. 재능 있고 영리한 아이일지라도 감각 체계는 아이의 통제하에 있지 않다.

과민한 아이의 부모는 팀이 되어 움직일 필요가 있다. ① 공감, ② 틀과 한계, ③ 주도성 격려, ④ 자기관찰, 이 네 가지 기본적인 요소가 포함되도록 양육 환경을 조성해야 한다.

공감

과민한 아이에게는 다른 아이들보다 더 많은 공감, 동정, 융통성이 필요하다. 동시에 다른 아이들보다 단호함과 제한된 틀도 더 많이 필요하다. 즉, 부모가 당근과 채찍 둘 다를 더 많이 사용해야 한다.

부모들은 종종 나에게 "그렇게 칭얼대고 지나치게 많이 요구하는 아이에게 왜 더 공감적이고 동정적이어야 합니까?"라고 질문한다. 그 이유는 감각 자극이 끊임없이 아이를 괴롭혀 이로 인해 아이가 감당하기 힘든 느낌과 함께 지배당한다는 느낌을 경험하기 때문이다. 이런 아이는 다른 아이들보다 감정을 더 강하게 느끼고 이로 인한 어려움을 겪는다. 곤경에 처한 어른들에게와 마찬가지로 부모는 어려움을 경험하고 있는 자녀에게 동정적으로 반응할 필요가 있다.

그런 동정은 아이의 연령에 따라 형태가 다르다. 가령, 몇 시간째 울고 있고 과잉자극으로 인해 잠들기 어려워하는 8개월 된 아기를 보자. 부모가 아기를 흔들고, 걷고, 젖을 물려도 소용이 없다. 아기는 피곤하지만 안아도 진정이 안 되고 잠들지 못한다. 여러분은 이 아기에게 어떻게 공감할 수 있겠는가? 물론 아기는 부모의 말을 이해할 수 없다. 하지만 여러분은 말하고 바라보고 안는 방식을 통해서 아기에게 여러분이 어떻게 느끼는지를 알려 줄 수 있다. "아가야, 네가 잠들기 힘들다는 것을 알아."라고 따뜻하고 달래는 목소리로 말할 수 있다. "너도 자고 싶지만 안 되는구나." 아기의 감정을 달래 줄 수 있다. 아기를 단단히 그러나 조심해서 안아라. 부모의 온정과 이해심을 아기가 느끼게 해주어라. 촉감과 감정에 대한 아기의 민감성을 활용하라. 아기는 여러분의 달래 주는 태도를 인식할 수 있을 것이다. 아기의 행동은 아기의 신체적 상태에 영향을 받고 있음을 기억하라. 고의적으로 혹은 악의적으로 이렇게 하고 있는 것이 아니다. 아기를 안정시키기 위해 등을 꼭 누르고 살살 흔들 때 리듬을 다르게 해서 아기가 언제 안정이 되는지 실험할 수도 있다.

물론 부모가 몹시 지쳐 있을 때 온정적인 정서를 유지하는 것이 쉽지는 않다. 하지만 분노로 반응하면("지금 당장 멈춰!") 아기를 더 힘들게 하고 더 울게 한다는 것을 명심해야 한다.

소음과 접촉에 의해 지나치게 흥분하는 18개월 된 아기는 원하는 대로 못하면 오래 짜증을 낼 수 있다. 이 아기는 새로 생긴 세 가지 장난감에 오빠가 손도 못 대게 한다. 이 아기는 바닥에서 앞뒤로 구르고 화가 나서 소리를 지르고 있다. 이제 여러분은 편안함과 안전감에 대한 과도한 욕구를 다루는 것과 욕심에 대처하는 방법을 배우도록 돕는 것 사이에서 줄타기를 할 필요가 있다. 아기의 심정을 공감하지만 보다 단호한 어투여야 한다. "네가 몹시 화났다는 것을 알아."라고 말할 수 있다. "그리고 네가 장난감을 다 갖고 싶어한다는 것도 알아. 하지만 오빠도 그중 하나를 가지고 놀고 싶어해." 그리고 오빠를 가리킬 수 있다. 그러고 나서 확고하지만 지지적인 목소리로 아이와 협상을 할 수 있다. 아마 오빠는 새로운 장난감 중 하나를 가지고 놀기 위해 여동생에게 자기 장난감 중 하나를 가지고 놀 수 있게 해 줄 것이다. 다시 말하면, 부모는 아기의 분노를 인식하고 공감적인 태도를 취한다. 하지만 과도하게 공감을 하거나("오, 불쌍한 내 새끼!") 장난감 중 하나를 잡고 "그렇게 욕심 부리면 안 돼."라고 화가 나서 말하면서 벌을 주는 '경찰'처럼 하지는 않는다. 협상하면서, 부모는 아이의 특별한 욕구를 존중하고 동시에 이기심에 대처하는 방법을 가르치고 있다. 앞에서도 언급했듯이, 아이가 부모의 말을 다 이해하지 못할 수도 있다. 하지만 부모의 목소리에 들어 있는 공감과 단호함을 들을 수 있고 부모의 얼굴과 자세에서 이를 읽을 수 있다.

어떤 부모는 이런 태도가 자연스럽게 나온다. 하지만 많은 사람들은 이런 태도를 보이기 위해 의식적으로 노력해야 한다. 한편으로는 아이의 욕심이 과한 것이고 다른 한편으로 보면 탐욕인데, 이걸 보고 과잉 보호하거나 혹은 지나치게 벌을 주고자 할 때는 의식적으로 노력해야 한다.

파티에서 후식 테이블에 있는 걸 다 원하더라도 하나만 선택할 수 있다는 이야기를 들은 네 살 아이는 어떻게 할까? "하나는 싫어."라고 울부짖기 시작한다. "더 줘!" 부모는 아마 "여기 있는 사탕과 케이크를 모두 먹을 건 아니지?"라고 말할 것이다. "네 눈을 보니까 여기 있는 걸 다 먹을 수 있다고 자신하는 모양이야." 아이는 점점 더 화가 나고 부모의 목소리는 계속 공감적이지만 더 확고해진다. 여기서 핵심은 아이의 감정이 부모가 좋아하지 않는 것이라 할지라도 아이의 감정에 공감해 주는 것이다. 종종 부모들은 아이의 감정에 공감하면 그것이 아이의 그 감정을 격려하거나 강화시킬 것이라고 생각한다. 하지만 공감은 아이가 자신의 감정이 어떤 감정인지 인식함으로써 그것을 모호한 감각으로 경험하기보다는 그 감정을 인식하고 이름을 붙일 수 있도록 돕는다. 공감은 부모와 자녀 사이의 친밀감을 만들어 낸다는 것을 명심해야 한다. 그것은 중요하다. 공감해야 할 특정 감정을 매번 정확하게 추측할 필요는 없다. 목표는 아이의 경험을 이해하고 이를 측은히 여기는 것이며, 이를 통해 부모와 아이 사이에 친밀감을 조성할 수 있다.

이 네 살 아이가 케이크를 더 집으면 아빠는 재빨리 아이의 손을 막고, 아이가 짜증을 내기 시작하면 확고한 목소리와 단호한 눈빛으로 중재해야 한다. 아빠는 "식탁 위에 맛있는 것들이 너무 많아서 힘들다는 거 나도 알아."라고 빨리 말한다. 그리고 아이가 울면 아이 등에 손을 대고 문질러 준다. 아빠는 딸에게 소리치고 강제하지 않는다. 그리고 세 조각의 케이크를 더 주면서 아이에게 선심을 쓰거나 지나치게 응석을 받아 주지도 않았다. 아빠는 확고하지만 따뜻하고 동정적이었다. 모두 알다시피 말하기는 쉽지만 실제로 그렇게 행동하기는 어렵다!

예민한 아이가 학교 다닐 무렵이 되면 아이의 과민함은 부모에게 매달리고 부모 곁을 떠나는 것을 두려워하는 것으로 나타난다. 아이가 학교에 있는 동안 여러분이 어디 있을지 불안해하는 아이의 마음을 특히 공감해 주고 싶을 것이다.

여러분은 "내가 밖에 나가 있지 않았으면 하는구나."라고 부드럽게 말할 수 있다. 그리고 어디에 있을지 아이가 머릿속에 그림을 그릴 수 있도록 도와준다. 가상놀이를 사용하는 것도 한 가지 방법이다. 예를 들면, 블록을 가지고 아이의 학교를 재현할 수 있다. 장난감 차와 버스를 이용해서 엄마와 아빠가 직장, 집, 학교로 어떻게 오가는지를 보여 줄 수 있다. 또한 아이를 직장에 데리고 갔다가 학교에 아이를 데려 가도 되는데, 그렇게 하면 아이는 부모가 얼마나 떨어져 있는지를 이해할 수 있다. 이를 통해 아이는 부모와 떨어져 있을 때도 부모를 상상할 수 있다.

때로 매달리는 아이로부터 벗어나고 싶을 수도 있다. 하지만 아이는 부모가 느끼는 이런 욕구를 알아채고, 부모를 더 꽉 붙들고 날카로운 눈으로 쳐다보며 부모를 더 단속하려 할 것이다. 아이로부터 벗어나고 싶은 욕구는 아이가 절실히 필요로 하는 안전감을 아이에게 심어 줌으로써 대체시키는 것이 필요하다. 아이와 기꺼이 함께 시간을 보내고 싶어 한다는 것을 아이가 알 수 있도록 여분의 시간을 할애해야 한다. 여분의 시간을 보내는 유용한 방법은 뒷부분에서 '플로어 타임(floor time)'*이라고 기술하고 있다. 가까워지고 싶은 욕구를 공감해 주어라. 그 후에야, 여러분은 휴식을 취하고 아이로부터 벗어나고 싶은 욕구를 채울 수 있으며, 한계를 설정하고 아이에게 때로 엄마, 아빠만의 시간이 필요하다는 것을 가르치는 것이 가능해진다.

"절대 나를 떠나면 안 돼요!"라고 분노하면서 매달리는 아이에게 공감하는 것은 특히 어려울 수 있다. 예를 들면, 어떤 아이는 친구와 아이스크림을 사러 나가거나 친구 부모들과 공원에 갈 때는 부모와 잘 떨어진다. 하지만 부모가 둘만의 시간을 갖기 위해서 아이를 보모에게 맡겨 놓고 나가려 하면 몹시 분노한다. 그래도 부모는 아이를 공감할 수 있다. 아이가 강하게 느끼는 감정에 대해 공감하고 이를 말과 정서를 통해서 전달해야 한다. 아이가 느끼는 감정이 두려움이기보다는 분노일 때 그 분노에 공감하려고 노력하는 것이 도움이 된다. "우리가 놀러 나갈 때 네가 싫어한다는 걸 알아."라고 말할 수 있다. "하지만 너도 알다시피 엄마 아빠 역시 때로는 밖에 나갈 필요가 있어."

예민한 아이가 학교에 들어가면, 놀이터의 정치, 즉 또래 관계가 민감성을 자극할 것이다. 성장하면서 접촉에 민감해지고 감정에 쉽게 압도되어 왔던 아홉 살 아이가 제일 친한 친구라고 여겼던 친구에게 자신이 두 번째로 친한 친구였다는 것을 알게 되어 매우 낙담할 수 있다. 부모들은 아이가 슬퍼하고 낙담할 때 특히 힘들다. 이런 감정은 대처하기 힘든 감정 중 하나이기 때문에 부모들은 아이들이 이런 감정으로 힘들

---

* 역자 주 – 플로어 타임은 아이와 온정적이고 친밀하게 관계를 맺어 가는 방법으로, 아이의 정서적 및 사회적 발달을 증진시키기 위해서 Greenspan에 의해 고안되었다. 아이의 욕구와 흥미, 감정을 이해하는 일련의 양방향적인 소통을 통해서 아이가 마음속에 있는 것을 동작, 말, 가상놀이를 통해서 표현할 수 있도록 돕는 데 초점을 둔다.

어하는 것을 보고 싶어하지 않는다. 예민한 아이는 감정을 강하게 느끼기 때문에 이런 상황에서 예민한 아이의 부모와 아이들이 특히 힘들다. 하지만 부모는 아이들이 이런 힘든 감정을 정면으로 대하고 상실감과 실망감을 견디는 것을 배우고 발전시켜 나가도록 도와줄 수 있다. 아이의 감정이 아무리 극단적이거나 비현실적인 것처럼 보여도, 아이에게 공감하도록 노력해 보기 바란다.

"난 공허해―아무도 나를 좋아할 것 같지 않아."라고 흐느끼며 말할 수도 있다. 공허감에 '아무도 나를 좋아하지 않을 것'이라고 과잉일반화하면, 잠시 동안 그 감정을 돌아볼 수 있도록 도와야 한다. 예를 들면, 여러분도 내적으로 공허감을 경험할 때가 있으며, 그 느낌이 사라지지 않을 것 같은 기분이 듦을 알고 있음을 알려 주는 것이 좋다. 그렇게 함으로써 아이가 더 나아가서 "나는 그걸 참을 수 없어. 너무 외로워. 모든 사람이 친구가 있는데 나 혼자만 남게 되면 당황스러워."라고 관련된 감정을 표현하도록 도울 수 있다.

아이가 어려움을 표현할 때, 여러분은 아이가 못나고, 당황스럽고 화가 나는 느낌과 공허감 사이에서 왔다갔다 하는 것을 볼 수 있다. 감정을 분석하려고 하지 말고 그 대신 자기 감정, 특히 공허감처럼 상실과 관련된 감정에 대한 '시인(poet)'이 되도록 아이를 도와야 한다.

처음에는 아이가 감정을 많이 드러내지 못할 수도 있지만 아마 다음 날에는 조금 더 드러낼 수 있을 것이다. 핵심은 아이가 자신의 고통스러운 공허감, 모욕감, 분노감과 함께 당신의 따뜻함과 수용을 경험하도록 돕는 것이다. 단지 버티기만 하면 된다. 너무 많이 말하려고 하지 않기를 바란다. 그저 아이를 진정시키고 편안한 존재가 되어 주면 된다. 이를 통해 아이에게 상실감과 공허감이 인간 드라마의 한 부분이라는 것을 알게 해 주라. 그러면 여러분은 나중에 아이가 새로 사귄 친구나 새로 알게 된 집단에 대해 이야기할 때 아이를 지지할 수 있는 위치에 있게 되고 아이가 긍정적인 감정을 더 많이 갖도록 도울 수 있다.

어떤 감정은 고통스럽다. 이는 의심의 여지가 없다. 하지만 그런 감정이 관계의 한 부분으로 경험되면 아이는 거기에 대처하려고 노력하고 더 이상 외로움을 느끼지 않는다. 아이는 감정을 견디는 것을 배울 것이고 감정에 의해 황폐화되지 않을 것이다.

만약 당신의 아이가 "아무도 나를 안 좋아할 거야."라고 말하면, 그리고 여러분이 다른 주제로 빨리 옮겨가고자 하거나, 혹은 아이에게 실제적인 충고를 퍼붓고 성급한 충고를 하면("걔는 너무 나쁘다. 대신 다른 친구들이 많이 있잖아. 베스, 스테이시, 리도 있고. 내가 그 애들에게 전화해서 초대할게."), 아이에게서 중요한 기회를 빼앗는 것일 수 있다. 아이는 "나는 그런 슬프고 외로운 감정에 대해 듣고 싶지 않아."라는 메시지를 전달받는다. 그러면 감정은 억압되고 더욱 은밀하게 되어 그런 감정들을 혼자만 간직하게 된다.

구조와 한계

예민한 아이에게는 강한 공감이 필요하며 불평하기, 매달리기, 때에 따라 공격적인 행동도 단호하면서도 애정 어린 태도로 다루어야 한다. 여러분은 온정, 연민에 틀을 만들어 주고 한계를 둠으로써 예민한 자녀를 더 잘 도울 수 있다. 예민한 아이들은 때로 자신의 신체가 통제를 벗어난 것 같은 느낌을 받는다는 것을 기억해야 한다. 이 아이들은 자신의 삶에 대한 통제감을 느끼기 위해서 제한과 틀이 필요하다. 차분하게 틀을 만들어 주는 것이 쉽지는 않다. 아이가 자제력을 잃으면, 이에 부모도 동요되어 소리 지르고 고함치고 울기도 하는데, 이는 아이의 분노를 더 돋울 뿐이다. 강압적인 부모도 있다―아이를 꾸짖고 위협한다("그만두는 게 좋을 거다. 안 그러면 알지!"). 때로는 아이를 거부하고 유기할 거라며 협박한다. 나는 한 엄마가 "그만두지 않으면 차에 가둘 거야."라고 말하는 것을 들은 적도 있다. 어떤 부모는 아이를 무시하거나 아이에게 무관심하고 거리를 두며 정서적으로 차단한다. 어떤 사람들은 아이를 때린다.

부모 자신도 통제를 벗어난 것 같은 느낌이 들고 자극에 압도될 수 있는 인간이기 때문에 부모와 아이 둘 다 극도로 흥분하면 상황을 더 악화시킬 수 있다는 것을 명심해야 한다. 적어도 어른인 우리는 자신을 관찰하고, 진정시키고, 누그러뜨리는 과정에 들어가기가 아이보다 수월하다.

부모가 예민한 아이에게 제약을 가하는 가장 좋은 방법을 알고 싶어 하면, 나는 곰돌이 소방관(개인의 책임감에 대한 단호한 메시지를 전달하는 덩치 큰 상냥한 곰, "너만이 산불을 예방할 수 있어.")을 떠올리게 한다. 이 아이디어는 테디베어(단호하지만 항상 온화하고 상냥한 이미지)와 비슷하다. 아이에게 주는 전체적인 메시지는 '나는 너의 편이다.' 라는 것이다. '내가 너를 사랑하기 때문에 이렇게 하는 것이다.' 가 아니다. 테디베어처럼 확고하게 한계를 설정하면서 사랑을 전달한다.

예를 들면, 8개월 된 아기가 심하게 울면서 거실 바닥 중간에 앉아 있다. 당신은 집안일을 해야 하는데 아이는 당신에게 계속 놀아 달라고 한다. 아이는 장난감을 집지 않고 당신이 장난감을 손에 쥐어 주기를 원한다. 아이는 당신에게 기어오지 않은 채 당신이 자기를 안아 주기를 기대한다. 앞에서 말한 큰 곰을 떠올려 보라. 당신이 아이 손 앞 5센티미터 정도 되는 곳에 아이의 관심을 끌 만한 장난감을 놓고 "네가 집을 수 있을 거라고 생각해. 네가 집을 수 있어."라고 단호하지만 다정한 목소리로 이야기한다. 목소리 톤과 얼굴표정을 통해서 확고함을 표현한다. 물론 아이는 당신의 말을 이해하지 못할 것이다. 하지만 당신의 다정하면서도 확고한 목소리 톤은 인식할 수 있다.

당신과 언니를 때리고 물려고 하면서 짜증내는 18개월 아기에게는 더 확고하게 해야 한다. 다시 말하지만, 말은 이해하지 못하지만 목소리 톤, 자세, 몸짓, 얼굴표정은 이해할 것이다. "안 돼."라고 아이 앞에서서 머리를 흔들면서 확고하게 말할 수 있다. "때리면 안 돼." 그게 안 되면, 목소리를 조금 더 올려서 좀 더 강조해야 한다. "안 돼. 때리면 안 돼." 만일 계속 반응하지 않으면 더 강조해야 한다. "안 돼. 때리면 안 돼. 지금 농담이 아니고 정말이야!" 목소리가 점점 완고하고 굵어진다. 얼굴표정은 점점 더 심각해지고 손으로 아이가 더 이상 못 때리도록 제지한다.

신체와 목소리를 통해 아이에게 물거나 때리면 안 된다는 것을 분명히 이해시키려고 하면서 점점 더 강도를 높여 간다. 1에서 10까지의 눈금자로 생각하면, 1이나 2에서 시작하여 점차 8까지 올라간다(하사관이 훈련을 받지 않은 신병에게 하는 것과 비슷하다.). 필요하면 아이를 물리적으로 제한해야 한다. 하지만 테디베어의 태도를 기억해야 한다. 고통이나 처벌을 가하지 않고 그저 아이를 감싸고 꽉 붙잡는다. 그리고 아이를 잡고 있으면서 확고하지만 달래는 목소리로 진정하라고 이야기한다. 더 나이가 많은 아이일 때, 아이가 당신과 예전에 협의한 방침을 거스르는 경우, 예를 들어 형제를 다치게 하거나 중요한 물건을 부순다면, 아이와 이미 논의한 제재를 가하면서 한계의 중요성을 더 강조한다. 이런 식으로 하면 아이는 제재가 이행되고 있다는 것에 충격을 받지 않을 것이며, 논리적으로 자신의 행동을 생각해 볼 수 있다. 이런 제재는 아이가 유의해서 자신의 행동을 생각해 보고 습관을 변화시킬 수 있을 만큼 강해야 한다. 하지만 아이의 발달을 저해하는 행위를 해서는 안 된다. 예를 들면, 벌을 주기 위해 아이를 학교에 보내지 않고 집에 있게 함으로써, 발달적으로 필요한 경험인 또래와 어울릴 기회를 박탈하는 것은 바람직하지 않다. TV를 없애거나 특별한 장난감을 못 가지고 놀게 하고 어떤 활동을 못하게 하거나 집안의 허드렛일을 시키는 것 등은 아이의 발달에 필요한 기회를 박탈하지는 않는다.

이런 제재는 아이를 화나게 할 것이다. 하지만 부모에게 화를 내더라도 부모는 아이와 긍정적이고 위로하는 관계를 유지하고 싶어한다. 그렇다고 벌을 주고 나서 바로 아이를 와락 껴안으라는 것은 아니다. 그렇게 하면 인위적인 느낌이 날 것이다. 하지만 아이가 입을 삐죽거리고 여러분을 안 보려고 하면 "네가 나에게 화난 거 알아."라고 말할 수 있다. 또한 여러분이 이야기하는 것을 아이가 새겨듣고 따라야 한다고 말할 수 있다. 아이가 정한 규칙을 잘 지켜서 여러분이 아이와 싸우는 일이 없었으면 좋겠고 여러분이 아이가 규칙을 잘 지킬 수 있도록 도와줄 거라고 말해 주는 것이 좋다. 이런 이야기를 할 때는 아이가 여러분에게 화가 나 있음을 인식하고 위로를 담아 현실적인 목소리 톤으로 상황의 진지함을 아이가 느낄 수 있도록 전달해야 한다. 여러분은 이와 함께 계속해서 아이의 행동과 여러분을 향한 아이의 분노가 둘 사이의 지지적이고 안심시켜 주는 기본적인 관계를 결코 해치지는 않는다는 메시지를 전달해야 한다.

라포와 한계 설정은 서로 협력해야 하는 부분임을 잘 알고 있어야 한다. 한계 설정이 늘어나면 공감도 늘려야 한다. 친구가 자신의 장난감을 함께 가지고 놀려고 해서 화가 난 다섯 살 아이를 보자. 집에 친구가 놀러오면 장난감을 함께 가지고 놀아야 한다고 가르쳤다. 아이는 "그렇지만 친구가 장난감을 다 망가뜨리면 어떡해?"라며 울부짖는다. 접촉에 극단적으로 예민한 조그만 여자아이다. 이 아이는 자신이 약하고 민감하고 쉽게 깨어질 것처럼 느끼기 때문에 장난감이 쉽게 부서질 것이라고 걱정하는 것을 이해할 만하다. 물론 이걸 안다고 해서 아이의 짜증을 참아 줘야 하는 것은 아니다. 여러분은 18개월 된 아이에게 했던 것과 동일한 단계를 강도를 좀 높여서 밟아 갈 수 있으며, 이번에는 "함께 가지고 노는 거야."라는 여러분의 입장에 대한 설명을 덧붙이는 것이 좋다.

하지만 아이의 두려움에 공감할 수도 있다. "네가 생각하기에 장난감이 부서질 것 같으면 친구에게 장난감을 가지고 놀게 하기가 어렵겠다."(특히 깨지기 쉬운 물건은 아이가 거들게 해서 치울 수도 있다.)

가능하면 한계를 설정할 때 아이도 참여해야 한다. 예민한 아이는 때때로 통제 불능이라고 느끼기 때문에 이것이 특히 중요하다. 예를 들면, 여덟 살 아이가 부모와 협동해서 제재를 선택할 수 있다. 아이가 숙제를 하지 않고 "선생님은 나를 미워하고 어떻게 해도 나한테 나쁜 점수를 줄 거야." 하고 심술이 나서 말한다. "그런데 재미없는 숙제를 하는 게 무슨 소용이 있어요?" 아이가 매일 밤 해야 할 일을 하지 않았을 때, 부모와 아이는 벌(TV를 못 본다거나 집안일을 좀 더 하기와 같은)을 정하는 것에 대해 논의할 수 있다. 동시에 여러분은 선생님이 자신을 싫어한다는 느낌과 이런 느낌이 들 때 얼마나 기분이 안 좋은지에 대해 공감해 줄 수 있다.

주도성 격려하기

수동적이고 무기력한 느낌은 아이는 물론이고 누구나 불편하게 만든다. 이런 느낌이 지속되면, 아이는 주장적이지 못한 자신에게 화가 나고 절망감을 느낄 수 있다. 어떤 아이들은 성인처럼 우울감을 경험하거나 심지어 죽음과 관련된 생각(살고 싶지 않다는)을 하기도 한다.

이런 태도에 대한 한 가지 해독제는 아이가 보다 많은 안전감과 애정을 경험하고 자신에 대해서 보다 만족하고 독립감을 느낄 수 있도록 돕는 것이다. 앞서 이야기한 여덟 살 아이와 같이, 부정적인 감정이라도 아이의 감정에 귀를 기울이고 공감해 주며, 아이가 학급에서 보다 주장적이 되고 자기 일을 숙달할 수 있는 방법을 찾도록 많이 돕는다면, 이는 아이에게 긍정적인 감정을 느끼게 해 줄 것이다. 선생님이 통제적이거나 이해심이 적을 때도 아이가 선생님을 대하는 방법을 찾아보도록 도울 수 있다. 예를 들면, 아이가 선생님을 무시하고 주목하지 않을 때 선생님의 화난 표정이 나타난다는 것을 아이가 알도록 돕는다. 그것 때문에 선생님이 화가 나기 때문에, 아이와 선생님이 서로 기분을 상하게 하는 사이클이 생길 수 있다. 아이가 선생님에게 속도를 늦추고 반복해 달라고 요청하도록 도움으로써 보다 긍정적인 분위기가 만들어질 수 있다. 부모가 이를 개인 면담 시간에 선생님에게 이야기할 수도 있다.

　마술 같은 치료 방법은 없다. "아냐! 너는 아주 착한 아이니까 선생님은 정말 너를 좋아할 거야."처럼 아이를 빨리 안심시킨다고 해서 아이의 자아상이 변하지는 않는다. 왜냐하면 아이의 자기개념은 선생님과의 경험과 이미 아이 내부에 형성되어 있던 태도로부터 점진적으로 만들어졌기 때문이다.

　주도성을 격려하는 것을 일찍 시작할 수도 있다. 장난감을 스스로 집지 않고 부모가 집어 주기를 원하는 8개월 된 아기에게, 부모는 손 몇 센티 앞에 장난감을 두고 아이가 그것을 잡으러 오도록 부드럽게 격려할 수 있다. 방관적 입장에서 아이를 격려하라. 아이가 눈물을 흘리고 소리를 지르며 너무 어렵다고 말하면 "넌 할 수 있어."라고 말한다.

　항상 다리를 붙잡고 매달리며 장난감과 음식을 가지고 자기를 시중

들어주고 관심을 보여 주기를 기대하는 두 살배기 아이에게, 가상놀이를 통해 아이의 주장성을 키울 수 있다. 예를 들면, 당신과 아이가 장난감을 가지고 소꿉놀이를 하다가 아이의 두 인형이 서로 싸우기 시작하더니 곧 뽀뽀하고 빠르게 화해하는 것을 보았다. 당신은 인형들이 화난 감정에 대해 어떻게 했는지 물어볼 수 있다. 아니면 한 인형에게 말을 걸기 시작한다. "난 아직 화해할 준비가 안 됐어."라고 한 인형이 소리를 지른다.

핵심은 아이가 화난 감정이나 대립되는 감정을 정교화하도록 돕는 것이다. 만약 아이가 갈등에서 도망쳐서 너무 빨리 화해를 하려고 한다면, 분노가 두려워서 그러기가 쉽다. (단 1~2분 만이라도) 아이가 분노에 더 오래 머물도록 도우면 시간이 지나면서 아이는 분노 감정이 그렇게 무서운 것이 아님을 알게 될 것이다. 부모라는 존재가 주는 안전감이 이 과정을 도와줄 것이다. 아이는 사랑이 인생의 한 부분이듯이 분노와 갈등 역시 그러함을 알게 될 것이다. 아이는 분노와 사랑이 함께 있을 수 있다는 것을 배움으로써 나이를 먹어 가면서 문제로부터 달아나기보다는 문제를 해결하려고 할 것이다.

부모의 태도는 주도성을 격려하는 데 큰 역할을 차지한다. 당신은 무심코 아이를 과잉보호하고 있는가? 대신 떠맡아 해 주는 부모는 아이가 더 수동적이 되도록 조장하는 것이다. 그것은 빠지기 쉬운 함정이다. 우리는 아이를 갈등이나 싸움으로부터 보호하는 것이 아이를 돕는 것이라고 생각한다. 하지만 이런 행동은 아이의 수동성과 무력감을 심화시킬 뿐이다. 부모가 완전한 책임을 지거나 또는 아이에게 어떻게 생각해야 하는지 말해 주는 것을 피하라. 부모의 목표는 아이가 스스로 책임지는 것을 배우도록 돕는 것이며 이는 점진적인 과정이다.

아이가 주는 도전을 기꺼이 감수하라. 아이가 부모와 대결하려고 한다면 이는 진정한 주장성의 신호다. 만약 아이가 취침 시간 때문에 당신과 싸우려고 한다면("아빠! 이제 겨우 9시예요."), 아이가 더 늦게까지 안 자도 되는 이유를 말하게 하라. 아이는 "나 내일 학교에 안 가도 되고, 더 보고 싶어요."라고 말할 것이다. 때로 아이의 주장에 일리가 있다고 판단되면 설득되어도 좋다.

당신이 융통성을 보이면, 아이에게 융통성을 가르치고 있는 것이다. 다음날 학교에 가지 않는 밤에 TV를 30분 더 보는 것에 대해 융통성을 발휘하는 것은 아이에게 무언가 위험한 일을 하게 하거나 숙제를 하지 않아도 된다고 하거나 다른 아이를 다치게 하는 것이 아니다. 부모의 융통성이 아이의 융통성을 이끌어 낸다. 경직된 부모는 아이도 경직되게(반항적이고 거부적인 형태의 경직성 또는 수동적이고 조심스러운 형태의 경직성) 만들 수 있다. 아이에게 융통성 있는 태도를 유지함으로써 아이가 주장을 잘하고 독립적이 되도록 도울 수 있다.

자기관찰을 격려하기

예민한 아이가 자신의 감정과 민감성을 자각하도록 함으로써 아이의 대처 능력을 키울 수 있다. 지나치게 예민한 아이들은 종종 자신의 감정에 압도되고 다른 아이들보다 강하게 감정을 경험하기 때문에 감정을 변별하고 명명하려면 도움이 필요하다. 예민한 아이는 자신의 감정에 대해 '시인(poet)'이 될 필요가 있다. 그러면 감정에 상징적인 형태를 부여함으로써 감각에 압도되지 않을 수 있다. (이 단계를 성취하지 못한 성인도 있다. 그들은 감정에 압도된다고 호소하지만 자신이 느끼는 행복, 좌절, 분노, 실망에 대해 구체적으로 말하지 못한다.)

먼저 아이가 감정을 정교화하도록 도와야 한다. 예민한 아이는 다른 아이들보다 감정에 이름을 붙이는 것을 더 잘해야 한다. 학교에서 화가 나서 집에 돌아온 아이를 붙잡아라. 엄마가 아이에게 무슨 일이 있었는지 물으면, 아이가 말할 수 있는 것은 "기분이 안 좋아. 무서워."다. 엄마가 조금만 격려한다면 아이는 한 무리의 친구들이 자신과 놀아 주지 않았다고 밝힐 것이다. "쉬는 시간에 혼자야, 나만 혼자야." 하지만 아이는 외롭거나 슬픈 것 혹은 그 아이들이 심술궂게 굴어서 화가 난 것을 명료하게 표현할 수 없을 것이다. 엄마가 다른 아이들이 친절하지 않았을 때 얼마나 힘들었는지 계속 공감해 주고 자신이 어렸을 때 비슷한 경험을 했던 것을 이야기하면서 대화를 지속할 수 있다. "나는 정말 외로웠고 방황했어. 그리고 때로는 미칠 것 같아서 그런 심술궂은 아이들에게 소리 지르고 싶었어." 부모가 그렇게 공감하고 격려하면 아이는 자신의 감정을 더 세부적으로 묘사할 수 있다고 느낄 것이다.

부모들은 왜 아이에게 보다 막연한 느낌에서 슬픔, 외로움 혹은 분노와 같은 보다 구체적인 감정으로 들어가도록 격려하는 것이 도움이 되는지 궁금할 것이다. 어쨌거나 그렇게 해서는 학교에서 생긴 문제가 해결되지 않는다고 생각할 수도 있다. 아이는 여전히 놀이터에서 배제되어 있을 수 있다. 하지만 어른과 마찬가지로 아이들도 아주 구체적으로 자신의 감정을 자각하고 그것을 자신이 믿는 사람에게 표현할 수 있어야 더 나은 대처전략과 해결책을 발전시킬 수 있다. 구체적인 감정을 자각하는 것은 자신에 대한 중요한 정보와 특정한 상황을 어떻게 처리해야 하는지에 대해 가치 있는 정보를 제공한다.

외로움, 슬픔 혹은 분노를 단지 '무서운' 혹은 '나쁜' 것으로만 경험하는 아이는 자신이 처한 어려움에 대해 스스로를 비난하고 자기패배적인 행동을 할 가능성이 더 크다. 반면에 아이가 슬프고 외롭고 화난 감정에 대해 자각한다면 어떤 경우에는, 잘 안 되는 관계는 저버리고 다른 관계를 찾을 가능성이 크다. 예를 들면, 아이는 함께 어울릴 다른 집단을 찾을 수 있다. 게다가 자신의 분노를 자각하는 아이는 상황을 바꾸기 위해 자기주장적인 행동을 할 수도 있다.

부모로서 당신은 아이가 자신과 자신의 성향에 대해 '깊이 생각해 보는' 태도를 발달시키도록 도울 수 있다. 만약 아이가 어떤 음식을 먹기를 거부한다면 "어떡하지? 이런 것들은 네가 먹기 힘들구나. 그렇지? 아마 네 입에는 맛이 없나 보구나."라고 관찰하는 것부터 시작할 수 있다. 혹은 아이가 "양말 때문에 발이 아파요."라며 양말을 신기 어려워한다면 공감해 줄 수 있다. "내가 보기엔 발가락 사이에 큰 솔기가 있는 양말이어서 발이 아픈 것 같아."라고 말할 수 있다. "네 발은 좋아하는 것이 무엇인지 잘 아는구나. 그리고 너는 매우 화가 나고 때로는 누군가 이 양말을 신으라고 제안하기만 해도 짜증이 나는 것 같아. 사람들은 너의 발이 느끼는 것을 모를 수도 있어."

당신의 목표는 아이가 자신의 민감성에 대해 회피, 분노 혹은 통제적인 행동으로 반응하는 것 이상을 하도록 돕는 것이다. 당신은 아이가 자신이 민감성을 가졌고 그 민감성에 대한 감정들이 있고 민감성을 극복할 수 있는 방법들을 가지고 있음을 인식하도록 도와야 한다.

아이의 독특한 특성에 대해 당황하지 마라. 아이의 민감성에 대해 유쾌하게 말하는 것을 배워라. 그리고 항상 아이의 행동을 존중하라. 부모가 존중해 주면 아이는 그걸 느끼고, 더 자신 있고 편안해질 것이다. 아이의 개인차를 존중하거나 혹은 심지어 존경한다고 해서 아이가 세상이 자신의 특별한 욕구를 모두 채워 줄 것이라고 기대하는 폭군으로 변하는 것은 아니다. 당신과 아이가 아이의 신체적 기질에 대해 같이 존중할 수 있으면 협동적인 태도가 생길 것이다(어쨌든, 아이는 그 발을 가지고 살아야 한다.). 여기서부터 당신과 아이는 함께 정서적 융통성을 증가시키기 위한 노력을 시작할 수 있다. 그 발을 가지고 살아야 하지만, 그렇기 때문에 시간이 흐르면 아이는 융통성 있는 것이 자신에게 득이 된다는 것을 느끼고 발 때문에 자신의 목표와 즐거움이 방해되지는 않게 할 것이다.

완성을 향한 작은 단계들

예민한 아이는 뜻밖의 일이나 갑작스러운 변화를 싫어한다. 압력을 가하면 아이들은 압도되었다고 느낀다. 과민한 아이들은 한 번에 발가락 하나씩 물에 적실 필요가 있다. 부모가 다른 방에 가려고 하면 짜증을 내며 부모에게 매달리는 세 살 아이를 생각해 보자. 하지만 당신은 부엌에서 저녁 요리를 해야 한다. 첫 번째로 당신은 아이를 데리고 갈 수 있다. 아이는 당신에게 매달리는 것이 아니라 보조 요리사가 될 수 있다. 당신이 요리하고 있는 동안 아이는 당신의 발 밑에서 자신의 냄비와 팬을 휘저을 수 있다. 그리고 다음으로 아이는 당신이 아이에게 말하고 요리하는 동안 부엌 식탁에서 놀 수 있다. 다음날, 다음 주에 아이는 점차 당신이 이야기하고 요리하는 동안 다른 방으로 옮겨갈 수 있다. 아이에게 큰 소리로 이야기하거나 가끔 아이를 체크하면서 아이를 다른 방에서 놀게 할 수 있다. 이런 방식으로 차츰차츰 당신은 아이가 독립적이 되도록 돕는다. 이전에는 아이가 직접 당신을 보고 접촉하고 냄새를 맡아야 했는데 이제는 가끔 당신의 목소리를 듣기만 해도 된다. 이런 점진적인 과정을 통해 아이는 당신이 항상 자기 앞에 없거나 멀리 있어도 당신을 마음속에서 떠올리는 것을 배운다.

* * *

지금까지 과민한 아이가 보이는 까다로운 행동에 관해 살펴보았다.

아이는 접촉, 소리, 움직임, 심지어 갖가지 광경에 대해 특별한 신체적 민감성을 가지고 있다. 이로 인해 아이는 일상적인 사건에 압도되거나 두려움을 느낄 수 있다. 어리지만 똑똑하기 때문에, 아이는 자극의 과부하를 통제하거나 피하고 싶어한다. 아이가 자극에 압도될 때, 당연히 아이는 빨리 안심하고 싶어한다. 당신의 목표는 이런 자연스러운 경향을 이해하고, 이런 이해를 바탕으로 아이가 더 나은 대처방법을 찾도록 돕는 것이다. 융통성을 배워 감에 따라, 점진적으로 새로운 것을 시도하고, 자신을 효과적으로 달래고, 자신의 감정과 민감성을 관찰하고, 좀 더 자기주장을 하고 자신만만해진다. 뭔가 노력하면서 부모를 보호자 혹은 힘든 일을 대신해 주는 사람으로 보기보다는 존경하는 협조자로 보는 것을 배워 가면서 아이는 자신의 성장 과정을 주도할 수 있다.

··· 한나의 이야기

한나의 부모는 아이를 다루는 모든 방법을 써 보고 에너지를 소진한 후에 한나를 데리고 나를 찾아왔다. 부모는 한나를 '항상 무서워하고 야단법석인 아이'로 묘사했다. 세 살의 한나는 새로운 상황에 처하면 매우 놀랐다. 부모가 보모에게 맡기거나 유치원에 내려 주면 아이는 부모에게 매달리면서 신경질적으로 소리를 질렀다. 다른 아이들을 무서워하고 자유놀이를 처음 시작했을 때는 아이들을 피했다. 한나가 장난감을 가지고 놀고 있는 동안 다른 아이들이 접근해 오면 울음을 터뜨렸다. 장난감을 꽉 붙잡고 선생님에게 달려가면서 "내 거야, 내 거야."라고 말했다.

가끔 공황 상태가 되고 마치 무서운 걸 보거나 무서운 일이 일어난 것처럼 행동했다. 놀라서 얼굴이 굳고 거의 30분 동안 주체할 수 없을 만큼 울었다.

아이의 짜증은 오래 지속되고 심했다. 집에서는 소리를 지르고 바닥을 두드리며 바닥에 몸을 내던지는데, 그러면 부모는 무력해지고 화가 났다. 이러한 폭발은 특히 유치원에 가기 위해 집을 떠날 때, 부모가 일하러 갈 때, 혹은 재미있는 가게나 공원을 떠나야 할 때처럼 뭔가 변화가 있을 때 두드러졌다.

한나는 어떤 음악은 즐겼지만 전동 조리 기구나 음식물 쓰레기 분쇄기와 같은 부엌의 기계에서 나는 큰 소리나 엔진 소리에는 놀랐다. "엄마, 힘들어!"라고 소리 지르면서 손으로 귀를 막았다. 아이들이 많은 혼잡한 방이나 수다 소리와 큰 소리가 나는 파티에서도 한나는 귀를 막고 밖으로 나가고 싶어 했다.

밤에도 쉽지 않았다. 한나는 한 번에 3시간 이상 자지 않았고, 부모 중 한 명 이상이 옆에 있을 때만 잠이 들었다. 만약 깼는데 부모가 없다면 둘 중 한 명이 방에 들어올 때까지 한나는 "엄마! 아빠!"를 부르며 울었고, 다시 잠이 들 때까지 이마를 쓰다듬어 주어야 했다.

이렇게 다루기 힘든 행동을 했지만, 한나는 따뜻하고 유쾌한 아이였다. 동물원에 가는 것을 좋아했는데, 구멍에서 나왔다 들어갔다 하고 공기를 들이마시기 위해 뒷다리를 위로 들어올리는 활발한 프레리도그를 보고 즐거워서 깔깔 웃었다. 또 한나는 부모와 함께 책 읽는 것을 좋아했는데, 엄마나 아빠의 무릎에 달라붙어서 『잘 자요, 달님(*Good Night Moon*)』과 『초록빛 달걀과 햄(*Green Eggs and Ham*)』을 읽어 주는 걸 들으면서 만족스러워했다. 유머 감각이 뛰어났으며, 아빠가 우스운 얼굴을 하고 찍찍 소리를 내면 웃으며 소리를 질렀다. 보모나 엄마와 함께 핑거페인팅 하는 것을 좋아해서 진한 보라와 분홍색으로 큰 소용돌이를 만들어 냉장고에 그 작품을 붙였다.

한나는 특히 통찰력이 있었고 관찰을 잘 해서 부모는 한나가 주목한 것을 보고 항상 놀랐다. 이 아이는 세상에 대한 근본적인 질문을 꾸준히 가지고 있었다. 차 안에서 길가의 소 떼를 보고 나서 나중에 지붕에 피자 간판이 있는 차가 지나간 것을 본 후에 잠시 생각하더니 엄마에게 "엄마, 소가 차 지붕 위에 탈 수 있어요?"라고 물었다. 친척의 갓난아기와 시간을 보낸 후에 "엄마 아빠가 있기 전에는 아이들을 누가 돌보았어요?"라고 묻기도 했다.

한나의 부모가 한나를 데리고 왔을 때, 나는 한나를 강하고 친근하고 열정적인 아이로 봤다. 한나는 강렬한 갈색 눈동자와 숱이 적기는 하지만 부드러운 머릿결을 가진, 나이에 비해 작은 아이였다. 처음에 도착했을 때 머리를 엄마의 가슴에 기대고 다리는 의자 팔걸이에 축 늘어뜨린 채로 엄마 무릎에서 몸을 뒤틀었다. 한나는 나를 조심스럽게 쳐다보다가 곧 어른들의 대화에 지루해져서 엄마 무릎에서 내려와 방을 살폈다. 하지만 여전히 한 손은 엄마를 잡고 있었다. 한나는 사무실에 있는 인형의 집에 관심을 보였다.

엄마를 힘껏 끌어당기고 엄마의 관심을 끌려고 하며 "엄마~"라고 애원했다. "나랑 놀아줘요." 한나의 엄마는 나에게 굳은 미소를 보이고 아이에게 부드럽게 쉿 하는 신호를 보냈다. "아가야, 선생님하고 이야기하고 있잖아. 잠깐만." 하지만 한나는 고집을 피웠다. 목소리에 약간의 짜증이 묻어나며 "지금 나랑 놀아 줘요."라고 졸랐다. 한나의 엄마인 샐리는 마치 "내가 무슨 말 하는지 알죠?"라고 말하는 것처럼 나를 보며 한숨을 지었다. 샐리는 검은 머리칼에 눈이 불안해 보이는 키가 큰 여자였다.

나는 한나의 부모인 샐리와 브루노에게 고개를 끄덕이면서 "계속 하세요."라고 말했다. 브루노는 한나가 방해하는 것에 약간 화가 나는 듯 보였다. 한나는 엄마를 끌고 기분 좋게 인형의 집으로 향했다. 잠깐 주저하다가 브루노도 의자에서 몸을 빼서 아내와 딸이 있는 곳으로 갔다. 샐리와는 재혼이라고 첫 면접에서 그가 나에게 말했다. 그는 전 결혼에서 두 아이를 두었는데, 이들은 대학에 다니고 있었다. 샐리가 가정을 꾸리자고 했고, 그는 사실 양육의 많은 부분을 샐리에게 맡기고 싶어 했다.

한나가 인형의 집 이 방 저 방으로 가구를 옮기는 것에 몰두하고 여러 군데 방에 인형들을 놓으며 부모와 함께 노는 것을 보면서, 나는 한나가 사람과 사물에 매우 집중하고 주의를 기울인다는 인상을 받았다. 한나는 매우 생기가 있었고 몸으로 표현을 잘했다.

한나는 인형을 가리키면서 "엄마, 침대를 이 방에 넣어요. 그건 아기를 위한 거예요."라고 명령했다. "그리고 엄마는 이 방에 가고 아빠는 밖에서 개랑 놀고……." 한나가 놀 때 샐리는 한나 가까이에 있으면서, 즉 일반적인 8~10센티미터가 아닌 3~5센티미터 정도만 떨어져서 아이의 명령을 들었다. 샐리는 부자연스럽게 갑자기 홱 움직이고 얼굴은 긴장되어 보였는데, 마치 어떻게 해야 할지 잘 모르면서 딸을 즐겁게 하기 위해 매우 노력하는 것 같았다.

"아가야."라며 그녀는 딸의 독백을 재빨리 끊었다. "내가 생각하기에 이 아기는 엄마와 함께 있는 걸 좋아할 것 같아. 그렇게 생각하지 않니?" 샐리는 신경질적으로 웃으며 남편을 놀이에 끌어들이려고 쳐다보았다. "여보, 당신이 생각하기에는 이 아기가 인형의 집에서 어디에 있어야 할까요?"라며 그에게 물었다. 브루노는 어깨를 으쓱하고 대답하지 않았지만 딸에게 윙크했다. "지붕 위는 어때?"라고 말했다. 한나는 깔깔 웃으며 장난으로 아빠를 때리려고 몸을 굽혔다. "바보 같아요!

그러면 이 아기는 떨어져서 머리를 다칠 거예요."

한나가 부모에게 매우 민감하다는 것 또한 분명했다. 한나는 놀면서 부모를 자신의 게임에 끌어들이려고 했고 부모의 지시대로 열심히 바꾸었다. 한나의 가상놀이는 풍성했지만 잘 조직화되어 있지는 않았다. 인형의 집에서 몇 분을 보낸 후에, 한나는 장난감 차를 발견하고 빠르게 테디베어를 태워 움직였다. 그러고 나서 아기 인형을 보고 한나는 옷을 입히고 벗겨 주었다. 노는 내내 재잘거리고 엄마에게 테디베어가 차에서 내리는 것을 도와주거나 인형 옷 입히는 것을 도와 달라고 명령했다. 샐리는 이에 순종했고, 브루노는 옆에서 지켜보고 있었다. 그는 약간 긴장해서 거리를 두는 것 같았다.

몇 분 후에, 한나가 이런 놀이를 계속하는데 아기 인형이 잠을 자면서 무서움을 느꼈다. 이때 브루노가 뛰어들어서 무뚝뚝한 어투로 말했다. "나는 아이가 무서워하는 무서운 악몽이다. 나는 괴물이고 아이는 나에 대해 나쁜 꿈을 꾸는 것을 무서워한다." 그러고 나서 그는 변신 장난감을 집어 들고 한나가 무서워하는 낮은 음조로 으르렁거리는 괴물 소리를 냈다. 브루노는 재미있는 제안이라고 생각해서 한 것이지만 한나는 순간적으로 얼어붙었다. 샐리는 방어적으로 딸에게 "괴물을 쳐라. 괴물을 사라지게 해라."고 격려했다. 한나의 인형이 움직이지 않고 말없이 서 있자, 샐리는 인형에게 막대기를 건네주고 "여기 있어. 괴물을 쳐! 괴물을 쳐!"라고 말했다. 어떤 아이는 공격하도록 허락된 것을 정말 즐기고 아빠 괴물을 치기 시작하고 심지어는 달려들지만, 한나는 "깨우다니 나쁜 아이! 나쁜 아이!"라고 말하며 막대기를 집어서 인형을 쳤다. 분명 한나는 공격성을 불편해했다.

한나가 인형을 치는 것을 보면서, 샐리는 빨리 방식을 바꿔서 "아니야, 아니야, 얘는 착한 인형이야. 단지 무서워서 깼던 거야. 착한 인형!"이라고 말하면서 한나의 작은 인형을 돌보기 시작했다. 눈앞에 전개되는 드라마에 다소 둔감한 브루노는 여전히 괴물 역할을 하려고 했다. 처음 놀이를 시작할 때, 브루노가 한나를 마구잡이식 놀이에 참여시키려고 하자 한나는 몸을 뒤틀었다.

한나는 또한 환경에 대한 민감성이 상당했다. 내 사무실 밖에 차가 지나가고 경적이 울리자 머리를 갑자기 쳐들고 눈동자가 커졌다. 갑작스러운 소리에 놀란 것처럼 보였고, 엄마에게 급히 달려가서 엄마 다리를 붙잡았다. 한나는 또한 사무실에 비치는 햇빛과 먼지 입자에도 매우 민감해 보였다. 심하게 눈을 깜빡이고, 때로는 먼지를 쳐서 없애려고 했다.

한나가 잠시 퍼즐을 맞추느라 바쁠 때, 부모는 나에게 한나의 유아기와 아동기 초기에 대해 설명했다. 이는 샐리와 브루노가 각각 들어온 이후 회기에도 계속되었다.

샐리는 한나의 임신과 출산이 건강하고 정상적이었다고 말했다. 하지만 한나는 처음부터 쉽게 깨고 큰 소리에 놀라고 불규칙적인 수면 패턴을 보였다. 한나는 가벼운 접촉보다는 확 껴안아 주는 것을 더 좋아했던 것 같았다.

샐리는 어린 한나를 진정시키는 자신의 능력을 자화자찬했다. 샐리는 한나가 진정하고 낮잠이 들게 하려고 30분 혹은 그 이상 한나를 데리고 집 주변을 돌아다녔다. 또한 샐리는 매우 천천히 흔들면서 높은 음조로 느리고 부드러운 리듬을 이용해서 한나에게 이야기하고 노래 불러 주는 적절한 방법을 찾은 것에 대해 자랑스러워했다.

샐리가 말하기를, 3~4개월까지 한나는 엄마에게 깊은 친밀감과 애정을 보여 주면서 웃고 구구 소리를 내며 좋아하고 엄마의 웃음과 소리에 맞춰 리듬을 타며 팔과 다리를 움직였다. 한나가 아빠를 좋아하게 되기까지는 시간이 걸렸고, 처음에는 아빠를 보고 놀라는 것 같았다. 아빠가 갑자기 방에 들어오거나 엄마가 없을 때 아빠가 안아 주면 울었다. 하지만 4개월경부터 한나는 가장 밝은 웃음은 엄마에게 보내기는 했지만 아빠에게도 따뜻한 미소를 보내며 함께 있어도 편안해했다.

샐리는 한나가 보모와도 관계를 잘 맺었다고 말했다(샐리는 한나가 6개월일 때 시간제로 호텔 체인의 영업 대표로 일을 다시 시작해서 한나가 8개월이 될 때까지 일주일에 3~5일 동안 일했다.). 보모는 아이를 돌본 경험이 많은 나이 많은 여자분이었다.

8개월 때 한나는 작은 물건들을 손으로 퍼 올리면서 집을 수 있었다. 한나는 많이 재잘거리고 부모와 보모에게 따뜻한 미소를 보냈다. 하지만 그들이 너무 빨리 말하거나 (특히 큰 목소리로) 활발하게 너무 오래 놀아 주거나 한나에게 너무 많은 선택권을 제시하면(예를 들면, 서너 개의 장난감), 혼란스러워하는 것 같았다. 한나는 울고 소리 지르거나 팔을 마구잡이로 휘둘렀다. 다른 방식으로도 민감성을 보였다. 엄마가 안아 주려고 하다가 머리를 치면 한나는 몸부림치고 울었다. 큰 소리에도 한나는 울음을 터뜨렸다. 고통스러운 것처럼 들리는 크고 서러운 울음이었다.

한나의 부모는 한나가 걸음마할 때 의사소통을 아주 잘했고 보모가 말하는 것을 아주 잘 포착했던 걸로 회상했다. 한나는 좋아하는 인형을 찾을 때 엄마의 손을 잡고 방 주위를 다녔다. "아가야?" 한나는 크게 어깨를 으쓱하고 웃으며 말했다. "아가야, 어디 있지?"

밝은 빛뿐만 아니라 큰 소리와 접촉에 대한 민감성은 지속되었다. 한나는 엄마가 머리를 빗겨 주거나 식사 후에 얼굴을 닦으려고 하면 몸을 비틀고 소리를 질렀다. 또 한나는 광대를 무서워했다. 샐리는 광대가 출연할 것 같은 생일 파티에는 한나를 데려가지 않도록 조심했다.

또 한나는 민감한 피부를 가진 것 같았다. "한나는 양말과 신발을 싫어해요."라고 샐리가 한숨을 쉬며 말했다. 샐리는 한나가 신을 신발을 찾기 위해 신발 가게를 계속 돌아다녀야만 했다. 아침에 신발을 신기려고 하면 한나는 격분해서 울고 종종 짜증을 부렸다. 또한 새 옷보다 오래된 옷을 좋아하고 친구나 친척에게서 물려받은 낡은 옷을 더 좋아했으며 종종 샐리가 사 준 예쁜 드레스와 스웨터는 무척 싫어했다. 이로 인해 샐리와 딸 사이에서 많은 다툼이 있었다. "옷 때문에 한나와 큰 소동을 벌이지 않으려고 노력해요."라고 샐리가 말했다. "하지만 때때로 한나가 너무 초라해 보여서 참기 힘들어요!"

좀 더 자라고 말을 좀 더 하게 되자, 한나는 자신이 보기에 덜 완벽한 것에 대해 걱정을 표현할 수 있었다. 어느 날 아침, 봉지에서 빵 한 조각을 꺼내서 잘린 빵 껍질 부분을 쥐고는 "쪼개진 빵, 빵이 쪼개졌어."라고 흐느끼며 말했다.

한나는 자극이 너무 많으면 쉽게 공황 상태에 빠졌다. 야채 가게나 백화점에서 발로 차고 소리 지르는 한나를 데리고 나온 일이 여러 번 있었다고 했다. 예를 들면, 최근에 한나는 좋아하는 것 하나만 집기로 약속하고 백화점에 갔는데, 일렬로 선반에 나열된 반짝이는 물건에 현혹되어서 주먹으로 바닥을 치면서 가게 바닥에 드러누웠다. "나 두 개 갖고 싶어!"라고 소리를 질렀다. "두 개!"

그 이야기를 하면서 샐리는 "항상 그래요."라고 말했다. "나는 한나를 아무 데도 데려갈 수가 없어요. 애가 소리 지르고 울고. 그 모두가 한나에게는 너무 버거운 것 같아요." 샐리는 잠시 말을 멈췄다. "내가 뭘 다르게 할 수 있었을지 늘 궁금해요. 나는 내가 뭘 그렇게 잘못하고 있는지 이해하려고 계속 노력해요." 그녀의 눈에 눈물이 가득 찼다. 그녀는 아이를 아주 많이 사랑하지만 아이에게 어떻게 대처해야 할지 몰라 절망하고 있었다.

상황을 통제하기 위해 샐리와 브루노는 갖가지 방법을 시도해 보았다. 그들은 한나가 잘못된 행동을 했을 때 부과할 제재들을 목록으로 작성하고 브루노가 제재를 가해서 한나를 엄하게 다스리려고 했다. 예를 들면, 한나가 짜증을 낼 때마다 TV를 못 보게 하거나 가장 친한 친구 리와 못 놀게 했다. 하지만 이건 제대로 이루어지지 않았다. 그렇게 하자 한나는 계속 "안 돼, 안 돼." 혹은 "가 버려! 가 버려!"라고 소리 지르면서 점점 반항적이 되었다. 그래서 샐리와 브루노는 방임적인 태도를 취하고, 싸움을 피하기 위해 가능한 한 자주 한나 뜻대로 하도록 허용했다. 그들은 심지어 가끔 한나가 통제되지 않을 때 엄마가 어떤 반응도 보이지 않으면 포기할 거라고 생각해서 한나가 샐리를 물어뜯고 꼬집어도 내버려 두었다. 하지만 이것도 효과가 없었다. 그건 단지 한나의 좌절을 증가시키는 것 같았다.

이처럼 여러 접근법을 왔다 갔다 하는 것은 다른 방식들로 나타났다. 내가 놀이 시간에 사무실에서 관찰했던 것처럼, 가끔 샐리는 한나가 되어서 아이 주위를 맴돌고, 매 순간 한나의 모든 움직임에 반응했다. 샐리 스스로도 주위를 맴돌고 보호하는 태도를 어느 정도 알고 있었으며, "나는 한나가 너무 걱정이 되어서 때로 혼자 몇 시간이고 울어요. 한나가 자라면서 무슨 일이 일어날지 모르겠어요."라고 말했다. 다른 때에, 샐리는 한나로부터 멀어져야 할 것 같은 느낌이 든다고 말했다. "난 그걸 참을 수 없어요."라고 말했다. "특히 한나가 나에게 명령할 때 그래요." 샐리는 한나를 TV 앞에 앉히고 다른 방으로 들어갔다. 하지만 그러면 한나는 "엄마~"라고 화가 나서 소리를 질렀다. 그리고 필사적으로 엄마를 붙잡고 방마다 따라다녔다. "날 떠나지 말아요."라고 말하면서 울었다.

샐리는 주위를 맴돌며 보호하는 것과 피하는 것 사이에서 왔다갔다 하는 반면, 브루노는 멀리 떨어져 있거나(늦게까지 일하거나, 집에 일을 가져오고, 사무실에 틀어박혀 있거나, 샐리가 말하듯이 가족과 함께 방에 앉아 있을 때 무관심했다) 갑자기 끼어들어 벌을 주었다(한나가 짜증을 부리는 동안 한나에게 소리 지르기). 브루노는 벌을 주겠다고 한나를 위협했지만 그것은 단지 한나의 분노와 혼란을 증가시킬 뿐이었다.

이후의 만남에서 부모의 개인적 배경에 대해 더 깊이 알고 보니, 양쪽 부모 모두 한나와 그런 식으로 관계를 맺는 데는 이해할 만한 이유가 있었다. 브루노와 샐리의 배경에 대해 더 이야기하지는 않겠지만, 부모 스스로 아이에게 왜 그런 반응을 보이는지 더 많이 이해할수록 아이의 독특한 욕구를 충족시킬 접근법을 더 쉽게 찾을 수 있음을 유념해야 한다.

한나의 부모는 한나를 몇 명의 전문가에게 데려갔다. 의학적 검사와 알레르기 검사, 신경학적 검사에서 이상은 없었다. 한나의 현재 행동과 개인력에 대해 듣고 한나를 관찰한 후에 내가 가진 첫 번째 인상은 한나가 창의력과 상상력, 감정을 매우 생생하게 경험하는 능력을 가진 아주 영리하고 조리 있고 따뜻하며 사랑스러운 아이라는 것이었다. 한나는 분명히 다른 사람과 관계를 맺고 화합할 수 있었으며, 비언어적 몸짓 언어를 사용해서 의사소통할 수 있고, 상황을 판단할 수 있고, 상상한 것을 탐구하기 위해 그리고 부모와 의사소통하기 위해 생각을 이용할 수도 있었다. 한나는 가상적인 수준에서 의사소통할 수 있었으며 논리적으로 토론하고 협상할 수 있었다. 한나는 세 살 아이에게 기대되는 많은 능력들을 가지고 있었다.

하지만 매일 있는 일상적인 도전에 적응하는 데 필요한 유연성은 별로 없었다. 부모 두 사람과 따뜻한 관계를 맺을 수 있지만 그것을 또래 관계나 다른 상황으로 확장하기는 어려웠다. 한나는 낯선 상황에서 종종 조심스럽고 위축되어 있었다. 언제 조용히 해야 하는지 사회적 기대는 판단할 수 있지만 쉽게 압도되기 때문에 일상적인 상황에 맞게 행동하기는 어려웠다. 가게, 학교, 파티에서 짜증을 부리는 것에서 볼 수 있듯이. 상상력이 풍부하고 창조적이지만 환상이 지나치게 확장되는 경향이 있었다. 놀 때, 한나는 체계적이고 한 주제에 대해 깊이 파고들기보다는 한 주제에서 다른 주제로 단편적인 방식으로 옮겨 다녔다. 아빠와 논쟁할 때는 현명함과 천부적인 재질을 사용했지만 무서운 감정의 세계에는 논리를 적용하지 못했다. 그리고 이 무서운 감정들은 잠깐 한 번쯤이 아니라 많은 시간 존재했다. 한순간에는 영리하고 밝은 세 살 아이였다가 다음 순간에는 요구가 많고 겁먹은, 조직화되지 않은, 달래기 어려운 작은 소녀로 빠르게 변하는 것에서 유연성과 대처방식이 부족함을 알 수 있었다.

이런 어려움의 기초에 있는 것은 한나의 심한 민감함이었다. 이것은 생애 초기부터 있어 왔으며, 내가 부모와 함께 놀이를 관찰해 보니 확실했다. 한나는 접촉, 시각적 경험, 소리에 과도한 반응을 보였다. 일상적인 광경, 소리, 접촉이 한나에게는 전혀 일상적이지 않았다.

한나 부모의 대처 패턴은 여러 가지 면에서 매우 전형적이었다. 그들은 딸을 매우 사랑했고 어려운 상황에서도 최선을 다하려고 했다. 하지만 의도한 바는 아니더라도 그들은 한나를 더 어렵게 만들었다. 샐리는 아이를 과잉보호하고 그 다음에는 회피하는 것을 반복함으로써 한나의 불안전감을 확대시켰다. 샐리의 과잉보호로 인해 한나는 주장을 하고, 스스로를 달래는 것을 배우고, 스스로 대처하는 능력을 발달시키지 못했다. 이어서 샐리는 도피함으로써 한나에 대한 지지를 갑자기 중단했고 한나가 의지할 사람이 아무도 없다는 느낌을 받도록 했다. 브루노가 거리를 두거나 지나치게 참견하는 것 역시 한나를 더 힘들게 만들 뿐이었다. 그가 거리를 두고 있을 때 한나는 애정과 안전이 부족했다. 그의 괴물 놀이에 한나는 더 압도될 뿐이었다.

한나의 부모와 나는 한나를 위해 주된 목표를 세웠다. 그것은 한나가 지나치게 반응적인 것을 상쇄하기 위해 자신을 달래는 능력을 발달시키는 것이었으며, 또한 한나가 무력감을 느끼기보다는 세상에 대해 책임질 수 있도록 자기주장적인 대처 기술을 향상시키도록 돕는 것이었다. 우리는 한나가 덜 압도되고, 다양한 감정과 상황을 감내하고, 조직화되고, 안전감을 느낄 수 있는 능력을 향상시키기를 원했다. 이와 동시에 우리의 목표는 한나의 민감성에 직접적으로 작업을 해서 나중에는 한나가 일상적인 감각에 그렇게 과잉반응하지 않도록 하는 것이었다. 물론 한나와 가족 모두 이것에 참여해야 했다.

한나와 부모에 대해 더 많은 것을 알고 난 후, 다섯 단계(플로어 타임, 문제해결 시간, 공감, 도전 단계 쪼개기, 부드럽게 제약 두기)*의 과정을 이행하기 시작했다. 이 책에서 만나게 될 다른 아이들처럼, 우리의 목표는 한나가 충분히 숙달하지 못한 발달단계를 맞아 재협상하거나 협상하도록 돕는 것이었다. 우리는 또한 직관력, 지력, 세부적인 것에 주의를 기울이기, 강한 반응성과 같은 한나의 독특한 강점이 취약성이 되기보다는 한나가 이를 자신에게 유리하게 사용할 수 있도록 돕고자 했다. 우리는 한나가 강한 내적 유능감을 가지도록 돕고 싶었다. 다섯 단계의 과정은 다음에 설명하겠다.

---

* 역자 주-저자는 '플로어 타임' 외에도 문제해결 시간, 공감, 도전 단계 쪼개기, 부드럽게 제약 두기의 전체 다섯 단계로 까다로운 아이들에게 접근하는 체계를 마련했다.

┄ 플로어 타임: 신뢰를 형성하고 주도성을 지지하기

다섯 단계의 과정에서 첫 번째 단계는 부모와 아이 간에 서로 연결되어 있다는 느낌, 안전감, 따뜻한 느낌을 갖게 하고자 하는 것이다. 부모는 매일 20분 정도 아이가 선택한 것을 함께 하거나 놀아 주면서, 아이 수준에서 아이와 연결된다. 이것은 물리적으로 세상에 압도되는 느낌을 받는 아이에게 필수적인 토대다. 즉, 아이가 주도하는 대로 따르는 것이다.

우리는 샐리가 아이를 따뜻하게 격려하고 아이와 더 호의적이고 존중하는 관계를 발전시키도록 돕는 데 초점을 맞추었다. 우리는 샐리가 한나와의 관계에서 느끼는 긴장과 불안이 좀 줄어들고 한나를 과잉보호하거나 상황을 회피하지 않기를 바랐다. 샐리가 빠르게 변하는 세상에서 많은 걱정과 불안을 가지고 일을 하고 있기 때문에, 아이와도 그런 방식으로 관계를 맺는 것이 이해가 되었다. 샐리는 한나와 감정이나 생각을 공유하기보다는 밥을 먹이고 할 일에 대해 이야기하고 까다로운 한나를 통제하려고 하는 등 현실적인 일에 초점을 맞추는 경향이 있었다. 샐리는 딸과 가상놀이를 할 기회가 없었다. 가상놀이는 일상생활을 초월해서 세 살 아이의 풍부한 상상의 세계를 날아다닐 수 있는 기회다. 샐리는 현재만 보고 가능성을 상상하는 데는 시간을 들이지 않고 있었다.

격려하자 샐리는 바닥에 앉아서 한나와 놀기 시작했다. 그녀는 한나가 가상놀이를 더 광범위하게 할 수 있도록 도우면서, 따뜻하고 공감적이었고 한나를 존중하며 한나가 이끄는 대로 따라가려고 노력했다. 샐리는 적어도 한 주에 하루 혹은 그 이상, 한 번에 20~30분 정도 이렇게 하려고 했다. 처음에 샐리는 원래 성격대로 드라마를 감독하기 시작했다. 그녀는 "그 인형은 침실에 있으면 안 돼."라고 말했다. "그건 엄마 인형이야. 부엌에 있어야 돼." 혹은 "아니야, 그 차는 창문을 통과할 수 없어. 그건 차고로 들어가야 해."라고 자주 말했다. 샐리는 심지어 인형의 머리를 빗겨 주는 방법을 보여 주려고 한나의 손을 잡았다. 한나가 짜증을 부리며 반발하자 샐리는 격분했다. 그녀는 나중에 나에게 "보세요, 얘는 나랑 놀기를 원하지 않아요. 나는 아무리 해도 이걸 잘 못 해요."라고 했다. 그녀는 딸과 노는 것으로부터 도망치기 위해 이런 변명을 했다. 하지만 샐리를 공감하고 격려해 주면서, 샐리가 자신의 과잉보호와 도피에 대해 인식하도록 도왔다. 또한 샐리로 하여금 긴장을 풀고 놀이가 한나의 창조적인 상상에 의해 진행되게 놔두도록 격려했다. 그녀가 해야 하는 것은 오로지 더 상세히 설명하고 가끔 도전하는 것이었다. 그녀는 줄거리를 개발하는 것이 아니라 줄거리를 흥미진진하게 해야 했다.

한나에게 다행스럽게도 샐리의 불안 밑에는 상상력이 풍부한 놀이동무가 숨어 있었다. 샐리가 긴장을 풀고 어린 시절로 되돌아가게 되어, 샐리와 한나는 소꿉놀이, 가상의 야외 파티, 재미있는 가상 드라마와 경험들을 공유했다. 시간이 지나면서, 한나는 스스로 가장 두려워했던 공격성을 다루기 시작했다. 몇 달 동안 가상놀이를 많이 하고 나서 샐리는 깜짝 놀랐다. 화가 난 장난감 강아지가 짖어대며 야외 파티를 망치려고 하자 한나의 인형이 "나쁜 강아지!"라고 외치며 장난감 강아지의 목을 조르는 시늉을 했다. 샐리는 이런 공격성을 허용해야 할지 고민했지만, 나는 그것은 가상놀이일 뿐이라고 샐리를 안심시켰다. 나는 샐리와 브루노에게 그 공격을 통해 한나는 화난 감정에 대해서 좀 더 편해지는 것을 배울 수 있다고 말했다. 한나의 엄청난 좌절과 민감성 이면에 화난 감정이 있는 것 같았다.

　엄마의 공감, 따뜻함, 수용 아래에서 한나의 드라마는 점차 정서가 풍부해졌다. 한나는 단지 야외 파티를 하는 것이 아니었다. 이제 대결, 무서운 감정, 분명한 분노가 있었다. 또한 사랑과 보호도 가상놀이에서 많이 나타났다. 이것 역시 중요한데, 한나는 더 넓은 범위의 감각 경험과 운동 경험을 가지고 실험하기 시작했다. 한나는 스스로 더 많은 접촉을 시도하고 더 큰 소리를 냈으며, 동시에 더 많은 접촉과 더 큰 소리를 요청했다. 그리고 놀이에서 더 큰 물리적 도전(큰 탑에 매달린 인형, 서랍에 숨은 인형 등)을 시도했다. 한나의 놀이가 광범위해지고 발전함에 따라 일상생활을 해 나가는 능력 역시 그렇게 되었다. 한나는 접촉, 더 광범위한 소리, 더 많은 좌절 등의 자극을 견디고 있었다.

　브루노에게는 플로어 타임이 매우 힘들었다. 이미 두 아이가 있었기 때문에 그는 아이를 갖는 것에 마지못해 동의했었다. 그보다 열 살 더 젊은 샐리는 아이를 갖고자 하는 바람이 강했고, 이로 인해 브루노는 한나를 키우는 것은 샐리의 책임이라고 느꼈다. 그는 손위의 두 아이를 위해 열심히 일하고 대학 등록금을 대주면서 자기 몫을 다했다고 느꼈다. 사무실에서 집에 돌아오면 보통 그는 저녁을 빨리 먹고 나서 샐리가 한나를 씻기고 재우도록 놔 두고 컴퓨터 앞에서 몇 시간 동안 일을 했다. 딸과 플로어 타임을 하려고 하면, 그는 항상 다급해 보이는 전화를 하기 위해 빠져나가곤 했다. 아니면 일요일 오후에 TV의 축구 게임에 한눈을 팔면서 플로어 타임을 가지려고 했다. 그러면 한나는 아빠로부터 관심을 온전히 받지 못하는 것에 좌절해서 더 요구가 많아졌고 ("아빠, 내 테디베어 떨어뜨렸잖아요! 집어 줘요. 안 그러면 다칠 거예요! 당장요!") 이는 브루노를 더욱더 뒤로 물러나게 했다.

　또 다른 때에는, 한나가 접근하면 심하게 고함을 치며 반응했다. 그는 "너랑 그 곰은 정말 버릇이 없어."라고 소리쳤다. "언제 제대로 행동하는 것을 배울 거야?" 그의 퉁명스럽고 큰 목소리에 한나는 겁을 먹었고, 그러면 대개 엄마에게 소리를 지르면서 짜증을 내고 불안정해졌다.

브루노는 어깨를 으쓱하면서 "난 어린아이들한테 잘 못하겠어요."라고 웃으며 이야기했다. "샐리는 이런 일을 나보다 더 잘해요." 나는 한나가 부모 모두와 플로어 타임을 가져야 한다고 그를 열심히 설득했다. 나는 내심 한나가 풀어내는 다양한 정서적 주제가 브루노에게 너무 버거운 것이 아닌가 생각했다. 그는 다른 사람의 감정에 다소 압도되는 것 같았으며, 다른 사람과 정서적으로 개입되지 않으려고 자신에게만 열중하는 것 같았다.

그래서 브루노는 타협했다. 처음에는 이틀에 한 번씩 플로어 타임을 시도했다. 그는 자리를 뜨거나 화를 내지 않고 따뜻하고 지지적인 태도를 가지고 20분 내내 마루에 누워 있기만 해도 그 시간을 성공이라고 여겼다. 한나가 아빠의 배 위에서 뛰거나 그를 말이나 테디베어로 만들기만 해도 그건 좋은 일이었다. 만약 브루노가 혼란스럽거나 불안감을 느끼면, 그저 미소 짓고 그 자리에 누워만 있어도 되었다. 한나는 아빠의 관심을 받는 것이 너무 좋아서 엄마가 하는 것처럼 적극적으로 놀아주지 않아도 매우 즐거워하는 것으로 보였다. 이렇게 소소하게 시작한 후에 차차 브루노는 축구 경기 중계와 휴대폰을 끈 상태에서 딸의 상상이 매우 재미있다는 것을 알게 되었다. 그는 그 자리에 누워 있고 한나는 브루노를 푹신푹신한 의자로 삼을 수 있었다. 한나는 브루노 위에 서서 "아빠는 내가 좋아하는 콩 주머니!"라고 말하면서 살짝 뛰었다. 나중에 브루노는 위장에 좋은 운동을 하고 있었다고 말했다. 한 주 동안 이렇게 하고 나서, 브루노는 편안해져서 "콩 주머니가 너를 잡으러 가니까 넌 일어날 수 없을 거야!" 하는 반응을 보이기 시작했다. 한나는 즐거워서 킥킥거리며 "나 도망갈 거야! 도망갈 거야!"라고 말하며 아빠를 밀었다. 그리고 다시 그의 배 위에 앉아서 아빠 '콩 주머니'가 움직이면 달아나는 식으로 브루노를 움직이게 했다. 몇 주 후에 한나는 더 편안해지기 시작했고, 아빠 콩 주머니를 전에 TV에서 보았던 끈끈이주걱으로 만들었다. 한나는 '끈끈이주걱 괴물'을 속이는 것을 즐거워했다. 엄마와 함께 있을 때처럼, 한나는 브루노의 따뜻함, 공감, 안전함을 기반으로 점차 정서 경험, 운동 경험, 감각 경험을 넓혀 갔다.

브루노 또한 플로어 타임을 통해 좀 더 부드러워졌으며 한나와의 관계에 좀 더 참여하기 시작했다. 그는 한나와 더 많이 말하고, 소리를 적게 지르고, 덜 강요하고, 덜 회피했다.

많은 부모들이 처음에는 어떤 이유로든(그리고 부모들은 그 이유를 반드시 알려고 하지는 않는다) 플로어 타임 동안 아이와 완전히 조화하기가 어렵다. 이는 그들이 나쁜 부모라는 것이 아니라 단지 아이와 관계를 어떻게 맺어야 할지 알지 못한다는 뜻이다. 플로어 타임의 목표는 따뜻한 느낌, 당신이 아이의 관심사에 관심을 갖고 반응하고 있다는 느낌을 확립하는 것이다. 이렇게 하는 방법은 많다. 내가 아는 한 아빠는 여덟 살짜리 아들과 정해진 틀 없이 30분을 보내는 것을 어려워했는데, 자신과 아들 모두 레고 블록을 가지고 복잡한 구조물을 만드는 것을 좋아한다는 것을 발견했다. 그래서 그들은 만들고 있는 다양한 건물에 블록을 덧붙이면서 조용히 앉아 있을 수 있었다. 점차 그들은 둘 다 구조물 만드는 것을 좋아하는 것을 바탕으로 관계를 형성하기 시작했다. 한 엄마는 열한 살 된 딸이 엄마에게 큰 소리로 책 읽어 주기를 좋아한다는 것을 알았다. 그래서 그녀는 딸이 자신에게 『싱그러운 계곡(Sweet Valley High)』을 읽어 주는 것을 경청했다. 그 후에 그들은 그 책을 어떻게 다르게 쓸 수 있을지에 대해 이야기했다.

플로어 타임의 특별한 특징인데, 말을 잘하고 가상놀이를 할 수 있는 예민한 아이가 가상놀이를 통해서 여러 가지 감정을 정교화하는 것을 배우는 것은 매우 중요하다. 감정을 말로 나타내는 것을 배우면서 아이는 상황 대처 능력을 갖게 된다. 이를 통해 아이는 신체가 압도될 때 말로 표현할 수 없는 감각에 의해 좌우되지 않고 어떤 감정이 일어나는지를 인식할 수 있다.

대부분의 성인은 스스로에게 그리고 다른 사람에게 자신의 감정을 언어로 표현할 수 있기 때문에 강한 느낌을 자신이나 타인에게 설명할 수 없다는 것이 어떤 것인지 실감하기가 어렵다. 그런 능력이 없는 아이는 자극에 압도되면 압도된 것을 종종 신체적 행동, 짜증, 매달림 혹은 공격성이나 회피, 입 다물기로 전환하여 나타낸다. 때로는 분열되고 통제되지 않는 행동으로도 나타난다.

예민한 아이는 감정을 표현할 수 있는 방법을 보통 아이들보다 더 많이 찾아야 한다. 그러므로 플로어 타임을 하면서, 부모는 드라마의 배우처럼 하려고 노력하고 아이가 그 등장인물에게 풍부한 감정을 불어넣도록 도와야 한다. 예를 들면, 말과 코끼리가 겁에 질리거나 몹시 흥분했을 수 있으며, 테디베어가 걱정에 빠질 수 있고 이런 테디베어는 포옹이나 판다의 편안한 품이 필요할 수 있다.

┅ 문제해결 시간: 두려움과 불안에 대처하기

문제해결 시간은 특별한 어려움이나 도전을 극복하고 검토하는 시간으로, 아주 중요하다. 예민한 아이에게는 자신이 좋아하는 것, 싫어하는 것, 흥분 상태, 공포감, 당황감을 포함해서 자신의 삶을 묘사하는 시간이 될 수도 있다. 아이가 말을 할 수 있으면 이를 빨리 시작할 수 있다. 아이가 일상에 대해 설명하는 것을 배우게 되면, 점점 다른 아이가 자신에게 심술궂게 하거나 누군가 무심코 밀었을 때 어떻게 느끼고 말하는지를 더 능숙하게 설명할 수 있다. 공감적인 부모가 매일 민감하게 받아들인 것들을 말로 바꾸어 줄 수만 있어도 아이에게 큰 도움이 된다. 이런 능력이 없으면 해결되기 어렵다.

핵심은 아이가 '깊이 생각하는' 태도를 기르도록 돕는 것이다. 그것은 부모가 보기에도 아이에게 어려운 상황을 아이가 예상하고 준비하도록 돕는 것이다. 아이는 반사적으로 행동하지 않는다. 미리 예상함으로써 행동 대신 생각을 할 수 있다. 아이는 나이가 더 들면 몇 가지 가능한 행동의 결과가 어떻게 다르게 나타나는지를 이해할 수 있다. (대부분의 성인은 미리 생각하고 준비해야 도전에 더 잘 대처할 수 있다.) 아이는 예상함으로써 자신의 생각과 행동을 더 잘 살펴볼 수 있다.

한나의 도전 중 하나를 가지고 문제해결 시간을 설명해 보자. 한나는 분리 불안이 많았다. 샐리가 아침에 집을 나서면 한나는 45분 혹은 그 이상을 울었다. 샐리가 하루나 이틀 정도 출장을 갔다가 돌아오면, 처음에 한나는 샐리가 뽀뽀하려고 몸을 기울였을 때 엄마를 무시하고 인형하고 계속 놀면서 냉담하게 행동했다. 그러고 나서 샐리가 짐을 풀거나 저녁 식사를 준비하려고 하면 샐리의 다리를 잡고 통제할 수 없게 울면서 매우 매달렸다.

그 이유가 궁금했는데, 아주 놀랍게도 샐리와 브루노는 일하러 가거나 출장 갈 때 한나에게 전혀 마음의 준비를 시키지 않았다. 부모가 일하러 가려고 슬금슬금 문 밖으로 나가는 동안 보모는 한나의 주의를 딴 데로 돌리려고 애썼다. 샐리는 출장을 언제 떠나는지 한나에게 마지막까지 말하지 않았다. 그녀는 출발하면서 "아가야, 이틀 후에 돌아올 거야."라고 말하곤 했다.

"만약 그걸 내가 더 일찍 말했다면, 나는 몇 시간 동안 울고 칭얼거리는 걸 겪어야 할 거예요."라고 샐리가 설명했다. 하지만 한나와 같은 아이는 미리 알려 주지 않으면 매우 당황스러워한다. 한나가 매번 그렇게 반응하는 것이 놀랍지 않다.

우리는 새로운 일상을 설정했다. 샐리는 한나 옆에 앉아서 한나가 엄마와 떨어져 있을 때 어떻게 느끼는지 탐색했다. 출장을 떠나기 하루나 이틀 전에, 샐리는 인형을 사용해서 샐리가 떠나는 것을 드라마로 만들었다. 예를 들면, 한 인형이 샐리의 역을 맡아 엄마가 출장 가는 곳으로 비행기를 타고 갔고 한나는 엄마가 머무르게 될 방을 만들었다. 샐리는 한나를 위한 특별한 앨범에 자신의 사진을 남겼고, 집에 자주 전화했다.

샐리는 문제해결 시간의 취지를 이해하고 한나가 길든 짧든 피할 수 없는 이별에 대해 숙고하도록 해야겠다고 결심한 후에 한나가 이런 상황에 대처하도록 도울 수 있었다. 그리고 우리는 그 결실을 보기 시작했다.

어느 날 샐리와 한나가 쇼핑을 하다가 샐리가 아는 사람을 만났다. 샐리와 인사한 후에 그 사람은 한나에 대해 말하기 시작했다. "사진보다 귀엽다." 그 여자는 큰 소리로 샐리에게 말하고 한나를 좀 더 가까이 보고 싶어서 한나의 뺨을 잡으려고 앞으로 숙였다. 한나의 입술이 떨리기 시작했고 한나는 마치 침입자 같은 그 여자에게서 얼굴을 돌리고 샐리의 다리를 붙잡았다. "너희 애는 좀 매달리는구나." 그 여자가 비난하는 듯이 쳐다보았다.

샐리는 한나를 내려다보면서 "너 매달리니?"라고 물었다.

한나는 위를 올려다보면서 물었다. "엄마, 그게 무슨 뜻이에요?"

"그건 네가 나에게 많이 매달리기 좋아한다는 뜻이야." 샐리가 말했다.

한나는 울기를 멈추고 잠깐 생각했다. "가끔 그래요."

"언제 그래?" 샐리가 물었다.

한나가 그 여자를 올려다보았고 그 여자는 당황하기 시작했다.

"아……." 샐리가 말했다. "낯선 사람이 주위에 있을 때?"

한나는 고개를 끄덕였다.

"너 집에서도 매달리니?" 하고 샐리가 물었다.

한나는 잠시 동안 생각했다. "가끔씩만"

"음." 샐리가 말했다. "그래, 너 집에서는 가끔만 매달리지. 주위에 낯선 누군가 있고 겁이 날 때."

한나는 고개를 끄덕였다. 샐리가 그 여자를 보자 그 여자는 부자연스러운 웃음을 보이고 있었다.

"한나는 자신이 가끔 새로운 상황에 있을 때에만 매달린다고 말하네요." 그녀는 다시 한나를 보았다. "그렇지 않니, 아가야?"

한나는 다시 고개를 끄덕였고, 얼굴에는 희미한 미소가 슬며시 나타났다. 그 사람은 서둘러 자리를 떠났고 한나의 미소는 더 커졌다.

샐리는 딸이 매달리는 것에 대해 누군가 비난했을 때 긴장하고 딸을 다리에서 떼어 내려고 하기보다는 그 상황을 바꿔서 좋은 문제해결 경험을 했다. 샐리는 한나가 새로운 상황, 새로운 사람을 접했을 때 놀라서 부모에게 매달린다는 것을 스스로 인식하도록 도왔다.

샐리는 한나가 자신의 반응을 관찰하고 수용하도록 도운 것이다. 역설적으로, 아이가 자신의 반응 패턴을 인식하고 수용하기 시작하면 나중에는 그런 반응 패턴을 사용할 필요가 없어진다. 반대로, 아이가 자신의 행동에 대해 죄책감을 느끼게 만들수록, 그리고 기저의 감정을 다룰 수 있는 더 나은 대안을 제시하지 않은 채 그걸 포기하라고 압박할수록, 아이는 자신의 습관을 고수할 가능성이 크다.

함께 이야기하면서, 샐리는 한나의 반응과 행동에 대해 덜 당황하는 것을 배웠다. 만약 부모가 아이의 독특한 특성을 존중한다면, 아이는 그것을 느끼고 결국 더 편안해지고 자신감을 가질 것이다. 물론 목표는 다른 사람의 기준에 사로잡히는 것을 피하는 것이다. 아이의 차이를 존중해 주고 그 차이를 가지고 작업해야 한다.

나이가 좀 더 많은 (예를 들면, 여덟 살에서 아홉 살 정도) 아이에게는 문제해결 방법에 대해 아주 직접적으로 논의할 수 있으며, 느낌과 해결책에 대해서 깊이 있게 이야기할 수 있다. 예를 들면, 어떤 심술궂은 선생님의 수업 시간에 손들기 두려워하는 아이에게 다음날 그 일이 일어날 것처럼 교실에 선생님이 있다고 생각하고 그 상황을 그려 보게 할 수 있다. 그리고 나서 느낌(아마 두려움, 분노, 수치감이 있을 것이다)에 대해 말하도록 도와줄 수 있다. 그리고 보통 어떻게 반응하는지(아마 회피하고 조용히 있을 것이다) 그려 보게 한다. 옆에 있는 아이를 때리고 괴롭히는 자신의 비밀 전략을 말할 수도 있다. 또한 두려움이나 분노를 포함해서 아까 상세히 이야기했던 느낌들을 효율적으로 다룰 수 있는 새로운 전략을 생각해 보도록 도울 수 있다. 예를 들면, 선생님이 특정 주제에 대해 이야기하기 전날 밤, 아이가 생각하기에는 선생님이 물어볼 것 같지 않은 주제에 대해 아이에게 질문할 수 있다. 이는 아이에게 자신을 난처하게 할 선생님의 질문을 미리 생각해 봄으로써 큰 소리로 말할 담력을 발달시킬 수 있는 안전한 기회를 제공할 것이다.

물론 이 방법이 모든 아이에게 효과가 있는 것은 아니다. 많은 아이들에게 이는 너무 위협적일 수도 있다. 하지만 종종 브레인스토밍(brain storming)이 도움이 될 수 있다. 완전한 해결책이 발견되지 않는다 하더라도, 아이는 수동적인 상태에서 벗어나서 전략을 계획하고 행동하게 된다.

어떤 해결책은 아이의 특별한 신체적 기질에 초점을 맞출 수 있다. 예를 들면, 한나에게는 달리기, 뒤쫓기, 비행기나 로켓 놀이와 같은 대근육 활동이 많이 필요했다. 이 활동들은 한나가 자신감을 느낄 수 있는 기회가 된다. 또한 나는 한나가 줄넘기, 매트리스나 트램펄린 위에서 뛰기처럼 관절 압박이 많은 신체 활동을 하도록 격려하라고 브루노와 샐리에게 제안했다. 또 (가볍게 간지럼을 태우는 것과 반대되는) 힘찬 포옹과 등 문지르기와 같은 압력이 있는 접촉을 하면 한나는 진정되었다.

집과 학교에서 하는 이런 활동들(예를 들면, 체조와 축구) 모두 아이가 덜 민감해지고 일상적인 사건에 압도되지 않도록 돕는 것으로 나타났다. 이런 신체 운동에 참여하고 난 아이에게는 소음과 접촉이 큰 부담이 되지 않는 경향이 있다.

··· 공감: 예민한 아이와 동일시하고 공감하기

이 장의 앞에서 논의했던 것처럼, 예민한 아이는 대부분의 아이들보다 공감과 유연성이 더 많이 필요하다. (동시에, 기억하겠지만 다른 많은 아이들보다 더 확고하게 해야 하고 틀이 필요하다. 나중에 더 자세히 이야기할 것이다.) 핵심은 설령 당신이 좋아하지 않는 느낌이라 하더라도 아이가 어떻게 느끼는지에 대해 공감하는 것이다. 이렇게 한다고 해서 아이의 마음속에 그 감정을 심어 주거나 더 강하게 만드는 것은 아니다. 아이가 그 느낌을 인식하고 명명하도록 돕는 것이 중요하다. 그리고 공감함으로써 부모와 아이 사이에 친밀감이 생긴다.

이 단계에서 샐리와 브루노에게 가장 힘든 것은 한나가 두려움을 느끼면서 동시에 지나치게 요구가 많을 때였다. 예를 들면, 한나가 지나치게 요구하며 매달릴 때 그들은 한나가 조종하고 있다고 느꼈기 때문에 한나에게 소리를 질렀다. 다른 한편으로, 그들은 그런 순간에 한나가 겁에 질려 있다는 것을 기억했다.

특히 브루노는 의심스러워했다. "만일 우리가 한나에게 친절하고 지지적이고 한나의 요구에 굴한다면 그건 단지 한나를 버릇없게 할 뿐입니다."라고 그는 주장했다. 그는 한나가 매달리고 고집을 부리면 분노를 억누르기 힘들었다. "애가 두려워한다는 건 알아요."라고 말했다. "하지만 하루에 몇 번씩 이런 일이 있고 나면 나는 아이의 행동에 넌더리가 나요." 분노와 두려움처럼 다소 모순되는 느낌에 공감하는 것은 아마도 모든 부모에게 세상에서 가장 어려운 일일 것이다. 브루노를 지지해 주고 몇 번 연습하자, 샐리와 브루노는 자신의 괴로움을 감내하며 한나의 두 가지 느낌 모두를 경험하려고 애를 썼다.

예를 들면, 한나가 천둥소리에 화가 나고 두려웠을 때 한나와 동일시하려고 노력하며 그들은 "네가 이 큰 천둥소리 때문에 무섭고 미칠 것 같다는 걸 알아. 얼마나 무서울지 그리고 엄마나 아빠가 이 느낌을 없애 주기를 얼마나 바라는지도 알아."라고 말하는 것을 배웠다.

샐리와 브루노가 한나의 다양한 느낌들을 서로 구분해 주자, 놀랍게도 한나는 그들의 공감과 지지에 반응했다. "무서운 느낌이 사라지게 해 주세요." 천둥과 폭풍우가 심할 때 한나가 말했다. 그리고 좀 더 좌절해서 말했다. "아빠, 왜 아빠는 그걸 사라지게 할 수 없어요?"

마침내 브루노는 한나가 기대하는 것을 이해하게 되었다. 한나는 두려움이 클수록 아빠나 엄마가 자신의 기분을 좋게 해 주기를 바랐고, 엄마나 아빠가 그렇게 해 줄 수 없거나 해 주지 않을 때 화를 냈다. 공감해 주고 자명한 이치를 편안하게 이야기해 주는 것만으로도 한나에게는 큰 도움이 되었다. 브루노는 아빠가 모든 나쁜 느낌을 없애 줄 수 있어야 한다는 한나의 가정에 동의하지 않았다. 하지만 그는 아이, 특히 더 보호해 줘야 하는 예민한 아이가 왜 이렇게 느끼는지를 분명히 이해할 수 있었다.

아이가 민감할수록, 아이의 느낌은 더 강하고 때로는 복잡할 가능성이 크다. 이런 민감성을 스스로 경험해 보지 않은 부모는 공감하는 데 참고할 만한 기준이 없을 수도 있다. "한 가지 느낌에 공감하는 것은 쉬워요." 과민한 아이를 둔 한 엄마가 신경이 곤두서서 말했다. "하지만 아이로부터 많은 느낌들이 한번에 빗발쳐 오면 조리 있게 생각하기가 어려워요."

때로 아이에게 느낌을 묘사하도록 격려하기만 해도 부모는 아이가 경험한 것을 이해하는 데 도움이 된다. 예를 들면, 어떤 과민한 아이(말 잘하는 일곱 살 아이)가 엄마에게 말했다. "엄마, 누군가 손톱으로 나를 찔러서 피가 나는 것 같은 느낌이에요. 너무 아파요." 말할 필요도 없이, 엄마는 그처럼 생생하고 무서운 설명에 아파했다. 하지만 과민한 아이의 특징은 생생함이며, 느낌을 설명할 때 대부분 실제적이고 신체적으로 묘사한다. 부모는 가끔 이런 느낌에 대해 듣는 것이 너무 고통스럽고, 대개는 무의식적으로 자연스럽게 이런 이야기를 회피하기 때문에 공감하기 어려울 수도 있다. 아이의 표현이 아무리 극심한 고통을 준다 하더라도, 아이는 사랑하는 사람과 그것들을 공유함으로써 위로를 얻을 수 있다. 자주는 아니지만 가끔, 이렇게 공유함으로써 실제적인 해결책이 나오기도 한다. 공유 그 자체로도 매우 도움이 될 것이다.

부모가 공감하기 어려운 이유 중 하나는 모든 예민한 아이가 그렇듯이, 순간순간 날마다 한나의 행동이 변하기 때문이다. 가끔 한나는 따뜻하고 친절하고 협조적이며, 이로 인해 부모는 한나의 모든 어려움이 지나갔다는 희망을 갖게 된다. 그리고 다른 때는(가끔은 같은 날에) 다루기 힘들고 지나치게 요구가 많고 매달린다. 그런 날에 샐리와 브루노는 한나가 절대 나아지지 않을 것 같은 생각이 든다.

그런 상황에서 나는 예측하기 어려운 것 때문에 부모가 힘들어한다면 아이에게는 그것이 어떠할지 상상해 보라고 말한다. 또한 날마다가 아닌 몇 달에 걸쳐서 아이가 나아지고 있는 것을 보는 것도 도움이 된다.

지난 3개월을 회상해 보자. 3개월 전보다 지금 더 낫지 않은가? 모든 아이들은 기능하는 범위가 넓으며(즉, 어느 날은 성숙하고 깊이 생각할 수 있고 다음날은 충동적이고 심하게 짜증낼 수 있다) 과도한 민감성을 가진 아이는 그 범위가 더 넓다. 나날이 변화폭이 꽤 넓을 수 있다. 부정적인 행동을 야기하는 감정을 인식하고 통제하는 것은 힘들고 오래 걸리는 작업이다. 부모는 아이에게 계속해서 공감해야 한다.

장기적인 관점에서 보자, 샐리와 브루노는 진전이 보이기 시작한다고 말했다. 한나는 쇼핑몰, 야채 가게와 같은 혼잡한 장소에서 덜 흥분하게 되었다. 샐리는 한나를 데리고 쇼핑갈 때 3개월 전보다 덜 망설였다. 브루노는 한나가 연초보다 짜증을 덜 내는 것 같다고 말했다. 한나의 행동 변화가 크지는 않았지만 샐리와 브루노가 희망을 갖기에는 충분히 컸다.

▪▫▪ 도전 단계 쪼개기

예민한 아이는 뜻밖의 일이나 갑작스런 변화를 싫어하기 때문에 새로운 기술을 습득하기 위해 돌진하기보다는 점진적으로 접근할 필요가 있다. 우리는 한나가 안전감을 가지고 새로운 기술을 배우기를 원했다. 예를 들면, 한나는 일주일에 세 번 유치원에 갔는데 샐리는 한나에게 유치원을 그만두게 하고 싶은 충동을 극복하고 다음 해까지 기다렸다. 대신에 샐리는 한나의 선생님을 만나서 한나가 극복해야 할 어려움들에 대해 의논했다. 둥글게 앉아서 함께 하는 시간이나 집단 놀이 시간 같은 집단 활동은 한나에게 특히 스트레스가 되었다. 한나는 선생님과의 조용한 일대일 시간을 즐거워하는 것 같았으며, 아이들이 선생님이 읽어 주는 이야기를 경청할 때가 좋았다.

선생님은 한나가 차츰 다른 아이들과 놀 수 있도록 돕는 것에 동의했다. 처음에는 선생님이 한나에게 공을 굴리면서 한나와 놀아 주었다. 그러고 나서 다른 아이를 데리고 왔고, 처음에는 다른 아이가 아니라 선생님에게 한나가 공을 굴리도록 함으로써 한나와 다른 아이 사이에서 완충 장치 역할을 하였다. 곧 한나와 그 짝은 선생님이 지켜보는 가운데 서로에게 직접 공을 굴려서 주고받았다.

몇 달이 지나서, 한나는 몇몇 아이들에게 다가가기 시작했고, 결국 특별한 친구 몇 명과 가상놀이를 할 수 있게 되었다. 예를 들면, 다른 아이와 인형놀이를 했다. 각자가 아이를 돌보는 엄마 역할을 했다.

둥글게 앉아서 하는 시간에는 열한 명의 세 살배기 아이들과 함께 해서 떠들썩해지는데, 선생님은 그 시간에 한나에게 한 아이와 함께 작은 원 안에 잠깐 동안 있게 했다. 그 다음에 두 번째 아이가 원에 합류했고, 그 다음에는 좀 더 많은 아이들이 있어도 한나가 괜찮을 때 세 번째 아이가 합류했다. 모든 과민한 아이가 그렇듯이, 목표는 한나를 새로운 상황에 내던지지 않는 것이다. 동시에, 부모와 교사는 과민한 아이를 활동에서 제외시켜서는 안 된다. 그러면 아이는 함께 참여하는 기술을 배울 수 없을 것이다. 그래서 목표는 편안한 중간 지대를 찾는 것이다. 아이를 도전 상황으로 점진적으로 끌어들이는 것이다.

이 영역에서의 진전이 한나처럼 빠르지 않은 아이도 있다. 부모와 교사가 협조해서 어떤 아이, 예를 들면 둥글게 앉기 시간을 어려워하는 아이는 방의 한 구석에서 활동하도록 할 수도 있다.

예민한 아이는 우리의 유연성에서 유연성을 배운다. 예민한 아이가 자신을 조종하고 있는 것 같아 너무 걱정이 되면, 교사와 부모는 그 느낌에 권력투쟁 심리가 개입된 것일 수 있다는 경고로 받아들여야 한다. 아이가 배가 아프다거나 피곤하다거나 TV를 보고 싶다고 주장함으로써 다른 아이들은 재미있어 하는 활동에 참여하지 않을 때, 그들의 분명한 '조종(manipulation)'은 나름대로 이유가 있다. 가고 싶지 않은 콘서트에 가야 할 때 갑작스럽게 '두통'이 생겨 콘서트에 가지 않아도 되는 성인의 경우와 비슷하다.

··· 부드럽게 제약 두기

예민한 아이에게 제약을 둘 때 핵심 주제는 확고하지만 매우 부드럽게 해야 한다는 것이다. 타협하고 절충하는 것을 두려워하지 말아야 하지만 외적인 제약은 확고히 유지되어야 한다.

예를 들면, 한나는 가끔 무서워하며 잠을 자지 않으려고 했다. 그것 때문에 브루노는 화가 많이 났다. 그는 결국 소리를 질렀고, 이로 인해 한나는 악몽을 꾸고 자다가 중간 중간에 잠이 깼다. 그것은 좋은 해결책이 아니다. 한나가 걱정하거나 겁먹은 것 같을 때 좋은 해결책은 보통보다 40분 일찍 잠자는 절차를 시작하는 것이다. 한나가 "나는 자고 싶지 않아요. 다른 이야기를 해 주세요." 혹은 "난 엄마가 필요해요."라고 말하자, 샐리는 다른 이야기를 읽으면서 엄마랑 더 있겠다는 한나의 생각이 좋다고 상냥하고 지지적으로 동의해 주었다. 절차가 충분히 일찍 시작되었다면, 한나는 15분씩 세 번 연장할 수 있고 평상시의 취침 시간에서 5분만 지나는 것이다. 샐리의 마음속 원칙(객관적인 한계)은 한나가 평상시의 취침시간을 기준으로 한 시간 이내에 편안하게 자는 것이었다. 그래서 한나가 15분을 더 고집한다 하더라도 샐리의 기준을 벗어나지 않아 그녀는 마음의 부담이 적었다. 한나가 평상시보다 더 늦게까지 있다 하더라도 샐리는 마음의 동요가 덜하고 화가 덜 난다. 가족마다 객관적인 한계는 다를 수 있다.

공격적인 행동 때문에 한나에게 제약이 필요할 때, 브루노는 한나에게 소리 지르지 않고, 한나가 때리려고 했던 아이와 한나 사이에서 한나의 길을 막고는 주먹 말고 말로 하도록 한나를 부드럽게 격려했다. 크고 안심시켜 주는 아빠라는 존재, 확고한 목소리, 강제적이지 않고 무섭지 않은 태도 등은 한나가 진정되도록 도왔다. 한나가 슬금슬금 다리 밑으로 기어서 찌르거나 머리 잡아당기기를 하려고 하면 그리고 신체적 제한을 사용할 필요가 있을 때, 브루노는 부드럽게 반응하는 것을 배웠다. 또한 그는 20분 정도 한나와 함께 방에 앉아 아이의 감정에 대해서 서로 대화하고 때리는 것보다 말로 하는 것이 더 좋은 행동인 이유들에 대해서 이야기를 나누기로 약속했다. 노는 시간을 줄이는 것은 다른 사람을 때리는 것에 대한 충분한 벌이 되었다. 샐리와 브루노는 가끔 TV를 며칠 못 보게 하거나 후식을 주지 않기도 했다.

아이가 통제가 안 되면, 부모가 통제를 유지해야 한다. 아이가 예민할수록, 부모는 더 확고해야 하고 더 온화해야 한다. 특별히 주의를 주자면, 예민한 아이에게는 제약과 플로어 타임이 더 많이 필요하다. '채찍'뿐만 아니라 '당근'도 충분히 있어야 관계가 나빠지는 일이 없다.

이전에 샐리는 죄책감 때문에 한나가 파괴적인 행동을 보여도 "안 돼."라고 말하는 데 많이 주저했는데, 한나와 추가로 플로어 타임을 보낸 후에는 "안 돼."라는 말을 제대로 할 수 있을 정도로 자신이 강해졌다고 느꼈다.

아이에게 화가 심하게 나 있으면, 어떤 부모는 플로어 타임을 갖기를 원하지 않는다. 이럴 경우 부모가 먼저 진정할 필요가 있으며 그래야 아이와 어떤 종류의 특별한 시간을 보내고 싶어진다. 하지만 좀 지나서 아니면 그다음 날이라도 추가적인 플로어 타임을 갖는 것이 좋다. 이런 경험을 통해서 아이는 자기의 공격적인 행동으로 인해 TV를 잠시 못 봤지만 부모와의 따뜻하고 사랑스러운 관계는 여전히 계속 유지된다는 것을 배우게 된다.

한나의 이야기는 많은 부모에게 익숙한 요소를 가지고 있다. 영리하고 귀엽지만, 분명한 이유 없이 지나치게 소란스럽고 까다로우며 요구가 많은 아이 때문에 고생하는 부모들이 점점 많아지고 있다. 많은 아이들이 한나와 같은 신체적인 민감성을 일부 가지고 있다. 이런 민감성을 가진 아이는 일상적인 사건들에 더 스트레스를 받고 쉽게 압도되는 느낌을 받는다. 어린이집의 소음, 새로운 친척을 만나는 것, 새로운 음식을 먹어 보는 것 혹은 잠잘 준비를 하는 것에 이르기까지 과민한 아이에게는 이 모든 일들이 너무 힘들게만 여겨진다. 하지만 부모는 예민한 아이가 가진 세심함과 공감 능력에 관심을 가져 줌으로써 자신감을 심어 줄 수 있다. 소개된 다섯 가지 원칙을 따름으로써, 부모는 예민한 아이가 스스로를 달래고, 새로운 상황에서 점진적으로 자기주장을 할 수 있게 되며, 자신의 느낌과 상상을 이용해서 혼란스럽고 혼돈스러운 세상을 이해하도록 가르칠 수 있다. 시간이 지나면, 유난히 예민한 아이들도 공감적이고 창조적이며 유능하게 될 수 있다.

04 자기 몰입형 아이

자기 몰입형 아이의 걸음마기
자기 몰입형 아이의 학령전기
자기 몰입형 아이의 학령기
자기 몰입형 아이가 된다는 것은 어떤 느낌일까
자기 몰입형 아이에게 피해야 할 양육 방식
자기 몰입형 아이를 어떻게 도울 것인가
로비의 이야기
플로어 타임: 자기 몰입형 아이에게 개입하기
문제해결 시간: 현실에 직면시키기
공감: 자기 몰입형 아이의 관점에 공감하기
도전 단계 쪼개기: 사소한 일상적인 대화 시도
제약 두기: 중요한 것을 지키기

04 자기 몰입형 아이

위축 성향을 가진 아이의 부모들은 처음에는 '순한' 아이를 갖게 된 것에 대해 자축하곤 한다. 이런 아기들은 보통 많이 울지도 않고 아기 침대나 유모차에 누워 손가락을 가지고 놀거나 모빌을 응시하곤 한다. 심지어는 기는 것을 배우고 난 후에도 가만히 앉아서 엄마나 아빠가 장난감을 가져다 주기를 기다리기도 한다. 부모가 우스꽝스러운 표정이나 소리를 내면 흘끗 보기는 하지만 다시 장난감이나 허공으로 시선을 돌린다. 눈 맞추기를 잘 못하고 바깥세상, 즉 웃고 있는 아빠의 얼굴, 반짝거리는 새 장난감, 피부에 스치는 부드러운 산들바람 같은 외부 세상에 관심이 없고 안으로 관심이 쏠려 있는 것처럼 보인다. 처음에 부모는 자신의 아이가 다른 아이들에 비해 더 조용하고 느긋할 뿐이라고 스스로에게 말한다. 만일 운동과 언어 발달 과정이 모두 정상이고 아이가 장난감을 가지고 노는 것을 즐기는 것처럼 보인다면 부모들은 별다른 걱정을 안 한다. 그저 아이가 '사색가'적 기질을 좀 더 가지고 있고 사회성이 부족한 것이라고 생각할 것이다. 어떤 자기 몰입형 아이들은 혼자서 정교한 상상놀이를 하는데, 이들의 창조력과 상상력에 경탄할 수도 있다.

아이가 학교에 들어가서 다른 아이들과 노는 것에 별다른 관심을 보이지 않는 것을 보고서야 부모는 걱정하기 시작한다. 다른 아이들이 함께 소리 지르고 깔깔대면서 웃는 동안 내 아이는 운동장 구석에 혼자 앉아 있을지도 모른다. 친구도 거의 없고 방과후에도 집에 머물러 잠자리에 들 때까지 닌텐도 게임기만 붙잡고 있으려고 한다.

부모는 그제야 걱정을 하게 되거나 또는 학교 선생님은 아이에 대해 걱정이 되어 또래들과 보다 잘 어울릴 수 있도록 상담을 제의하게 되는 경우가 많다. 그즈음 이런 아이들의 부모들이 나를 찾아오곤 한다. 그들은 "뭐가 잘못되었는지 모르겠어요."라고 말한다. "순한 아이였는데, 그런데 지금은 뭔가 잘못된 것 같아요."

위축되고, 수동적이며, 무감동적인 아이들은 월터 미티(Walter Mitty)* 의 세계 속에 있는 것처럼, 현실 세계보다는 자신의 공상 속에서 더욱 편안하다. 그들은 평범한 일상에 초점을 맞추기보다는 자신의 생각과 아이디어에 집중하는 것을 더 편안해한다. 이들은 일반적으로 말하는 '키우기 어려운' 아이의 모습과는 맞지 않는다. 우리가 알지 못하는 사이에 그들은 현실감을 발달시키는 데 도움을 줄 상호작용으로부터 스스로를 단절시킨다. 의사소통의 부재는 앞서 언급했던 발달단계에 도달하고 건강한 정서 발달을 이루는 것을 어렵게 만든다. 이런 아이들 중 일부는 자기 표현을 분명히 하고 좋은 학생이 될 수도 있지만, 많은 경우 심리적 발달을 위해 꼭 거쳐야 하는 중요한 경험을 놓치게 되기 쉽다.

---

* 역자 주 - James Thurber의 단편집 『월터 미티의 숨겨진 삶(The Secret Life of Walter Mitty)』의 주인공으로 터무니없는 공상에 빠지는 소심한 인물이다.

••• 자기 몰입형 아이의 걸음마기

대개 첫아이인 경우에 자기 몰입형 아이의 부모는, 이 새로 태어난 아이에 대해 거의 걱정하지 않는다. 아이는 잠을 많이 자고 얌전하며 쉽게 만족하는 것처럼 보인다. 그러나 시간이 지나면서 흥미를 유도하는 것이 어렵게 된다. 생후 3~4개월이 되면 보통 아기들은 가벼운 미소와 함께 옹알이를 하면서 사람들과 열심히 관계를 맺기 시작하는데, 이 시기 자기 몰입형 아기와 관계를 맺는다는 것은 그리 쉬운 일이 아니다. 부모는 이 아기들의 관심을 유도하는 것이 매우 어렵다는 것을 발견하게 된다. 아기는 눈 맞추기도 거의 안 하고 허공을 바라보곤 한다. 그리고 혼자 남겨지는 것을 요란하게 거부하는(다른 많은 아이들이 흔히 그러하듯) 대신, 이 아기는 아기 침대에 가만히 누워 빈 공간을 쳐다보거나 자기 손가락만 가지고 놀려고 할 것이다.

걸음마기에 다른 아이들이 세상을 탐색하기 시작할 때(아이의 부모가 몹시 즐거우면서도 극도의 피로를 느끼게 되는 때다) 이 아기는 수동적으로 앉아 있기만 할 것이다. 가까이에 있는 장난감을 만지기는 하지만, 장식장을 기어오르려고 하거나 계단을 뛰어 내려가려는 여느 걸음마기 아이들처럼 번잡스럽지 않다. 이들은 대부분의 걸음마기 아동에 비해 친숙한 것을 더 많이 선호한다. 같은 책을 반복해서 보거나 또는 똑같은 비디오를 반복해서 보는 것을 더 좋아한다.

다른 아이들이 몸짓이나 얼굴표정으로 의사소통하는 것(또한 비언어적 의사소통 방식을 이해하는 것)을 배우는 동안, 이 위축된 아이는 자기 세계에 빠져 좋아하는 장난감을 가지고 놀거나 우주의 비밀에 대해 깊이 생각한다. 걸음마기의 아기들이 의사소통할 때 주로 보이는 몸짓을 하고 얼굴표정을 사용하는 것이 이들에게는 많은 노력을 기울여야 하는 것으로 보인다. 이들은 무언가를 간절히 원할 때만 간헐적으로 이런 소통 방식을 사용한다.

자기 몰입형 아이의 부모는 아이가 18개월에서 30개월 사이가 되면 발달이 또래에 비해 느리다는 것을 조금씩 깨닫기 시작한다. 우선 아이의 언어 기술이 다른 아이들처럼 빨리 발달하지 않음을 보게 된다. 몸동작을 하면서 그에 맞게 말을 갖다 붙이는(예를 들면, 다친 발가락에 '호' 해 달라는 신호로 발을 잡고 '호호' 소리를 내는 것) 대신, 이 어린아이는 그저 당신을 쳐다보고 나서 자기 발을 보고는 울음을 터뜨릴 것이다. 수용성 언어 기술 역시 느린 발달을 보일 수 있다. 다시 말해, 당신이 아이에게 말을 거는 동안 아이는 혼란스러워하거나 그냥 당신을 무시할지도 모른다.

앞서 언급했듯이, 이런 아이는 다른 아이들에게 그다지 흥미를 보이지 않을지도 모른다. 그 나이 또래의 아이들에게서 사회성이 나타나는 동안(18개월 때 우스꽝스러운 얼굴을 보면서 깔깔거리며 웃고, 두 살 반 정도에 소꿉장난을 하거나 장난감 자동차를 부딪치게 하는 등), 자기 몰입형 아이는 혼자만의 놀이에 빠져 있곤 한다. 익숙한 몇 개의 장난감만 가지고 놀고 다른 아이들을 쳐다보려고 하지 않거나, '병렬 놀이(parallel play)'라고 불리는, 다른 아이들 곁에 나란히 앉아 있되 혼자 노는 놀이를 한다.

때때로 이런 아이는 부모에게 신경 쓰지 않거나 관심을 두지 않는 식으로 부모에게도 거의 흥미를 보이지 않는다. 이러한 행동이 부모에게 문제를 일깨워 주곤 한다. 그러나 대부분의 경우 이런 아이는 부모에게 다정다감한 편이다. 엄마나 아빠가 배에다 입으로 푸우 하고 불면 환한 웃음을 짓기도 한다. 흔들의자에서 엄마한테 꼬옥 안겨 있는 것을 좋아하고, 아빠가 TV를 보거나 책을 읽는 동안 조용히 옆에 앉아 있는 것을 즐길 수 있다. 아기의 자기 몰입 경향성을 인지하고 있던 부모는 아이가 자신들과 관계를 잘 맺는다는 사실로 인해 모든 것이 다 괜찮다며 안심하기 쉽다. 그러나 부모는 아이가 정서적으로 자신과 관련을 맺고 있다고 해도 자신의 의사를 적극적인 방식으로 표현하는 것은 아니라는 점을 알아채지 못할 수 있다. 아이가 신체 접촉 같은 부모의 행동에 반응은 하지만, 스스로 정서적인 교류를 시작하지 못할 수 있다.

18개월 정도가 되면서 정서적인 개념들이 언어와 가상놀이 속에 나타나기 시작할 때, 이 아이는 더욱 먼 곳으로 사라져 버릴지 모른다.

⋯ 자기 몰입형 아이의 학령전기

아이가 어느 정도 성장한 후에도, 아이의 가상놀이 속에 재치나 상상력이 부족할 수 있다. 정서적인 개념들과 정서적 사고 단계를 거쳐 가면서 아이들의 놀이에서 흔히 나타나는 정교한 드라마가 나타나지 않을 수 있다. 이 아이는 가상놀이에서 사람 인형이나 동물 인형이 수다를 떨거나 다투는 이야기를 만드는 대신에 공손한 대화가 반복적으로 나타나는 이야기를 만들 수 있다. 아름다운 공주를 구하기 위해 양쪽 군대의 군인들이 싸우고 마침내 한 장군에 의해 구출되는 그런 극적인 이야기를 담고 있는 놀이를 하는 대신, 군인 인형이 자동차를 타고 왔다갔다 하는 매우 빈약한 내용의 장면을 계속 연출하며 놀 수 있다.

보다 흔하게는 그냥 인형들을 만지작거리는 모습을 보일 수 있다. 그 안에 어떤 주제가 담겨 있는지 명확하지 않을 수 있다. 아이는 조용히 혼자만의 생각에 빠진 채 놀이를 계속할 수 있다. 이러한 모습을 보고 주변 사람들은 아이가 풍부하고 창의적인 환상을 떠올리고 있다고 생각할지도 모른다.

아이가 '자기 나름의 일'을 하고 있다고 가정하고, 그렇게 자신만의 환상 속으로 도망치도록 내버려 두는 것은 부모의 입장에서 쉬운 일이다. 부모는 심지어 아이의 창의력과 기술에 대해 자랑스러워할 수 있다. 그러나 흥미롭게도 이런 아이들이 쉽게 상상 속에 빠져든다 해도 그들이 하고 있는 가상놀이는 다채롭지 못하다. 오히려 조직성이 부족하고 미완성된 특성을 가지고 있다.

나를 찾아온 네 살 반 된 영리한 남자아이 한 명이 기억난다. 그는 치료실로 걸어 들어와서 곧장 장난감이 가득 차 있는 벽장으로 갔다. 그는 마치 백 번쯤 내 치료실에 왔던 것같이 행동했다. 내가 말을 걸 때까지 그는 인형 네 개와 집 하나를 가지고 하나의 장면을 만들어 냈다. 내가 곰 인형을 가져와 장난감 집에 놓으며 옆에 앉아 함께 하려고 하자 그 아이는 짧게 거부적인 눈길을 한 번 주고는 나의 곰 인형을 무시한 채 놀이를 계속했다. 그러나 그의 상상력은 단편적이었다. 즉, 현실적인 이야기나 주제는 나타나지 않았다. 인형들은 어디서 잘 것인지 서로 짧은 대화를 나누었지만 곧이어 대화 방향을 다른 것으로 바꾸어 버렸다. 한 인형을 다른 인형과 싸우게 하고는 갑자기 그는 바로 장난감 트랙터를 가져와서 이리저리 몰고 다녔다. 이야기를 빠르게 해 나갔고 때때로 인형과 트랙터를 장난감 집 주위로 옮길 때에는 중얼거리기도 했다. 나는 그의 공상을 쫓아가기가 어려웠다.

나중에 아이의 엄마와 이야기를 나누었을 때, 처음에 그녀는 아들이 공상 속에 몰두할 때 매우 놀라울 정도로 창의적이라고 말했다. "정말 대단한 상상력이에요." 그녀는 미소를 지으며 이야기했다. 그러나 잠시 동안 이야기를 나누면서 그녀는 아들에 대해 우려하는 부분을 인정했다. "아이한테 다가갈 수가 없어요." 그녀는 말했다. "직접 이야기하게 하거나 나에게 뭔가를 말하도록 하는 게 안 돼요."

엄마가 질문을 할 때마다 아이는 침묵하거나 장난감 바니를 통해 대답하곤 했다. "저녁 때 생선 튀김 먹는 건 어떠니, 바니?" 엄마가 바니의 보라색 꼬리를 흔들며 장난스럽게 말하면, 아이는 대답 대신 바니 인형을 장난감 집 꼭대기에서 껑충껑충 뛰어 놀게 했다.

물론 자기 몰입형 아이들 모두가 단순한 공상에만 빠져 있다거나 전적으로 놀이를 신체적 동작에만 한정시키는 것은 아니다. 어떤 아이들은 보다 창의적인 공상을 하기도 한다. 하지만 거기에도 동일한 기본적 특성이 있다. 이 아이들은 영리해 보이고 언어적 능력에도 문제가 없다. 즉, 말하는 것을 쉽게 배우기도 하고, 가상놀이에 지대한 관심을 보이기도 한다. 그러나 현실 세계보다는 자신의 상상 세계를 더 선호하는 듯 보인다. 몇 시간 동안 혼자서 놀곤 한다. 조금 더 자라면, 닌텐도나 컴퓨터 게임에 능숙해져서 전자 게임 또는 컴퓨터 게임을 끊임없이 한다. 저녁 식사로 무엇을 원하고 학교생활이 어떤지에 대해 대화를 나누는 일과 함께, 일상생활에 대해 아이와 의사소통하는 것은 쉽지 않은 일이 될 것이다.

··· 자기 몰입형 아이의 학령기

아이들이 자연스레 공상 세계에 몰두하는 단계에서 자기 몰입형 아이들의 가상놀이는 다른 형태를 띠게 된다. 그의 놀이에는 공격적이거나 격렬한 주제가 결여되어 있고 자신에게 몰입된 특성을 보일 수 있다. 다른 사람이 자신의 놀이에 끼어드는 것을 거의 원치 않는다. 이 시기에 사교적인 아이들은 부모가 자기 놀이에서 어떤 역할을 맡아 주길 기대하지만, 자기 몰입형 아이는 부모를 놀이에 참여시키려 하지 않을 것이다.

이 시기에 일반적으로 아이들은 자기 힘을 과시하거나 한쪽 부모와만 놀고 다른 쪽 부모와는 거리를 두는 식으로 부모와의 관계를 시험해 보기 시작한다. 자기 몰입형 아이는 그 대신 엄마나 아니면 때로는 부모 모두의 옆에 가까이 붙어 있으려고 할 수 있다. 그는 어느 부모와의 관계에서든 자기의 생각을 내세우는 것을 피하려고 할 수 있다.

아이들이 가족의 품을 벗어나 외부 세계를 탐색하기 시작하고 '놀이터 정치'에 관여하는 시기에, 자기 몰입형 아이는 종종 주변에 머무르려고 한다. 축구를 하거나 친구 집에 놀러가기보다는 집에 머무는 것을 더 좋아할 수 있다. 종종 자기처럼 조용하고 내성적인 한두 명의 친구와만 사귄다.

도전할 일이 생기면, 쉽게 포기해 버리고 자신만의 세계로 후퇴해 버릴 수도 있다. 만일 선생님이 그 아이에게 미국이 왜 화성에 탐사선을 보냈는지 이야기해 보라고 한다면 아이는 어깨를 으쓱하며 "모르겠는데요."라고 대답하고, 닌텐도 게임을 할 수 있게 로켓이 자신을 집으로 데려다 주는 상상에 잠길지도 모른다.

영리하고 말로 잘 표현하는 자기 몰입형 아이는 컴퓨터, 체스, 비디오 게임에 꽤 숙달될 수 있다. 특별히 수학이나 과학 같은 과목에 우수한 능력을 보이는 아이들의 경우 자기 방에서 숙제나 독서를 하면서 시간을 보내곤 한다. 하지만 이로 인해 밖에 나가서 다른 아이들과 어울리는 일처럼 앞으로의 정서 발달에 중요한 경험들은 놓치게 된다. 앞서도 이야기했듯이, 아이는 다른 아이들과의 관계를 통해 보다 복잡한 생각을 할 수 있는 능력을 연마한다. 놀이터 정치는 그들의 생각과 추론이 새로운 차원의 복잡성을 갖도록 이끈다. 그리고 이는 아이들이 생활 속에서 경쟁적이고 주장적인 상황에서 대처하는 방법을 배울 수 있도록 도와준다.

열 살에서 열두 살이 되면, 아이들은 가족이나 친구들이 생각하는 자기 모습을 넘어서서 자신이 누구인가에 대한 나름의 심상을 형성하기 시작하고 자신의 미래에 대해서 생각하게 된다("난 자라서 의사가 되고 싶어, 그러니까 우수한 성적을 받아야 해."). 하지만 자기 몰입형 아이는 여전히 상상 속에 빠져 있다. 여전히 '나를 먹어치우는 괴물'을 두려워할지 모르는데 이는 대개 다섯 살에서 일곱 살 아이들이 하는 고민이다. 이런 아이는 보다 복잡한 생각을 떠올리기 시작하여도 여전히 열 살에서 열두 살 아이들이 관심을 갖는 영역 밖의 것에 집중하는 모습을 보이게 된다. 예를 들면, 나에게 왔던 열한 살 아이의 경우는 다양하고 중요한 몇 가지 흥미로운 이론들에 대해서 장황하게 이야기했다. 예를 들면, 그는 내세에 대한 세 가지 다른 이론들에 대해서 이야기했다. 그 이야기가 매우 정교한 반면에, 그는 하루하루의 일상생활에 대해서 이야기하는 것은 힘들어했다. 그 아이와 친구나 부모 또는 선생님에 대해서 논리적인 대화를 나누는 것은 어려운 일이었다.

시간이 지나면서, 이러한 아이는 부정적인 정체감을 발달시킬지도 모른다. "나는 다른 사람에게 호감을 주지 못해."라는 결론을 내릴 수도 있다. '나는 쉽게 무시당하고 사람들이 나를 피해. 다른 사람들과 이야기하려고 노력해도 소용없어.' 또는 '아무도 신경 안 써. 그냥 내 맘대로 할 거야.' 라고 생각하게 될 수 있다.

··· 자기 몰입형 아이가 된다는 것은 어떤 느낌일까

보이는 것과는 달리 자기 몰입형 아이가 바깥세상보다 자신에 대한 생각과 공상을 더 좋아하는 것은 아니다. 단지 여러 가지 신체적인 이유로 인해 아이로서는 주의를 자기 내면에 두는 것이 더 쉬울 뿐이다. 아이는 '실제' 세계와 관계를 가지면 가질수록 더욱더 그 세계를 즐기게 된다.

너무 많은 자극에 의해 쉽게 압도되어 버리는 매우 예민한 아이와는 달리, 이러한 아이에게는 많은 자극이 필요하다. 이들의 주의를 끌려면 큰 소리가 필요하고, 안겨 있다고 느끼게 하려면 많은 접촉이 필요하며, 스릴을 느끼게 하려면 많은 움직임이 필요하다.

청력은 정상이지만 몇 가지 이유(왜 그런지는 아직 확실하지 않다)로 소리에 빠르고 쉽게 반응하지 않는다. 큰 소리, 즉 차문이 쾅하고 닫히는 소리, 청소기의 소음, 형이나 누나의 고함소리는 다른 아이들만큼 그의 주의를 끌지 못한다. 아기 때에는 부모의 부드러운 이야기와 미소에 반응하지 못한다. 그 대신, 주의를 끌려면 힘이 들어간 목소리("얘, 저스틴! 엄마 좀 봐! 저스틴.")로 20초, 심지어 40초 정도는 이야기해야 한다. 아이는 많은 노력을 기울여야 겨우 당신을 쳐다보고 미소 짓는다.

그는 다른 아이들에 비해서 접촉에 덜 민감할 수 있다. 이마에 부드럽게 키스하면 방긋 웃으며 몸을 흔드는 대신에 자기 몰입형 아이는 아무것도 못 느끼는 것처럼 방 주변을 계속 두리번거리기만 할 수 있다. 초등학교 때는 놀이터에서 다른 아이가 와서 부딪쳐도 제대로 반응하지 못할 수 있다. 다른 아이들이 느끼는 정도의 고통을 느끼지 못할 수 있다. 다시 말해 뜨거운 난방기구에 살짝 닿거나 칼에 베었을 때에도 움츠리거나 우는 것조차 하지 않을 수 있다.

간혹 자기 몰입형 아이는 시각적으로도 민감하지 못하다. 강한 햇빛 또는 환한 빛에 눈을 가늘게 뜨지 않는다. 오히려 눈에 플래시 같은 환한 빛이 비춰지는 것을 좋아할 수도 있다. 그의 주의를 끌려면 여러 가지 짙은 색깔 또는 환한 빛이 필요하다. 옅은 색은 아이의 관심을 끌지 못한다. 그림 그리기를 좋아한다면 그 아이는 내내 진한 색상만 선택할 것이다.

밝은 색과 빛을 좋아하는 것처럼, 이러한 아이는 많은 신체적 자극을 갈망할 수 있는데 이는 신체적 자극에 둔감하기 때문이다. 예를 들면, 그네와 미끄럼틀, 놀이공원의 놀이기구를 즐긴다.

자극에 대한 느린 반응과 함께, 이 아이의 근육 구조는 세상과 어울리기 어렵게 되어 있다. 그 이유는 근긴장도가 다소 낮기 때문이다. 즉, '굴근'(몸을 구부리는 데 사용되는 근육)이 '신근'(일으켜 세우는 데 사용되는 근육)보다 우세하다. 낮은 근긴장도를 보이는 아기들은 구부정한 자세를 취하고 일어서는 속도가 느리다. 아이의 몸은 다른 아이들보다 더 부드럽고 물렁거리며 더 젤리처럼 느껴진다. 머리를 들어 올려 사람들을 쳐다보기 위해 고개를 돌리고 계속 그 자세를 유지하기 위해 많은 노력을 들여야 하기 때문에 세상과 관계한다는 것은 더 어려운 일이다. 균형 감각이나 협응 능력이 떨어질 수 있다. 낮은 근긴장도를 가지고 있다는 것은 기어가고 장난감을 밀고 손을 뻗고 뛰고 기어 올라가기 위해 다른 아이보다 더 많은 노력을 기울여야 한다는 것을 의미한다. 또한 연속적인 동작(즉, 운동계획)이 필요한 기술에서도 어려움을 더 느낄 수 있다. 여기에는 그림을 그리고 신발을 신고 사다리를 올라가고 또는 무언가에 부딪치지 않고 방을 가로질러 가는 것 등이 포함된다.

아이가 어떻게 느끼는가를 상상하기 위해서 무덥고 나른한 여름날 오후의 당신 모습을 생각해 보라. 늘어져서 주변 세계에 특별히 관심을 기울이지 않을 것이다. 사지는 무겁고 세상은 몽롱해 보일 것이다. 또한 주변 사람들이 말하는 것에 집중할 수가 없고, 그저 혼자 있고 싶을 것이다. 자리에서 일어나 세상에 집중하는 것이 고역일 것이다.

문제를 더욱 복잡하게 만드는 것은, 다른 사람이 자신에게 한 말을 이해하는 데에도 어려움이 있을 수 있다는 점이다. 이 문제는 주로 청각 정보의 처리와 관련되고 간혹 '수용 언어'의 곤란으로 언급되기도 한다. 이러한 아동은 사람들이 말하는 것에 자신을 조율하기 위해 상당한 노력을 기울여야 한다. 아기일 때는, 사람들 소리의 리듬을 이해하는 데 어려움을 보일 수 있다. 예를 들면, 약 4개월 된 아기들이 복잡한 소리 리듬에 반응하고 이해할 수 있는 반면, 자기 몰입형 아기는 혼란을 느끼고 눈길을 돌려 버린다. 나중에는 복잡한 지시를 이해하는 데 어려움을 느낄 수 있다. 예를 들면, 여섯 살 된 브래들리의 아빠가 아이에게, "지금 당장 양말을 집어서 세탁기에 넣고 여기 내려와서 저녁 먹어라."라고 지시할 수 있다. 그러나 혼란감을 느낀 브래들리는 그저 아빠를 공허하게 쳐다보기만 한다. 아이는 단지 명령의 본질을 이해하지 못한 것이다. 너무 많은 단어들이 너무 빠르게 지나갔기 때문이다. 그는 자기 자신에게만 귀 기울이는 것이 더 쉽고 더 편안하다고 생각하기 쉽다.

어떤 자기 몰입형 아이들은 '표현 언어', 즉 언어로 자기 생각을 표현하는 것에도 어려움을 느낀다. 그들은 말을 천천히 할 수 있다. 이들은 나이가 들면서 자신을 표현하는 것이 힘들다는 것을 알게 된다. 무엇을 했고 무엇을 느끼고 무엇을 원하는지를 표현하기 위해 단어들을 생각해 내는 것이 쉽지 않을 수 있다.

물론 대부분의 자기 몰입형 아이들이 이러한 묘사에 딱 들어맞지는 않는다. 많은 감각에 빨리 반응하지 못하는 일부 아이들은 다른 어떤 자극에는 지나치게 예민하게 반응할 수도 있다. 예를 들어, 마사지나 꽉 쥐는 것 같은 강한 압력에 덜 민감한 어떤 아이들은 특정한 가벼운 접촉, 이빨을 닦거나 머리를 빗는 것 같은 자극에 과도하게 반응한다.

대부분의 소리에 반응하지 않는 일부 아이들은 고음의 소리나 사이렌 소리 같은 몇몇 소리에 과민반응을 보일 수 있다. 어떤 아이들은 자신의 몸 움직임을 매우 잘 인지하는데, 아마도 낮은 근긴장이 그들의 몸 전체를 덜 통제하기 때문이다. 그들은 미끄럼틀이나 그네를 타면서 소스라치게 놀랄 수 있다. 이렇게 다양함에도 불구하고, 전반적으로 이러한 아이는 다른 아이들처럼 시각, 청각, 촉각 그 외 다른 감각을 통해 쉽게 움직여지지 않는다. 다른 사람에게 주의를 기울이게 하는 데에는 엄청난 에너지가 들어간다.

··· 자기 몰입형 아이에게 피해야 할 양육 방식

불행하게도 부모는 자기도 모르게 자기 몰입형 아이를 단념해 버리기 쉽다. 다른 아이들은 올바른 상호작용을 요구하며 자신이 진정 필요로 하는 것을 부모에게 '가르쳐 주는' 반면에, 자기 몰입형 아이는 부모가 이끌어 주는 것에 의지한다. 아이를 세상으로 끌어내기 위해서는 열정적으로 구애를 해야 한다.

어떤 부모들은 자신에게 관심을 보이지 않는 아이를 단지 자기 성격을 보여 주는 것으로 생각한다. 뭔가 잘못되어 간다는 생각에 신경은 쓰이지만, 서로에게 "자라면서 나아질 거야."라고 말해 준다. 부모는 자연스럽게 감정을 내색하지 않게 되고 아이와 관계할 때 적극적이 되면 그에 따라 아이도 적극적이 될 수 있다는 것을 모를 수 있다. 어떤 부모는 소진해서, 무관심해 보이는 아이에게 미소 짓고 말을 붙일 만한 정서적 에너지가 없는 것처럼 느끼기도 한다.

어떤 부모는 아이가 제멋대로 하도록 내버려 두다가도 흥분할 때까지 그를 콕콕 찌르고 간질이고 이리저리 굴리는 등의 강력한 방법을 동

원하여 자극을 과도하게 주기도 한다. 그러고 나서는 이런 식으로 아이와 노는 것이 '그를 당황시키는 것'이라고 느껴 자책할 수 있다. 좌절하여 그들은 몇 시간 혹은 며칠 후 다시 아이를 자극하려고 애쓸 때까지 다시 아이를 홀로 내버려 둘 수 있다.

다른 어떤 부모는 거부하는 아이에게 계속 구애하는 것이 너무 힘들다는 것을 깨닫게 된다. "참을 수가 없어요." 한 4개월 된 아기의 엄마는 나에게 말했다. "아기랑 놀아 주려고 할 때 마음이 아파요. 난 그 애를 너무 사랑하는데, 아기는 나를 쳐다보려고 하지도 않아요."

시간이 흐르면서 아이는 자아상 또는 환상을 발달시켜 나가면서 ("난 사랑스럽지 않아." 또는 "아무도 내게 관심이 없어."), 그 부모 역시 아이의 환상에 부합하는 자신의 환상을 키워 나갈 수 있다. 부모는 "아이가 나를 사랑하지 않는 것을 보며 난 나쁜 부모야, 난 부모로서 실패한 거야."라고 결론 내릴 수 있다. 부모가 화가 날 수도 있다. "애는 나한테 다가오려고 하지 않아. 나도 아이한테 다가가지 않을 거야." 아니면 부모는 실존적인 해결책을 만들어 낼 수 있다. "아이는 자신의 공간이 필요하고 나 역시 내 공간이 필요해. 그리고 그게 우리에게 더 좋은 거야."

부모의 감정이 간접적인 방식으로 튀어나올 수도 있다. 어떤 부모의 경우는 아이에게 호되게 대한다. 예를 들면, 아이가 자신들을 무시한다고 여겨 화가 날 때 아이가 형을 무시한다며 고함을 지를 수 있다. 또는 바라던 대로 관계를 형성하지 못한 것에 좌절하여 저녁 식사를 제대로 안 하거나 바닥 위에 장난감을 내버려 두는 것과 같은 비교적 사소한 잘못에도 의도하지 않게 그에게 심하게 잔소리를 할 수 있다.

이런저런 이유로 어떤 부모는 점점 그리고 의도하지 않게 자주, 그가 자기 자신의 세계로 은신하는 시간을 늘려 나가는 것을 허용한다. 아이가 이에 만족하는 것처럼 보이기 때문에 부모는 아기 침대 또는 유모차에 그를 점점 혼자 내버려 둘 수 있다. 놀이방이나 어린이집 같은 곳에서는 더 소란을 피워 대는 다른 아기들한테 정신을 빼앗기다 보니 이런 아이한테는 충분한 관심을 주지 못할 수 있다. 그러고 나면 부모는 아이를 집으로 데리고 왔을 때 아이가 하루 종일 놀이방에 있느라 지쳤을 거라는 생각에 음식을 만들거나 쉬는 동안에 아이가 혼자 무엇을 하든 내버려 두게 된다. 그들은 아이를 꼭 껴안아 주지만 거기에 정서적인 교류는 없을 수 있다.

아이에게 많은 신경을 쓰지 않아도 되기 때문에 부모는 자기 활동이나 일에 계속 몰두하기가 쉽다. 아이는 학교에서 곤란에 빠지는 일이 없고(심지어 우수한 성적까지 받는다), 집에서는 자기 활동에 몰두하고 조용하며 말을 잘 듣는다. 게다가 아이는 부모에게 정서적으로 많은 것을 주지 않는다. 아이가 엄마와 아빠에게도 역시 감정이 있다는 것을 깨닫는 것(비록 자주 잊어버릴지라도)이 중요하다. 부모가 반복적으로 거부당한다고 느낄 때 대리만족으로 의도하지 않게 뭔가 다른 것을 찾기 시작하는데, 그러면 아이는 자신의 외롭고 작은 세계에 더욱 고립될 수 있다.

••• 자기 몰입형 아이를 어떻게 도울 것인가

부모는 자기 몰입형 아이들을 환상의 세계에서 현실로 이끌어 내는 법을 배워야 한다. 그들은 아이 스스로 나설 수 있을 때까지 아이와 현실 사이의 다리가 되어 줄 수 있다. 이것은 아이의 공간을 지나치게 방해하지 않으면서 아이의 삶 속에 들어가는 것을 포함한다. 각 발달단계(집중과 개입, 양방향 의사소통, 정서적인 사고, 정서적인 생각, 공상과 과장의 시기, 놀이터 정치로의 돌진, 내적 정체성의 발달)에서, 여러분은 아이가 어느 정도 준비가 될 때까지 여러분의 일부를 아이에게 빌려 줄 필요가 있다. 예를 들면, 아이의 관심을 끌기 위해서 그와 함께 있을 때, 재미있는 소리와 얼굴표정을 지어 보일 수도 있다. 자기 몰입형 아이는 워밍업하기까지 보다 오랜 시간이 걸린다. 다른 대부분의 아이들이 몇 초 정도 걸린다면 이 아이는 15분 정도 걸릴 것이다(이 장의 뒤에서 좀 더 나이가 있는 아이를 워밍업하도록 돕는 방법을 소개할 것이다.).

이 아이들이 그들만의 세계에 격리되는 것을 원하지 않음을 기억해 두는 것이 중요하다. 다만, 현실 세계에 맞추는 것보다 움츠리고 있는 것이 더 쉬운 것뿐이다. 당신의 아이를 이끌어 낼수록, 아이를 세상에 더 관여시키게 되는 것이고 아이는 그것을 더 좋아하게 될 것이다(비록 처음에 좀 망설인다 할지라도.).

아이를 이끌어 낼 때까지 아이를 매우 다정하게 대해야 한다. 목표는 아이가 즐길 수 있는 유쾌한 경험을 함께 갖는 것이다. 당신은 아이가 개성을 갖기를 원한다. 당신은 아이가 자신의 경험을 조직화하여 다른 사람들과 개인적이고 정서적이며 유쾌한 관계를 맺을 수 있게 되기를 바란다.

아이를 성공적으로 바깥으로 이끌어 낸 부모를 보면, 그들은 풍부한 정서적 에너지를 뿜어낸다. 그들은 열성을 다해 정력적으로 아이를 대한다. 그들의 접근 방식에 느긋함이란 없다. 그들은 의욕과 함께 활기가 넘친다.

그것은 결코 광란적이 된다거나 과활동적이 되는 것을 의미하지는 않는다("얘, 바비, 날 좀 보렴! 얘, 바비! 날 보지를 않는구나! 바비! 여길 보렴! 내가 뭘 집었는지 봐 봐! 얘, 바비! 날 좀 보렴!). 당신의 표현, 목소리 톤 그리고 에너지 수준을 통해, 놀고 이야기하고 또는 부둥켜안으며 기분 좋은 사람이라는 인상을 전달해야 한다.

이런 식으로 행동하다 보면, 당신은 또 다른 중요한 목표를 염두에 두고 싶어진다. 바로 아이의 주도성을 키우는 것이다. 어떤 점에서, 당신은 아이의 삶에 들어가고 있다. 그러나 그와 동시에 아이가 그냥 수동적으로 있는 것이 아니라 주도권을 잡을 수 있도록 노력하는 중이다. 당신은 아이를 위해 모든 것을 해 줄 수 없다. 당신의 목표는 아이가 참여하기 원하도록 동기를 부여하는 것이다. 예를 들면, 아이가 친구를 초대하려고 한다면, 좀 더 나이가 있는 아이의 경우, 놀이공원에서 하루를 보내는 것 같이 당신이 특별한 활동을 계획해 볼 수 있다. 또는 아이가 친구에게 놀러 오라고 이야기하려고 한다면 전화를 거는 데 동의해 줄 수 있다. 아이의 주도성을 이용하는 것이다.

아이의 세계에 들어가는 것을 망설이지 마라. 예를 들면, 아이와 컴퓨터나 닌텐도 게임을 함께하라. 경쟁이 흥미진진해지도록 만들어라. 만일 아이가 게으름을 피우고 경쟁에 적극적이지 않으면, 아이에게 유리하도록 함으로써 적어도 55%는 아이가 당신을 이길 수 있도록 만들어라. 당신이 전력을 다하며 그 경쟁을 흥미롭게 지속시키기 위해서는 당신 스스로 불이익을 감수하거나 아이에게 유리하게 하는 것(당신은 왼손만을 사용하여 노는 식으로)이 최선이다.

또한 아이를 다른 활동에 참여시키기 위해 컴퓨터나 비디오 게임을 활용할 수도 있다. 예를 들면, 아이가 수영 강습을 받는다면 일주일 중 이틀 저녁에는 아이가 원하는 닌텐도를 할 수 있다고 이야기해 볼 수 있다. 만일 활동을 재미있고 보람 있게 만듦으로써 아이를 장려할 수 있다면 아이는 자신의 기술을 발달시키고 다양한 상황에서 그것을 사용하고자 할 가능성이 크다.

처음에는 이것이 마치 고문 같을 수 있다. 그러나 결국, 당신은 아이를 아이만의 안락한 세계로부터 개방된 모험 공간으로 이끌어 내려고 노력해야 한다. 아이가 신경질을 부리거나 떼를 쓴다고 해서 위축될 필요 없다. 신경질, 떼쓰기, 이런 것들은 결국 세상과 이어지기 위한 하나의 방법이다. 물론 일부러 아이를 자극하여 화를 폭발시키도록 하고 싶지는 않을 것이다. 만일 이런 일이 생기게 되면, 달래고 공감해 주며 다시 평온한 상태로 돌아갈 수 있도록 도와주라. 그리고 이러한 기복을 하나의 과정으로 받아들여라. 대부분의 부모들이 분노 감정을 피하려고 하지만, 특정 한도 내에서 어느 정도의 분노는 아이가 그 자신의 개인적 특성의 경계를 규정하는 데 도움이 되기도 한다. 소위 말하는, 많은 부정적 감정들, 즉 분노, 경쟁, 질투 등이 그러하다. 이들은 목적의 명확성과 한계를 줄 뿐 아니라 에너지를 생성하기도 한다. 내 동료인 심리분석학자 Peter Neubauer는 이러한 부정적 감정들이 어떻게 자기 정의를 명확하게 하는지를 설명해 주고 있다. 그렇다고 심한 분노와 경쟁이 항상 도움이 된다는 것을 말하는 것은 아니다. 그것은 아이들에게 부담이 될 수 있다. 그러나 온정, 사랑, 동정 그리고 수용을 배경으로 하여, 앞으로 나아가게 하는 원동력으로써 약간의 분노 또는 질투 만한 것이 없다! 자기 몰입형 아이는 동기화되어 움직일 필요가 있다.

그것은 일어나고 싶어하지 않는 사람을 깨우는 것과 같다. 처음에는 뿌루퉁해서 투덜댈 것이다. 무시해 버리는 것이 아이에게는 더 쉬운 일이다. 그러나 그가 정말 그 상태에 머물길 바라는 것은 아니다. 당신의 도움으로 아이는 점차 다른 사람들의 삶에 동참할 수 있게 되는 것이다.

당신이 일단 아이가 시작하도록 만든다면, 그 다음에는 아이가 그 게임을 계속할 수 있도록 도와주는 것이 필요하다. 두 가지 요인이 이것을 어렵게 만들 수 있다. 즉, 아이의 무감각과 위축되는 경향 그리고 특정 감정을 피하려는 경향성이다. 당신은 아이가 앞으로 나아가도록 밀자마자 곧바로 떠내려가 버리는 듯한 느낌을 받을 수 있다. 당신은 너무 무리했다고 느낄지도 모른다.

"아이가 학교에서 무슨 일이 있었는지 말하도록 하는 것은 이를 뽑는 것과 같아요."라며 지친 어느 엄마가 나에게 말했었다. 이는 그녀가 자기 몰입형 아이와 대화에 들어가자마자 아이가 '다시 거리를 두어 버리기' 때문이었다. 나는 그녀에게 아이가 학교에 대해 이야기하는 내용에 초점을 두기보다는 아이가 그녀에게 말하도록 하고 있는지 아닌지에 좀 더 초점을 두라고 제안했다. 이것은 중요한 문제다. 예를 들면, 당신은 아이가 학교에서 무엇을 했는지 이야기하는 것으로 대화를 시작할 수 있다. 그리고 난 후에는 왜 아이가 학교에 대해서 이야기해야 하는지, 그리고 왜 당신이 그것을 알아야 하는지, 심지어 당신이 얼마나 관심이 있는지로 토론의 주제를 옮겨가면서 끝을 맺을 수 있다. 토론 또는 당신에 대한 아이의 비판이 계속 이어지도록 만들어라. 그것은 아이가 학교에 대해서 이야기하는 것만큼이나 가치 있는 것이다. 아이가 그러는 동안, 적극적이 되고, 말수가 많아지고, 대화에 보다 적극적으로 참여하게 된다. 게다가 아이는 주도성도 보이게 된다. 만일 당신이 그 과정을 놓치지 않고 계속 따라가게 된다면 아이가 두 문장에서 네 문장의 대화로, 그러다가 네 문장에서 여덟 문장의 대화로 발전하게 되는 것을 보고 만족하게 될 것이다. 당신이 아이의 학교생활에 대해 자세히 아는 것이 아니기 때문에 지치지 않을 것이다.

당신은 또한 아이가 아주 차분한 상태로 있는 것을 좋아한다는 것을 알게 될 것이다. 아이는 긴장된 대화 같은 어떠한 종류의 긴장감도 피하려고 한다. 당신의 아이는 선생님 또는 자신을 괴롭히는 아이에 대한 분노, 심지어 당신에 대한 불만에 대해 이야기하는 것을 피하려고 할 것이다. 또한 사랑이라는 긍정적인 감정, 심지어 다른 아이와의 우정과 관련된 대화도 피하려고 할 수 있다. 강렬한 감정은 자기 몰입형 아이에게 마치 '여긴 너무 더워. 식히는 게 좋겠어. 난 평온한 나의 닌텐도 게임을 원해!' 라고 느끼게 만들 수 있다. 당신의 아이가 빠져나가고 싶어하는 감정들을 들여다보는 것은 아이가 얼마나 그러한 감정들을 무서워하고, 지루해하고, 싫어하며, 불쾌해하고, 따분하게 생각하는지 공감하도록 도와줄 것이다. 동시에 당신의 공감은 아이가 피하고 싶은 '싫은' 감정들에 대해서 계속 이야기할 수 있게 해 줄 것이다. 아이가 이러한 감정에 조금이라도 더 머물도록 도와줄 때마다 당신은 점차 아이의 인내력을 늘리고 도망쳐야 할 필요성을 감소시킨다. 다시 한 번 말하지만, 이것은 단계적인 과정이다. 그러나 만일 당신이 점잖고 온화하게 인내심을 갖는다면 시간은 당신 편이다.

자기 몰입형 아이를 위한 신체 활동

서로 다른 종류의 동작, 소리, 접촉, 심지어 색깔조차도 아이를 자극한다. 예를 들면, 접촉에 둔감한 당신의 아이를 자극시키기 위해서는 많은 접촉이 필요한가? 아이가 율동적인 동작에 반응을 보이나? 아이가 밝은 빛과 색상에 잘 반응하나? 일단 어떤 것이 아이를 가장 자극하는지를 알게 되면, 당신은 아이를 적극적이고 활동적이게 할 수 있는 최적의 물리적 환경을 만들어 낼 수 있다. 접촉에 예민하지 않은 아이는 땅바닥을 구르며 아빠와 레슬링을 하고 엄마 등에 타는 것과 같은 과격한 놀이를 즐길 수 있다. 만일 아이가 움직임이 많은 것을 좋아한다면 아이에게 미끄럼틀, 그네 같은 것을 즐길 수 있는 시간을 충분히 줄 수 있다. 당신은 아이가 그네를 타는 동안에 그와 최고의 대화를 나눌 수 있다는 것을 발견하고는, 뒤뜰에 그네를 설치할 수도 있다. 만일 아이가 소리에 둔감하다는 것을 알게 되면 아이에게 매우 큰 소리로 이야기할 필요가 있다. 집안에 음악과 북적거림이 있다면 그것은 아이를 활기차게 만들 것이다. 만일 아이가 시각적 자극을 좋아한다면 아이 방을 아이가 가장 좋아하는 색깔로 페인트칠하여 방 분위기를 바꿀 수 있다.

간혹 당신은 무리를 할 수 있다. 간지럼 때문에 아이가 화를 낼 수 있고, 또는 아이가 높은 소리를 좋아하지 않고 낮게 울리는 소리를 더 선호한다는 것을 알게 될 수 있다. 그렇지만 괜찮다. 시도하지 않는 것보다는 도를 넘더라도 시도를 통해 배우는 것이 낫다.

신체 활동은 아이의 운동 상태를 발달시키는 데도 도움이 된다. 특정 운동, 특히 앞서 언급한 것처럼 뛰고 멈추는 게임은 신근을 강화하는 데 도움을 줄 수 있다. 아이한테 배를 깔고 눕게 하여 보트처럼 앞뒤로 흔들게 할 수도 있다. 아이가 바닥을 보게 하여 다리를 당신의 허리에 붙여 당신이 빙글빙글 도는 동안 아이가 수평을 유지하도록 하는 식으로 비행기 놀이를 할 수도 있다. 이러한 활동에는 놀이를 하는 것처럼 재미가 있어야 한다는 사실을 명심하라. 만일 이러한 활동이 지루해진다면 아이가 당신과 상호작용하길 원하도록 돕는다는 본래 취지에서 벗어나게 된다.

네 살 내지 다섯 살 정도의 아이라면 아이의 신체적 특성에 대해서 이야기를 나누어 볼 수 있다. 아이가 몸부림치며 **빠져나가는** 것을 보고 "아이고, 넌 간지럼을 좋아하지 않나 보구나."라고 말할 수도 있다. 아이가 어떤 느낌과 활동이 좋고 싫은지에 대해서 알아보는 것을 가지고 시작할 수 있다. 빙빙 돌기, 뛰기, 술래잡기, 아빠 배에서 뛰기를 아이가 좋아하는가? 아빠 배에서 뛰는 것과 엄마 아빠와 아이가 '샌드위치'를 만드는 것(아이가 두 사람 사이에 몸을 끼워 넣는 것) 중 어느 것이 더 나을까? 이런 식으로, 아이는 자신의 인간 체육관의 감독관이 될 수 있다. 부모는 아이가 가장 선호하는 활동은 아니더라도 특정 활동에 각성되고 설레기도 한다는 것을 알 수도 있다. 그런 경우 부모는 이러한 활동을 재미있게 만드는 법을 찾고자 할 것이다. 예를 들면, 운동 상태가 약간 저조한 아이는 흔들리는 배나 비행기를 이용할 수 있다. 재미와 흥미를 위해 그 아이에게 경쟁적인 목표("넌 그걸 20초 동안 해낼 수 없을 걸?")가 필요할 수 있다. 신체 활동, 특히 아이에게 도움이 될 수 있는 활동을 게임으로 만들려면 부모가 재미있는 아이디어를 고안할 필요가 있다. 아이는 이러한 활동을 따라가기 위해 동기화될 것이기 때문에 그로부터 얻는 이득은 매우 크다.

아이가 무엇을 좋아하는지 더 많이 알게 되고 그리고 열정적인 활동을 지속해 나가는 동안, 점차 아이가 그 활동을 시작하려는 책임감을 더 갖도록 만들어라. 예를 들면, 아빠가 배를 드러내고 바닥에 드러누우면, 아이는 그 위에서 점프하고 싶다는 생각을 할 수 있다. 장기적인 목표는 당신의 자녀가 자신의 몸을 길들이는 활동을 즐기도록 돕는 데 있다. 그 근본 원리는 아이가 주도성과 흥미를 갖도록 도와주는 것이다. 아이가 축구공으로 자기 코를 쳤다거나 누군가가 공을 던졌는데 공 쪽을 보지 않는다고 해서 아이를 혼내거나 계속 화를 내고 실망하는 것은 아이가 그 활동에서 멀어지게 만들 뿐이다. 아이를 놀래키는 '골치 아픈 공'에 대해서 공감해 주고, 축구장이 워낙 바쁘게 돌아가다 보니 모든 것을 다 지켜본다는 것이 얼마나 힘든 일인지 같이 이해해 주면서 차고 던지는 연습("공으로 내 코를 치진 못할 걸!")을 추가로 하는 것이 아이가 자기 몸에 숙달되는 것에 흥미를 갖도록 도와 줄 것이다.

∙∙∙ 로비의 이야기

처음 나를 만나러 왔을 때 로비는 네 살 반이었다. 아이의 엄마는 아이가 세상과 소통을 잘 못하는 것 같다며 자기 아들을 '불가사의한' 꼬마로 묘사했다. 로비는 얌전하고 상상력이 풍부하지만 이해하기 힘든 면이 있었다. 아이는 "난 계란이야." 같은 엉뚱한 말을 내뱉을 때를 제외하면 많은 시간을 혼자 중얼거렸다. 그는 간혹 엄마와 아빠를 꼭 껴안으며 "좋아해요."라고 말할 정도로 다정다감한 면을 보이기도 하지만 대부분은 빈 공간이나 TV를 응시하거나 장난감 트럭에 빠져드는 식으로 자신을 닫아 버리곤 했다. "아이가 선생님께 관심을 갖지 않을 거예요. 그냥 애 혼자 말하게 내버려 두세요." 아이의 엄마는 이렇게 말했다. 그녀가 말한 대로 그가 무시하고 있자, 엄마는 "어디 갔다 왔니 로비, 어디 갔다 왔니 로비."라며 농담처럼 말하기도 했다.

아이는 그때 막 유치원 생활을 시작했고(유치원에 다니기에는 아직 어렸지만 부모는 다른 아이와의 교류가 로비를 세상 밖으로 나오게 할 것이라는 희망을 가지고 있었다), 외톨이가 되어 가고 있었다. 로비는 다른 아이들에게 친절했지만 단짝 친구는 없었다. 다른 아이들이 주변에 있을 때 우스꽝스러운 소리를 만들어 내는 식으로 뭔가를 했지만 그것은 아이들을 깜짝 놀래키거나 귀찮게 만들곤 했다. 그는 방과후 친구를 집에 데리고 와도 되는지 엄마에게 물어본 적이 거의 없었다. 아이는 친구가 집에 와도 위축되어서 마치 달걀이나 과학책이 된 척하고 친구에게는 말을 걸려고 하지 않았다.

로비의 부모인 신디와 조지는 가족 배경에 대해서 알려 주었다. 로비는 세 아이 중 가운데 아이였다. 그에게는 일곱 살짜리 형과 두 살짜리 여동생이 있었다. 신디와 조지는 고등학교를 졸업하자마자 결혼하여 현재 20대 후반이었다. 신디는 가정주부였고 조지는 지역 대중 교통국에서 운전기사로 일하고 있었다. 부인이 '크고 멋진 곰'이라고 묘사한, 온화한 미소를 짓는 이 덩치 크고 수염이 있는 아이 아빠는 가족을 위해 열심히 일하면서 학사학위를 따기 위해 대학에 다니고 있었다. 통통하고 금발인 신디는 가끔 감정을 자제하기가 어려운 불 같은 성격으로 자신을 묘사했다. 하지만 그녀는 아이 양육에 대해서는 진지한 태도를 보였다. 그녀는 지속적으로 유아 발달 책을 읽었고 지역 내 예비 부모 교실에도 참석했다. "만일 내가 그런 책을 읽지 않거나 수업을 듣지 않았다면 아마 로비를 그대로 내버려 두었겠죠." 그녀는 첫 만남에서 이렇게 말했다.

신디는 "난 처음에는 로비가 정말 똑똑하다고 생각했어요."라고 말했다. 아이는 과학에 많은 흥미를 보였다. 곤충들이 어떻게 음식을 소화하는지, 천둥이 어떻게 발생하는지에 대해서 설명할 수 있을 정도였다. 그는 항아리 안에 있는 곤충들을 잡는 것을 매우 좋아했고 잔디 속에서 곤충들이 움직이는 것을 자세히 들여다보고 거기에 빠져들곤 했다.

로비의 부모는 아이가 생후 6주경에는 한밤중에 깨지도 않고 푹 잘 정도로 순한 아이였다고 말했다. 아기 때에는 사람들 마음을 따뜻하게 만드는 그런 웃음을 짓는 아기였다. 그는 잠을 많이 자서 때로는 9시나 9시 반까지 깨지 않아 엄마가 깨워야 할 정도였다. 8개월까지 로비는 까꿍 놀이, 공 주고받기를 했으며 그때까지만 해도 양방향 상호작용이 가능했다. 그러나 엄마에 의하면 그 이후로는 이런 종류의 상호작용을 거의 하지 않으려 하고, 아이가 무엇을 하도록 하는 데 많은 노력이 필요했다. 예를 들면, 아이는 마치 탐구하듯이 장난감이나 숟가락을 들고 있곤 했고 엄마는 아이가 어떤 반응이라도 보이도록 하기 위해 들고 있는 것을 빼내려는 듯한 행동을 보이기도 했다. 때때로 그녀는 숟가락을 빼앗으면서 까꿍놀이를 시작할 수 있었는데, 아이가 숟가락에 시선을 두며 올려다볼 때 엄마가 손 뒤로 숟가락과 얼굴을 감추곤 했다. 아이가 손을 뻗을 때 엄마가 숟가락을 입에 물고 두 손을 밑으로 내려 얼굴을 보여 주면 로비는 큰 미소를 짓곤 했다. 하지만 신디는 아이가 좋아하는 것이 숟가락인지 자신의 얼굴인지 확신하지 못했다. 하지만 그녀는 아이와 이런 게임을 좀 더 많이 하면 아이가 엄마를 좀 더 찾게 되고 엄마를 좋아한다는 것을 알 수 있게 된다고 말했다. 그녀는 "가끔, 난 이것을 계속 반복할 만한 힘이 없었어요."라고도 말했다.

 로비는 아빠가 일을 끝내고 집에 돌아와서 TV를 켜 놓고 앉아 있을 때 거실 소파 위에서 아빠를 꼭 끌어안고 있는 것을 매우 좋아했다. 부모가 아이의 놀이 방식을 설명한 바에 의하면 아이는 쉽게 좌절하곤 했다. 아이는 좌절할 때마다 손으로 바닥을 치곤 했다(그러나 아이가 통증을 느낄 정도는 아니었다.).

 로비의 성장 속도는 느렸다. 아이는 11개월까지 기지 못했고 15개월까지 한 발짝도 걷지 못했다. "그때까지 매우 서툴렀지요." 조지는 이야기했다. "늘 발이 걸려 넘어지곤 했어요." 이따금 떼를 쓸 때를 제외하면, 로비는 매우 사랑스러운 아이였다. 아이는 장난감 트럭과 자동차를 멀리 떨어뜨려 놓았다가 입으로 쿵 소리를 내며 충돌시키면서 혼자 놀았다. 미끄럼틀과 그네를 매우 좋아했고 놀이터에 가는 것을 즐거워했다.

 아이의 언어 발달은 매우 늦었고 심지어 지금도 간혹 이해하기 어려워하는 경우가 있었다. 그의 엄마는 로비가 어렸을 때 비언어적인 의사소통을 잘하지는 못한 것 같았다고 기억했다. 안 된다는 표정을 지으며 못하게 하는 것이나 격려의 미소를 짓는 것이 아이에게 별다른 영향을 미치지 못하는 식으로, 아이는 부모의 얼굴표정에 제대로 반응하지 못했다. 지금은 말할 수 있지만, 부모가 자신에게 말하는 것과 자신에게 소리 지르는 것을 잘 이해하지 못하는 것 같았다. 아이는 과부하 상태가 되면 떼를 썼다. 아이는 그런 스트레스 외에도 기관지염과 감기를 자주 앓아 부모를 힘들게 했다.

로비가 두 살이 되었을 때, 신디는 다시 임신을 했고 자주 아프고 지쳤으며, 신경질적이 되었다. 그 당시 조지는 일과 학교 때문에 바빴고 신디의 신경질은 그를 힘들게 했다. "나는 아내에게 소리를 질렀죠." 그는 말했다. "그녀는 늘 애처럼 행동했어요." 조지는 로비와 놀 때 아이가 재미있어 하지 않아 늘 좌절스러웠다고 말했다. 그래서 조지는 대부분의 시간을 로비 혼자 있도록 내버려 두었다.

"가끔은 아이랑 놀려고 했어요." 그는 나에게 말했다. "그러니까, 뭔가 하도록요. 우리는 레슬링을 하거나 그와 비슷한 걸 하죠. 아이는 처음엔 좋아하는 것 같았어요. 하지만 늘 울거나 굉장히 화를 내면서 끝나곤 했어요. 전 가급적 부드럽게 대하려고 노력하지만 아이는 '아빠 날 때렸어!' 아니면 '내 팔이 다쳤어!'라는 식으로 말을 하곤 했어요. 난 아이랑 놀려고 노력하는데, 그렇게 되면 정말 질려 버리게 됩니다. 그래서 포기해 버렸어요."

신디 또한 로비를 홀로 내버려 두는 것이 더 쉽다는 점을 깨달았다고 말했다. "그러면 아이는 떼를 쓰지는 않아요." 그녀는 설명했다. 결과적으로 신디가 다른 아이들 때문에 정신 없는 동안에 로비는 많은 시간을 TV 앞에서 보냈다. 신디는 "그 방법이 더 마음 편하더라구요."라고 고백했다.

로비는 세 살 때 지역 교회에 있는 어린이집을 다니기 시작했지만 그곳을 싫어했고 가기를 거부했다. 아이는 무기력해지기 시작했고 쉽게 피곤해했는데, 부모가 아이를 알레르기 전문 의사에게 데려가자 그 의사는 아이한테서 곰팡이, 먼지 그 외 다른 물질에 알레르기가 있다는 것을 알아냈다. 알레르기주사는 효과가 있었다. 부모는 결국 아이를 어린이집에서 데리고 나와 집에 있게 하다가 2개월 전에 유치원에 보냈다. 아이에게 언어 문제가 있었기 때문에 유치원 선생님은 아이의 특정 발음을 교정하기 위하여 언어 치료를 문의했다. 아이는 청각적인 언어 처리 능력뿐 아니라 낱말 재생 능력에 장애를 가지고 있는 것으로 진단되었다. 아이는 발음과 이해 능력 때문에 치료를 받았다.

신디, 조지와 이야기를 나눈 후에, 신디가 대기실에 머무는 동안 나는 로비를 단독으로 만났다. 로비는 대기실에서 자신 있게 나의 손을 잡고 치료실로 들어왔으며 즉시 장난감들이 있는 곳으로 걸어갔다. 아이는 나이에 비해 큰 체격에 아빠와 같은 갈색 머리와 따뜻해 보이는 눈을 가지고 있었다. 아이는 다정한 미소와 함께 친근해 보이고 호감을 느끼게 했으나 나와 눈을 맞추는 것은 피했다. 나는 아이가 치료실 한쪽에 있는 파워레인저 장난감 세트 쪽으로 가면서 바닥에 흩어져 있는 몇 개의 장난감에 걸려 살짝 비틀거리는 것을 보았다. 아이는 항상 물건들과 부딪힐 듯한 기묘한 밭장다리 걸음걸이를 하고 있었다. 아이는 책이 쌓여 있는 테이블 옆을 스쳐 지나가면서 책 두 권을 바닥에 떨어뜨렸는데 그것을 알아채지 못한 것 같았다. 아이는 허공에 팔을 움직이면서 부조화된 몸짓을 보였지만 특별히 무엇을 지적하지는 않았다. 로비는 놀 때 매우 작은 목소리로 혼잣말하듯 이야기했다.

로비는 치료실에 있는 장난감 집의 문을 열고 닫고, 작은 자동차와 나무 인형을 그 집 안에 집어 넣으면서 놀았다. 아이는 항상 나를 보며 미소 짓고 몇 가지 몸짓을 취해 보였지만, 내가 지켜보는 동안 대부분 혼자 놀았다. 내가 질문을 하면, 대답을 하려는 시도는 보였다. 나는 모형 미끄럼틀을 똑바로 잡으면서 아이의 놀이에 끼어들 수 있었다. 아이는 플라스틱 인형을 미끄럼 태우고는 미소를 지었는데 이 놀이를 즐기는 듯 보였다. 그러나 아이의 놀이에는 실질적인 이야기가 없었다. 아이는 어떠한 상징적인 내용도 덧붙이지 않았다.

놀이와 생각의 단절에도 불구하고, 로비는 간혹 놀라울 정도로 복잡한 문장을 구사하기도 했다. "선생님이 갖고 있는 저 공이요." 아이는 내 치료실 바닥에서 반짝거리는 작은 은빛 공을 주워 들면서 말했다. "그건 마술을 위한 거예요. 아주 반짝이기 때문에 난 알 수 있어요. 옛날에 마술쇼에서 본 적 있어요. 마술가가 마술할 때 이거 쓰죠?"

나는 아이의 기분이 차분하고 자신이 하고 있는 것에 집중하고 있지만(즉, 아이는 정서 발달에서 보았을 때 처음 몇 단계는 습득한 상태였다), 자신을 통합하고 자신의 욕구와 바람을 분명하게 이야기하는 데 많은 어려움을 겪고 있다고 느꼈다.

15분 후에, 로비는 위를 올려다보며 말했다. "엄마가 보고 싶어요. 엄마 어디 있어요?" 아이는 왜 갑자기 엄마를 원하는지를 설명하지 못했다. 신디가 함께했을 때, 그녀는 장난감 집 옆에 로비와 함께 앉았다. 그녀는 편하고 지지적이며 아이가 보내는 신호에 반응적이었다. 그녀는 아이의 가상놀이에 함께 참여했고 10분에서 15분 정도 함께 잡담을 나누자 아이의 언어가 훨씬 분명해졌다. 그들은 고래, 빛나는 공 그리고 문어가 장난감 집에 들어가는 주제를 가지고 가상놀이를 했다. 그러나 그들이 이야기를 진행해 나가는 동안 나는 그것이 전체적인 하나의 이야기라기보다는 단편적인 이야기들뿐이라는 것을 알게 되었다. 예를 들면, 로비는 고래가 무서운데 그 고래가 집 안에 숨었다고 이야기했다. 그러나 무섭다는 것의 결과와 고래가 숨고 난 후에 어떤 일이 일어났는지에 대해서는 분명하게 언급하지 않았다. 보통 네 살 반 정도 되는 아이들에게서 나타날 것으로 기대되는 것이지만 아이는 이들 이야기들을 결합하여 하나의 이야기를 만들어 내지 못했다. 아이의 놀이 수준은 세 살 또는 세 살 반 정도로 느껴졌다. 또 로비는 놀 때 수동적이고 순응적이었다. "이 문어를 바깥으로 내보내자."라고 엄마가 말하자 로비는 조용히 문어를 바깥으로 내놓고 엄마의 다음 지시를 기다리고 있었다.

"이제, 문어를 인형과 놀게 하자." 엄마가 제안했다. 다시 로비는 엄마의 말을 따라 작은 소리로 뭐라고 중얼거리면서 문어를 인형이 있는 곳으로 옮겼다. 노는 동안, 아이는 마치 장난감 트럭 세트에 폭발이라도 일어난 것처럼 벌떡 일어나 다른 장난감에 쉽게 주의를 빼앗기곤 했다. 나는 그런 상황에서도 상당한 참을성을 발휘하여 아이를 끌어들이는 신디의 능력에 깊은 인상을 받았다. "로비." 그녀는 아이가 일어날 때 말했다. "문어한테 무슨 일이 일어났지? 네 생각에는 문어가 여전히 고래와 놀기 원하는 것 같니? 고래가 외로워 보이는구나." 그녀는 느긋하게 아이에게 눈을 맞추며 따뜻하게 수용하는 비범한 능력을 가지고 있었다. 로비가 다시 앉자 신디는 고래를 내밀었다. "고래가 친구인 문어와 포옹을 하고 싶어하는 것 같구나."

그러나 때때로, 신디 역시 이야기를 다른 이야기로 훌쩍 뛰어넘어가면서 단절하곤 했고, 큰 주제를 유지하지 못했다. "왜 문어가 이 트럭을 타지 않는 걸까?" 그녀는 말했다. 그러나 로비가 새로운 주제를 바로 따라잡지 못하자 그녀는 재빨리 다른 주제로 넘어가 고래에게 할머니가 있는지를 물었다. 아이는 산만하게 혼잣말을 시작하면서, 다시 엄마에게 맞추어 따라가는 것 같았다.

두 번째 회기에서, 로비는 역시 약간 어색하게 그리고 얼굴에는 우스

쨍스러운 표정을 지으며 걸어 들어왔다. 기복이 있기는 했지만 그래도 나와 관계를 잘 맺는 편이었다. 아이는 어떤 때는 잘 관계하다가도 또 어떤 때는 자기 몰입적이 되곤 했다. 나는 여전히 아이를 이해하기가 어렵다고 느꼈다. 아이가 지속적으로 복잡한 문장들을 구사할 때 보면, 그중 몇몇 문장들은 따로 놀곤 했다.

아이는 내 치료실에 있는 숲 사진을 보았다. 아이는 "주변에 불이 난 흙덩이예요!"라고 외쳤다. 장난감들을 이리저리 만지작거리다가 아이는 파워레인저의 무기를 잡아 뽑았다. 아이는 그것을 신중하게 들여다 보며 말했다. "이 무기는 파워레인저에서 빠졌어요. 그것은 파워레인저에서 나왔어요. 하지만 난 그 이름을 몰라요." 나는 아이의 말을 다 이해하지 못했다. 그래도 가끔은 좀 더 현실에 기반한 듯한 짧은 대화에 참여할 수 있었다.

"선생님은 재미있는 거 같아요." 어느 순간 아이가 이렇게 말했다. "내가?" 나는 물었다. "뭐가 그렇게 재미있니?" "웃기게 생겼어요." 아이는 수줍게 웃으며 말했다. "왜 내가 웃기게 생겼는지 궁금하구나." 나는 물었다. "선생님은 재미있는 펜을 가지고 계시니까요." 아이는 내가 손에 쥐고 있는 펜을 가리키며 말했다. 그것은 밝은 분홍색의 구부러진 펜으로 딸아이 것인 특이한 물건이었다. 나는 우리가 노는 동안 이따금씩 메모를 하기 위해 그 펜을 사용했다.

아이는 이름을 묻는 것 같은 몇 가지 질문에 대답을 할 수 있었지만, 가족에 대해서 이야기할 때에는 자기 생일, 형의 생일 그리고 가족들이 다 함께 즐기는 것이 무엇인지에 대해서는 혼란스러워했다. "다섯까지 셀 수 있니? 로비?" 아이가 장난감에 완전히 몰입해 있을 때 그 옆에 앉으면서 물어보았다. "하나, 둘, 셋, 넷, 다섯." 아이는 나를 쳐다보지도 않고 빠르게 세어 나갔다.

나는 "이제, 거꾸로도 셀 수 있는지 한 번 볼까?"라고 제안했다. 로비는 여전히 나를 쳐다보지도 않고 고개를 흔들었다. "아니요." 나는 "할 수 있을 거야."라고 말해 주었다.

로비는 첫 방문 때 봤던 유리 공을 기억해 냈다. 아이는 그것을 가리키며 말했다. "아주 오래된 거예요." "뭐가?" 나는 물었다. "이야기요." 아이는 대답했다. "무슨 이야기?" 아이는 번쩍이는 공을 다시 가리켰다. "마녀가 저걸 사용해요, 난 알아요. 유리 공은 마녀에게 사람들한테 일어날 일을 말해 줘요."

그리고 나서 아이의 이야기는 또다시 다른 주제로 옮겨갔고 얼굴에 다시 우스꽝스러운 표정을 지어 보였다. "사탕과자는 재미있어요." 아이는 다른 장난감을 가지고 놀려고 이리저리 돌아다니면서 싱글싱글 웃으며 말했다. 현실적인 대화가 짧게 몇 번 오간 것을 제외하면 아이가 하는 이야기들은 단편적이었다. 아이는 개인적인 즐거움에 빠져드는 경향이 있었다. 나는 이 아이가 영리하지만 자신의 생각이나 감정을 조직화할 능력은 갖지 못했다고 느꼈다.

회기가 끝나갈 즈음, 아이의 엄마는 로비와 일반적인 대화를 나누지 않는다고 말했다. 그러기는커녕, "우리는 아이의 특수 언어로 이야기해요."라고 말했다. 신디는 어떤 면에서는 로비와 의사소통할 수 있는 법을 배워서 자랑스러워하기도 했지만 또 한편으로는 그 점을 불안해하기도 했다.

로비와의 처음 만남이 끝날 때에 이르러, 나는 아이의 정서 발달에 대해 요약해 보았다. 로비는 사회적 관계를 맺을 수 있고 자신이 하고 있는 것에 집중할 수 있는 아이였다. 그러나 아이는 걷고 손을 사용하는 데 있어 이상하게 부조화를 보였고 자신의 의사를 명료하게 표현하지 못했다. 아이는 혼자 있을 때 긴장하는 듯 보였고 엄마와 함께 즐거운 시간을 보내고 있음에도 흔히 네 살 반 정도 되는 애들이 그렇듯 떼를 쓰거나 무력을 사용하지 않고 오히려 수동적이고 순응적인 태도를 보였다. 아이의 가상놀이에 공격적인 주제는 거의 없었다.

내가 보기에 네 살 반인 로비는 대부분 두 살 반 내지 세 살 정도의 정서 수준으로 기능하고 있었다. 대부분의 아이들이 유아기에 그러하듯 로비는 주의를 공유하는 것과 관계 맺는 것에 대한 개념을 알고 있는 듯했다. 일부 자기 몰입형 아이들과는 달리, 이 아이는 완전히 세상과 분리되어 있지는 않았다. 아이는 항상 인간 세상과 어느 정도 관계를 유지하고 있었다. 그러나 아이의 관계는 부분적일 뿐이었다. 아이는 양방향의 의사소통, 즉 유아기 때 대부분의 아이들이 발전시키는 또 다른 정서적 기술을 어느 정도는 확립해 놓고 있었지만, 그러한 양방향 의사소통이 아이가 스트레스를 받고 있을 때에는 제대로 작동하지 않았다. 아이는 소리와 얼굴표정, 손동작, 언어를 자기 방식대로 사용했다. 비록 자신의 행동을 조직화하고 논리적으로 자신의 생각을 이야기할 수 있는 것처럼 보여도, 늘 비조직적이고 단편화되는 경향을 보였으며 다른 사람보다는 자기 자신에게 이야기하려고 했다.

다른 자기 몰입형 아이들처럼 로비도 많은 발달단계에서 어려움을 겪고 있었다. 완전히 이탈된 것은 아니지만 이러한 어려움들이 아이에게 불안정함과 발달의 지연을 가져다주었다. 여러 면에서 로비는 창의적인 관심사가 많은 즐거운 아이였다. 그러나 자기 자신만의 세계로 도피하는 것을 좋아했다. 대화하려고 할 때면 아이는 간혹 논리적이 될 수 있었지만, 그 외에 아이의 생각은 따라가기 어려운 단편적인 방식으로 나타나곤 했다. 다른 사람들과 상호작용하기 위해 논리적으로 되고 자신의 생각을 조직화할 수 있는 능력을 아직 숙달하지 못했음이 분명해 보였다.

물리치료사의 소견에 의하면 로비는 소근육과 대근육, 감각 통합에 장애를 보이고 있었다(아이는 우리가 기대할 수 있는 네 살 반 수준에 비해 약 6개월에서 12개월 정도 뒤처져 있었다.). 그의 소근육 장애는 가위질이나 단추 채우기 같은 소위 '양측 조력 기술'이라고 불리는 것이 관련되어 있었다. 그는 또한 자세를 조절하고 공간 내에서 움직여 나가는 것에도 문제가 있다고 물리치료사가 말했다. 또한 물리치료사는 균형, 근긴장, 운동계획 능력에도 문제가 있다고 지적했다. 아이가 서툰 것은 당연한 것이었다! 로비는 또한 특정 접촉에 민감해했고 초조함을 보였으며 시각적으로 쉽게 주의가 분산되었다.

한편, 로비는 시각 운동 능력에서, 즉 무언가 보고 그것을 그대로 모방하는 능력(모양을 똑같이 그려 내기 또는 퍼즐 맞추기)에서 강점을 보였는데, 이는 그 나이에 적절한 능력들이었다.

나는 아이의 신체적인 면뿐 아니라 로비의 가족 역시 아이가 습득해 나가야 할 기본적 발달단계를 숙달하는 데에 부정적인 영향을 미치고 있음을 깨달았다. 신디는 애정이 깊지만 정서적으로 안정적이지 못하고 쉽게 흥분하는 사람이었다. 그녀는 로비가 어렸을 때 상당한 스트레스를 겪고 있었다.

신디는 아이가 단편화될 때마다 논리적이 되도록 돕는 것이 어려움을 깨달았다. 천성적으로 더 조용한 조지는 신디에게 주눅 든 것처럼 보였고 로비에게 많은 도움을 주지 못하고 있었다. 그는 로비와 상호작용하고자 노력했으나 그의 시도는 로비를 너무 자극하거나 압도하는 것이었다.

신디와 조지에게는 로비를 그냥 내버려 두는 것이 편했을 것이다. 아이는 자라면서 점점 더 자기만의 환상 세계에 빠져들게 되었을 수 있다. 다행히도 신디와 조지는 문제를 인지하여 그대로 내버려 둘 수 없다고 생각했다. 그들은 아들을 매우 사랑했고 아이를 도울 수 있는 방법을 찾고자 노력했다.

┈ 플로어 타임: 자기 몰입형 아이에게 개입하기

자기 몰입형 아이는 다른 사람한테 말하도록 하는 데 수많은 연습이 필요하기 때문에 플로어 타임이 특별히 도움이 된다. 그러나 그러한 아이들과 함께하는 플로어 타임은 매우 어려운 일이 될 수 있다. 자극을 줘서 아이가 반응하도록 해 보고 싶은 유혹이 생길 것이다("자, 이 트럭을 보렴. 이것을 밀어서 어떻게 되는지 봐라. 가는 게 보이니? 이제 다시 밀어 봐. 그리고⋯⋯."). 아니면 뒤로 물러앉아 아이가 자기 세계에서 놀도록 방관하게 되기 쉽다.

그 대신에 부모는 아이가 당신과 접촉하게 하고, 좀 더 동기를 가지고 놀이에 몰두할 수 있도록 플로어 타임을 사용해 볼 수 있다(이러한 아이들은 보통 긴 시간의 준비가 필요하다는 것을 명심하라.). 그리고 나서 아이의 타고난 관심사에 주목하여 그것을 아이의 세계로 들어서는 관문으로 사용해야 한다. 모든 아이들은 타고난 관심사를 가지고 있다. 그것은 단순히 이 방 저 방 돌아다닌다거나, 그냥 빈 공간 또는 TV, 비디오 게임을 쳐다보는 것일 수 있다. 아니면 특정 물건이나 장난감을 관찰하는 것일 수도 있다. 이러한 관심거리들을 찾아내라. 여러분의 두 살짜리 아이가 멍하니 빈 공간을 바라보다가 장난감 차를 따라 무심코 손가락을 뻗는다고 하자. 당신은 아이 옆에 앉아 있다가 잠시 후에 그 자동차로 손을 뻗칠 수 있다. "난 이 장난감 차를 너한테서 슬쩍 빼갈 건데."라고 밝은 목소리로 장난치듯 말할 수 있다. "여기 손이 있네!" 손이 천천히 아이의 장난감으로 간다(만일 너무 빨리 낚아채면, 아이는 당신이 그것을 가져가 버리게 놔두고 계속 빈 공간을 쳐다보고만 있을 수도 있다.). 아마 아이가 자동차를 저만치 옮기려는 반응을 보일 것이다. 성공! 그렇게 아이의 관심(빈 공간을 쳐다보기 그리고 아이의 차를 만지기)을 활용하여 반응을 자극할 수 있었다.

창문 밖만 쳐다보고 있고 당신이 말해도 돌아보지 않는 세 살짜리 아이의 경우를 생각해 보자. 첫 번째 플로어 단계로 창문을 이야기해 보자. 몰래 바깥으로 나와 천천히 창문을 열고 우스꽝스러운 미소로 아이를 쳐다보면서 말한다. "왜 나를 보고 있는 거지?" 이러한 행동에 대해 아이는 밝은 미소를 보이거나 몸을 돌려 방구석으로 몸을 옮기든지 하는 모습을 보일 것이다. 어떤 경우든, 당신은 아이와의 상호작용을 시작하게 되는 것이다.

당신을 무시할 때 아이가 거의 항상 무언가에 관심을 두고 있음을 명심하라. 목적 없는 걸음, 허공 쳐다보기, 컴퓨터 게임하기 이 모든 것들이 관심사를 반영한다. 장난감 차 같은 경우는 아이가 관심을 가지는 좀 더 분명한 대상이다. 목적 없는 걸음이나 응시하기를 관심으로 보기에는 어려운 점이 있다. 그러나 실제로는 관심사가 된다. 즉, 아이가 무엇을 하고 있든지 간에 그것은 그 순간의 관심을 반영하고 있다. 당신에게는 두 가지 선택이 있다. 아이의 관심이 무엇이든 간에, 예를 들면 창문 너머를 보고 있는 것이든 비디오 게임을 응시하고 있든 아이가 열중하고 있는 것을 가지고 직접 이용하는 것이다. 당신의 두 번째 선택은 아이와 아이가 갖고 있는 관심 대상 사이에 장난스럽게 끼어들어 가는 것이다. 엄마가 얼굴을 창가에 둔다면 그녀는 아이와 아이가 보고 있는 그 무언가 사이에 끼어들고 있는 것이다. 아빠가 장난치듯 장난감 차를 멀리 가져가 버린다면 그 역시 아이와 아이의 관심 사이에 끼어들고 있는 것이다. 비디오 게임에 빠져 있는 좀 더 큰 아이의 경우, 당신은 먼저 비디오 게임에 대해서 이야기를 나누려 하고 당신이 그것을 해 볼 수 있는지 또는 적어도 어떻게 게임을 하는지 아이에게 가르쳐 달라고 노력해 볼 수 있다. 안 되면 조종 스위치를 붙잡기라도 해서 정서 및 교류를 이끌어 낼 수 있을 것이다!

나는 신디, 조지와 함께 작업하면서 이들 각각이 적어도 매일 30분은 플로어 타임을 갖도록 했다. 일단 그들이 로비가 이끄는 대로 따르는 중이라면, 그리고 그것은 플로어 타임의 기초가 되는 것인데, 그들은 아이와 양방향 의사소통을 유지해 나가기 위해 노력할 필요가 있었다. 로비의 의사소통 기술(이 기술은 아이들의 정서 발달에 매우 중요하다)은 잘 개발되어 있지 못했고 그래서 부모는 진행 중인 이야기 속의 조력자가 되거나 아니면 상상 속의 대상이 되어야 했다.

처음에는 신디와 조지가 플로어 타임을 위해 하루 30분의 시간을 마련하도록 하는 것은 힘든 일이었다. 사실 조지는 처음에 매우 화를 냈다. 그는 "난 아이를 여기 데려오면 치료가 되는 줄 알았어요."라고 말했다. "그냥 신디가 이 플로어 타임을 할 수는 없겠습니까?" 그리고 나서 다른 아빠들이 하는 말을 똑같이 덧붙였다 "이런 일에는 신디가 나보다 더 나아요."

우리는 조지가 로비와 함께 시간을 보내길 원하도록 할 수 있는 방법을 찾아야 했다. 나는 "로비와 함께 시간을 보내는 것이 즐겁지 않은 이유가 궁금하군요."라고 말했다. 조지는 얼굴을 찡그리고는 말했다. "그 애랑 이야기를 한다는 것이 매우 힘들기 때문이 아닐까요." 물론 조지의 말이 옳다. 로비는 말을 건네기가 힘들다. 그러나 조지는 단지 아이들과 대화를 나눌 필요가 없었던 것이다. 신디가 아이의 질문과 관심에 대답해 주었다. 로비는 자기 세계에 재빨리 빠져들어, 조지에게 등을 돌린 채 트럭을 이리저리 움직이면서 혼잣말로 중얼거리며 자기

만족감에 젖어 있는 듯 보였다. "내가 뭘 하면 되나요?" 조지가 물었다. "그냥 아이가 저러고 있을 때 30분 동안 저기 앉아 있으면 되나요?" "글쎄요, 그건 아이랑 언어 수준에서, 그러니까 대화를 통해 정서적 차원에서 접촉할 수 없다는 것처럼 들리는군요."라고 나는 말했다. "그러면 발달적으로 좀 더 아래 단계에서 시작해 보도록 하죠. 그리고 그게 효과가 없다면, 더 아래 단계로 내려가는 겁니다. 그런 식입니다." 조지는 머리를 흔들었다. "모르겠군요." "그러니까, 우리가 이야기 나눴던 정서 발달단계를 생각해 보세요." 나는 말했다. "아이는 자랄 때, 미소와 포옹 그리고 쾌감으로 사람들과 정서적으로 교감하다가 원하는 것을 알리기 위해 손으로 가리키거나 당신 손을 잡는 식으로 몸짓을 사용하게 됩니다. 자기가 원하는 것을 당신이 알도록 행동과 몸짓을 쓰는 법을 알게 된 후에는 생각을 사용하기 시작하죠. 즉, 우유는 싫고 주스가 좋다는 것을 표현하기 위해 말을 사용하게 됩니다. 아니면 저 장난감이 아니라 이 장난감을 가지고 놀고 싶다는 것을 표현하기 위해서도요. 그래서 아이와 부모는 단지 함께하는 것에서 시작하여 아이의 행동을 이용하는 데까지 발전해 나아가고 그리고 몸짓으로부터 출발해서 말을 사용하게 되는 것까지 발전하게 되는 겁니다. 아이와 의사소통하기 위해 말을 사용할 수 없다면, 몸짓과 행동을 이용해 보도록 해 보세요. 만일 몸짓과 행동이 효과가 없다면 그냥 아이가 당신을 쳐다보도록, 아니면 당신을 보고 웃을 수 있도록 교류해 보세요."

이것은 로비가 멍하게 있도록 내버려 두는 것이 아니라 어떻게 해서든 교류를 하도록 하는 것이다. "그러면." 나는 말했다. "일단 당신이 아이와 정서적인 관계를 갖게 되면, 당신은 교류한다는 느낌을 얻게 되고 이후에 몸짓과 행동으로 의사소통하고 그러고 나서는 말로 대화하면서 작업해 나갈 수 있게 됩니다." 조지는 매우 복잡해 보이는 눈으로 확신이 서지 않는 듯 바라보았다. 그러나 그는 시도를 해 보았다.

차를 굴리고 있는 로비와 놀기 위해 그가 앉자 로비는 아빠한테 등을 돌렸고 조지는 아무 말도 하지 않고 자기 차를 로비 옆으로 굴렸다. 그는 아들을 슬쩍 보고는 아이가 미소 지을 때 같이 미소 지으며 차를 로비보다 더 빨리 굴렸다. 로비는 눈살을 찌푸리고는 차의 속도를 올렸다. 조지도 차의 속도를 올렸다. 로비는 씰룩거리는 미소를 지으며 차의 속도를 올렸다. 조지는 더 빠르게 차를 굴렸고 로비는 자기 차를 더욱더 빠르게 굴렸다. 어느새 이들은 네 발로 거실을 가로질러 경주를 하고 있었으며 얼마 지나지 않아 구석에 주저앉아 낄낄거리며 웃어댔다.

조지는 아들과 즐기며 함께할 수 있는 활동을 찾아냈다. 나는 로비의 흥미뿐 아니라 조지 자신의 흥미를 살려 플로어 타임을 이끌 수 있음을 알게 하는 것이 중요함을 인식했다. 조지는 스포츠에 관심이 대단히 많았다. 나는 "로비를 당신이 좋아하는 스포츠에 열중하게 만드는 방법을 찾아보시겠어요?"라고 물었다. 또다시 조지는 의아스럽게 쳐다보았다. "알았어요. 하지만 어려울 거예요." 조지는 야구 카드를 생각해 냈다. 로비가 글자를 읽을 수 없더라도 그 사진들을 볼 수는 있었다. 그들은 함께 그 사진을 보았고 로비가 카드를 만지는 동안 조지가 운동선수들에 대해서 이야기해 주었다. 그러고 나자 로비는 조지에게 TV에 나오는 운동선수들에 대해서 이야기할 수 있게 되었다. 그러한 시도로 로비의 관심거리들 중 하나에 조지의 관심거리를 접합시킬 수 있었다. 그 시작은 로비가 TV로 지역 야구팀을 보고 있을 때 이루어졌다. 조지가 말했다. "타석에 나선 사람이 누군지 모르지?" 로비가 조지의 말을 무시하면, 로비의 눈앞에서 그 선수의 카드를 톡 치며 말했다. "브래디 앤더슨이야." 로비는 그 카드에 사로잡혀 카드를 잡아 쥐고는 곧 그것을 눈여겨보기 시작했다.

그러나 플로어 타임 시 많은 부모들이 그렇듯이 조지도 갑자기 옆길로 새는 것에 대해서 주의해야만 했다. 로비가 자신의 테디베어 인형과 가상놀이를 하려고 할 때 그 인형으로 하여금 야구 카드를 모두 '움켜잡도록' 했는데, 조지는 "야야, 욕심내지 마라!"라고 말하고 싶었다. 그 대신, 나는 "그 곰이 카드 모두를 갖고 싶어하네!"라는 식으로 말할 것을 제안했다. 그런 식으로 조지는 게임을 하면서 훈계하는 대신 부드럽게 행동하는 것을 익혀 갔다.

신디에게는, 로비와 의사소통하는 것에 대해 그녀를 좀 더 격려하는 데 주안점을 두도록 했다. 신디는 말씨가 아주 상냥했지만 다소 무뚝뚝한 면이 있었다. 나는 신디가 과장된 표정을 가진 마임 배우를 흉내 내도록 했다. 우리는 또한 로비가 반응을 보이지 않을 거라는 그녀의 예상과 절망, 아이와 이야기할 때의 우울한 그녀 목소리에 대해서 이야기를 나누었다. 신디가 로비와 함께할 때 좀 더 개방적이고 열성적이 되도록 하기 위해 우리는 또한 신디 자신의 배경을 되돌아보면서 어떻게 해서 그녀가 많은 시간 동안 절망감을 느끼게 되었는지를 살펴보았다. 이러한 인식과 함께 열정적이 되도록 하는 연습을 함으로써 그녀는 로비와 함께할 때 활기를 띠게 되었다. "간혹 아이는 나를 끼워 주고 싶지 않을 만큼 자기 놀이에 빠져드는 것 같아요." 신디는 말했다. "끼어들지 말고 그냥 아이가 만들어 내는 이야기 속의 일부분이 되려고 노력해 보세요." 나는 그녀에게 말했다. "아이가 저더러 가라고 말하면 어떡하죠?" 그녀는 물어보았다. "기뻐해야지요!" 나는 말했다. "엄마가 끼어들기 원하지 않는다 해도, 당신은 아이를 끌어들이는 일을 잘 해 나가고 있는 겁니다." 나는 설명했다. "아시겠지만, 여기엔 두 가지 '드라마'가 있다는 것을 명심하세요. 당신의 아이가 만들어 가는 혼자만의 환상 드라마와 당신과 놀지 않았으면 하는 아이의 소망과 관련된, 당신과 아이의 드라마 말입니다. 이 드라마에서 당신은 당신이 말하는 것이나 아이가 말하는 것에 대해서 걱정하지 않아도 됩니다. 단지 두 사람 사이에서 진행되는 과정에만 신경 쓰면 됩니다. 얼마나 자주 바라보고 있는지, 얼마나 자주 얼굴을 찌푸리거나 웃고 있는지, 또 얼마나 자주 서로에게 말을 건네고 있는지 말입니다. 그래서 아이가 왜 당신과 놀기를 원하지 않는지 또는 당신이 왜 지루해하는지에 대해 아이와 10분 정도 대화할 수 있다면 그것으로 잘되어 간다고 느끼세요."

플로어 타임을 하는 어느 날, 로비는 신디를 무시하고 자신의 군인 모형 인형과 트럭에 빠져 놀고 있었다. 아이는 때로 더듬거리며 말하거나 또는 자신에게 혼잣말을 하고 있었다. 신디는 무슨 일이 생기고 있는 건지 이해할 수가 없었다. 로비의 드라마는 뿔뿔이 해체된 듯 보였다. 싸움이 갑자기 일어났고, 트럭 한 대가 어디론가 가고 있다. 그리고 군인들 중 하나가 위험에 빠진 것처럼 보였다. 그래서 신디는 그 드라마의 한 부분에서 함께해도 되는지 물어보았다.

"어느 쪽 편에 설까?" 그녀는 아이 옆에 앉으며 물었다. 로비는 처음에 그녀를 무시하다가, 마침내 "저기로 가."라고 말했다. 이때 신디는 단념하지 않았다. 그녀가 생각했을 때, 마침내 로비가 그녀의 존재에 반응을 보였던 것이다. "왜 가야 하지?" 그녀는 물었다. "왜냐하면 악당들이 엄마를 좋아하지 않거든." 아이는 대답했다. "왜 악당들이 나를 좋아하지 않지?" 그녀는 물었다. "왜냐하면, 그냥. 그러니까 저기로 가."

신디는 기뻤다. 적어도 그녀는 아이와 이야기를 나누었기 때문이다.

또 다른 시간에, 로비는 여동생의 인형의 집을 가지고 놀고 있었다. 아이는 인형 하나를 창문으로 집어넣었다가 빼내고는 말했다. "인형이 달을 향해 점프하고 있다." 이때 신디는 아이의 상상 속에 참여했다.

"그래, 달은 어디에 있으면 되지?" 로비는 마치 자신의 비논리적인 생각 속으로 뛰어든 엄마가 이상하다는 듯, 우습다는 표정으로 쳐다보았다. 그러나 로비의 세계에 들어가서, 신디는 타인 및 그 사람의 의도를 어떻게 고려하는지를 보여 줌으로써 아이가 좀 더 현실에 기반할 수 있도록 도와주고 있었다.

"내가 어떻게 하면 그 인형이 달한테 점프할 수 있도록 도울 수 있을까?" 신디는 물었다. "이 창문이 달이 되나?" 점차 이런 식으로 로비는 신디나 조지와 대화를 주고받게 되었고 신디와 조지의 역할을 지정해 주기 시작했다. "엄마 손가락을 여기 놔요." 아이는 창문 어디에서 인형을 잡고 있어야 하는지를 보여 주면서 신디에게 지시했다. "계속 잡고 있어요. 로켓이 달로 날아가서 우주인을 구해 주려고 해요." 어떤 때에는 아이가 순진하게 웃으며 말했다. "그건 달이 아니에요. 창문이에요."

누군가를 현실 세계로 이끌어 내기 위해 가상놀이를 사용하는 것은 모순된 것일 수도 있다. 그러나 기억할 것은 아이를 현실 세계로 이끌어 내는 것이 타인과의 논리적인 주고받음이지 아이가 말하는 내용이 아니라는 점이다. 주고받기를 할수록 아이는 더욱 논리적으로 변해 간다.

행동과 언어로 대화를 주고받음에 따라, 신디와 조지는 점차 로비를 현실 세계로 들어서게 했다. 그들이 아이와 함께 작업하는 동안, 아이는 서서히 그리고 안정적으로 전진해 나갔다. 그는 언어로 의사소통할 뿐 아니라 몸짓도 점차 풍부해졌다. 그는 여전히 이해하기 어려워했지만, 좀 더 체계화된 방식으로 어려운 단어들을 사용했다. 아이는 공룡과 관련된 책들을 보는 것을 좋아했고 공룡 이름을 소리 내어 읽으며 연습했다. "그건 테로닥틸이에요." 그는 아빠에게 책 속의 동물을 가리키며 천천히 말하기도 했다.

　아이의 놀이도 점점 체계화되기 시작했다. 아이는 집에서 자신이 갖고 있는 장난감 성을 가지고 놀기를 좋아했다. 한번은 아이가 조지와 함께 앉아서 장난감 병정 몇 개를 꺼내 놓았다. "이건 그레이 스컬이고 이건 스페이스 마운틴이에요. 이것들은 착한 사람들이고 이것들은 악당이 될 거예요. 얘네들은 싸울 거예요." 조지는 이유를 물어보았다. 로비는 조지가 어리석은 질문을 한 양, 조지를 쳐다보았다. "왜냐하면, 한쪽은 좋고 한쪽은 나쁘기 때문이죠." 로비는 신디와 조지를 무시함으로써 자신의 놀이에 참여시키지 않으려는 태도를 더 이상 보이지 않았다. 아이는 그들을 끌어들이려고 하지는 않았지만 대신 부모의 제안을 이전보다 덜 저항하면서 기꺼이 받아들였다. 아이는 악당들이 무슨 일을 했고 착한 사람들은 무슨 일을 했는지를 설명하지 않았다. 아이는 단지 악당들을 착한 사람들과 충돌시키길 원했다. 아이는 정서적 사고와 정서적 생각의 초기 단계에 이제 막 도달했다. 즉, 서로 다른 범주의 사고와 감정 사이를 연결시킬 수 있었던 것이다. 조지와 신디는 우위를 차지하기 위해 악당과 착한 사람들이 싸우는 주제가 계속 이어진다는 것을 알아냈다. 로비는 악당들의 공격에 대비하여 착한 사람들을 위해 정교한 전략을 고안하기 시작했다.

　치료실에 있을 때 한번은 내가 로비에게 착한 사람들과 악당들이 서로 어떻게 공격하는지에 관심이 많은 것 같다고 말해 주었다. "집에는 좋은 사람들도 있고 나쁜 사람들도 있는가 보구나." 나는 말했다. 로비는 고개를 끄덕였고 가지고 놀던 병정들을 손가락으로 만지작거리면서 잠시 동안 생각했다. 그러고는 자신의 여동생에게 "정말 화났다."라고 말했다. "왜 그런지 궁금하구나." 나는 말했다. "걔는 내 것을 부숴요." 그는 말했다. "그래서 정말 화나요." 나는 아이가 항상 누군가에게 화가 난다는 것과 사람들이 자기 물건을 부서뜨리는 것을 싫어한다는 것을 알게 되었다. 여기서 드러난 한 가지 주제는 그를 압도해 버리는 사람들이 그에게는 '뭔가를 부수는 것'으로 비쳐진다는 것이다. 그것은 아이의 주된 불만이었는데 학교나 집에서 발생할 수 있었으며, 특히 형보다는 여동생과 함께했을 때 그러했다.

문제해결 시간: 현실에 직면시키기

하루에 30분의 플로어 타임을 하는 것뿐 아니라, 조지와 신디는 '문제해결 시간'을 갖기 시작했다. 자기 몰입형 아이들은 현실에서 벗어나려는 경향이 있기 때문에, 문제해결 시간은 아이가 실제 도전에 직면해 보도록 하는 매우 의미 있는 기회가 된다. 플로어 타임과 별도로 부모와 아이 사이에 논리적인 주고받기를 하기 위해서는 하루에 15~20분 정도가 필요하다. 로비와 함께, 우리는 좀 더 의욕적인 목표를 세웠는데 그것은 가능하면 하루에 좀 더 많이 현실에 기반한 논리적인 대화를 진행하는 것이었다.

여기서 대화를 시작하고 마치는 개념이 중요해진다. 아이가 의사소통하는 법을 배울 수 있는 유일한 방법, 즉 대화를 시작하고 마치는 것은 연습을 통해서 가능하다. 자기 몰입형 아이는 당신의 제안을 거절하거나 환상 속에 틀어박혀 있기 때문에 양자 간의 대화를 이끌어 간다는 것은 엄청난 인내를 필요로 한다.

신디와 조지가 로비와 함께 연습을 하기 시작하면서, 처음에 그들은 아이로부터 하나 또는 두 가지 직접적인 반응을 얻어 내는 것만으로도 기뻐했다. 의사소통에 어려움을 겪는 아이로부터 첫 반응을 얻어 내는 것은 가장 어려운 일이다.

"저기 바깥에 있는 토끼 좀 봐라!" 하루는 신디가 뒤뜰에서 깡충깡충 뛰어다니는 토끼를 가리키며 말했다. 로비는 잠시 그녀를 보더니 다시 트럭을 가지고 놀기 시작했다. 아이는 그녀의 말에 응답하지 않았다. 신디는 다시 시도해 보았다. "토끼 좀 보렴. 펄렁이는 큰 귀를 가졌구나!" 여전히 아무런 반응이 없었다. 그녀는 로비가 단지 고집스럽거나 까다롭게 구는 아이는 아니라는 것을 알고 있었다. 이것은 아이에게 어려운 과업인 것이다. 신디는 가볍고 활기찬 목소리로 다른 시도를 해 보았다. "토끼가 민들레를 먹고 있어!" "토끼가 내가 심은 꽃을 먹지 않아야 하는데." 로비가 대답했다. 성공! 아이의 반응이 호의적이거나 적극적이지는 않았지만, 그것이 우리의 목적은 아니다. 우리의 목적은 단지 아이의 반응을 이끌어 내어 그것을 발전시켜 나가는 것이다.

좀 더 큰 아이라면 학교에서 돌아왔을 때 당신은 이렇게 물을 것이다. "오늘 하루 어땠니?" 그는 당신의 질문을 무시하고 TV를 켤 것이다. "애야, 네 귀가 점심 때 나온 햄버거 때문에 지금 배가 많이 부른 것 같구나." 당신은 장난스럽게 말할 것이다. "학교에서 어땠니?" 아이는 대답할 것이다. "저녁은 뭐예요?" 이것은 좋지 않다. 아이가 논리적으로 당신 질문에 대답하지 않았기 때문에 당신은 대화에서 대답을 얻지 못한 것이다. 아이가 당신의 말이나 질문을 이용하지 않는다면, 제대로 대화가 이루어진 것이 아니며 생각의 교환도 기껏해야 단편적이거나 조각난 것에 불과할 것이다.

아이들이 주고받는 대화를 하지 못하는 것은 부모들의 영향도 있다. 부모들은 종종 주고받는 의사소통을 하도록 아이를 연습시키는 데 자신도 모르는 사이에 실패한다. 그들은 사실 아이와 대화하는 데 많은 시간을 할애하지 않거나 반응을 이끌어 내기 위한 격려를 하지 못하는 것 같다. 자기 몰입형 아이의 경우, 그것은 어려운 일이다. 로비 같은 아이들의 경우 적극적이고 참여적인 부모가 대화하고 논리적이 되는 방법을 가르쳐 주는 것이 필요하다.

대답하지 않는 대신 주제를 바꾸려는 아이를 위해, 당신은 TV를 보고 싶어하거나 다른 무엇인가를 하고 싶어하는 아이의 그 소망에 공감해 줌으로써 당신과 아이 둘 다 이야기가 끝나지 않았음을 (점잖게!) 지적할 수 있을 것이다. "네가 학교에 있는 동안, 나는 가장 훌륭한 저녁식사를 준비하고 있었단다." 당신은 이렇게 말할 수 있다. "먹고 싶은 걸 참을 수가 없구나." 만일 요리를 잘한다면, 당신은 이제 아이의 주의를 끌 수 있을지도 모른다. "내가 제안을 할게." 당신은 계속 말하라. "학교에서 오늘 무슨 일이 있었는지 말해 주면 오늘 저녁이 무엇인지 너에게 말해 줄게." 망설이지 말고 재미나고 즐겁게 말하라. 화를 내거나 빈정거리거나 조급해하지 않도록 노력하라. 조급함, 분노, 절망감, 무능함에서 벗어나기 위해, 많은 부모들은 아이와 최소한의 대화만 하곤 한다.

이는 다른 것에 대해 이야기하려는 아이의 바람을 공감하면서도 대화의 주제로 돌아오도록 아이를 이끄는 것이다. 왜 아이가 당신이 말하는 것을 좋아하지 않거나 당신의 질문에 아이가 대답하지 않으려고 하는지 정기적으로 물어보는 것도 유용하다. 이는 시간이 많이 걸리는 과정이 되겠지만, 이것은 아이들이 쌍방향 대화와 그에 따른 보상을 경험하는 데 도움이 된다.

"난 그것에 대해서 이야기하고 싶지 않아요." 아이가 격분하여 말한다. "왜 싫지?" 당신은 궁금해하며 물어볼 수 있다. 일단 아이가 당신의 질문에 왜 대답하길 원하지 않고 왜 당신은 질문에 대답하길 원하는지에 대해서 이야기를 나누게 되면, 어떻게 하루를 보냈는지와 같은 원래의 질문으로 되돌아갈 필요 없이 그 주제에 대해서 서너 개의 문장을 주고받을 수 있을 것이다. 그래도 괜찮다. 계속해 나가다 보면 결국에는 친구, 학교 그리고 다른 많은 주제에 대해서 이야기를 할 수 있게 된다. 그러나 첫 번째 목표는 대화가 계속 진행되도록 만들어 내는 것이다.

모든 대화가 꼭 무슨 시련처럼 고되게 이루어질 필요는 없다. 처음에 신디와 조지는 적어도 하루에 15~20분을(때로는 그들의 바쁜 일정 때문에 지나쳐 버리기도 했지만) 로비와 대화를 주고받는 데에 노력을 기울였고, 갈수록 시간이 줄어들어서 한 번에 3분, 4분 또는 5분을 소요하게 되었다.

신디나 조지가 로비에게 그날 유치원은 어땠는지 물어보면, 아이는 멍하게 쳐다보거나 "굴뚝에는 물이 있어요."라는 식으로 언뜻 보기에 부적절한 말을 하곤 했다. 신디와 조지는 이렇게 관련 없는 반응들을 이용하여 좀 더 현실적인 반응으로 변화시키는 요령을 배워 알고 있다. "학교 굴뚝이나 물과 관련해서 무슨 일이 있었니?" 신디는 친절한 미소를 지으며 물었다. "아니면 뭔가 말하고 싶은 게 있는 거니?" 간혹 신디나 조지는 로비가 좀 더 논리적으로 보이는 반응을 했다는 것을 발견하기도 했다. 또 어떤 때에는, 아이가 웃으며 말하기도 했다. "오늘 한 게 많이 없네요."

신디와 조지는 아이가 반응하도록 자극하는 노력을 자주 했다. 로비처럼 언어 회상에 어려움을 보이는 아이는 머릿속에 있는 것을 말하고 싶어하지만, 어떻게 해야 할지는 몰라 어려워한다. 예를 들면, 아이는 알고 있으면서도 게임을 설명한다거나 함께 놀았던 아이들의 이름을 다시 회상해 내는 것을 어려워한다.

"학교에서 일어난 일을 기억해 내는 것이 어려울 때가 있단다." 신디는 하루는 로비가 학교에서 '아무 일'도 없었다고 말하자 이렇게 말했다. 로비는 고개를 끄덕였다. 신디는 기뻤다. 적어도 그녀의 질문에 대해 비록 비언어적이지만, 논리적인 대답을 얻었던 것이다.

그녀는 계속해 나갔다. "아무것도 한 일이 없었다면 이야기 시간에는 뭘 했지? 보통 수요일에는 베티 선생님과 이야기 시간이 있잖아." 로비는 그 특유의 친근하면서 우스꽝스러운 표정을 지어 보였다. "올빼미가 초록 보트 안에 있었어요." 신디는 조바심을 억눌렀다. "올빼미에 대한 책을 읽었니?" 그녀는 물어보았다. 이번에는 아이는 "고양이가 꿀을 모두 먹었어요."라고 대답했다. 신디는 다시 시도해 보았다. "그러면 그 이야기에는 고양이도 나오는구나?" 뜻밖에도 로비는 "네."라고 대답했다. "고양이가 보트에 앉았어요." 신디는 무슨 말인지 알아챘다. "로비야, 너 오늘 〈올빼미와 새끼 고양이〉를 읽었구나?" 로비는 허공을 잠시 응시했다. 그리고는 대답했다. "그런 것 같아요." 그것은 그들이 읽었던 책이었고, 그것이면 충분했다.

문제해결 시간은 좀 더 나이가 든 아이에게 어떻게 신체적 구성이 성격에 영향을 미칠 수 있는지 이해시키는 데 도움을 줄 수 있다. 저학년 때, 아이는 감정의 일부와 관련된 신체적 기본 원리를 이해하기 시작한다. 예를 들면, 어느 신체 부위에 무엇이 와 닿고, 들리고, 보이는지, 그 밖에 무엇이 좋고 싫은지를 가지고 아이와 함께 게임을 할 수 있다. 당신은 아이의 머리를 부드럽게 빗어 주고 나서 거칠게 빗어 주고 아이에게 어떤 게 더 느낌이 좋은지 물어볼 수 있다. 이와 유사하게, 당신의 생각과 아이 자신의 생각을 듣는 것 중 어느 것이 더 쉬운지, 그리고 자기 자신보다 당신의 말을 듣는 것에 더 많은 노력이 드는 지 아닌지에 대해서 이야기해 볼 수 있다.

아이가 자신의 성향에 대해서 이해하게 되면, 당신과 아이는 문제를 정복하기 위해 한 팀이 될 수 있다. 예를 들면, 다른 아이들의 말을 경청하고 그 아이들의 감정을 고려하기 위해서는 많은 노력이 필요하기 때문에 매우 힘들다는 것을 이야기해 볼 수 있다. 여러분 자신의 생각에 맞춰 주는 것은 더 쉬운 일이다.

그와 동시에, 아이의 문제와 강점 간에 균형을 맞추도록 노력해야 한다. 친구를 사귀는 데 어려움이 있는 아이는 그림을 잘 그릴 수 있다. 부모는 자기 몰입형 아이의 주의력과 반응성이 아이의 강점 영역에서 훨씬 향상될 수 있음을 알게 될 것이다. 아이들이 그들의 강점과 취약한 영역을 동시에 인지할 수 있어야, 무언가 극복해야 하는 상황에서 그들의 강점을 활용할 수 있다. 예를 들면, 자기 몰입형 아이에 관한 우리의 묘사에 딱 들어맞는 한 아이는 열 살 때 시를 잘 썼다. 그래서 그 아이의 부모에게는 아침에 아이가 옷 입는 것을 도와주기 위해 시를 이용하도록 격려했다. 아이는 양말을 신는 것, 이를 닦는 것, 셔츠의 단추를 채우는 것 등, 아침의 모든 일상이 담긴 유쾌한 시를 지었다. 그 시를 읊으며, 아이는 잊고 있던 일상적인 운동 수행을 증진시켰다.

흔히 부모와 교육자들은 양말을 신거나 숙제를 끝내는 데 보이는 아이의 어려움을 운동계획 같은 특수한 문제와 관련짓기보다는 일반적인 인지 장애 또는 주의력 장애로 간주하곤 한다. 아이들 역시 자신의 장애를 일반화하는 경향이 있다. "난 다 못해." 또는 "나는 항상 무서워."라고 가정해 버릴 수 있다. 아이의 문제를 논할 때 자주 놓치는 것은 "난 이것은 약간 잘하는 편이고 저것은 조금 더 잘해."라는 식의 '이분법적이지 않은' 사고다. 아이들 자신에 대해 그들이 갖고 있는 관점에 대해서 그들과 이야기해 보는 것 그리고 강점과 단점을 지닌 사람의 예로 여러분 자신의 경우를 드는 것은 아이가 이것들을 구분하는 데 도움을 줄 수 있다. 또한 모든 아이들의 신체는 약간 다르게 작용한다는 것, 즉 어떤 아이는 빨리 걷고 어떤 아이는 말이 빠르고, 어떤 아이는 훌륭한 마술사이고, 어떤 아이들은 힘든 일을 피하는 방법을 찾아내는 데 아주 노련한 전문가라는 것을 배우게 되면 아이는 자신의 신체적 결함과 능력을 균형 있게 다룰 수 있게 된다.

문제해결 시간은 또한 여러분이 어떻게 느끼고 당신 아이는 어떻게 느끼는지를 통찰할 수 있는 이상적인 기회이기도 하다. 만일 아이가 외톨이나 자기 몰입적으로 보인다면, 여러분은 아이에게 어떤 기분인지 직접 물어보거나 궁금해하는 것을 말해 보도록 할 수 있다. "말하는 것을 포기하고 있거나 말할 가치가 없다고 생각하는 것처럼 보이는구나. 아무도 듣지 않으려고 한다고 생각하고 있는 건 아닌지 궁금하구나." 당신은 아이의 마음을 읽으려고 한다거나 심지어 아이가 무엇을 느끼고 있는지 추측해 보려고 노력하지 않고 있다. 사실 당신은 직접적인 반응을 얻지 못할지도 모른다("엄마, 엄마 말이 맞아요. 난 기분이 안 좋아요. 그걸 깨닫게 해 주어서 감사해요."라고 아이가 말하길 기대한다면 너무 비현실적이다.). 당신의 아이는 아마도 당신의 기대와는 다를 것이다. 그래도 좋다. 처음에는 불만을 드러내거나 "나 혼자 있게 내버려 둬요!"라고 하는 것이 실제 반응이다. 그리고 나서 아이의 표정을 읽고 공감할 수 있는 말을 찾아낼 수는 없는지 노력해 보라.

많은 부모들은 아들이나 딸이 스스로에 대해 나쁜 감정으로 말하는 것을 원하지 않는다. 왜냐하면 우리는 우리 아이들을 너무나 사랑하기 때문이다. 부모들은 만일 아이들이 이러한 감정에 대해 이야기하면 더더욱 그것을 믿게 될 것이라며 두려워한다. 그러나 사실 이러한 믿음을 혼자만 간직하고 있게 한다면, 그 아이는 더더욱 그것에 집착하게 될 것이다. 그러나 아이가 그런 감정을 드러낸다면, 그것은 부모와 아이 간의 관계를 이루는 일부가 되고, 새로운 표현, 통찰 그리고 심지어 변화를 위해서도 필요한 과정이 될 것이다.

부모인 당신에게도 똑같은 효력이 작용할 것이다. 당신의 아이가 사랑스럽지 않아서 화가 난다거나 당신이 나쁜 부모인 것이 두렵다면, 그러한 감정을 왜 느끼는지를 알아내는 것이 필요하다. 자라면서 누군가 당신에게 말을 걸지 않았을 때 이런 식으로 느끼게 만든 그 무엇이 있었는가? 당신의 배우자가 당신을 도와줄 수도 있고 전문가의 도움을 구할 수도 있다. 아이를 피하려는 것 또는 아이에게 화를 내는 것은 문제를 더욱 악화시킬 것이다. 우리 모두는 아킬레스건, 즉 특정 감정 또는 행동들을 만들어 낸 유년기 양육에 기반한, 우리가 다루기 어려워하는 정서 패턴을 가지고 있다. 우리 자신의 패턴에 대해 더 많이 알수록 우리는 아이에게 더욱 유연해질 수 있다.

··· 공감: 자기 몰입형 아이의 관점에 공감하기

처음에는 공감이라는 것이 아이의 관점에 동의하는 것이 아님을 내가 설명해 줄 때까지, 신디와 조지는 로비에게 공감하는 것을 어려워했다. 당신이 말로 아이에게 동의해 주는 것이 아이가 느끼는 감정에 관심을 갖는 것만큼 중요하지는 않다.

아이의 대처 방략이 무엇이든, 얼마나 부적절하든, 부모에게는 아이의 관점을 들여다보는 것이 우선적으로 중요하다. 아이의 행동에는 이유가 있다. 특정 행동들이 그 아이에게 어떻게 득이 되고 있는가? 어떻게 그것들이 그 순간의 고통을 최소화시키고 있는가?

부모들은 아이가 특정 감정으로부터 도망치기 위해 계속해서 자기를 스스로가 판 구덩이 속에 더 깊이 묻고 있음을 잘 알고 있는 것이 좋다. 그들은 아이가 스스로 자신을 더 아프게 만들고 있음을 알고 있어야 한다. 그러나 아이가 아직 그것을 모르고, 만일 부모가 자신의 현 상태를 공감한다는 것을 알지 못한다면 문제를 해결하기 위해 부모와 협력하려고 하지 않을 것이다.

신디와 조지는 왜 로비가 무의미한 대답을 하거나 무시함으로써 그들을 차단하려고 하는지 알아보려는 시도를 해 보았다. 그들은 아이가 무엇인가 고민하거나 신경질적이 되어 있을 때 또는 자기 스스로에 대한 확신이 없을 때마다 더욱 자기 몰입적이 되고 멍하게 된다는 것을 알게 되었다. 아이가 형제나 다른 아이들에 대한 경쟁심 또는 불행하다고 느껴서 오는 스트레스를 해결하려고 노력하고 있으며, 그에 대한 대처 방법은 자기 세계에 은둔해 있는 것이었다. 이것을 깨닫게 되면서, 신디와 조지는 부드럽게 아이의 주의를 끌어들였다. "있잖아, 때로는 우리에게 말하는 것보다 트럭을 가지고 노는 것이 더 재미있지." 신디는 말했다. "너에게는 그럴 만한 이유가 있을 거야."

자기 속으로 위축되어 버리곤 하는 로비의 성향에 대해 아이의 주의를 끌려고 하자, 아이는 침통한 반응을 보였다. "저리 가요." 아이는 투덜거리며 말했다. 그러나 신디와 조지는 그만두지 않았다. 아이가 움츠리면, 이와 같이 말하곤 했다. "로비를 잃어버렸네! 로비는 어디 있지?" 때로는 동정 어린 목소리로 "로비가 우리랑 이야기하는 것을 재미있어 하지 않는다는 걸 알지. 하지만 로비는 노력할 거야."

이렇게 몇 주가 지난 후, 로비는 마침내 폭발했다. "미치겠어요. 제발 저리로 가요." 이제 로비는 분노를 표현했고 자신의 감정에 좀 더 단호해졌기 때문에 우리는 이미 상당한 성공을 거둔 것이다.

직관적으로 아이들은 자기 감정에 직면하는 것이 좋다는 것을 알지만, 종종 그러고 싶어하지 않는다. 그러나 조용히 위축되어 있는 것보다 일단 당신에게 가 버리라고 말하기만 하면, 아이들은 자신의 감정에 직면하기 시작한 것이다. 그리고 일단 아이들이 자기 감정에 직면하고 싶지 않다는 사실, 끔찍한 일이 일어나지 않았다는 사실—그들이 사라지지 않고, 당신이 사라지지 않고, 그리고 세상이 사라지지 않는다—에 대해 이야기하기만 한다면 그들은 조금씩 힘을 얻게 되어 자기 감정에 직면하게 될 것이다.

▫▫▫ 도전 단계 쪼개기: 사소한 일상적인 대화 시도

우리는 사소한 일상적인 대화를 시작하고 마치는 것을 로비에게 가르쳐 줌으로써 로비가 보다 현실적이고 논리적이 될 수 있도록 도울 수 있었는데, 여기에 로비가 어려워하는 부분을 작은 단위로 나누는 작업이 포함되어 있었음을 기억할 것이다. 신디와 조지는 지금 이 자리에서 벌어지는 일, 즉 로비가 가지고 놀고 있는 장난감이나 아이가 보고 있는 TV 프로그램과 같은 것들에 대해 이야기하기 시작했다. 그리고는 그날 학교에서 있었던 것과 같이 바로 전에 일어난 일들에 대해서 아이에게 묻는 단계로 옮겨갔다. 다음으로는 아이의 감정에 대해서 물어보기 시작했다. 마침내 아이의 대처 방략을 알았는데 그것은 상상 속으로 도망쳐 버리고자 하는 소망이나 어려운 것에 직면해서는 안 된다는 아이의 억측에서 비롯되었다. 이 점을 염두에 두면서, 우리는 계속해서 문제들을 좀 더 작은 조각들로 나누었다. 작더라도 한 개 또는 두 개의 주고받음, 약간이라도 대화가 이루어지게 하는 것이 최초에 우리가 시도해야 하는 것이었다.

왜 어떤 아이들한테는 쌍방향의 논리적인 대화가 그렇게 어려운 것일까? 아이가 고집스럽고, 제멋대로이거나 바보이기 때문이 아니다. 많은 아이들이 로비처럼 단어 회상에 어려움을 보인다. 즉, 말하고자 하는 것을 표현하기 위해 필요한 단어들을 회상하는 것이 힘든 것이다.

··· 제약 두기: 중요한 것을 지키기

진척이 있었음에도 불구하고 로비는 자기가 원하는 것을 얻지 못하면 여전히 바닥에 주저앉아 발로 차거나 소리를 지르고 또는 거칠게 팔을 이리저리 휘두르며 떼를 쓰곤 했다. 예전에 신디나 조지는 그런 아이를 무시해 버리거나 아이가 원하는 것을 주기 위해 어떻게 해야 할지 알아내려고 노력했다. 우리는 함께 다른 접근법을 시도해 보았다. 처음에는 로비가 자기 스스로를 진정시키고 달랠 수 있도록 도와주는 것이었다. 로비가 통제가 안 된다고 해서 고함을 지르거나 소리를 치는 법은 없어야 했다. 조지와 신디는 등을 꼭 누르기, 리드미컬하게 흔들어 주기, 상호 활동 같은 특정 신체 활동을 하면서 차분한 목소리 톤을 내려고 애썼다. 예를 들면, 조지는 일정하게 아이를 흔들어 주면서 껴안곤 했다. 그리고는 로비를 꼭 안은 상태에서, 아이와 함께 일어나 아이가 천장을 만질 수 있는지 없는지 알고 싶다고 말했다. 로비가 천장에 닿는 것에 집중하면 간혹 아이는 아빠의 어깨에 올라가길 원하곤 했다. 아이의 신체 그리고 손발 뻗침에 초점을 맞춤으로써 아이의 떼를 극복할 수 있었다.

울음은 벌을 줄 만한 잘못이 아니다. 그러나 로비가 여동생을 때리거나 할퀴는 것은 제지되었다. 초기 문제해결을 위한 대화 시간에, 신디와 조지는, 로비에게 아무리 화가 나도 만일 발로 차거나 물고 또는 상처 내는 것처럼 아이가 정해진 선을 넘을 경우에 TV 시청을 못하게 한다거나 특정 장난감 사용이 금지되는 처벌이 있음을 주지시켰다. 다른 벌이 사용될 수 있음을 토론할 때는, 로비는 협상을 위해 토론에 참여하여 만일 부모가 제안한 벌이 불공평하다고 느끼면 다른 제재안을 제시했다. 로비의 의견이 존중되지만, 아이의 부모가 행동 규칙과 제재를 만드는 최종 권한을 갖고 있었다. 나는 동시에 너무 많은 행동을 제재하지 않도록 주의시켰다. 로비가 선을 넘었을 때, 부모는 아이가 그것을 알도록 하고 그러고 나서 아이를 위로하고 아이가 진정되도록 도왔다. 일단 아이가 진정되면 합의된 벌칙이 적용되었다. 로비가 벌을 받는 동안 부모는 다음에는 어떻게 문제를 피해 갈 수 있을지 아이에게 설명해 주곤 했다. 덧붙여서, 여러분이 한계를 정할 때 항상 그래야 하듯이 신디와 조지는 아들과 함께 조심스럽게 쌓아 온 진심 어린 신뢰감이 계속 유지될 수 있도록 플로어 타임 시간을 늘렸다.

05 반항적인 아이

반항적인 아이의 걸음마기
반항적인 아이의 학령전기
반항적인 아이의 학령기
반항적인 아이는 세상을 어떻게 느끼는가
반항적인 아이에게 피해야 할 양육 방식
반항적인 아이를 어떻게 도울 것인가
카일의 이야기
문제해결 시간: 반항적인 행동의 의미 이해하기
플로어 타임: 안전기지 확보
공감: 반항적인 아이와 공감하기
도전 단계 쪼개기
제약 두기: 협상하기

05
반항적인 아이

　　반항적인 아이는 고집이 세고 거부적이며 남을 자기가 원하는 대로 통제하려는 욕구가 강하다. 이런 아이는 별것 아닌 사소한 일로도 다른 사람을 곤혹스럽게 만든다. 무슨 일이든 첫 반응부터 삐딱하다. "그렇게 하고 싶지 않아!" "내 맘이야!" "싫어!" "내가 해야 해?" 이들은 자신이 대단한 사람인 양 거만하게 다른 사람을 대한다. 영아 관찰 연구의 개척자인 René Spitz에 따르면, 아이가 처음에 "싫어."라고 이야기하는 것은 자신과 세상 사이에 경계를 세우는 하나의 방식이며 자신의 구역을 정하려는 시도일 수 있다. 대부분의 아이는 성장하면서 점차 호의적이고 협력적인 방식의 관계를 보이게 되지만 반항적인 아이의 경우는 그러지 못하고 '싫어' 단계에 그대로 고착되어 있는 듯하다. 이들은 자신이 하고 싶은 것을 통해서가 아니라 하기 싫은 것을 통해서 자신을 주장하는 경향이 강하다.

　한 엄마가 격앙된 얼굴로 이야기했다. "우리 아이가 말하는 첫 단어는 '싫어.' 라는 말입니다. 그렇지 않은 경우를 한 번도 본 적이 없습니다."

이 같은 반항적이고 거부적인 아이의 모습은 이동이나 변화가 요구될 때에 흔히 목격된다. 이런 아이에게는 A에서 B 지점으로 옮겨 가는 것이 무척 어려운 일이다. 아침에 일어나는 것, 학교에 가는 것, 저녁 식사 자리에 앉는 것 등등 이 모두가 길고 지루한 전쟁이다. 심지어는 수영장이나 생일 파티에 가는 것, 아이스크림을 사러 밖에 나가는 것, 친구 집에 놀러 가는 것과 같은 아이가 좋아하는 활동에서조차도 아이는 꿈쩍도 하기 싫어하는 고집스러움을 보일 수 있다. 심지어는 마음이 있어도 아이가 "내가 왜 해야 하는데?"라고 반복해서 물을 수 있다.

이렇게 고집스럽고 삐딱하긴 해도 반항적인 아이는 에너지가 많고 끈기가 있다. 반항적인 아이들 중 많은 수가 아주 똑똑해서 어른과의 복잡한 논쟁에서 지지 않을 방법을 잘 알고 있다. 또한 이들은 신중하고 목표지향적일 뿐만 아니라 체계적으로 잘 조직화되어 있을 수 있다. 이런 아이는 성장하면 세상을 '큰 그림'으로 볼 수 있는 사람이 될 가능성이 있다. 나무가 아닌 숲을 볼 수 있고, 부모와 친구, 선생님을 놀라게 할 정도로 추상적인 사고 영역에서 강한 집념을 보이기도 한다. 이렇게 되기 위해서 부모와 교사가 해야 하는 중요한 역할은 반항적인 아이가 자신의 다양한 자원을 건설적으로 활용할 수 있도록 돕는 것이다. 아이가 자신의 재능을 끈기와 조직적인 사고 능력이 필요한 과학, 수학, 철학, 법률 등의 분야에 투자할 수 있도록 도와야 한다.

••• 반항적인 아이의 걸음마기

아이의 반항적인 행동은 아이가 의식적인 의사소통을 배우기 시작하는 생후 첫해부터 나타날 수 있다. 아이는 보채며 토라지기도 하고 상당 시간 동안 큰 소리로 울며 엄마가 자기를 달래기 위해 하는 어떤 노력도 거부하곤 한다. 장난감이나 음식을 주고 꼭 안아 주어도, 아이는 아무 소용 없이 계속 버둥대기만 한다. 반항적인 유아의 부모는 흔히 "내가 아이를 기쁘게 하기 위해서 하는 모든 일이 아무 소용이 없습니다."라고 절망 섞인 불만을 토로하곤 한다. 이런 아이는 일어나 걸을 수 있게 되면서 타고난 거부적인 성향을 보인다. 아이는 종종 고의적으로 부모의 뜻과 반대되는 활동을 보일 수 있다. 예를 들면, 엄마가 18개월 된 브리트니에게 "밥 먹어야지."라고 말하며 손을 뻗어 안으려고 한다. 아이는 "싫어!"라고 외치며 장난감을 집어 든다. 엄마는 당근 조각을 집어 들고 "얘야, 이것 봐, 네가 좋아하는 거야."라고 말한다. 하지만 브리트니는 고개를 흔들며 "싫어!"라고 반복해서 말한다.

물론 모든 걸음마 단계의 아기가 브리트니처럼 "싫어."라고 말하지는 않을 것이다. 대부분의 아이는 즐겁고 쾌활하며 협조적이다. 하지만 반항적인 아이는 대부분 거부적이다.

부모: 밖에 나가고 싶니?
아이: 싫어!
부모: 그럼 우리 트럭 놀이 함께할까?
아이: 그 놀이 싫어!
부모: 그래. 그럼 바니 비디오를 같이 보는 건 어때?
아이: 싫어! 싫어! 바니는 멍청해!

이 같은 거부적인 행동 양상이 어떤 연령에서든 나타날 수 있음을 잘 알고 있어야 한다. 당신의 아이가 처음에는 이런 행동을 보이지 않을 수 있다. 한 살, 두 살 심지어는 세 살이 되어서도 협조적일 수 있다. 그러나 그 이후에 거부적인 특성을 보일 수 있다.

이러한 거부적인 태도는 삶의 모든 영역으로 확대되어 나타날 수 있다. 아이의 식성이 매우 까다로워서 특정 먹거리를 제외한 어떤 음식에도 손을 대지 않을 수 있다.

··· 반항적인 아이의 학령전기

두 살에서 네 살 사이가 되면 아이들은 감정적인 사고를 담은 말을 하고 가상놀이를 하기 시작한다. 이때 반항적인 아이는 대개 창의적이지 못하고 경직되며 융통성이 없는 모습을 보인다. 예를 들면, 이런 아이는 사나운 폭풍우 속에서 엄마 곰이 아기 곰을 돌보는 가상놀이를 하기보다는 곰 인형을 줄 세우고 하나씩 인형집으로 옮겨 담는다. 만약 부모가 함께하려고 하면("마이클, 우리 곰 친구들 중에 어떤 친구들은 집에 들어가지 않고 밖에서 더 놀고 싶어하는데 어쩌지? 내가 도와줄까?"), 아이는 심하게 화를 내면서 소리 지른다. "싫어! 싫어! 나 혼자 하게 놔둬. 손대지 마!"

이런 아이는 제한된 몇 가지 장난감만 가지고 놀거나 특정한 게임만 반복해서 할 수 있다. 이들은 사람보다 사물을 더 좋아하는데, 그 이유는 사물은 자기가 맘대로 통제할 수 있고 질서를 부여할 수 있기 때문이다. 또 다른 아이가 자기 방이나 집에 오는 것도 싫어하는데, 다른 아이들이 자기 장난감을 가져가거나 방을 어질러 놓을까 봐 두렵기 때문이다. 다른 아이들 집에 놀러 가는 것도 싫어하는데, 그곳에는 자기가 좋아하는 장난감이 없기 때문이다.

반항적인 아이는 매우 통제적이어서 항상 자신이 옳다고 주장하고 자기가 원하는 대로만 하려고 한다. 잠자는 시간, 입는 옷, 먹는 음식,

심지어 만나는 사람조차도 그렇다. 때로는 특정 사람과는 말도 하기 싫어해서 부모를 당혹스럽게 하기도 한다. "할머니한테 인사해야지." 라고 부모가 말하면 아이는 "싫어!"라고 말하고는 자기 방으로 가 버린다.

이 같은 거만하고 통제적인 모습은 친구 관계에 있어서도 마찬가지다. 다른 아이들에게 자기가 정해 주는 게임만 해야 한다고 주장하고 그렇게 되지 않으면 심하게 화를 낸다. 혹은 자기가 항상 이길 수 있도록 게임의 규칙을 일방적으로 바꾸기도 한다. 사다리 타기 게임을 하면 다른 아이에게 이렇게 주장한다. "나는 사다리를 타고 올라갈 수 있지만 너희들은 그럴 수 없어. 규칙이 그래, 알겠지!" 어떤 반항적인 아이는 수줍음이 많고, 또 다른 아이는 언어 능력이 발달해서 자기 의견을 관철시키기 위한 논쟁을 잘한다.

⋯ 반항적인 아이의 학령기

초등학교 저학년 시기는 아이가 "세상은 내가 하고 싶은 대로 할 수 있는 곳이야."라고 생각하는 단계로, 영웅에 대한 화려한 공상을 많이 한다. 이 시기의 반항적인 아이는 흔히 경직되고 조심스러운 모습을 보인다. 반항적인 아이는 공상 속에서 우주비행사나 슈퍼맨이 되려 하기보다는, 정형화하거나 과잉경계적인 특성을 보인다. 또한 다양한 비밀 무기로 무장하고 적의 공격으로부터 자신의 성을 지키는 놀이를 즐겨 하며 통제감을 만끽하고 싶어한다. 내가 치료했던 여섯 살 난 한 아이는 내 사무실에서 상상의 요새를 만들고는 그 요새에 로켓 공격을 방어할 수 있는 강철 보호막이 있다고 말했다.

이 시기의 아이에게 세상은 매우 경이로운 곳이어서 아이들은 흔히 세상 이치에 관한 순수한 질문을 자주 한다. 그러나 반항적인 아이는 구체적인 것을 좋아해서 세상에 대한 순수한 호기심에 심취하기보다는 세상의 세세한 부분에 집착하고 그것을 통달하는 데 집중하는 경향이 있다. 같은 질문을 반복해서 하기도 한다. 학교에서는 총명하고 열심히 공부하는 모범생이다. 책을 잘 읽고 계산도 잘한다. 사실 그는 진정한 완벽주의자라 할 수 있다.

그는 무엇인가를 조직하고 통제하고자 하는 욕구가 너무 강해서, 한 가지 일에 집중해서 몰두하기를 좋아한다. 예를 들면, 운동장에서 축구를 하는데 자기가 잘 할 수 있는 포지션이 골키퍼라고 생각하면, 다른 어떤 포지션도 맡으려 하지 않는다. 학교 공부를 할 때도 특정 과목에 심취하느라 다른 과목은 소홀히 할 수 있다. 커서 대학에 진학해서도 다른 학문 분야를 경험해 보려 하기보다는 입학하자마자 특정 분야(예를 들면, 화학, 물리학)에 몰두하는 모습을 흔히 보인다. 심지어 데이트도 한 유형의 이성과만 하는 경향이 있다.

아이들이 또래 집단의 복잡성을 탐색하는 '놀이터 정치' 발달단계에서, 반항적인 아이들은 흔히 그들이 통제할 수 있는 소수의 친구와만 사귄다. 어떤 남자아이는 자기가 원하는 대로 다 따라 주는 수동적인 아이들과만 친하게 지냈다. 만약 그런 아이를 찾지 못하면, 그는 다른 애들이 자기 뜻대로 하지 않는다고 강하게 불만을 토로하곤 한다. 예를 들면, 집에 돌아와서 "모리스가 나와 놀아 주지 않아."라고 불평한다. 아빠가 "모리스가 너랑 어떤 놀이도 하고 싶어하지 않았니?"라고 물으면, 그는 "모리스는 나와 축구를 하자고 했어. 근데 나는 축구가 싫어. 나는 모리스와 야구를 하고 싶은데 그 애는 야구를 하기 싫어해."라고 대답한다.

아이는 혼자 하는 놀이(예를 들면, 닌텐도 게임)나 취미(예를 들면, 우표나 동전 수집)를 선호하기 때문에 스스로 집단으로부터 멀어지기도 한다.

아이들이 자신의 내적 정체성을 만들어 가기 시작하는 단계인 '세상이 내 안에' 단계에서, 반항적인 아이는 자신과 세상을 완벽하게 정의하고자 한다. 예를 들면, 아이는 모든 과목에서 'A'를 받아야 할 정도로 자신에 대한 기대치가 매우 높을 수 있다. 한 과목에서라도 'B'를 받으면 자신에 대해서 몹시 실망하고 심하게 자책한다("나는 너무 멍청해. 세상에서 제일 멍청한 사람이야!"). 또한 그는 다른 아이들에 대해서 도덕적인 평가를 심하게 할 수 있는데, 누가 이기적이라고 느껴지면 심하게 비난하곤 한다.

반항적인 아이는 대개 정서적으로 융통성이 부족하다. 그는 생애 초기에 세상을 흑백 논리로 보는 방식에서 상대적으로 보는 방식, 즉 삶이 대부분의 경우에 회색 지대에서 움직인다는 것을 이해하는 단계로 옮겨가지 못하는 경향이 있다. 예를 들면, 그는 누군가와 친구이면서 동시에 경쟁자가 될 수 있음을 인정하기가 어렵다. 야구 게임에서 경쟁 관계에 있는 다른 팀 아이를 게임 후에 집에 초대해 함께 아이스크림을 먹으며 놀기가 매우 힘들다.

앞서 말했듯이, 우수한 시·공간적인 능력으로 인해 반항적인 아이는 사람에 대한 큰 그림은 잘 그리는 반면에 삶의 세세한 사건에는 관심이 적다. 아이는 퍼즐 조각을 맞추거나 우표를 질서 있게 정리하는 것과 같은 일은 꼼꼼하게 잘할 수 있지만, 그의 이런 꼼꼼한 관심은 좁은 범위에 한정되어 있다. 그는 다른 사람의 섬세한 정서적 변화는 물론이고 옷차림이나 말하고 있는 내용의 세세한 부분을 잘 인식하지 못한다. 만약 민감하고 비난받는 것을 두려워한다면, 자신을 무시하는 것 같은 신호를 예민하게 알아차릴 것이다. 하지만 그는 사람들 사이의 상호작용에서 오가는 미묘한 관계 변화에 대해 상당히 둔감하다. 그는 자신이 관심 있어 하는 영역, 즉 수학이나 과학과 같은 영역의 개념은 잘 이해하지만, 사람들 간의 관계에 관해서는 잘 이해하지 못한다. 그는 자신의 우수한 추상적인 사고 능력을 관심 있는 영역에만 적용하는 경향이 있다. 아이의 제한된 관심 영역을 확대시켜서 일상의 정서적인 사건을 민감하게 지각하고 이해할 수 있도록 돕는 것이 우선적으로 필요한 과제라고 할 수 있다.

··· 반항적인 아이는 세상을 어떻게 느끼는가

생물학적으로 보면 반항적인 아이는 과민한 아이와 여러 면에서 닮아 있다. 그들은 세상으로부터 자신을 보호해 주는 막이 너무 얇다고 느낀다. 보통 사람에게는 유쾌한 자극(광경, 소리, 냄새, 접촉 등)이 이런 아이에게는 너무 짜증스럽고 감당하기 어려운 것으로 여겨질 수 있다. 그는 세상이 자신을 공격한다고 느낀다. 과민한 아이처럼 까다롭게 굴고 사소한 일을 과도하게 걱정하는 대신, 반항적인 아이는 가능한 한 엄격하게 세상을 통제하려 한다. 과민한 아이와는 달리, 반항적인 아이는 보다 공격적으로 접근하는 생물학적인 특성을 가지고 있다. 첫째, 비교적 우수한 시·공간 지각 능력을 가지고 있어, 다른 아이들에 비해 관찰한 것을 특정 양식으로 더 잘 조직할 수 있다. 아이는 이런 우수한 능력을 자신이 경험하는 것에 의해 압도되지 않도록 자신을 보호하기 위해서 사용한다.

청각적인 언어 정보를 처리하는 능력을 보면, 반항적인 아이는 주변의 정보를 탐지하고 처리하는 데 과민한 아이에 비해 상대적으로 어려움이 더 크다. 누군가의 말을 들어도 그것의 미묘한 정서나 이중적인 의미를 파악하는 능력이 과민한 아이보다 떨어진다. 어떤 반항적인 아이는 어휘력과 언어 통제력은 우수하지만, 다른 사람이 전달하는 모든 메시지를 잘 파악하기보다는 자신만의 언어를 만들어 자기 생각을 정교화시키는 데 더 익숙하다.

과민한 아이처럼, 반항적인 아이도 운동협응력(예, 양말 신기, 일련의 복잡한 움직임을 따라 하는 것)에 어려움이 있을 수 있다. 하지만 반항적인 아이는 과민한 아이보다 자세 통제 능력이 약간 더 우수한 편이다. 반항적인 아이는 통제력을 잃지 않고 자신을 압도할 수 있는 상황이나 도전을 회피하기에 충분한 운동협응력을 가지고 있는 것으로 보인다. 이와는 대조적으로, 과민한 아이는 과부하가 걸려 소진되기가 더 쉽다. 예를 들면, 교사가 자신이 들려준 이야기의 한 장면을 종이 위에 그리라고 했을 때, 반항적인 아이는 종이의 한쪽 구석에 나무토막 같은 사람 그림을 깔끔하게 그릴 수 있다. 선 처리도 기술적으로 문제 없이 잘 되어 있다. 반면에 과민한 아이는 동그라미, 사각형, 선들을 전체 종이 위에다가 어지럽게 휘갈기고 많은 색을 사용해서 혼란스러운 그림을 그린다. 반항적인 아이가 그린 나무토막 같은 형태는 우리가 분명하게 알아볼 수 있다. 하지만 과민한 아이가 그린 것은 그 아이만 알아볼 수 있다. 아이가 설명을 해 주어야 붉은 반점은 태양이고 푸른 선은 태양을 보고 있는 나무라는 것을 알 수 있다.

과민한 아이처럼 반항적인 아이도 쉽게 과부하가 될 수 있지만 그는 생물학적인 특성을 활용해서 자신을 통제하고, 상황을 모면할 수 있다. 간단히 말하면, 반항적인 아이는 타협을 하는 것이다. 생물학적으로 너무 민감해서 자극에 쉽게 압도되기 때문에, 그는 통제력을 잃지 않고 침착한 모습을 보이기 위해서 경험을 엄격하게 제한해야만 한다. 그는 자신이 씹어 삼킬 수 있는 것보다 더 많은 양을 입에 넣지 않으려고 매우 조심하고, 시·공간적인 능력을 자신을 당혹스럽게 할 수 있는 경험을 통제하는 데 사용한다. 새로운 상황이나 경험, 사람에 저항하고 행동을 통제하려는 거만한 모습은 통제력을 유지하면서 침착하게 행동하려는 절박한 노력을 반영하는 것이다. 아이가 "정말 싫어!"라고 말할 때 너무 염려하지 않아도 된다. 아이의 행동을 감각적이고 정서적인 정보를 제한하고, 새로운 압도적인 경험을 피함으로써 자신에게 맞게 받아들이기 위한 대처로 이해해야 한다.

··· 반항적인 아이에게 피해야 할 양육 방식

부모가 아이에게 지나치게 간섭하거나 자신들이 하고 싶은 대로 함으로써 의도하지 않게 아이의 반항적이고 거부적인 태도를 부추길 수 있다. 예를 들면, 부모는 아기에게 너무 큰 소리로 말하는 것, 아기를 너무 여러 번 간지럽히는 것, 너무 많이 아기를 들고 흔드는 것 등의 행동을 함으로써 과도하게 아기를 자극할 수 있다. 이런 과도한 자극에 저항하는 대처로 아기는 흥분하거나 울음을 터뜨린다.

걸음마기의 아기를 키울 때, 아기가 주는 단서를 알아채지 못하고 부모 말을 잘 듣지 않는다고 항상 주장하는 부모는 아이의 경직성을 더 부추길 수 있다. 예를 들면, 18개월의 아이가 Jack-In-the-Box*을 가지고 놀면서 잭이 상자에서 튀어나오도록 걸쇠를 여는 방법을 알아내려고 애쓰고 있다. 이때 아빠가 갑자기 아이를 방해한다. 아빠는 아이가 열 수 없을 거라 생각하고 아이의 손을 앞으로 옮겨 걸쇠 위에 올려놓는다. 아이는 반항적으로 아빠의 손을 뿌리친다. 아빠는 기분이 좀 상하며 "그럼 다른 걸 해 볼까."라고 중얼거리면서 그림책을 Jack-

---

* 역자 주-뚜껑을 열면 인형이 튀어나오는 장난감

In-the-Box 위로 가져다 놓음으로써 자기도 모르게 아이의 세계를 침범한다. 아이는 Jack-In-the-Box와 책을 뒤엎고 마룻바닥에 머리를 찧으며 심하게 화를 내기 시작한다. 아빠가 아이의 세계를 침범했다. 아빠가 힘이 더 세지만 아이는 자기 뜻을 굽히지 않는다. 이제 힘겨루기가 시작된다.

학령기 아이를 둔 부모는 아이를 좌지우지하려고 하면서 자기도 모르게 아이를 침범하고 아이에게 과도한 부담을 주곤 한다. 심지어는 즐거운 일을 함께할 때도 이런 일이 일어난다. 한 열성적인 아빠는 딸이 축구하는 것을 코치하려고 한다. 딸이 축구공을 여러 방식으로 차 보면서 실험을 해 보고 게임을 창의적으로 이끌어 가게 내버려 두지 않고 너무 많이 지시하고 요구하며 계속 명령한다. 그는 딸이 자기가 시킨 대로 하지 않으면 이를 그냥 두고 보지 못하고 화를 낸다. 이렇게 되면 성마른 아빠와 더욱 반항적이 되어 가는 아이 사이의 갈등이 시작되는 것이다.

때로 부모는 아이가 너무 많은 활동에 관여하게 함으로써 반항적인 아이의 반발을 더 사기도 한다. 사실 중요한 것은 아이가 하는 활동의 수가 아니라 부모가 관여하는 방식이다. 활동이 재미있고 자발적으로 이루어지며 아이가 스스로 발견하며 학습해 나가는 모습을 보면, 부모는 아이가 얼마나 많은 에너지를 가지고 있는지를 알 수 있다. 반대로 아이가 부모에 의해 좌지우지되고 통제받고 있다고 느끼면, 아이의 넘치던 열의도 기를 펴지 못할 수 있다. 만약 여러분이 직장에서 통제적이고 간섭이 심한 상사를 모셨던 적이 있다면, 그런 상사의 태도가 여러분의 동기와 잘하려고 하는 열의를 얼마나 많아 앗아 갔었는지 잘 알고 있을 것이다.

매우 규칙 지향적이고 경직된 부모는 대개 반항적인 아이와 엄청난 힘겨루기를 하기 쉽다. 부모가 아이의 거부적인 행동을 아이가 자신의 세계를 조직화하려는 시도로 이해하기보다 부모에 대한 개인적인 감정에 기인한 것으로 이해하게 되면 상황은 복잡해진다. 그런 부모는 내게 "아이가 나를 화나게 하려고 일부러 그렇게 행동하고 있습니다."라고 말한다. 물론 여러분이 아이 행동에 대한 규칙과 기준을 가지고 있는 것 자체는 문제가 안 된다. 하지만 너무 많은 일방적인 규칙과 규제는 반항적인 아이가 여러분이 바라는 것과는 정반대로 행동하도록 만들 수 있다.

내가 경험한 바로는 이런 갈등들은 특정 상황에서 흔히 반복된다. 부모는 아이가 숙제를 정해진 시간까지 정해진 방식으로 완료해야 한다고 주장한다. "너는 숙제를 저녁 식사 전까지 네 방, 네 책상에서 모두 마쳐야만 해. 라디오도 들어서는 안 되고 방문도 닫고 해야 돼." 이런 경직된 규칙은 거의 반드시 매일 밤 갈등을 초래해서 모든 사람을 힘들게 한다. 또 다른 상황은 옷 입는 문제다. 아이는 오래된 면 티셔츠와 좀 찢어졌지만 편안한 청바지를 입고 학교에 가고 싶어한다. 하지만 부모는 최근에 산 빳빳한 셔츠와 바지를 입히려고 한다. 부모가 "너, 그렇게 입고서는 집에서 나갈 수 없어."라고 말한다. 물론 아이의 반응은 부정적이다. "그렇게 촌스럽게 입지 않을 거야!" 그러면 또 다른 전쟁이 시작되는 것이다.

아이의 반응에 영향을 미치는 보다 중요한 요인은 부모가 아이에게 원하는 내용이 아니라 부모가 자신들의 뜻을 관철시키기 위해서 사용하는 행동 방식이다. 숙제를 하게 하고, 장난감을 정리하게 하고, 다른 사람을 배려하도록 하기 위해서, 부모는 차분하게 공감적이며 지지적인 방법으로 설득하고 타협하며 한계를 정해 주는 것이 좋다. 반면에 노골적으로 강압적인 태도를 보이는 것은 아이의 반항심을 자극하고 더욱 강화시켜 줄 뿐이다.

이런 갈등이 심해져 나를 찾는 부모들은 대개 이런 정서적 반응을 경험하고 있다. 부모(대개는 엄마)는 아이와의 계속된 전쟁으로 인해 좌절감과 패배감, 분노와 우울감을 경험한다. 이들은 자책하고 아이의 행동으로 인해 당혹스러워한다. 이들은 아이의 행동을 끔찍하고 버릇없으며 불평이 많은 탓이라고 해석한다. 그리고 무력감과 분노에 휩싸여 아이에게 심하게 화를 내곤 한다.

내가 부모(대개는 아빠)에게서 본 또 다른 반응은 "그렇게 행동하기만 해 봐. 혼날 줄 알아."와 같은 처벌적인 입장이다. 이런 아빠는 법과 질서를 좋아하는 사람으로, 아이가 순종적이기를 바란다. 그는 아이를 윽박지르고 겁을 줘서 행동을 바로잡으려 하며 흔히 신체적인 처벌을 하기도 한다.

그는 저녁 식사 시간에 구부정하게 앉아 있는 아이에게 매일 소리를 지른다. "식탁에서 바로 앉아 있지 않으면, 네 방에 가서 1시간 동안 있게 할 거야." 그러면 아이는 불만에 가득 차서 벽만 뚫어지게 보고 있다. "좋아. 한번 해 보자는 거지. 네 방으로 가. 7시까지 네 얼굴 보기 싫다!" 이런 장면이 크고 작은 여러 문제 상황에서 반복되면, 부모와 아이 사이에 살벌한 힘겨루기가 시작된다. 부모는 아이를 겁주고 위협해서 제압하려고 한다. 이런 접근이 아이를 무섭게 해서 일부 아이를 순종하게 만들 수 있을지는 몰라도, 반항적인 아이는 더욱 반발심을 갖게 될 뿐이다. 이 과정에서 부모는 아이의 선한 의지와 존경심을 희생시키게 될 것이다. 공개적으로 하던 거부적인 행동이 돌처럼 차갑고 수동적인 저항으로 바뀐다. 아이는 성적이 형편없이 떨어지고, 두통과 복통을 호소할 수도 있다. 아이는 싸우기 위해서 보다 원초적인 방법을 사용하게 된다. 극단적인 경우에는 침대에 오줌을 싸고 똥을 누기도 한다. 아이는 쉽게 항복하지 않는다. 부모와 아이 사이의 전쟁이 심해지면 당연히 가족 전체가 고통을 겪는다. 한 아빠가 내 사무실을 찾아왔는데, 그 당시 그는 너무 자주 분노에 휩싸여 평정심을 찾느라 무척 고생하고 있었다. 약하고 무기력해 보이는 것에 대해 억울해하면서, 그는 자신이 씨름하는 대상이 단지 아이일 뿐이라는 것을 잊은 듯했다. 나는 그런 부모로부터 다음과 같은 말을 흔히 듣는다. "어떻게 해야 할지 모르겠습니다. 왜 이런 일이 일어나는지 모르겠어요. 우리 애가 그렇게 막돼먹은 아이일 리가 없는데!"

반항적인 아이를 자녀로 둔 부모에게서 때때로 보는 또 다른 걱정스러운 양육 방식이 있다. 이들은 아이와의 힘겨루기에서 너무 많은 에너지를 소진하고 아이에게 화가 너무 많이 나서, 아이를 공감적으로 이해하고 성의껏 양육하는 것을 소홀히 하기 쉽다. 이런 경우는 대체로 가족 내에 사랑과 이해가 부족하며, 때로는 부모 사이도 그럴 수 있다. 부모는 내게 다음과 같이 말한다. "나는 조이를 무척 사랑합니다. 내가 아이를 너무 많이 사랑하기 때문에, 그만큼 실망과 좌절도 큽니다." 불행히도 아이는 부모의 말에 동의하지 않는다. 여덟 살 난 한 아이가 내게 다음과 같이 말했다. "엄마와 아빠가 나를 사랑한다는 것을 알고 있어요. 하지만 두 분은 내가 하는 모든 것을 싫어하세요." 가족의 특별한 양육적인 관심이 시들해지면, 아이는 흔히 내게 이렇게 말하곤 한다. "나는 태어나지 말았어야 했어요." 혹은 "가끔은 살고 싶지 않은 생각도 들어요." 그렇지 않으면 아이는 더욱더 반항적으로 되어서 가족의 일원이 되기를 거부하고 속마음을 드러내지 않게 될 수도 있다. 과도한 간섭에 더해서 부모가 양육적인 관심까지 부족하다면 이는 어떤 아이도 감당하기 어려운 이중의 고통이며, 특히 반항적인 성향이 강한 아이에게는 더 그렇다. 흔히 이런 이중의 고통은 아이의 어려움을 더 크게 만든다.

··· 반항적인 아이를 어떻게 도울 것인가

반항적인 아이를 도울 때 가장 중요한 것은 그의 기저에 있는 불안정감과 취약성을 알아 주고 이를 달래 주는 것이다. 반항적인 아이는 자신이 부모를 얼마나 필요로 하고 안락함과 안정감을 위해서 부모에게 얼마나 많이 의지하고 있는지를 부모에게 직접 알릴 수 있는 능력이 부족하다. 그가 아는 유일한 반응은 반항적으로 행동하는 것이다(이렇게 해서는 절대 친구를 만들 수 없다!). 여러분은 먼저 자녀의 믿음과 신뢰를 얻어 그의 반감을 누그러뜨려야 아이가 필요로 하는 것을 제공해 줄 수 있다.

신뢰와 안전감 형성하기

물론 신뢰와 안전감을 형성하는 것은 쉽지 않다. 한 예로, 여덟 살 난 아이에게 "학교에서 어땠니?"라고 물으면 이렇게 대답한다. "궁금해하지 좀 마세요! 걱정 안 하셔도 돼요." 이런 말을 들으면 아이의 속에 있는 취약성을 보고 싶은 마음이 싹 가시기 마련이다. 차라리 반항적인 아이보다 요구가 많고 겁이 많은 과민한 아이를 달래는 것이 더 쉽다. 반항적인 아이는 항상 제멋대로 하고 싶어하고 부모와 힘겨루기를 지속적으로 하기 때문에 함께 생활하는 것이 훨씬 어렵다. 하지만 한 가지 유념해야 하는 것은 반항적인 아이가 과민한 아이만큼이나 자극에 쉽게 압도되고 과부하가 걸리기 쉽다는 점이다. 반항적인 아이가 두목 행세를 하고 반항적으로 행동하는 것은 안전감을 확보하려는 시도다. 자신을 보호하기 위해서 그는 세상과 차단되어 지내고 싶어한다. 때로는 부모도 차단하고 싶은 세상의 일부다. 여러분의 목표는 아이의 거부적이고 반항적인 모습에 굴하지 않고 온화하고 사랑스러운 태도로 아이를 돌보는 것이다.

처음부터 아이가 여러분을 완전히 신뢰하지는 않을 것이다. 그는 여러분의 달래 주려는 시도가 자신을 편안하게 해 줄지 아니면 성가시게 할지 아직은 잘 모른다. 아이는 다른 사람 탓을 하는 데 익숙하고 간섭받는 것을 몹시 두려워하기 때문에, 오직 자신만을 믿을 수 있다고 느낀다. 여러분이 그를 위로할 수 있다는 것을 확신시켜 주어야 한다. 아이를 달래는 데 도움이 되었던 경험들을 떠올려 보는 것도 좋다. 어떤 종류의 소리가 그를 편안하게 했고 어떤 소리가 그를 화나게 했는가? 그는 가벼운 접촉을 좋아하는가, 강한 접촉을 좋아하는가? 그는 부드러운 음악을 좋아하는가, 비트가 강한 음악을 좋아하는가? 그는 신체의 어느 부위가 민감한가? 머리, 발, 입? 아기라면 어떻게 흔들어 주는 것을 좋아하는가? 빨리, 아니면 천천히? 어느 정도 자란 아이라면, 그는 빨리 하는 것을 좋아하는가, 아니면 빈둥거리며 천천히 하는 것을 좋아하는가? 그는 여러분이 그냥 지켜보면서 그와 함께 있어 주는 것을 좋아하는가, 그에게 집중해서 관심을 가져 주기를 좋아하는가? 시간을 두고 아이를 지켜보고 함께 놀면서, 여러분은 차츰 아이가 좋아하는 것과 싫어하는 것에 대한 목록을 만들어 갈 수 있다. 그러면 여러분은 아이를 달래고 진정시키기 위해서 목록에 있는 것을 사용하면 된다.

천천히 점진적으로 시작하는 것이 좋다. 16개월 된 아기의 예를 보자. 그 아기는 당신이 함께 놀려고 할 때 당신의 손을 뿌리치고 등을 돌리는 등 그가 정해 놓은 경계 안으로 당신이 들어오게 하지 않는다. 그와 연결될 수 있는 방법, 즉 관계를 발전시킬 사다리를 놓아야 한다. 그에게 말을 걸어도 나아지지 않으며, 그가 만들고 있는 블록으로 된 탑을 가리키면서 아이의 손이 닿을 수 있는 곳에 당신의 탑을 쌓아 보일 수도 있다. 아이가 여전히 짜증을 내며 당신의 탑을 무너뜨리면, 뒤로 물러나 수위를 한 단계 낮추는 것이 좋다. 단지 관심을 서로 교환할 수만 있다. 미소를 지으며 아이를 힐끗 쳐다봤을 때 그가 싱긋 웃으며 반응하는지 살펴보라. 매일 그렇게 하다 보면, 당신은 틀림없이 아이가 경계를 늦추고 당신과 보다 복잡한 방식으로 관계를 맺기 시작하는 것을 보게 될 것이다. 관심을 서로 교환하는 것에서 시작해서, 여러분은 이제 몸짓을 교환할 수 있을 것이다(당신이 아이에게 블록을 건네주면 그는 그것을 받아 탑을 높이 쌓는다. 당신은 가볍게 손뼉을 치며 미소 짓는다.). 그 다음에는 말을 주고받는다. "정말 좋은 탑인걸!" 그러면 그가 말한다. "블록을 좀 더 주세요." 곧 그는 보다 유연해질 것이고 그의 발달 수준에 맞는 관계를 여러분과 맺게 될 것이다.

   동일한 전략을 학령전기의 아동에게 적용할 수 있다. 당신의 아이가 자동차를 한 줄로 세우고 있다면, 그가 허용하는 데까지 가까이 가서 자동차의 줄을 더 길게 세울 수 있도록 돕고 싶다고 말하라. 당신은 천천히 편안하게 행동하는 것이 좋다. 목소리도 가능한 한 아이가 편안하게 느끼도록 조절한다. 그가 몸에 닿는 것을 싫어하면 그것을 존중해 주라. 예를 들어, 아이가 다른 사람이 머리나 얼굴을 만지는 것을 싫어하면, 머리에 스타일링 제품을 발라 주거나 볼을 꼬집는 행동은 하지 않는 것이 좋다. 아이의 몸을 잡거나 환영받지 못할 포옹도 하지 않도록 조심해야 한다. 대신에 아이가 시선을 보내거나 팔을 뻗기만 해도 엄마와 아빠가 기꺼이 도울 준비가 되어 있음을 아이가 알게 하는 것이 좋다. 아이가 싫어하지 않으면 아이를 안아 줄 때 여러분의 관심을 몸짓으로 표현할 수도 있다. 가능할 때마다 아이가 대장이라는 것을 인식할 수 있게 한다.

아이의 나이가 더 많아도 동일한 전략이 적용된다. 아이에게 천천히 접근하라. 당신의 동작과 목소리가 아이에게 가능한 한 편안하게 느껴지게 하라. 예를 들면, 여덟 살 난 아이는 자기가 수집한 야구공을 정리하고 야구 선수의 타율을 암기하고 있다. 당신이 아이 방에 들어갔을 때, 그는 "칼 립킨의 작년 타율이 .28이었다."라고 말한다. 당신은 그의 침대 모퉁이에 앉아, 그의 경계 구역을 존중해 주며 조용히 "나는 그건 몰랐는 걸."이라고 말한다. 당신의 목적은 아이의 방식으로 편안히 관계를 형성하는 것이다. 아이가 당신이 할 행동을 정해 주고 싶어하면 그렇게 하도록 내버려 둬라. 아이가 닌텐도 게임을 당신과 함께하고 싶어하면, 당신의 역할을 아이가 정하도록 내버려 둬라.

반항적인 아이는 대부분의 아이보다 훨씬 더 많이 따뜻하게 존중해 주고, 달래 주어야 한다. 그의 경직성을 유연함으로 맞아 주어야 한다. 예를 들어, 당신이 아이의 신발 끈을 묶어 주고 있다고 치자. 그는 발을 뒤로 빼며 말한다. "그렇게 세게 묶으면 어떡해. 멍청하긴. 발이 아프잖아!" 이때 "부모한테 그 따위로 말하면 안 돼!"라고 말하는 대신, 숨을 깊이 들이쉬고 신발 끈을 다시 묶어 주며 이렇게 말하는 것이 좋다. "엄마(아빠)가 네 발이 그렇게 민감한지 몰랐어. 이렇게 하면 괜찮아?"

아이가 당신의 사소한 실수에 심하게 화를 내고 당신을 멍청이라고까지 부르는 것 같은 문제는 아이가 짜증이 심하지 않을 때 조용히 끄집어내는 것이 좋다. 이때 아이가 당신을 매우 힘들게 한다는 사실을 돌아볼 수 있게 할 수 있다. 아이가 자신의 행동을 돌아보고 보다 유연해지도록 격려할 때, 아이가 자신을 멍청하다거나 그 이상으로 부정적으로 보며 스스로를 괴롭힐 수 있음을 유의해야 한다. 이 때문에 방어적인 전략("너는 그런 식으로 말하면 안 돼.")과 그의 버릇없고 배려 없는 행동에 화를 내는 것(이런 행동을 통해서는 이해받을 수 없다)은 아이의 반항심을 줄이는 데 효과가 없고 반항적인 행동을 더 강화시켜 줄 뿐이다. 아이가 당신에게 무슨 짓을 하든, 그는 아마 자신을 더 심하게 비난할 것이다. 당신이 아이를 비난하면 할수록, 당신은 아이의 자기비난과 심하게는 자기증오심을 더 키울 수 있다. 조용한 설명과 함께 공감과 유연성이 더해졌을 때, 아이는 자기가 당신과 자신을 괴롭히고 있음을 돌아볼 수 있을 것이다.

제약 두기

한계를 분명히 세울 필요가 있다. 공감적이어야 한다는 것은 아이가 원하는 대로 허락한다는 것을 의미하는 것이 아니다. 아이가 동생을 발로 차거나 엄마를 할퀴려는 행동을 해서 처벌이 필요할 때가 있다. 그때는 단호하지만 부드러운 방식으로 제약을 가하는 것이 좋다. 공감과 유연성을 수반하는 부드러운 제약은 여러분의 아이가 당신과 자신을 지나치게 비난하지 않게 하는 데 점진적으로 도움이 된다.

아이와의 대화를 확장해서 아이가 좋아하는 것과 싫어하는 것에 대해서도 이야기를 나눠라. 가령 아이는 부모가 자기 옷을 입혀 주는 것이 싫다고 말할 수 있다. 그러면 당신은 아이에게 당신이 할 일을 알려달라고 부탁하면 된다. 이 과정에서 당신은 아이와 더 많은 대화와 몸짓을 나눌 수 있고 동시에 일반적인 지침을 따를 수 있다. 이런 방법은 긴장을 풀어 준다. 아이를 바로잡고 옷을 제대로 입히려고 벌이는 아이와의 거친 씨름은 불필요한 전쟁을 초래할 뿐이다. 아이가 당신을 믿고 확신하게 만들면, 아이는 당신을 물리쳐야 하는 적으로 보지 않고 자기를 도와주는 사람으로 보게 될 것이다.

부모에게 이렇게 조언하면, 어떤 부모는 그렇게 하면 아이의 버릇을 망쳐 제멋대로 하게 되고 이해하고 받아 줌으로써 아이의 화내고 요구적인 행동이 더 심해지지 않을까 걱정한다. 하지만 아이가 더 많은 안전감을 느끼도록 돕는 것은 절대로 아이를 망치는 것이 아니다. 부모가 한계를 설정해 주지 않아 아이가 망쳐지는 것이다. 버릇없는 아이는 이런 생각을 가지고 있다. "나는 내가 원하는 경계를 세울 수 없어. 아무것도 믿을 수 없으니까 나는 더 많이 저항해야 해." 여러분은 아이의 편안함과 안전감에 대한 욕구가 아닌 그의 공격성에 한계를 정해 주어야 하는 것이다. 물론 한계 설정과 달래 주는 것을 동시에 하기는 어렵다. 부모에게는 결코 도달하기 쉽지 않은 수준의 끝없는 인내심이 요구된다.

한계를 정할 때는 아이의 우수한 논쟁 기술을 이용해서 미리 규칙, 보상, 처벌 등에 대해서 충분히 이야기 나누는 것이 좋다. 아이를 놀라게 하거나 화를 심하게 내게 해서는 안 된다.

스트레스가 심하고 몹시 지쳐 있어서 부모가 서로를 배려하기 힘들고 가족 간에 서로에 대한 분노가 심할 때는 일단 제약을 두려는 노력을 뒤로 미루는 것이 좋다. 그런 상황에서는 한쪽 부모가 불안하고 주저하는 모습으로 아이를 과잉보호하기 쉬우며 이러한 부모의 간섭은 아이를 오히려 더 불안정하게 만든다. 그리고 다른 쪽 부모는 박탈감과 질투심을 느끼며 흔히 아이를 과도하게 처벌하기 쉽다. 부모가 필요한 한계를 진정으로 부드럽고 협력적으로 세울 수 있으려면, 먼저 부부 관계가 좋아 서로의 자연스러운 욕구가 잘 충족되고 있어야 한다.

자각 격려하기

아이가 나이를 먹어 가면, 자신의 민감성과 인내력 수준을 자각하도록 돕는 것이 필요하다. 아이가 과부하되었을 때 무엇을 하고 무엇을 하지 말아야 하는지를 알게 해 주어야 한다. 아이가 감정을 말로 표현하고 자신의 민감성에 대해서 반성적인 태도를 발전시켜 나가도록 격려해야 한다. 그렇게 해야 아이가 도전적인 상황에 처하더라도 준비가 되어 있어 적절히 대처할 수 있을 것이다. 이러한 아이는 당혹감과 모욕감에 너무 예민하기 때문에, 그의 욕구가 존중되어야만 한다. 동시에 당신이 유머를 발휘할 수 있는지 보라. 완벽주의적이고 비판적인 태도에 대한 농담을 서로 따뜻하고 수용적으로 나눌 수 있으면, 이는 그의 민감한 면을 적절히 자각시켜 주는 데 도움이 된다. 아이가 자신의 폭군적이고 탐욕스러운 성향을 인정하도록 도와야 한다. "욕심이 과한 거 같아."라고 부드럽게 놀려 줄 수도 있다. 아니면 농담 삼아 아이에게 물어볼 수도 있다. "너무 완벽하지 않아서 내가 얼마나 고문을 당하는지 너는 알고 있니?"

반항적인 아이는 보호받는 것을 피하기 때문에 아이에게 공감하는 것은 더 어려운 일이다. 예를 들면, "그건 참 힘든 일이야."라는 말을 힘없고 지친 목소리로 하면 원하는 효과를 거두기 어렵다. 오히려 공감과 유머를 함께 사용해서 아이가 자신의 분노와 격분을 말로 표현할 수 있게 돕는 것이 더 도움이 된다. 예를 들어, 아이가 당신을 쏘아보며 작은 목소리로 국이 너무 차거나 뜨겁다고 불평하는 소리를 들었다면, "저런, 날 해고라도 할 거 같은데." 혹은 "내가 요리 연습을 좀 더 했으면 하는구나."라고 말하는 것이 아이를 지적인 한 개인으로 존중하는 반응이다. "네 입맛이 너무 까다로운 거 같아."라고 말하는 것보다 훨씬 효과적이다.

또한 부모도 자신에 대한 자각이 필요할 때가 있다. 때로 부모는 자신의 반항적이거나 고집스러운 면 때문에 당혹스러워하고 죄책감을 느끼기도 한다. 자신의 그런 면을 알지 못하면, 부모는 자녀에게서 자신의 일면을 볼 수 있다. 자신의 그런 면을 증오한다면, 부모는 그 증오심의 기원을 깨닫지 못하고 도리어 아이를 탓할 수 있다. 우리 모두는 드러내고 싶지 않은 부정적인 특성을 가지고 있다. 이런 숨겨진 진실은 자각하고 있지 못할 때에도 우리가 탐탁하지 않게 여기는 자녀의 특성과 연결된다. 이는 집단주의적 가족 문화에서 나쁜 요소들은 모두 외부 탓으로 돌리는 원리와 같다. 이런 패턴을 자각하고 있어야, 자녀를 지나치게 비난하지 않고 보다 자녀에 대해 지지적이고 공감적인 태도를 취할 수 있다.

반항적인 아이의 과민성과 과부하를 줄이기 위해서 신체 활동을 활용할 수도 있다. 과민한 아이에 대해서 기술할 때 소개했던 것과 동일한 신체 활동이 반항적인 아이에게도 도움이 된다: 구부렸다 뛰기, 대근육 움직이기, 리듬 있는 활동(예를 들면, 몸 흔들기, 돌기). 아이를 편안하게 해 주는 특별한 감각 양식에 민감해질 필요가 있다. 아이를 위해서 신체 활동 프로그램을 계획할 때 기억해야 할 가장 중요한 것은 반항적인 아이가 대장이 되어야 한다는 점이다. 엄마가 얼마나 빨리 비행기처럼 흔들어 줄지 혹은 아이가 아빠 배 위에서 몇 번이나 뛰어내릴지 아이가 지시를 하게 해 주어야 한다.

··· 카일의 이야기

"카일! 너 뭐 하고 있니?"

캐서린이 거실 방문 앞에 멈춰 서서 그녀 앞에 펼쳐진 광경을 쳐다보고 있다. 마루는 온통 장난감으로 난장판이 되어 있었다. 트럭은 엎어져 있고 블록은 상자 밖에서 나뒹굴고 있었으며 보드게임은 의자 위에 어지럽게 널려 있었다. 카일의 파워레인저 로봇들은 사방으로 흩어져 있었다.

"난장판이 따로 없군." 캐서린은 어지럽혀진 방을 살펴보고 애써 목소리를 차분하게 가라앉히려고 노력하면서 말했다. 그러다 여섯 살 반인 아들의 얼굴이 시야에 들어오자 그녀의 얼굴은 서서히 찌푸려지기 시작했다.

"나는 전쟁을 하고 있었어."

"전쟁을 하더라도 깨끗하게 해 놓고 하면 안 될까?"

카일은 고개를 흔들며 대답했다. "안 돼."

"카일, 정리를 좀 했으면 좋겠어."

카일은 또 고개를 흔들며 팔짱을 끼고 대답했다. "엄마가 치우면 되잖아. 나는 바빠."

"카일······." 캐서린은 자신의 얼굴이 점점 굳어지고 있으며 온갖 노력에도 불구하고 목소리가 점점 높아지는 것을 느낄 수 있었다. "엄마는 네가 방을 좀 깨끗이 치웠으면 해." 그녀는 아들과의 치열한 전쟁을 정말 피하고 싶었다. 오늘만 해도 이런 일이 벌써 네 번째다. 그녀는 두려워하는 상황이 임박해 오는 것을 느낄 수 있었다.

"그건 내 일이 아냐." 카일의 목소리는 점점 올라가고 있었고 트럭을 발로 걷어찼다. "그건 엄마가 할 일이야."

"카일······." 캐서린은 앞으로 다가갔다. "엄마는 나빠. 나쁜 엄마!" 카일은 소리치며 다른 트럭을 걷어찼다. "엄마는 바보, 멍청이. 나는 전쟁놀이 중이란 말이야."

"무슨 일이야?" 게리가 갑자기 나타났다. 소란을 보며 괴로운 표정을 짓는다. 캐서린의 눈에는 눈물이 고여 있다. 아들을 상대하는 것이 그녀에게는 너무 힘들다. 그녀가 말했다. "나는 단지 얘가 장난감을 좀 치우기를 바랐을 뿐이었어요." 카일이 마룻바닥을 구르며 소리 지른다. "나는 엄마가 싫어. 엄마가 미워!" 캐서린은 게리에게 안기며 울음

카일의 이야기

을 터뜨렸다.

이 일로 인해 캐서린과 게리는 아주 절박한 심정으로 나를 찾아왔다. 거실을 치우는 문제로 아들과 실랑이를 벌이는 일은 하루에도 몇 번씩 일어났으며 이로 인해 이들 부모는 상당히 지쳐 있었다.

"가끔은 제가 이 세상에서 제일 나쁜 엄마가 된 기분이 듭니다." 캐서린은 내 사무실에서 울고 있었고 게리는 화난 표정을 한 채 굳은 자세로 앉아 있었다.

"캐서린은 대단한 엄마입니다." 게리가 말했다. "근데 카일은 정말 구제불능입니다. 어떤 노력도 걔에게는 소용이 없습니다. 우리가 잘못된 선택을 했다는 생각이 들기도 합니다."

40대 중반인 이들 부부는 불임으로 고민하던 중에 한국에서 생후 3개월 된 카일을 입양했다. 카일이 처음 도착했을 때 이들 부부는 꿈만 같았다. 검은 눈, 통통한 얼굴, 실크같이 부드러운 검은 머리카락. 사실 이들은 카일로 인해 너무 기뻤기 때문에 두 번째 아이를 입양할 준비를 곧 시작했다. 2년 뒤에 한국에서 4개월 된 레베카가 왔고 현재 네 살이다. 이들 부부가 20년 전에 결혼했을 때부터 꿈꿔 왔던 가족을 이 두 아이가 완성시켜 주었다. 근데 카일의 행동은 이들 부부의 꿈을 악몽으로 바꾸어 놓았다.

"아이는 결코 가만히 있질 않습니다." 게리가 화를 억지로 참으면서 말했다. "그는 항상 우리를 밀쳐 냅니다. 그는 결코 우리가 시키는 대로 하지 않습니다. 아무리 간단한 거라도 말입니다. 카일은 우리 가족 위에 군림하는 폭군입니다."

카일은 아침이 되면 아래층으로 내려와 부모에게 아침을 차려 달라고 명령한다. 그는 모든 것을 자기 뜻대로 하려 한다. 예를 들면, 엄마나 아빠가 아침 식사 때 자기 의자에 앉으면 난리가 난다.

"그가 혼자서 학교 갈 준비를 하는 것은 정말 불가능합니다." 캐서린이 말했다. 카일은 옷 입는 것을 싫어했다. 그래서 부모는 그를 TV 앞에 앉혀 놓고 소리를 크게 틀어 놓고 카일이 거기에 집중하고 있는 사이에 옷을 입혔다. 게리가 말 안 듣는 카일을 버스 정류장에 데려다 주느라 씨름하고 있으면 그 사이에 교사인 캐서린이 집을 나선다. 레베카는 게리가 보모에게 데려다 준다.

카일은 집에서와는 달리 학교에서는 좀 더 협조적이었다. 아주 사소한 실수라도 하면 심하게 좌절하긴 하지만, 선생님은 그가 훌륭한 학생이라고 이야기했다. 하지만 카일은 매일 아침에 일기를 쓸 때, 한 자라도 틀리면 화가 나서 전체 페이지에 줄을 그어 지워 버렸다. 선생님은 그가 하던 활동을 그만두고 다른 활동을 할 때 어려움을 보인다고 말했다. 연필을 놓고 다른 활동을 위해서 모이라고 하면 그는 연필을 집어던지고 다른 아이에게 시비를 걸곤 했다.

카일은 다른 아이들 위에 군림하고자 했기 때문에 친구가 거의 없었다. "그런 바보 같은 게임을 뭣하러 해." 그는 다른 아이가 함께 놀려고 가까이 오면 뒤로 물러나며 이렇게 말하곤 했다. 그에게는 아담이라는 친구 단 한 명이 있을 뿐이며, 그는 이 친구를 이상화했다. 아담이 안 보이면 카일은 그를 무척 보고 싶어했다.

오후에 캐서린이 학교에 들러 카일을 데려왔다. 그녀는 그에게 옷을 갈아 입혀 다른 활동을 하게 하는 게 무척 힘들었다. 캐서린은 카일에게 몇 가지 방과후 활동을 시키고 있었다. 계절에 따라 축구, T-볼, 야구, 가라데를 하게 했는데 카일은 가라데를 무척 좋아했다.

최악의 싸움이 벌어지는 것은 저녁 때였다. 카일은 모든 장난감을 어질러 놓고 놀다가 자기 전에 이를 치우는 법이 없었다. 그는 "날 그냥 두란 말이야!"라고 소리를 지르곤 했다. 잠자는 시간 때문에 아주 긴 전쟁을 치른다. 현재는 캐서린과 게리가 카일을 정해진 시간에 규칙적으로 자게 하는 것을 단념한 상태다. 대개 이들 부부는 카일이 TV 앞에서 놀다 지쳐 널브러져 있을 때까지 기다렸다가 그를 침대로 옮긴다. 그러고 나서 집을 치운다. 밤중에 카일은 최소 한 번은 깨서 주스를 찾는데, 그 요구를 들어주어야 잠자리로 돌아간다.

캐서린과 게리는 내게 아들에 대해 하던 말을 마치고 서로를 보았다. "물론 우리는 그 아이를 무척 사랑합니다. 하지만 때로는……." 게리는 말끝을 흐렸다.

게리는 워싱턴에 있는 경비회사에서 전기기술자로 일하고 있었다. 확실히 그는 정신과 의사의 사무실이 편하지 않은 모양이었다. 그는 장난감이 어질러져 있는 내 방을 짜증스러운 듯 이리저리 훑어 보고 있었다. 게리는 짙은 갈색 머리에 주름이 많은 얼굴을 하고 있었으며 키가 컸다. 이사를 많이 다녔던 군인 가족 속에서 성장한 그는 매우 열성적인 아빠였다. 카일의 스포츠 팀을 지도하고 있었고 카일이 허락하면 카일의 학교 공부를 도와주었다. 그와 카일은 함께 구르고 레슬링을 하며 집에서 노는 것을 좋아했다. 하지만 게리는 정리 정돈되어 있는 삶을 좋아했으며 아이들은 부모에게 순종해야 한다고 믿고 있었다. 그는 항상 카일에게 규칙을 정해 주었으며, 카일은 이 규칙을 무시하고, 따르기를 거부했다. 예를 들어, 게리가 거실에 장난감을 두지 말라고 하면, 그가 집에 돌아왔을 때 거실에 레고 블록들이 어지럽게 늘어져 있는 것을 발견하곤 했다. 게리가 TV 시청을 하루에 반 시간으로 제한하려 하면, 카일은 재미도 없는 프로그램을 끝까지 보기를 고집했다. 게리가 카일에게 그만 보라고 소리를 지르면, 흔히 카일은 되받아 소리를 지르거나 등을 돌려 버리고 아빠를 무시했다. 그러면 게리는 점점 더 화가 났다.

캐서린 또한 정리되어 있고 틀이 잡혀 있는 삶을 원했다. 그녀는 아들을 보면 절망감이 밀려 왔고 화가 났다. 그녀는 "저는 교사입니다. 이런 아이를 다룰 줄 알아야 한다고 생각합니다."라고 말했다. 아들의 행동에 당혹스러워하며, 그녀는 자신이 엄마로서 문제가 있지 않나 고민하고 있었다.

이 정도 정보를 알고 난 뒤에, 카일을 만났다. 아이는 짧은 머리에 왜소한 체격의 소년으로 경계하는 듯한 눈빛을 하고 있었다.

카일은 내 방에 성큼 들어와 이리저리 둘러보며 "어떤 장난감을 가지고 계세요?" 하고 물었다. 그는 등을 돌려 자신의 드라마에 출현할 장난감이나 모형 인물을 찾고 있었으며 내가 도와줬으면 하는 것 같았다. 그는 좋은 장난감과 나쁜 장난감을 구분해서 두 줄을 세웠으며 이들을 분리하는 데 세심하게 신경을 쓰는 듯 했다. 내가 이들이 뭘 하고 있고 왜 두 집단으로 나눠 줄을 세웠는지, 어떤 기준으로 착한 것과 나쁜 것을 나눴는지 물어보았을 때, 그는 얼굴을 찌푸리며 나를 쳐다보았다. 그 모습은 마치 자녀에게 자신을 방해하지 말고 조용히 있으라고 말하는 아빠의 모습 같았다. 카일이 놀이를 위해서 모형 인물을 배치하는 것을 보니 인물을 배치하는 것 자체가 사실 드라마의 전부가 아닌가 하는 생각이 들었다. 이야기 구성이 정교화되어 정서적 깊이가 있거나 내용이 풍부해지지는 않았다. 대신 이 모형 인물들이 어떻게 조직되고 배치될지에 계속 초점이 맞춰졌다. 좋은 인형은 온갖 종류의 비밀 방어막으로 무장하고 있었으며 나쁜 인형의 미사일을 무력화시킬 수 있는 무기도 가지고 있었다. 카일은 좋은 인형이 절대 다치지 않으며 나쁜 인형의 미사일을 원격으로 파괴할 수도 있다고 설명했다. 하지만 그는 내가 그의 드라마에 참여하는 것을 절대 허용하지 않았다.

카일이 놀이를 끝냈을 때, 우리는 그의 일상생활에 대해서 이야기를 나누었다. 먼저 우리는 그의 친구에 대해서 이야기했다. 그가 말했다. "가장 친한 친구는 이사를 갔어요. 하지만 그 친구는 가까이 살아서 엄마가 나를 태워 주면 가서 만날 수 있어요." 지난번에 친구를 만났을 때는 다른 장난감은 모두 상자에 정리되어 들어 있어서, 그 친구와 닌텐도 게임만 했다고 말했다. 카일은 말을 할 때 매우 논리적이고 신중했는데, 친구가 이사 간 것에 대한 정서적인 측면을 드러내지 않으려고 애쓰는 것 같았다.

카일은 부모님이 항상 좋지는 않다고 말했다. 그래서 엄마 아빠가 싫을 때가 언젠지 물었으나, 그는 내 말에 대답하지 않고 인형 줄 세우기를 다시 시작했다. 그는 반복해서 상상놀이 속으로 도망을 갔고 내가 한 질문을 무시했다. 부모에 대해서 이야기하는 걸 싫어하는 것 같다고 내가 꼭 짚어서 이야기하자, 그는 퉁명스럽게 다음과 같이 말했다. "나는 이미 선생님께 말했는 걸요. 엄마 아빠가 항상 좋지는 않아요." 그는 여동생에 대해서 짧게 말했다. "동생은 귀에 병이 있어요. 동생은 착하지만 아파요. 동생이 내 물건을 망가뜨려 내가 동생을 밀어 버렸어요. 그러고 나면 나는 마음이 안 좋아요."

카일은 연필을 어색하게 쥐고 내게 보여 주기 위한 그림들을 그렸다. 서툴렀지만 자신이 종이 위에 그리고 싶은 것에 대한 분명한 개념을 가지고 있는 듯했다. 아이는 형태를 천천히 완성시켜 갔으며 종이 위 한쪽 구석에 들어가기에 적당한 작은 모양들을 그려 나갔다. 그는 "나는 새를 그릴 거예요."라고 말했지만 그림을 완성하지는 못했다.

첫 회기에서 나는 카일의 발달 수준을 평가해 보았다. 관찰한 바로는 카일은 그의 나이에 맞는 적절한 수준의 발달을 보였다. 아이는 현실과 환상을 구분해서 말할 수 있었다. 카일은 언어, 이해력, 논리력 모두 잘 발달되어 있었지만 정서적인 영역에서는 다소 위축되어 있었다. 통제나 회피적인 모습이 지배적이었으며 분노, 자기주장성, 자기표현, 성적인 호기심, 결핍, 의존성 등과 같은 정서적인 주제는 직접적이든 간접적이든 나타나지 않았다.

　카일이 두 번째 회기에 왔을 때, 나는 그의 우수한 표현성 및 수용성 언어 능력에 강한 인상을 받았다. 그는 무엇을, 어떻게, 왜에 관한 나의 질문을 이해했고 분명하게 대답했다.

　아이는 학교에 대해서 내게 말하기 시작했고 나는 그가 그 말을 계속하고 싶은지 물었다. 그는 잠시 생각에 빠졌다가 말했다. "놀고 싶어요. 트럭을 가지고 놀고 싶어요."

　회기가 계속 진행되면서, 그는 장난감 농장에서 이것저것 가지고 와서 소 한 마리가 농장 트럭을 타고 있는 장면을 연출했다. 장난감 돼지를 가리키며 "보세요. 얘는 모터를 고치고 있어요. 그리고 얘는 운전을 하고, 얘는 승객이에요."라고 말했다. 나는 그가 세부적인 것에 주의를 기울이고 있고 체계적으로 역할을 할당하는 모습을 보고 놀랐다. 자기가 하고 있는 놀이에 대해서 내게 설명을 하는 동안, 내가 승객이나 농장 동물이 되어 그에게 말을 걸 때마다 카일은 실망하는 표정을 지으며 나로부터 약간 멀어지려는 듯한 태도를 취했다.

　그래서 나는 내가 말하기를 원하는지, 말하지 않기를 원하는지, 그리고 내가 말을 했을 때 어땠는지에 대해서 물어보았다. 그는 "동물은 말을 할 수 없어요."라고 답했다. 나는 그의 날카로운 반박에 강한 인상을 받았다. 나는 그가 장난스러운 웃음과 함께 눈을 깜박일 줄 알았다. 하지만 그 대신 그는 진지한 표정을 지으며 계속해서 농장 동물들을 만지고 있었다. 농장 동물 중 하나가 갑자기 트럭 밖으로 떨어졌을 때 내가 물었다. "저 동물은 어떤 느낌일까?" 나는 그가 동물의 입장에서든 아니면 자기 입장에서든 다양한 감정들을 떠올려 볼 수 있게 하려고 노력했다. 우리는 먼저 무서운 감정에 대해서 이야기를 했다. 그는 내게 어두움, 특히 밤이 되어 어두워질 때 무섭다고 말했다.

잠시 후에 나는 분노감에 대해서 이야기를 해 보았다. 카일은 "내가 동생을 때렸을 때, 엄마가 TV를 못 보게 하면 나는 가끔 울어요."라고 말했다. 아이는 행동을 멈추고서 장난감 소를 손가락으로 가리키면서, "이들은 여동생 편이에요."라고 말했다. 그래서 나는 그에게 "너는 어떻게 느꼈니?"라고 물었는데, 카일은 "나는 울었어요."라고 답했다. 이어서 또 "나는 엄마한테 뽀뽀를 안 해 줄 거예요."라고도 말했다. 잠시 후에는 또 "나는 내 장난감을 치우지 않을 거예요."라고 말하면서 장난감 소를 거칠게 찔렀다.

이어서 나는 그가 울거나 장난감을 치우지 않았을 때 기분이 어땠는지 물어보았다. "모르겠어요." 그는 괴로워했고 약간 슬퍼 보였다. 잠시 후에 나는 부모님이 때로 그에게 화를 낼 때 그 이유를 아는지 물었다. "부모님께 물어보세요." 그는 여전히 심각한 표정으로 짧게 대답했다.

이어서 우리가 그의 행복한 감정을 탐색할 때, 그는 앞에 누워 있는 변신 로봇에 특히 흥미를 보이면서 말했다. "이걸 집에 가지고 갈 수 있으면 행복할 거예요." 또 그는 "가끔 엄마는 나한테 핫도그와 피자 같은 맛있는 걸 만들어 줘요."라고 자발적으로 말했다.

그 회기가 끝날 즈음에, 나는 카일에게 간단한 청각 및 시각 테스트를 실시했다. 숫자 외우기와 간단한 형태를 모사하도록 시켰다. 아이는 형태를 그대로 따라 그리는 데 다소 어려움을 보였다. 그가 그린 마름모는 사각형에 더 가까웠다. 그는 연필을 꼭 쥐고 아주 열심히 그렸다. 그는 자기가 모사해야 하는 모든 형태를 알고 있었고, 이들을 같은 순서로 그려 나갔다. 그는 여섯 개의 숫자를 그대로 따라서 외울 수 있었으나 거꾸로 외우도록 했을 때는 이를 잘 이해하지 못했다. 그는 두 개의 숫자도 거꾸로 따라 외우지 못했다. 이 나이 또래의 많은 아이들이 두 개 정도의 숫자는 거꾸로 잘 따라 외우며, 어떤 아이는 세 개의 숫자까지도 거꾸로 따라 외울 수 있다.

그 회기가 끝날 때, 나는 카일이 생각을 조직하고 환상과 현실을 조화시키며 충동과 기분을 통제하고, 그의 행동을 놀이실의 암묵적인 규칙에 맞게 조직해서 유지해 나가는 그의 능력에 다시 한 번 강한 인상을 받았다. 하지만 나는 아이가 가상놀이를 할 때 감정을 정교화하는 능력이 위축되어 있다는 사실에도 놀랐다. 또한 카일은 힘든 감정을 제대로 표현하지 못하는 것을 보다 구체적인 방식으로 보여 주었다. 예를 들면 분노감에 대해서 이야기할 때, 그는 화나는 감정을 말이나 가상놀이로 보여 주기보다는 자기가 해야 할 일상적인 일을 하지 않거나 우는 것과 같이 행동으로 보여 주었다. 그는 여동생을 괴롭히거나 엄마나 아빠에게 복수하고 싶은 소망을 나와 나누지 않았고 공격성이 주제인 환상도 만들어 내지 않았다.

따로 가진 회기에서, 카일의 부모가 그의 발달력에 대한 정보를 적어 제출했다. 카일의 엄마는 생후 3개월에 처음 집에 왔을 때, 카일이 몹시 까다롭고 손이 많이 가는 아이였다고 회상하고 있었다. 그녀는 "하지만 우리는 얘가 환경이 너무 많이 바뀌어서 그러려니 생각했습니다."라고 말했다. 카일은 많이 울었다. 이들 부부는 사람이 많고 시끄러운 방이나 주의를 끄는 자극이 너무 많은 환경이 카일을 더 크게 울게 한다는 것을 알게 되었다. 카일은 매우 예민한 아기였다.

4개월 때, 카일은 반응이 빨랐고 예쁜 미소를 짓기도 했다. 그는 말을 걸면 즐거워했고 익살스러운 얼굴을 좋아했다. 하지만 게일이 그를 살짝 공중으로 던지거나 낮고 퉁명스런 목소리로 장난스럽게 말을 하면 심하게 울곤 했다. 그리고 한 번 울면 울음을 멈추는 것이 매우 어려웠다. 카일은 기분이 좋으면 부모가 비위를 다 맞춰 줄 것을 요구하는 것 같았다고 캐서린은 회상했다.

"우리가 그를 진정시키기 위해서는 차에 태워 장시간 돌아다녀야 했습니다. 우리가 짧게 차에 태우면, 여지없이 또 울어 대기 시작했어요." 그녀가 말했다.

"아기를 갖기 위해서 몇 년간 노력하면서, 우리가 완벽한 아이를 기대하고 있지 않았나 하는 생각이 들었습니다." 캐서린은 입양을 알선한 기관에서 저희가 지금과 같은 실망을 하게 될 거라고 말했었다고 말했다. "한동안 나는 내가 마음속에 여전히 완벽한 아이를 꿈꾸고 있어서 카일을 키우기 힘든 거라고 생각했습니다."

카일은 분명히 운동 발달이 약간 지체되어 있었다. 18개월까지 제대로 걷지 못했다. 하지만 캐서린은 그가 걸음마 단계였을 때 몸짓과 얼굴표정으로 표현을 아주 잘했다고 회상했다. 그는 뭔가를 원할 때면 앉은 자리에서 한쪽을 가리키며 괴성을 지르고 인상을 쓰곤 했고, 스스로 기어가서 원하는 것을 가지려고 하지는 않았다. 대개 이런 행동은 그의 매력이 더해져서 효과가 있었다. 만약 그의 뜻대로 되지 않으면 크게 소리 내어 울었는데, 그러면 부모는 그가 뭘 가리키는지 필사적으로 계속해서 찾았다.

"어리석게도 우리가 그 아이를 황제처럼 대하고 있다는 것을 알았어요." 캐서린이 말했다. "하지만 카일은 우리의 첫 번째 아이였고 그 당시에는 유일한 아이였어요. 우리 부부는 이를 위해서 15년이나 기다렸습니다. 내 생각에는 아이가 우리를……." 그녀는 살짝 미소를 지었다. "우리 부부가 아이의 버릇을 망쳤습니다."

나는 그녀의 말에 이어서 아이의 타고난 성향을 봤을 때 그녀가 아이에게 보여 준 특별한 융통성과 아이를 달래고 돌보는 행동은 그에게 큰 도움이 되었을 거라고 말해 주었다. 이 말은 그녀를 안심시켜 주기 위한 목적도 있었지만 일부는 진실이기도 했다. 하지만 아이가 아무리 예민하더라도 보다 협조적이 되도록 도울 필요가 있으며 자기 욕구 충족을 호락호락 허락하지 않는 주장이 강한 상대가 있을 수 있다는 것을 알도록 도울 필요가 있다. 카일 같은 아이들이 자신이 원하는 것을 얻기 위해서 자신은 손가락 하나 까딱 안 해도 세상이 다 알아서 해 준다고 기대한다면, 이들은 점점 더 고집스럽고 반항적으로 될 것이다. 원하는 것에 대한 강한 집착과 함께 카일의 느린 운동 발달은 부모가 그의 뜻에 따라 온갖 귀찮은 일을 도맡아 해 주도록 요구하는 것을 당연한 것으로 받아들이게 했다.

카일은 의식적으로 주의를 기울여 관심을 보이고 상호작용하는 것을 알아 가면서, 세상일에 대해 이런저런 예상을 하면서 반항적인 태도를 점차 형성해 나갔을 것이다.

카일은 18개월에서 24개월 사이쯤 되자 두세 단어로 말하기 시작했다("주스 줘요!" "저거 나 줘요!"). 게리와 캐서린이 기억하기로 그는 부모와 역할놀이를 하지 않았다. 그들은 마루에 웅크리고 가상놀이를 한 적이 없었다.

"아마 우리는 카일이 우리에게 내는 화를 감당해 내느라 정신이 없어 우리가 그의 상상의 세계에 동참하지 못하고 있다는 것을 전혀 깨닫지 못했던 거 같습니다."라고 캐서린이 말했다. 때로 가상놀이와 상상이 그들의 고집스러운 아이에게 융통성을 길러 줄 수 있다는 것을 부모가 모르는 경우가 있다. 아이가 요구가 많고 고집이 센 경우에는 특히 더 그렇다. 그는 환상 속에서 자신을 만족시키고 다른 선택들을 탐색해 나갈 수 있으며, 이를 통해서 실제 세계에 대한 통제 욕구를 상당히 줄

일 수 있다. 캐서린은 다음과 같은 말을 하고 생각에 잠겼다. "울고불고 하는 말썽꾸러기와 누가 그런 소꿉장난을 하고 싶겠어요. 게다가 카일은 늘 TV를 보고 있었습니다. 그가 그런 놀이를 하고 싶었다면, 그가 그렇게 했겠죠."

카일의 보스 기질은 언어 능력이 향상된 두 살 후반부터 나타나기 시작했다. "저거 줘!"는 그가 흔히 반복하는 말이었다. 또한 그는 어떤 정해진 틀에서 벗어나는 것을 몹시 싫어했다. 식사 때 정해진 의자에 앉아서 할머니가 준 포크와 나이프만을 사용해서 밥을 먹었다. 그는 TV에서 바니 이야기를 계속해서 보려고 했으며 누가 뉴스를 잠깐 보기 위해서 다른 채널로 돌리면 소리를 지르고 난리를 쳤다. 그는 식성도 매우 까다로워서, 며칠 동안 냉동 와플과 땅콩버터를 바른 샌드위치만 먹기도 했다. 부모가 다른 것을 먹이려고 하면 아예 식사를 거부해 버렸다. 게리는 그래도 카일이 식사가 끝날 때까지 식탁에 앉아 있어야 한다고 주장하며 한바탕 전쟁을 치렀다. 카일은 부모가 보지 않을 때 주스나 우유를 쏟아 버리곤 했다.

카일은 언어 능력이 특히 발달한 아이였다. 네 살 때 벌써 아빠와 긴 논쟁을 벌이곤 했다. 그는 "나는 오늘 털옷을 입지 않을 거야."라고 화가 나서 말했다. "많이 안 추워. 일기예보에서 오늘 따뜻해질 거라고 했어. 그렇게 말하는 걸 들었어." 게리와 캐서린은 카일과 상상이나 환상 게임을 거의 못하는 또 다른 이유가 논쟁을 하지 않고 카일과 일대일로 시간을 함께 보내는 것이 어렵기 때문이라고 말했다.

내가 보기에 그들은 그들의 삶이 잘 조직되어 있고 틀이 잡혀 있기를 바라며, 아이에게 간섭을 많이 하는 부모로 여겨졌다. 이들은 아이들을 입양하기 전에는 상당히 규칙적인 생활을 하고 있었다. 이들은 질서를 좋아했다.

"나는 매우 깔끔한 사람입니다." "나는 소란스럽고 어지러운 것을 싫어합니다. 어지럽혀져 있으면 저는 짜증이 나요." 캐서린은 아동기 시절에 그녀는 하루에도 여러 번 손을 씻고 아침에 학교 가기 전에 침대가 잘 정돈되어 있는지 확인을 꼭 하는 등 강박적인 모습을 많이 보였다고 회상했다.

게리는 가족 내에서 맏이였다. 어린 동생은 언어 지체를 보여 도움이 많이 필요했다. 처음에 게리는 "나는 알아서 잘하는 아이였습니다. 맏이였으니까요."라고 말했다. 하지만 약하고 취약한 동생이나 다른 사람에 대해서 이야기하자, 그가 다른 사람의 취약성을 잘 받아 주거나 참아내지 못한다는 것이 분명해졌다. 그는 지나치게 요구가 많고 울어대는 아들의 행동을 아이에게 뭔가 문제가 있다는 신호로 받아들였다. "나는 아이가 어질러 놓고 그냥 가게 내버려 두지 않았습니다. 우리는 모든 장난감을 함께 주워서 바구니에 정리해서 바로 담아 놓아야 마음이 놓입니다."라고 말했다. 그는 대체로 아내가 유능하다고 칭찬을 했지만, 그녀가 카일의 행동을 옹호할 때마다 그녀를 곁눈질로 보며 못마땅해 했다. 그는 그녀의 감싸 주는 모습을 나약한 모습으로 보는 듯했다.

나는 캐서린과 게리에게 카일의 상태에 대한 나의 느낌을 요약해 주었다. 카일은 촉각과 청각 감각이 다소 예민한 편이어서, 보통 사람 같으면 괴롭지 않을 감각이나 소리에도 과도하게 예민한 모습을 보일 수 있다. 또 그는 정교한 운동 기술과 운동 계획력에 있어서 다소 지체되어 있어, 다른 아이 같으면 쉽게 할 수 있는 움직임도 카일에게는 어려운 일이 될 수 있다. 카일은 목적성이 매우 뚜렷한 아이로 그가 원하고 기대하는 것에 대한 의식이 분명했다. 그는 통제받는 것을 싫어했다. 그는 자신에게 버거운 세계와 뜻대로 잘 움직이지 않는 신체를 통제하기 위한 방편으로 보스 기질과 반항성을 사용했고 그것에 의지했다.

카일의 부모는 양육에 관심이 많고 간섭을 많이 하는 분들이었다. 이들은 카일이 관심의 중심이 되고 세상과 따뜻하게 관계를 맺어 양방향적인 의사소통을 할 수 있도록 도와주었다. 하지만 이들은 카일 자신의 감정을 말로 표현할 수 있도록 돕기 위한 정서적인 개념과 정서적인 사고를 발달시켜 주지는 못했다. 이들은 그의 가상의 세계에 거의 동참하지 못했으며 카일이 자신의 감정과 행동을 돌아보고 적절히 표현할 수 있는 방법을 제대로 제공해 주지 못했다. 이들은 틀과 질서를 갈망하고 때로는 임의적으로 규칙을 부여함으로써 카일의 반항심을 키웠다.

캐서린의 불안과 간헐적으로 보이는 과잉보호적인 행동은 게리의 분노와 간섭하는 행동과 결합되어 카일의 고집스럽고 반항적으로 되고자 하는 욕구를 더 강화시켰다. 카일은 갈등에 수동적으로 대처하고, 고집이 세고, 거부적인 태도를 보이면서 주도적이지 않고 감정을 먼저 표현하지 않는 아이가 되었다.

동일한 문제를 보이는 다른 아이를 대할 때처럼, 카일에게 우리가 할 첫 번째 조치는 그에게 가장 중요한 관계를 향상시키고, 그 관계 틀 내에서 충분히 숙달되지 못한 발달단계를 다시 밟아 가도록 돕는 것이다. 나는 카일과 그의 부모에 대해서 알아 가고 있을 때에도, 5단계 과정에 초점을 계속 두어 캐서린과 게리가 카일에 대한 이해를 넓힐 수 있도록 신경을 썼다. 이들 부부가 카일을 알아 가는 만큼 나의 이해도 넓어졌다.

부모들은 흔히 자신들이 아이에 대해서 충분히 알고 있다고 말한다. 그들은 아이와 많은 시간을 보내지만 부모가 아이에 대해서 배워야 하는 무언가는 항상 더 많이 있기 마련이다. 부모가 아이를 더 잘 이해할수록 아이를 새로운 각도에서 보는 것이 더 쉬워진다.

··· 문제해결 시간: 반항적인 행동의 의미 이해하기

나는 키우기 어려운 아이들의 부모가 첫째 목표를 플로어 타임, 즉 공감과 관계성을 증진시키는 데 두어야 한다고 생각한다. 하지만 여러분이 관계를 맺고자 시도하면, 고집이 세고 따지기 좋아하는 아이는 너무 많은 논쟁을 벌여 여러분을 곤혹스럽게 할 수 있다. 이런 유형의 아이의 경우에 나는 먼저 문제해결 시간에 관해 이야기를 나눈다.

문제해결 시간 동안, 부모는 아이와 논리적인 대화를 시도할 수 있다. 여러분은 하루를 돌아볼 뿐만 아니라 아이가 보일 가장 중요한 도전을 기다리고 있다. 반항적인 아이를 둔 부모가 겪는 가장 큰 첫 번째 도전은 아이가 보이는 거부적인 반응의 진짜 의미를 파악하는 것이다. 부모들은 흔히 아이가 쏟아놓는 긴 비난 때문에 자기도 모르게 죄책감에 휩싸이거나 격노하기 쉽다.

반항적인 아이는 뜻밖에도 아주 오래전에 깊이 상처받았던 일을 떠올리기도 한다. 반항적인 아이는 극단적이고 매우 단호하며 기억력이 좋아서 부모가 예전에 잘못했던 일도 잘 기억하고 있을 수 있다. 반항적인 아이는 신발 끈 묶는 것은 잊어버릴 수 있어도 2년 전에 엄마가 학교에 자기를 데리러 15분 늦게 온 것은 기억하고 있을 수 있다. 이런 모습은 '큰 그림'으로 사고하는 것과 연관된다. 이런 아이들은 무관한 세세한 일로는 주의가 쉽게 분산되지 않으며, 그들의 정서적인 욕구와 부합하는 본질적인 것들을 잘 기억한다. 그래서 다른 사람에게는 사소할 수 있는 경험을 오랫동안 기억하고 있다가 끄집어내는 것이다. 부모는 이런 지적을 무시하고 넘어갈 수도 있고 아니면 '2년 전에 늦었던 일을 지금까지 기억하고 있다니 얼마나 충격이 컸으면 그럴까?' 하고 생각할 수도 있다. 하지만 아이가 그 일을 기억하는 것은 그 사건 자체의 중요성 때문이 아니다. 단지 아이는 자신의 지적을 뒷받침해 줄 과거의 사건을 찾고 있는 것뿐이다. 아이가 화가 나 있고 당신이 형편없는 엄마라고 생각하고 있다면, 아침에 계란을 너무 많이 익혀 준 것도 트집을 잡을 수 있다. 그의 마음은 엄마가 그에게 2년 전에 학교에서 15분을 혼자서 기다리게 한 때를 계속 상기시키고 있다. 아이는 그 순간에 느낀 감정을 극적으로 나타낼 수 있는 심상 혹은 은유를 찾고 있다.

그 경험이 실제로 외상적이지 않았다면 부모는 2년이나 지난 경험을 되짚어 살펴볼 필요는 없다. 대신에 아이의 의도를 이해하기 위해서 노력해야 한다. 그는 여러분에게 그의 감정에 관해서 말하려고 애쓰고 있다. 여러분이 그의 감정을 이해하고 있다는 것을 보여 주어야 한다. 예를 들면, "내가 너의 계란을 적당히 익혀 주지 못했을 때 많이 슬펐고 내가 너를 신경쓰지 않는다고 느꼈나 보구나?"라고 물어봐 줄 수 있다. 그러면 아이는 "맞아요."라고 동의할 것이다. 물론 여러분 생각에 계란 하나 때문에 그렇게까지 느끼는 것은 우스꽝스럽고 어리석다고 여겨질 수 있다. 하지만 중요한 것은 그가 경험하는 현실이다. 시간이 지나 문제해결적인 논의를 거치면서, 그는 자신의 감정 강도를 관조적으로 바라볼 수 있는 능력을 키워 나갈 것이다. 하지만 그 과정의 출발점은 이해를 공유하고 공동의 터를 닦는 것이다. 그의 감정에 머물면서 공동의 터를 닦는 것이 필요하다. 그리고 그가 자기 감정을 전달하기 위해서 들추어 내는 사건이나 과거의 트집, 비난에 대해 지나치게 걱정하지 않는 것이 좋다. 아이가 무엇을 전달하고 싶어하는지 이해하고 있으면, 아이와 한 주제를 붙잡고 길게 논리적인 대화를 하는 것도 참을 만해진다. 캐서린은 카일이 하는 비난에 과잉반응을 보이지 않아야 한다는 것을 배울 필요가 있었다. 카일의 비난은 흔히 그날 그가 경험했던 일에 뿌리를 두고 있었다("선생님은 오늘 내게 인색했어. 엄마처럼 추수감사절 선물 주는 걸 잊어버렸어."). 대신 그녀는 카일이 전달하는 분노감을 공감해 주려고 노력했다. 그러자 얼마 후 카일은 그 일에 대해서 보다 편하게 이야기하고 있었다. 이런 과정을 통해서 캐서린과 게리는 카일과 그날 일에 대해서 이야기를 할 수 있게 되었으며 도전적인 상황을 미리 예측할 수 있게 되었다.

이들 부부가 가장 먼저 해결하고 싶어했던 어려움은 카일의 분노발작이었다. 이들의 처음 시도는 효과가 없었다. 카일의 분노발작과 관련된 감정에 대해서 카일과 대화하려고 시도했을 때, 게리는 영화 속의 정신과 의사가 하는 것을 흉내내는 듯했다. 게리는 카일에게 진지하게 물었다. "네가 우리에게 고함을 지를 때 너는 실제로 어떤 감정을 느끼고 있었니?" 문제해결을 위한 부모들의 첫 시도는 흔히 목석처럼 어색하기 쉽다. 아이가 나이를 먹고 영리해지면, 아이는 여러분이 농담을 하고 있다고 여길 것이다. 좀 더 어리다면, 아이는 "감정에 대해 말하지 않을 거야!"라고 할 것이다. 반항적이고 고집이 센 아이와 작업하는 보다 자연스러운 방법은 아이가 도움을 기대하는 힘든 순간에 말을 거는 것이다. 예를 들면, 학급에 새로 전학 온 아이들이 그를 위협하고 있다거나, 전학 온 두 아이가 축구공을 빼앗아 갔을 때 그가 분노발작을 일으킨 경우 등을 들 수 있다.

여러분은 이렇게 말할 수 있다. "그 아이들이 내일 또 너의 축구공을 가지고 간다면 네가 어떻게 할지 한번 생각해 보자." 아니면 보다 자연스럽게 "내일 그 아이들이 너를 또 못살게 굴지, 아니면 오늘과는 달리 너를 잘 대해 줄지 궁금하네. 너는 어떻게 생각하니?"라고 말할 수도 있다. 혹은 다소 나이가 많은 아이라면, 여러분이 "제이슨과 바비가 내일 학교에 오지 않았으면 좋겠지, 그렇지?"라고 먼저 이야기를 꺼내 줄 수도 있다. 아니면 제이슨과 바비가 아이를 못살게 군 일이 있은 후에 아이가 집에서 무기와 방패로 무장한 장난감을 가지고 노는 데 몰두하고 있으면, 여러분은 다음과 같이 공감적으로 말해 줄 수 있다. "제이슨이 학교에서 너를 또 괴롭힐 때를 생각해서 뭔가 굉장한 것을 준비하고 있구나!" 이상의 모든 예에서, 부모는 친구에게 하듯이 아이가 맞닥뜨릴 상황을 소개해 주는 말을 하고 있다. 여러분은 꾸며낸 듯하지 않은 자연스러운 방법으로 이런 작업을 하도록 노력해야 한다.

일단 여러분이 이런 대화까지 갔다면, 아이의 행동 방식을 요약해 주는 구절이나 속기법을 찾는 것이 도움이 된다. 예를 들면, 카일은 자기 뜻대로 안 되면 분노발작을 보이고 자기 방을 난장판으로 만들곤 했다. 하지만 카일은 자기가 보고 있던 TV 프로그램을 부모가 도중에 못 보게 했던 좌절 상황에 대해서 묘사할 때는 부모와 대화가 되었다. 그는 자기가 어떻게 느꼈고(매우 화가 났고) 대개 어떻게 했는지(아무와도 말을 하지 않고 자기 방으로 가서 주위 물건을 집어던졌다)에 대해서 묘사하는 것을 배웠다. 심지어 그는 물건을 집어던지는 대신에 쿠션을 두들겨 때렸다고 이야기할 수도 있었다.

이 같은 대화 후에 물건을 집어던지는 강도와 화가 나서 소리치는 강도가 줄어들었다. 하지만 잘 시간이 되어 캐서린이 카일을 TV에서 떼어놓으려 하면, 언제나처럼 폭풍이 몰아치기 직전 일촉즉발의 순간처럼 위기감이 찾아오곤 했다.

여러분이 아이에게 상황을 전체적으로 보는 능력을 길러 주고 싶다면, 벌어질 일을 미리 예상해 보는 대화를 아이와 함께해 보는 것이 도움이 된다.

여러분이 아이의 못마땅한 행동을 보고 즉각적으로 하고 싶은 말을 내뱉으면 아이와의 전쟁이 다시 시작될 것 같을 때, 벌어질 일을 함께 예상해 볼 수 있다. 아이가 TV를 그만 보도록 하고 싶어서 이에 대해 아이와 대화를 시도하려 할 때, 당신이 말하려고 하는 것을 그와 함께 예상해 보는 노력을 해 보자. 그러면 긴장감이 줄어들고 아이에게도 도움이 될 것이다. 예를 들면, 아이가 어제 자기 방을 아수라장으로 만들었다. 그리고 오늘은 잘 시간이 많이 지났는데도 TV 앞에서 떨어질 줄을 모른다. 당신은 점점 화가 치솟고 있음을 느낀다. 왜냐하면 당신이 입을 여는 순간 아이가 또 다른 분노발작을 일으키고 방을 아수라장으로 만들 거라는 사실을 알기 때문이다. 점점 더 긴장되면서, 여러분은 자신의 목소리가 매우 날카로워지고 있음을 안다. 여러분은 이미 화가 나 있고 신경이 곤두서 있다. 여러분은 속으로 이렇게 말할 수 있다. '아이한테 겁먹어서는 안 돼!' 그러나 대신 여러분은 아이에게 다음과 같이 말할 수 있다. "너도 알다시피, 잠시 후면 나는 너에게 자러 갈 시간이라고 말해야 돼. 내가 그렇게 말하면 너는 곧 '나는 방을 난장판으로 만들고 싶어.' 분위기로 가지 않겠니?" 이런 식으로 여러분은 아이와 여러분 자신에게 부드럽게 경고를 하고 다가올 한바탕의 폭풍을 누그러뜨릴 수 있다. 아직 아무것도 일어나지 않았기 때문에, 여러분의 목소리는 좀 더 차분할 것이다. 아이의 막무가내 식의 행동과 공격성은 줄어들 것이고 TV를 그만 볼 것이다. 만약 아이가 당신의 말을 무시하고 계속 TV를 보고 있으면 다시 다음과 같이 말하면 된다. "잠시 후에 내가 너에게 잘 시간이라고 말하면 어떤 일이 벌어질 거라 생각하니? 너는 화가 너무 많이 나서 방을 아수라장으로 만들고 싶은 기분이 들까?"

이런 짧은 대화는 협상으로 이어질 수 있다. 그는 "5분만 기다려 주세요. 그러면 일어날게요." 혹은 "다음 광고까지만 보고 내 방으로 갈

게요. 됐죠?"라고 말할 수 있다. 그리고 여러분의 아이가 새로운 제안에 조금씩 단계적으로 응하도록 하려면 여러분은 아이와 기꺼이 협상할 준비가 되어 있어야 한다. 전 같으면 아이의 신경질적인 고함소리가 최소 5분 이상 지속될 것이기 때문에, 여러분은 다음 광고 전에 아이가 자기 방으로 올라갈 거라고 기대하지 않을 수 있다. 흔히 아이와 협상을 하고 아이에게 여러분이 예상하는 것을 맞춰 보게 하면, 아이의 방을 난장판으로 만들고 싶은 충동이 행동으로 나타나지 않고 부드럽게 잘 넘어갈 수 있다. 그런 충동이 나타나는 이유는 대부분의 경우 아이의 심한 분노감정이 좌절감이 섞여 있는 충격감과 놀람에서 비롯되기 때문이다. 미리 예상할 수 있게 해 주는 대화를 통해서 어차피 피할 수 없는 일을 큰 충격 없이 접하게 되고, 아이는 상황을 조금 떨어져 전체적으로 조망해 볼 수 있는 능력을 갖게 되며 보다 협조적인 모습을 보일 수 있게 된다. 여러분이 이런 시도를 처음 시작했을 때 대여섯 번은 아이가 이성을 잃고 난폭해질 수 있음을 예상하고 있어야 한다. 하지만 미리 예상해 보게 하는 대화를 끈기를 가지고 일관되게 사용하다 보면, 아이를 존중하는 여러분의 마음과 부드러운 태도는 서서히 점차적으로 아이에게 영향을 미쳐 아이가 자신의 행동 양식을 이해하고 보다 유연해지도록 만들 것이다.

어떤 여덟 살 난 아이는 부모에게 다음과 같은 '규칙'을 정해 주었는데, 첫 번째 규칙은 다음과 같았다. "부모님은 나에게 이야기하기 전에 무엇에 관해서 이야기할 건지 미리 내게 알려 줘야 합니다. 그래야 내가 그 이야기를 하고 싶은지 미리 생각해 볼 수 있으니까요. 부모님이 말하고 싶은 것을 바꾸고 싶다면 먼저 나에게 의사를 물어봐야 합니다. 부모님이 감정에 대해서 이야기하고 싶다면, 부모님은 그 감정이 무엇인지부터 내게 말해 주어야 합니다. 그러면 나는 그 이야기를 지금 하고 싶은지 부모님께 알려 드릴 것입니다." 이 아이는 관계와 관련해서 매우 신중한 접근을 하고 있다. 어떤 점에서는 좀 우스꽝스럽기도 하지만, 이런 점은 본격적인 협상에 들어가기 전에 협상 테이블의 크기, 좌석 배치, 대화하는 규칙 등에 관해서 논의하는 데만 몇 주를 소비하는 국가 간의 협상 과정과 비교하면 대수롭지 않다. 이 아이나 이와 유사한 아이의 경우, 아이의 제안을 액면 그대로 수용해 주는 것이 흔히 도움이 된다. 예를 들면, 부모가 TV 끄고 자러 갈 시간이라고 말할 때마다 분노발작을 보였던 한 아이에게 부모가 "1분 후에 나는 잘 시간이라고 너에게 말하고 싶어질 거야."라고 말하는 것이 상당히 효과가 있었다. 아이가 그 말을 들으면 TV를 보다가 갑작스럽게 쫓겨나는 일은 없을 것이다. 그리고 아이는 부모와의 다가올 대화를 준비하게 된다.

반항적인 아이(특히 나이가 많은 아이)와 문제해결 시간을 갖는 것은 아이가 자신의 민감한 면을 자각하도록 돕는 좋은 기회가 되기도 한다. 여러분은 아이가 무엇을 좋아하고 무엇을 싫어하는지 인식하고, 바쁠 때 무엇을 하고 무엇을 하지 않을지 스스로 생각해 보도록 연습시킬 수도 있다. 이는 감정을 말로 표현하도록 격려하고 자신의 민감한 면에 대해서 살펴보는 유익한 시간이 되기도 한다. 이런 과정을 통해서 마침내 아이는 어렵거나 문제가 되는 상황에서 자신을 미리 준비시키는 방법을 터득해 나가게 된다. 이런 아이는 당혹감이나 치욕감에 너무 취약하기 때문에, 아이가 예상되는 일을 준비하기 전에 압력을 가해서는 안 된다. 여러분이 유머를 발휘할 수 있는지도 살펴보라. 아이의 완벽주의에 대해 부드럽게 농담을 건네는 것이 아이의 과잉비난적인 반응을 자각시켜 주는 데 도움이 될 수 있다.

⋯ 플로어 타임: 안전기지 확보

이제 캐서린과 게리는 카일의 신체적인 민감성을 이해하게 되었고 플로어 타임 동안 카일이 부모와 함께 있는 것이 편안하고 위로받을 수 있다는 것을 알 수 있게 해 주려고 노력했다. 나는 이들 부부에게 플로어 타임을 위해서 매일 적어도 반 시간을 할애하도록 격려했다.

부모들은 언어를 구사하는 아이들과 플로어 타임 동안 대화나 역할놀이를 주로 하며 이를 통해서 아이와 토론을 하기도 하고 가상의 상황에 대해서 이야기를 나눠 보기도 한다. 하지만 우리가 앞에서도 보았듯이, 반항적인 아이의 경우, 이런 방법에 저항할 수 있다("난 혼자 놀고 싶어요!"). 카일과 같은 아이의 경우, 최선의 방법은 아주 서서히 점진적으로 접근하는 것이다. 느리고 점진적인 접근을 하는 과정에서 여러분은 때로는 거절감이나 좌절감을 경험할 수 있다. 그럴 경우 상호작용을 증진시켜 서로에 대한 관여를 늘릴 필요가 있다. 이를 위해서 아이에게 적절한 수준을 융통성 있게 찾아보는 전략이 필요하다. 카일이 부모와 대화나 가상놀이를 하지 않으려 하면, 부모는 전언어적이고 전상징적인 수준으로 내려가서 단순한 행동이나 몸짓을 이용한 상호작용을 시도할 수 있다.

예를 들면, 카일이 장난감 기차를 작은 것에서부터 큰 것에 이르기까지 줄을 세우느라 바빠 어떤 상호작용에도 관심을 보이지 않을 때가 있다. 그래서 게리는 카일 옆에서 장난감 차를 가지고 그와 같은 행동을 하기 시작했다. 그리고 때로 카일 옆에 있는 차를 집기 위해서 카일의 도움을 바라는 듯이 카일을 쳐다보았다(게리는 카일의 도움을 필요로 하는 위치에 앉았다.). 그는 순서가 틀리게 차를 배열한 뒤에 카일을 쳐다보며 잘하고 있는지 물어보는 듯한 몸짓을 지어 보였다. 그러면 카일은 서둘러 게리의 차를 이리저리 옮겨 배치시켜 주었다. 때로 게리가 용기를 내어 천천히 조심스럽게 카일의 열차 중 하나를 다른 곳에 갖다 놓으려 시도했다. 말할 것도 없이 카일은 그의 손을 멀리 밀쳐 내며 그 기차를 잽싸게 빼앗아 있던 자리에 갖다 놓았다. 이런 과정에서 행동적인 몸짓의 교환이 포함된 상호작용이 일어나기 시작했다. 카일이 이런 수준의 상호작용에도 관여하기를 머뭇거리고 아빠를 무시할 때에 게리는 단순히 카일 옆에 앉아서 그의 얼굴을 감탄스럽고 존경하는 듯한 표정으로 쳐다보았다. 카일이 차들의 특별한 배열을 재미있어 할 때, 게리는 카일과 눈을 맞추고 기쁨을 나누기를 바라며 만족스러운 미소를 지어 보였다. 카일은 자부심을 느낄 때 그 순간을 다른 사람과 함께 나누는 것을 좋아했기 때문에, 게리가 인내심만 있으면 이 같은 기회를 자주 잡을 수 있었다.

이런 수준에서조차도 함께하고 싶어하지 않는 아이의 경우에, 촉감과 같이 보다 직접적으로 아이의 감각에 관여할 수 있는 방법을 찾아야 한다. 극도로 반항적이고 고집이 세서 내가 쳐다보고 말을 걸고 상호작용하는 것조차도 거부했던 어린 소년이 있었다. 나는 매우 온화한 태도로 천천히 그의 다리 위에 장난감 코끼리를 올려놓았다. 그리고 물었다. "내 코끼리가 아주 잠깐 1분만 여기서 쉬고 싶은데 괜찮을까?" 아이는 인상을 잔뜩 찌푸리고는 코끼리를 흔들어 떨어뜨렸다. 나는 다시 물었다. "그러면 내 코끼리가 단 몇 초만 쉴 수 없을까?" 이번에는 코끼리를 올려놓기도 전에 다리를 움직여 피해 버렸다. 아이는 적어도 내 존재에는 반응을 했다. 큰 것은 아니지만 그게 시작이었다.

반항적인 아이와 플로어 타임을 갖는 첫 번째 목적은 다른 아이에게서와 마찬가지로 아이가 허락하는 한에서 가장 높은 수준(언어적이고 가상의 상상놀이 수준이면 더 좋다)에서 즐거운 관계 경험을 갖는 것이다. 접촉을 위해서 발달단계를 낮춰 상호작용을 하더라도, 라포가 형성되었다 싶으면 원래 발달 수준으로 다시 돌아와야 한다. 예를 들면, 카일이 아빠에게 장난감 차를 적절히 배열하는 것을 알려 주면서 자부심을 느꼈고 이를 아빠와 교환했다. 잠시 후에 게리는 "캘리포니아로 여행을 떠나기 위해서 자동차와 기차 중에 어느 것이 더 좋은 방법일까?"라고 편하게 이야기를 꺼냈다. 산을 지나 캘리포니아로 갈 때 자동차와 기차의 장단점에 대해 서로 이야기를 나누면서, 심지어 게리는 인형에게 어떤 방법이 좋을지 물어보기도 했다. 카일은 재미있다는 듯이 소리 내어 웃었다.

여러분이 의사소통과 관계 형성을 위해서 적절한 수준을 찾을 때, 반항적인 아이는 쉽게 과도한 부담감을 경험할 수 있다는 점을 잘 알고 있어야 한다. 아이가 상호작용을 차단하는 이유는 감당하기 어려운 과도한 감정 경험들로부터 자신을 보호하기 위해서인 경우가 많다. 이런 모습은 흔히 고집스럽고 반항적인 행동으로 나타난다. 우리가 아이와 하는 상호작용을 통해서, 즉 부드럽고 차분한 목소리와 행동으로 그에게 접근하고 그가 즐거워하는 것을 함께 나누고 자연스럽게 표현되는 그의 흥미에 관심을 가져 주게 되면, 그는 우리와의 상호작용 경험을 통해서 다른 사람이 자신의 안정을 도와줄 수 있다는 것을 점차 알아 가게 될 것이다. 아이는 편안해지고 안정을 찾기 위해서 뭔가를 차단하거나 모든 것을 통제할 필요가 없다는 것을 경험을 통해서 알게 된다.

나이 든 아이에게도 동일한 원리가 적용된다. 천천히 접근하라. 여러분의 움직임과 목소리 톤을 가능한 편안하고 안정되게 하라. 예를 들면, 당신의 여덟 살 난 아이가 수집한 야구공을 분류하고 타율을 암기하고 있다고 하자. 당신은 그의 침대 모서리에 앉아 그만의 '심리적 경계'를 존중하면서 "브래디 앤더슨의 작년 타율이 어떻더라?"라고 묻는다.

그는 타율 암기로 다시 돌아가기 전에 당신을 의아스럽다는 듯이 쳐다본다. 그러면 상호작용 수준을 낮춰서 다시 시도해 볼 필요가 있다. 당신은 카드 한 장을 집어서 조심스럽게 그것을 한쪽으로 옮겨 놓는다. 그러고 나서 또 다른 카드를 한 장 집어서 그 위에 올려놓는다. "뭐 하는 거예요?" 아이가 묻는다. "타율을 모르는 선수의 카드를 뽑아 놓는 거야."라고 당신은 대답한다. "앤더슨은 작년에 타율이 .310이었어요."라고 아이가 말한다. 침투적이지 않으면서 대화를 확장해 나갈 때, 당신에 대한 아이의 신뢰감을 쌓아 갈 수 있다. 아이는 당신을 대적할 사람으로 보기보다는 자기를 도와줄 수 있는 사람으로 보기 시작할 것이다.

이 같은 점진적인 접근을 제안하면, 많은 부모는 아이 버릇을 망치지 않을까 걱정한다. 하지만 앞에서도 언급했듯이, 부모가 아이의 버릇을 망치는 경우는 한계가 설정되지 않아 아이가 때리고 깨물고 다른 아이의 장난감을 가져가거나 너무 많은 장난감을 요구할 때다. 버릇없는 행동은 흔히 아이가 불안정하게 느낄 때 지속된다. 양육이 충분히 이루어지지 않으면, 아이는 더 많은 것에 허기를 느끼기 때문에 요구가 많고 탐욕을 부리며 배려를 못하고 공격적이 되기 쉽다. 여러분이 충분한 양육을 하고 단호한 한계를 지워 주며 독립심을 길러 주기 위해서 약간의 추가적인 노력을 기울인다면, 아이가 버릇이 나빠지는 것을 막을 수 있다.

플로어 타임 때 게리가 캐서린보다 더 어려워했다. 아들이 알아서 규칙을 만들게 내버려 두는 것이 그에게는 쉬운 일이 아니었다. 게리는 규칙을 만드는 데 익숙했으며 이로 인해 아들과 끊임없는 힘겨루기를 하고 있었다. 게리는 플로어 타임 동안 아들이 행동 지침을 만들도록 놔두는 것이 자기가 무엇인가를 '단념하고' 있는 것 같은 느낌을 받았다고 말했다. 하지만 게리가 이 과정에 점차 익숙해지자, 그는 자기가 아들을 간접적 혹은 직접적으로 지배하려 했다는 것을 인식하게 되었다. 게리는 과거에 카일이 자신을 이기려 하거나 지배하려고 하면 게임 주제나 게임 자체를 바꿔서 카일을 통제하려고 했다. 하지만 이제 게리는 자신의 이런 미묘한 경쟁적인 행동이 경쟁심을 갖고 자기주장을 펴고 반항적이지 않은 방식으로 자신의 공격성을 실험해 볼 수 있는 카일의 능력을 손상시키고 있었음을 알게 되었다.

게리는 흔히 나타나는 놀이 주제가 카일이 악당으로부터 착한 사람을 보호하는 착한 사람이 되는 것이라는 점을 주목했다. 카일은 장난감을 가지고 치고받고 때려 부수는 놀이를 즐겨했으며 자신의 분노를 이런 식으로 표현했다. 이전에 게리는 그의 악당이 카일의 착한 사람을 물리치는 식으로 게임을 바꾸고 싶어했다. 혹은 카일이 대장 역할을 하는 역할놀이를 자기 식으로 규칙을 바꿔 자신이 카일보다 우위에 있고 싶어했다. 게리는 역할놀이가 지금까지 했던 놀이 중에 가장 힘든 것이었다고 이야기했는데, 그 이유는 비록 놀이지만 누군가가 자신을 지배하는 것을 그냥 두고 볼 수 없기 때문이었다. 아들이 자기 배 위로 뛰어내리고 아들의 장난감 인형이 자기를 때려눕히는 것이 그에게는 완전히 새로운 경험이었다. 그는 나중에 "카일이 실제 생활에서도 나를 지배하고 있었기 때문에, 역할놀이에서의 그런 일이 내게는 갑절로 견디기 힘들었습니다. 지금 나는 장기 두는 방법도 즐겁게 가르쳐 줄 수 없습니다. 카일이 매 단계에서 내가 뭘 할지 일일이 지시하고 있습니다."라고 말했다.

나는 그가 역할놀이에서 카일이 창의적인 상상력을 마음껏 발휘하고 카일이 감독이자 작가가 되게 내버려 두면, 아마 실제 생활에서는 카일이 그렇게까지 지배적이 되지는 않을 거라고 설명해 주었다. 심지어 카일은 게리의 지도를 허락할지도 모른다. 게리는 쓴 웃음을 지으며 "실제로 그렇게 되는 걸 봐야 믿어지겠는데요."라고 말했다. 후에 카일은 마침내 융통성이 늘어 아빠가 게임의 규칙을 정하는 것을 허락했으며 아빠의 장난감 인형이 자기 인형을 때려눕히는 것을 받아들일 수 있게 되었다.

캐서린과의 플로어 타임에서, 카일은 자기가 '아기 카일'인 척하고 싶다고 말했다. 또 그는 슬퍼하는 사람을 돕고 싶다고도 말했다. 그는 〈엄마, 날 떠나지 말아요〉라는 노래를 지어 부르기도 했다.

캐서린은 자기가 아들을 무척 사랑하지만 그를 마치 아기처럼 대해서 독립심을 키우는 것을 허락하지 않았다는 것을 깨달았다. 그녀는 그를 지나치게 통제하고 염려하고 있었다. 그래서 모든 것이 잘 짜여져 있어야 하고 통제된 상태로 깔끔하게 정리되어 있어야 한다고 여겼다. 우리는 그녀가 카일을 아기처럼 대하지 않고 강한 아이가 되도록 격려하면, 어떤 일이 일어날까 봐 걱정되는지에 대해서 이야기를 나누었다. 캐서린은 카일이 통제 불능이 될 거라는 생각이 즉각적으로 들었다. 그녀는 카일이 매우 공격적이 되는 모습을 상상했다. 마침내 그녀는 과거로 돌아가 종종 난폭해졌던 그녀의 오빠와 아빠에 대한 기억을 떠올렸다. 그녀는 항상 가족 내에서 모든 것을 바르게 만들려고 애썼던 사람이었다. 그녀는 자신을 이기는 카일의 능력이 두려웠던 것이다.

플로어 타임이 효과를 거두면서, 카일의 부모는 그의 공상 세계를 보면 매우 빨리 좋아지고 있음을 알 수 있다고 했다. 그는 장난감 인형을 가지고 누군가와 제법 긴 대화를 했으며 보호하고 싸우는 내용의 놀이를 했다. 그가 드라마의 상반되는 면을 보여 줄 때, 부모는 드라마의 섬세함과 정교함에 강한 인상을 받았다. 때로 그는 작은 인형을 여동생이라고 부르고는 총으로 쏘고 때리기도 했다. 그는 여동생에 대한 복잡한 감정을 이야기할 수 있게 되었는데, 한동안 몹시 미워하기도 했지만 다른 때는 여동생을 재미있게 해 주고 귀엽다고 말하기도 했다.

··· 공감: 반항적인 아이와 공감하기

화를 자주 내는 반항적인 아이에게 공감하는 것은 결코 쉬운 일이 아니지만 공감은 반항적인 아이를 치료하는 데에 핵심적인 부분이다. 이런 아이는 세상이 자기를 압도한다고 느끼고 있으며 그를 위로하고 안정시켜 주려는 사람을 잘 믿지 않는다. 그래도 일단 게리와 캐서린이 아들의 신체적인 민감성을 이해하고 그의 취약성에 주의를 두게 되자, 공감하는 것이 보다 쉬워졌다.

"발을 다쳤으면 신발 신는 것이 힘들기 마련이다." 이들은 카일이 아침에 옷 입는 것을 힘들어하는 것을 관찰할 수 있었다. 이들은 카일이 힘들어하는 많은 일상적인 일들을 인식하게 되었다. 예를 들면, TV를 보는 것에서 잠자러 가는 것으로 행동을 바꾸는 것과 같은 것이다. 카일에게 자신들이 TV를 끄고 자러 가도록 부탁할 거라고 미리 예상하게 함으로써 이들은 하던 활동을 멈추고 다른 활동을 바꾸는 것이 카일에게 얼마나 힘든 일인가를 인정하고 존중해 주게 되었다. 이들은 카일에게 새로운 일을 시킬 때 "새 바지를 입는 것이 네게는 참 어려운 일로 여겨지는가 보구나? 네 생각은 어때?"와 같이 간단히 언급하고 넘어가려고 노력했다. 카일은 대개 "좀 생각해 보구요."라고 대답했다. 놀랍게도 5분 정도 지나면, 카일은 "한번 다시 입어 볼게요."라고 말했다. 새 바지에 한쪽 발을 넣어 보고는 너무 뻣뻣하다고 말했다. 땀에 찌든

꼬질꼬질한 바지를 제외한 어떤 것도 입지 않겠다고 버티던 것에 비하면 이는 실로 대단한 발전이었다.

부모의 공감 덕분에, 카일은 마침내 세상에 대한 그의 가정(예, "사람들은 나를 괴롭히기 위해 있다.")을 확인해 볼 수 있게 되었다. 말할 필요도 없이, 일단 그가 그런 자기 감정을 인식하게 되자, 고집스럽게 문을 닫아 놓고 있기보다는 자기를 괴롭히는 사람에 대해서 말을 할 수 있게 되었다.

┈ 도전 단계 쪼개기

여기의 핵심 목표는 아이의 과제를 충분히 작은 단계로 나누어서 아이가 각 단계를 성공적으로 해치우면서 성취감을 경험하고 열의를 가질 수 있게 하는 것이다. 이를 통해서 아이는 계속 노력할 수 있도록 격려받을 수 있다. 그가 특정 단계에서 너무 많은 도전을 경험하게 되면, 그 단계는 더 세분될 필요가 있다. 아이가 아주 천천히 발전하지만 아무리 작은 변화라도 중요한 성취임을 기억하고 있어야 한다. 아이의 발전이 처음에 심각하게 느리다면 마음을 다시 다잡아야 한다. 아이의 발전은 특별한 도전에 직면하는 처음 몇 단계를 잘 통과하고 신뢰를 형성하기 시작할 때 속도가 붙는다는 점을 기억해 둘 필요가 있다.

예를 들면, 캐서린은 카일이 몇 가지 음식을 제외하고는 어떤 음식도 입에 대지 않으려 할 때 몹시 좌절했다. 카일이 음식을 골고루 먹도록 만들기 위해서, 부모는 그가 좋아하는 땅콩버터와 사과 한 조각을 섞었다. 그들은 아이가 사과의 질감과 냄새, 맛에 익숙해지기를 기대했다. 그 다음에 이들은 사과 두 조각을 추가했고, 이어서 한 조각씩 늘려 갔다. 그들은 다른 음식에 대해서도 이와 비슷한 시도를 했다. 마카로니 안에 작은 햄과 치즈를 넣어 주었고 그 양을 점차 늘려 갔다.

　카일이 또래 아이들과 보다 편안하게 어울리도록 돕기 위해서, 그의 엄마는 또래와 어울릴 기회를 자주 만들어 주었다. 일주일에 4~5회 또래와 어울렸지만, 흔히 그는 결국에는 혼자 놀곤 했다. 이 문제를 해결하기 위해서 그녀는 그가 친구와 함께 뭘 하는지 관찰했다. 그는 자기는 등을 돌려 새 장난감을 가지고 놀고 친구는 헌 장난감을 갖고 놀게 했다. 캐서린은 잠시 동안 카일과 그의 친구 사이에 상호작용이 일어나게 만들려고 노력했다. 대개 그녀는 카일이 흥미 있어 할 만한 것을 찾아 그것을 중심으로 연결점을 찾으려 했다. 한번은 카일이 그의 파워레인저들을 트럭들에 깔끔하게 나누어 담고 있었다. 캐서린은 카일이 좋아하는 큰 트럭을 가져다 다른 아이에게 건네주었다. 그리고 나서 그녀는 카일의 뒤에 앉아서 "피터가 큰 트럭을 가지고 있네. 네가 잘 부탁하면 그가 그 트럭을 네가 갖고 놀게 할지도 몰라."라고 말했다. 카일은 한숨을 쉬며 잠시 머뭇거리다가 "나 그 트럭이 필요해."라고 말했다. 그러자 상냥하고 밝은 아이인 피터는 기꺼이 트럭을 건네주었다. 그 다음에 캐서린은 교묘하게 이들이 파워레인저들을 함께 트럭에 담도록 유도했다. 몇 분이 지나자 카일은 등을 돌려 자기 몰입적인 통제된 놀이에 다시 심취했다.

　또래와 놀 기회가 있을 때마다, 이들 부모는 카일이 다른 아이와 상호작용하는 시간을 단 몇 분이라도 늘리기 위해서 애썼다. 같이 노는 시간이 몇 분씩 늘어났으며, 6개월 뒤에는 마침내 정기적으로 같이 어울리는 친구와는 1시간이 넘도록 함께 놀 수 있게 되었다. 게리와 캐서린은 도움을 받기 위해서 정기적으로 나를 방문했는데, 이제는 더 이상 그럴 필요가 없었다. 카일은 이런 연습을 거듭할수록 이를 즐거워하는 것 같았다. 카일이 단순히 다른 아이에게 흥미가 없는 것처럼 비춰질 수도 있다. 하지만 대부분의 아이들처럼 그렇게 간단하지가 않았다. 자신에 대해서 불안정하게 느끼는 아이들은 흔히 보다 안전하게 놀이를 하고 불안을 혼자 간직하는 것으로 그런 감정에 대처한다. 시간이 오래 걸리고 변화가 느리지만, 우리는 그런 아이들이 세상 밖으로 나와 친구와 어울리는 즐거움을 누릴 수 있도록 도울 수 있다고 확신한다.

제약두기: 협상하기

카일이 플로어 타임에서 지지를 많이 받고 문제해결 시간에 해결책을 찾아 호기심이 고취되며 점차 성공 경험을 하면서 자부심을 경험하게 되었지만, 여전히 아이는 시간이 지나면 다시 반항적이고 공격적인 행동 양상으로 돌아오곤 했다.

게리, 캐서린, 나는 카일이 신체적인 힘으로 그의 미움이나 분노를 표출할 때마다 제약을 설정하는 문제와 이러한 행동을 허용해 주는 문제에 대해서 함께 논의했다. 우리는 아이가 감정을 말로 표현하게 하고 싶었다.

먼저 게리, 캐서린, 카일은 내 상담실에 함께 앉았다. 캐서린과 게리는 카일의 논쟁 기술을 이용해서 카일과 충분히 이야기를 나눠 규칙을 이끌어 냈다. 이들은 마침내 카일이 누군가를 때리면 이틀 저녁 동안 TV를 못 보게 하는 데 합의했다. 처벌에 대해서 캐서린과 게리가 상호 합의를 하고 이것에 대해 카일과 논의하는 것은 그 자체로서 도움이 되었다. 하지만 카일은 너무 영리해서 그렇게 호락호락하지 않았다. 그는 종종 여동생이나 부모를 때린 뒤에 그 행동이 '단순히 강한 접촉'일 뿐이라고 우겼다. 그러면 캐서린과 게리는 그 행동은 '세게 때린 거'라고 말하곤 했다. 카일은 "아니라니깐요. 나는 접촉만 했을 뿐이에요."라고 반응했다. 캐서린은 카일의 말에 일리가 있다고 보았으나 게리는 그렇지 않았다.

그들이 카일의 행동을 이해하는 데 있어서 사소한 말다툼이 있을 때, 나는 그들의 서로 다른 정서적 반응을 공감해 주고 스스로의 덫에 다시 빠져들고 있다는 사실을 인식시켜 주려고 노력했다. 이들은 자기도 모르게 오래된 습관에 다시 휩싸여 버리는 자신들의 나약함을 인식하고 그와 관련된 개인적인 이유를 탐색해 본 후에, 나는 그런 모습이 한계를 긋는 것의 중요성을 희석시키지는 않는다고 설명해 주었다. 중요한 것은 한계 기준을 세워 두고 카일이 이를 잘 따르는지 지켜보고, 그 결과가 어떻든 흔들림 없이 서로를 지지해 주는 것이다. 얼마간의 논의를 거친 후에, 우리는 합의점을 찾았다. 카일이 손바닥이나 손가락을 이용해서 그가 말하듯이 '접촉'을 했고 부모가 보기에도 부드럽게 미는 정도였다면, 카일의 주장을 받아들여 주기로 했다. 하지만 그가 선을 넘어설 만큼 아슬아슬했다는 것은 서로 웃으면서 인정했다. 우리는 카일이 세게 때리지 않았더라도 주먹을 쥐고 있었다면 이는 분명히 선을 넘은 것으로 보기로 했다. 부모 중 한 사람이 그런 장면을 목격하면 자동적으로 심판이 되어서 조치를 취하기로 했다. 이에 대해서 부모 중 나머지 한 명이 이의나 의문을 제기하는 것은 허락되지 않았다. 만약 두 사람이 모두 카일의 문제 행동을 목격했지만 의견이 다르다면, 번갈아 가며 심판이 되기로 했다. 이 아이디어는 각자의 성격을 감안하면서 카일을 위해서 효과적으로 제약을 두게 해 주었다. 분명히 캐서린과 게리는 서로 다투는 기저 경향에 대해서 작업할 필요가 있었다. 하지만 때로 부모가 자신들의 이런 행동 양상을 제대로 다루기 위해서는 따로 상담 시간을 마련하는 것이 필요하기도 하다. 이들은 당면한 중요한 목적이 아들을 위해 단호하지만 온화하게 경계를 만들어 주어야 한다는 것을 잘 알고 있었기에 자신들의 문제가 되는 행동 양상을 잠시 접어둘 수 있었다.

  캐서린과 게리는 카일과의 플로어 타임을 늘려 가면서 친밀감을 더 많이 나누었으며, 동시에 제약 설정을 단계적으로 늘려갔다. 이런 식으로 그들은 카일이 필요로 했던 정서적 친밀감을 유지하면서 동시에 견고한 틀을 마련해 줄 수 있었다. 얼마 지나자 효과가 나타나기 시작했다. 카일은 스스로 내적인 제약을 세워 나가고 있었다.

06 부주의한 아이

부주의한 아이에 대한 새로운 이해
주의를 기울이는 과정
주의력 문제들
정서와 주의력
주의력과 학습의 어려움
부주의한 아이에게 피해야 할 양육 방식
부주의한 아이를 어떻게 도울 것인가
전문적 치료와 약물 복용 문제
루이사의 이야기
플로어 타임: 공감적 분위기 유지하기
문제해결 시간: 아이의 강점 활용하기
공감: 비판을 공감으로 대체하기
도전 단계 쪼개기: 주의력 증진시키기 '한 번에 한 걸음씩'
제약 두기: 아이가 주의를 유지할 수 있도록 돕기

06 부주의한 아이

　　부주의한 아이는 한 장소에 결코 오래 머물지 못하고 붕 떠 있는 듯이 보일 수 있다. 부주의한 아이를 키우는 부모는 자녀가 붕 떠서 지낸다고 불평한다. 부주의한 아이는 신발 끈을 제대로 묶지 않고, 숙제를 잊어버리며, 장난감을 정돈하지 않는다. 교사는 아이가 학교에서 주의를 기울이지 않는다고 말한다. 또한 지시에 따르거나 집중을 하지 못한다고 지적한다. 학교에서 몇 글자를 흘려 쓰다 말고 킥킥 웃으면서 다른 아이들과 속닥거리는 모습을 보일 수도 있다. 집에서는 여기저기를 배회하면서 끊임없이 물건을 만지고 집어 든다. 저녁 식사 시간에는 조용히 앉아 있지 못하고 한 숟가락을 먹은 뒤에는 자리에서 일어나 버린다. 계속해서 움직이고, 달리고, 다른 아이를 밀치고, 장난감을 던지기도 한다. 넋 놓고 있는 아이처럼 보일 수도 있다. 예를 들어, 아이에게 왜 연속으로 5일 동안 알림장을 가져오는 것을 잊어버렸는지 물어보면, 아이는 "그러려고 했어요. 손에 들었는데, 에이미가 가져온 게임기를 보려고 잠시 옆에 두었다가……"라고 말할지도 모른다.

부주의한 아이는 무언가를 설명할 적절한 단어를 찾는 데 곤란을 겪을 수 있다. 예를 들어, 오늘 어땠는지 물어보면 아이는 어깨를 으쓱하며 "괜찮았던 것 같아요."라고 말하고 끝낼 수도 있다. 또 말할 때 주제를 계속해서 바꿀 것이다. 이야기의 주제가 계속 바뀌기 때문에 아이와의 대화가 어려울 수 있다.

부주의한 학령기 아이를 둔 부모들은 아이가 짧은 시간밖에 주의를 기울이지 못하기 때문에 학교에서 힘들어하지 않을까 염려하는데, 실상이 그렇다. 하지만 주의력 문제가 학령기 아동에게만 국한되어 나타나는 것은 아니다. 주의력 문제는 모든 연령대의 아이들에게 매우 흔히 나타난다. 사실 이러한 문제는 유아나 학령전기 아이에게서도 관찰되고 있다. 부주의한 아기는 아빠의 얼굴이나 한 가지 장난감에 주의를 집중하지 못하고, 주의를 기울이는 대상이 **빠르게** 바뀐다. 일부 걸음마기 유아들은 다른 사람이 하는 말에 주의를 집중하지 못하거나 또는 간단한 지시를 따르지 못하는 모습을 보인다.

'주의력 문제'라는 용어는 학교 장면에서 보다 빈번하게 사용되고 있다. 학교에서 어려움을 겪는 많은 아이들에게는 '주의력 결핍 장애(Attention Deficit Disorder: ADD)'를 가지고 있다는 딱지가 붙는다. 주의력 결핍 장애가 있다고 여겨지는 아이들 중 일부는 그들이 실제로 주의력상의 어려움이 있는지, 또 다른 어떤 문제가 있는지, 약물 치료가 필요한지 등에 관한 의학적, 발달적, 정신적 건강 평가를 적절하게 받지 않은 채 약물을 복용하고 있다.

··· 부주의한 아이에 대한 새로운 이해

아동으로 성장해 가는 많은 유아와 어린아이들의 발달 과정을 살펴보면 주의력과 관련하여 각각의 아동들이 서로 다른 문제들을 가지고 있음을 확인하게 된다. 예를 들어, 어떤 아이들은 순차적인 행동을 하기 위해 자신의 신체를 움직이거나 사용할 때 주의력의 문제가 나타난다(예를 들어, 신발 끈을 묶거나 글자를 쓰면서 주의가 산만해진다.). 다른 아이들은 보고 들은 것을 처리하는 방식 때문에 주의력의 곤란을 겪는다. 그리고 또 다른 아이들은 외부 자극에 반응하는 방식 때문에 주의력 문제를 보인다(예를 들어, 어떤 아이들은 시끄럽거나 주위에 사람들이 많으면 쉽게 산만해진다.). 다양한 종류의 주의력과 그에 결부된 다양한 종류의 어려움들이 있다. 예를 들어, 운동 패턴과 관련된 주의력이 있고, 청각적 혹은 시각적 처리와 관련된 주의력이 있다. 또한 시각, 청각, 촉각, 냄새 같은 감각에 대한 반응과 관계된 주의력에 대해서도 고려해 볼 수 있다.

한 영역에서 주의력 문제를 보이는 아동이 다른 영역에서 활동할 때는 집중하는 데 전혀 문제를 보이지 않을 수 있다. 예를 들어, 연속적인 동작들이 요구되는 활동을 하거나 보고 들은 정보를 바탕으로 일련의 행동을 수행하는 능력(운동계획 기술)이 저조한 아이가 있다고 하자. 이 아이에게 몇 개의 문장을 보고 칠판에 적어 보라고 하면 집중하는 데 상당한 곤란을 겪을 수 있다. 2분도 지나지 않아 주위를 돌아다니기 시작하거나 천장을 빤히 바라보고 있을 수도 있다. 교사가 아이에게 "뭐 하고 있니?"라고 물어본다면 아이는 어깨를 으쓱하면서 "나도 몰라요."라고 말할지도 모른다.

반면, 이 아이가 마음속에 떠오르는 것을 그림으로 잘 그릴 수 있다면 이 아이의 시·공간 능력은 양과 관련된 수학적 개념을 이해하는 데 도움이 될 것이다. 복잡한 수학 문제가 주어질 때, 숫자들을 줄에 맞춰 깔끔하게 적는 것은 약간 힘들어하겠지만, 15분이나 20분 동안 조용히 앉아서 열심히 문제를 풀 수는 있을 것이다. 또한 한 영역에서는 주의력을 유지하지 못하지만, 다른 영역에서는 주의를 기울이고 집중하는 능력이 뛰어날 수 있다. 만약 교실이 조용하고 무언가를 의무적으로 해야 하는 상황이 아니라면, 이 아이는 다른 사람이 말하는 것을 잘 이해하고 그것에 대한 자신의 생각을 창의적으로 전개할 수 있을 것이다.

나는 주의를 기울이는 능력이 심하게 결핍되어 있고 주의력 결핍 장애가 있다는 평가를 받은 많은 아이들을 보아 왔다. 종종 그런 아이가 30분이나 그 이상의 시간 동안 주의력을 유지하면서 개인적 관심사나 가족, 감정, 또래 관계, 학업 태도 등과 같은 다양한 주제에 관해 영특하게, 심지어 분석적으로 이야기하는 모습을 보게 되곤 한다. 하지만 그림을 그리거나 글자를 따라 쓸 때는 갑자기 안절부절못하면서 창문 밖을 바라보고, 언제 엄마를 볼 수 있는지 알고 싶어하고, 일어서서 방 안을 이리저리 돌아다닌다. 가끔씩은 내 머리를 향해 공이나 블록을 던져서 내가 황급히 머리를 숙이게 만든다. 부모나 교사와 이야기해 보면, 내가 관찰한 것과 비슷한 행동에 대해 자세한 설명을 듣게 된다. 이러한 부주의한 행동은 대개 쓰기나 따라적기 등의 운동 수행이 포함된 학업 과제를 할 때 나타난다. 조용한 상황에서 부모나 교사가 아이에게 일대일로 말을 걸 때는 어떤지 물어보면, 종종 이런 말을 듣게 된다. "그 애는 매우 말을 잘하고 영특한 아이예요. 어휘 능력도 뛰어나요. 하지만 학교 과제를 할 때는 이런 문제들을 보여요."

이러한 설명에는 조용하고, 우호적이며, 일대일로 대면하는 상황에서 아이가 말을 하고 설명을 할 때처럼, 어떤 한 종류의 주의력은 탁월하다는 사실이 빠져 있다. 부모와 교육자들은 일반적으로 운동 수행을 할 때 아동의 주의력이 잘 유지되지 않는다는 점을 강조한다. 표준화된 지능 검사에서 이러한 아동은 어휘나 추리, 단기적 청각 기억에서는 우수한 결과를 보이지만, 운동 수행, 특히 그중에서도 시간 제한이 있고 운동계획과 관련된 검사를 할 때에는 보통에서 보통 수준 이하의 저조한 수행 능력을 보인다. 이런 아동은 시·공간 능력의 경우에는 다양한 결과를 보인다. 만약 우리가 아이의 문제에만 집착하고 그가 가진 강점을 무시한다면, 주의력 문제가 특정 영역과 관련하여 나타난다고 생각하지 못하고 전반적인 주의력 문제가 있다고 여기게 되기 쉽다. 저학년에서의 학업 수행은 운동 체계와 관련되어 있는 경우가 많기 때문에, 다른 영역에서 보이는 유능한 능력은 간과되기 쉽다.

우리가 실시했던 한 실험은 이러한 측면을 보여 준다. 운동 과제를 수행할 때 아이의 주의가 매우 산만해지고 목표에 집중하지 못하는 모습을 보이면, 교사와 부모로 하여금 그 운동 과제를 언어와 운동이 결부된 과제로 전환시키게 했다. 예를 들어, 아이가 혼란스러운 모습을 보일 때, 교사나 부모는 그 행동을 중단시키고 아이에게 다음과 같은 질문을 할 수 있다. "여기서 우리가 무엇을 하려고 했는지 말해 주겠니?" 그리고는 '꼴보기 싫은 글자'를 공책에 적고, '못생긴 도형'을 그리는 방법을 아이가 입으로 중얼거려 가면서 과제를 수행하도록 돕는다. 또한 아이 입장에서 볼 때 매우 어리석고 바보같이 느껴지는 일들을 하는 데 따르는 고통에 대해 공감적인 태도를 취할 수 있어야 한다.

"한번 보자꾸나." 한 선생님은 이렇게 했다. "선생님이 너에게 하라고 했던 바보 같은 일이 무엇이었지? 여기 이 세로선에 멍청하게 보이는 언덕 두 개를 붙여서 단어 B를 적어 보는 일이었지." 그리고 이렇게 물어보았다. "이 두 개의 언덕을 설명하는 말을 붙여 보겠니?" 그 아이는 이렇게 대답했다. "선 위에 있는 언덕은 멋져요." 아동은 혼자 이 말을 반복하며 교사의 도움을 받아 단어 B를 적었다. 이런 식으로 우리는 복잡한 운동 과제를 수행할 때, 아이의 우수한 언어 능력을 이용하여 혼잣말을 하게 하는 방법을 개발했다. 그 결과 느리지만 확실히 아이의 운동 주의력은 향상되었다.

영역에 따라 주의력에 차이가 나타나는 것을 확인할 수 있다. 어떤 아이들은 음악에 매우 잘 집중하여, 피아노나 다른 악기를 한 번에 30분에서 1시간까지 연습할 수 있다. 하지만 그들에게 수학 문제를 풀게 하면, 방을 돌아다니거나 공상에 빠지고 안절부절못할 것이다. 이들이 의도적으로 수학 과제를 하지 않으려는 것은 아니다. 단지 수학과 관련된 신경 체계를 사용할 때 집중하기가 어려운 것뿐이다.

이러한 주의력의 문제는 대개 한 가지 영역에만 국한되어 나타나지 않는다. 사실 현저한 주의력 문제를 가진 대부분의 아이들이 그들의 다른 신경 체계에 비해 덜 발달된 한 가지 이상의 신경 체계나 기능적 능력을 가지고 있기 마련이다. 예를 들어, 시 · 공간적 처리 능력, 즉 공간상에서 물체를 지각하는 능력이 취약한 아동들 중 일부는 행동을 계획하는 데에도 곤란을 보인다. 또한 빈약한 청각적 처리 능력을 가진 아동들은 소리에도 둔감한 경우가 빈번하다. 언어적 능력이 매우 발달한 아동이 소음뿐만 아니라 접촉이나 시각 자극에도 과민할 수 있다. 이는 분주한 교실에서 주의를 집중하는 것을 매우 어렵게 만들 수 있다.

부모들은 영역에 따라 주의력에 차이가 있다는 점이 정말 그리 중요한 것인지 의문을 가질지도 모른다. "나는 그저 아이가 좀 더 주의력이 좋아지길 바라는 건데요."라고 불평할 수도 있다. "기저의 원인이 정말 그렇게 중요한가요?"라고 의문을 제기할 수도 있지만, 진정으로 그것은 중요하다. 아동이 가진 주의력 문제의 특성을 이해하지 않고서는 부모나 교사를 비롯한 그 누구도 아이가 그러한 문제를 극복하거나 보상할 수 있게 도울 수 없다. 예를 들어, 눈으로 본 정보를 처리하는 데 어려움이 있는 아이의 경우에는 귀를 통해 얻은 정보들을 함께 활용하게 함으로써, 눈으로 본 정보를 처리하는 능력을 강화시킬 수 있다. 또는 신발 끈을 매는 것 같은 운동 과제를 하는 동안 쉽게 주의가 산만해지는 아동의 경우에는 과제를 수행할 때 혼잣말을 하게 함으로써 언어적 기술을 함께 사용하는 방법을 배우도록 도와줄 수 있을 것이다. ("이제 나는 토끼 귀에 신발 끈을 달아 줄 거야. 그리고 신발 끈을 엇갈리게 해서 토끼 귀에 하나씩 끼울 거야.")

⋯ 주의를 기울이는 과정

 어떤 사람들은 주의를 기울이는 것을 수동적인 과정으로 생각한다. 즉, 눈과 귀를 열고서 어른(또는 TV나 장난감, 게임기)이 채워 주는 자극들을 그저 받아들이기만 하면 된다고 여긴다. 이때 아이는 자신이 어른이나 TV에 '주의를 기울이고' 있다고 생각한다. 하지만 '주의를 기울이는 것'은 능동적이고 역동적인 과정이다. 사람이나 사물에 집중하는 것은 그것이 장난감을 가지고 노는 일이 되었든 아니면 엄마나 아빠와 이야기하거나 선생님의 말을 듣는 일이 되었든, 상대방이나 대상과 어떤 상호작용을 주고받는 것을 포함하고 있다. 예를 들어, 아이는 장난감을 가지고 놀면서 그 장난감이 어떤 색깔이고 어떤 느낌을 주고 어떤 소리가 나는지에 관한 정보를 얻는다. 이런저런 조작을 해 보면서 그 장난감이 어떻게 작동하는지를 점차 이해하게 된다. 어떤 소리가 나는지 알기 위해 장난감을 쾅 쳐 보기도 하고, 장난감에 달린 태엽을 돌려 보기도 한다. 아이는 장난감에서 얻는 정보(즉, 아이가 보고 듣는 것)와 장난감을 조작하는 행동 간의 능동적인 상호작용 속에서 주의를 기울이고 집중하게 된다.

 만약 아이가 장난감을 잘 조작하지 못하거나 그것이 어떻게 생겼고 어떤 소리가 나는지 등에 관한 정보들을 얻지 못한다면, 장난감에 그리 오랫동안 주의를 기울이지 않을 것이다. 이는 주의력의 질에도 영향을 미칠 것이다. 주의력은 무언가를 행하는 능동적인 과정이기 때문에, 이러한 활동을 방해하는 것이 무엇이든 주의력에도 지장을 줄 것이다. 이에 더해, 좌절감과 어려운 상황을 피하고자 하는 (매우 인간적인) 소망도 그러한 상황에서 벗어나게 만들도록 아이를 이끌 수 있다. 아이가 자신이 처한 상황에서 벗어나려고 하면 할수록, 주의력은 더욱 쉽게 흐트러질 것이다.

예를 들어, (당신이 오른손잡이라면) 처음에는 오른손을 써서 공을 골대에 넣어 보고, 그 다음에는 왼손을 사용해서 공을 골대에 넣어 보자. 오른손을 사용할 때는 숙달된 행동을 하는 데서 비롯된 재미뿐만 아니라, 근육을 부드럽게 잘 조절할 수 있음으로 인한 자연적인 즐거움도 느낄 수 있을 것이다. 농구나 스키 같은 운동을 능숙하게 하는 사람이라면 누구나 그런 운동을 할 때 경험하는 유능감과 숙달감, 기쁨에 대해 알고 있을 것이다. 뛰어난 운동선수들은 이러한 느낌들을 다음과 같이 설명한다. 그들은 경기 중에 노력을 기울이지 않아도 그들의 몸이 자동적으로 적절한 자세로 움직이고, 그와 동시에 다음 단계에서 어떻게 행동해야 할지를 흥분된 마음으로 계획하게 된다고 말한다. 이처럼 능숙한 과제를 하는 것은 우리에게 즐거움을 느끼게 한다. 그런 과제는 운동 체계의 수준에서 즐거움을 주며, 숙달되면 가장 기본적인 신체적 측면에서도 만족감을 느끼게 한다. 하지만 오른손잡이인 사람이 왼손으로 공을 골대에 던진다면, 그런 즐거움을 전혀 느낄 수 없게 된다. 물론 왼손잡이인 사람이 오른손으로 공을 던져도 비슷한 결과가 생긴다.

이 과정을 더 잘 이해할 수 있도록 간단한 실험을 해 보자. 단순한 미로가 그려진 종이가 앞에 놓여 있다고 가정해 보자. 당신이 할 일은 종이에서 연필을 떼지 않고 미로의 시작에서 끝까지 선을 긋는 것이다. 이 일은 그리 어렵지 않을 것이다. 잠깐이면 미로 밖으로 나올 수 있다. 하지만 거울에 비친 미로를 보면서 미로를 **빠져나와야** 한다고 상상해 보자. 연필선이 미로의 벽에 닿지 않게 하면서 미로를 탈출하는 선을 그려 보자. 전반적인 경험이 이전과는 달라질 것이다. 구불구불하게 선을 그으면서 느리게 나아가게 될 것이다. 머리가 아파 오면서 포기하고 싶을지도 모른다. 이는 당신의 근육이나 운동 체계에서 오는 피드백이 기분 좋게 느껴지지 않기 때문이다.

어떤 영역의 과제를 할 때 어려움을 느끼는 아이들은 그들의 신체가 불편해하는 것을 하도록 요구받게 된다. 그들은 계속하고 싶은 마음이 들게 하는 자연스럽고 즐거운 피드백을 받지 못한다. 예를 들어, 형태 모방해서 그리기, 글 쓰기, 읽기, 수학 등에 재능이 있는 아이는 그러한 영역을 수행할 때 자신의 신체로부터 기분 좋은 내적 피드백을 받는다. 글을 쓰거나 읽거나, 수학 문제를 푸는 것이 자연스럽게 느껴지고 때로는 특별한 노력도 들이지 않는다. 하지만 연속적인 움직임이나 양적 정보를 처리하는 능력이 떨어지는 아동은 글을 쓰고 읽거나, 수학 문제를 풀 때 자연스럽지 않은 것을 억지로 하게 된다. 그러므로 자연스럽게 그것을 피하고 싶어하게 되고 부주의해지게 된다.

많은 경우 자동적으로 주의를 기울이기 마련이다. 보고 듣고 느끼는 감각들이 흥미를 갖게 하고 주의를 끌기 때문에 많은 노력을 기울일 필요가 없다. 그러나 광경이나 소리, 움직임 등에 몰입하거나 이해하기 어려운 경우에는 주의를 기울이고 집중하는 것이 매 순간 힘겨운 고투가 될 수 있다.

책을 읽을 때 아내와 나 사이에는 차이가 있다. 아내는 항상 훌륭한 독자여서, 흥미로운 탐정 소설이나 미스터리 소설을 읽을 때 편안하게 책 속으로 빠져든다. 아내는 마치 영화를 보는 것처럼 노력을 기울이지 않아도 페이지가 넘어간다고 말한다. 책을 읽는 행위 자체에 에너지가 별로 들지 않기 때문에 흥미로운 이야기 속에 몰입할 수 있다. 그 결과 아내는 어렵지 않게 몇 시간 동안 책에 주의를 집중할 수 있다. 하지만 나는 책을 읽는 행위가 결코 쉽지 않다. 책을 읽는 데 항상 많은 노력이 필요하다. 나는 결코 즐거움을 위해 책을 읽게 되지 않는다. 소설을 읽으려고 하면, 아무리 재미있는 소설이라 할지라도 한 문단을 읽은 뒤에는 얼마나 더 읽어야 하는지 생각하고 있는 내 자신을 발견하게 된다. 페이지가 술술 넘어가지 않는다. 각각의 단어와 문장, 문단을 읽기 위해 의식적이고 계획된 노력이 필요하다. 내 일과 관련된 짧은 신문 기사나 과학 논문, 책 몇 장을 읽을 수는 있다. 또 어떨 때는 책 한 권을 숙독하기도 하지만, 그러기 위해서는 많은 노력과 에너지가 필요하다. 나에게 있어서 책 읽기는 내 아내가 말하는 노력이 들지 않는 즐거운 활동은 되지 못한다.

분명히 내 아내가 2~3시간 동안 힘들이지 않고 자동적으로 주의를 유지하는 것과 내가 매 순간 노력을 기울여 주의를 유지하는 것에는 커다란 차이가 있다. 내가 한 문장에서 다음 문장으로, 한 문단에서 다음 문단으로 넘어가기 위해 애쓰는 매 순간에 주의가 다른 곳으로 흘러가고 집중력이 흐트러질 기회가 생긴다. 이것이 바로 부주의한 아이들이 경험하는 것이다. 책 내용을 눈으로 읽을 때, 방을 가로질러 갈 때, 번잡하고 시끄러운 상황에 놓이게 될 때, 그들의 주의를 다른 곳으로 돌리게 만드는 끝없는 기회들이 생겨난다. 우리는 외부로부터 오는 정보에 집중하는 경향이 있다(나중에 설명하겠지만 이러한 경향은 우리가 탐색하고 있는 어려움을 극복하는 데 사용될 수도 있다.).

하지만 내부에서 오는 피드백이 결여되어 생기는 치명적 문제에 대해서는 무시하는 경향이 있다. 내부의 피드백은 오른손잡이가 오른손으로 공을 던지는 것과 같이 그 활동 자체가 즐거움을 주는 것으로, 주의를 지속하게 해 준다. 오른손잡이인데 왼손으로 공을 던지려고 하는 것처럼 즐겁지 않은 활동을 할 경우에는 부정적인 내부의 피드백을 받게 된다. 불편하게 느껴지면 즐겁지 않게 되고, 그 결과 그 활동을 회피하기 때문에 주의력이 감소되는 것이다. 주의력 문제를 가진 아이들과 작업할 때, 다음에 등장하는 한 가지 혹은 그 이상의 영역에서 특정한 어려움이 있음을 발견한다.

┅ 주의력 문제들

순차적인 행동을 계획하거나, 언어적 · 시각적 정보를 이해하거나 또는 감각적 자극에 반응하는 데 곤란을 겪는다면 이는 모두 주의력에 영향을 미칠 수 있다. 모든 아이들은 주의를 잘 기울이지 못하는 저마다의 이유를 가지고 있다. 나의 임상 경험으로 미루어 볼 때, 활동이나 행동을 계획하고 순차적으로 실행하는 것과 관련된 문제가 아이들의 주의력 문제에 가장 흔히 영향을 미치는 요인으로 보인다. 이러한 어려움을 갖고 있는 아이는 다른 아이들이 하는 것처럼 자동적으로 일을 처리하지 못한다. 숙제를 챙겼는지 확인하기 위해 가방을 살펴보는 것 같은 단순한 행동을 하는 데에도 의식적인 노력이 필요하고, 그 결과 숙제를 챙겨야 한다는 사실을 잊어버리기 쉽다.

운동계획이나 순차적인 활동을 하는 것과 관련된 문제들은 이 장의 뒷부분에서 논의할 것이다. 여기서는 우선 주의력에 영향을 미치는 일반적인 영역들을 차례로 살펴볼 것이다. 먼저 감각 정보를 이해하고 처리하는 것에 대해 살펴보자.

정보처리 문제

앞에서 설명했듯이, 일부 아이들은 그들이 보고 듣는 것을 받아들이고 해석하는 방식 때문에 주의를 기울이는 데 어려움을 겪는다. 장면이나 소리(단어)가 아이의 주의를 끌 정도로 충분히 현저한 인상이나 의미를 주지 못하여 아이의 주의가 산만해질 수 있다.

귀로 듣는 정보를 처리하는 데에 겪는 어려움은 청각–언어 처리의 문제로 알려져 있다. 이러한 문제를 가진 아이는 일련의 소리나 단어에 대한 집중을 유지하는 데에 곤란을 겪는다. 유아기에는 복잡한 리듬을 들었을 때 다른 아기들만큼 즐거운 반응을 보이지 않을 수 있다. 예를 들어, '빰 빰' 같이 단순한 리듬을 들었을 때는 얼굴이 환해지면서 흥미를 보이지만, '빰 밤–밤–밤 빰 빰' 같은 리듬을 들으면 이를 외면하는 모습을 보일 수 있다. 이는 아기가 그러한 소리 패턴을 이해하거나 해독하지 못해서 흥미를 느끼지 못하기 때문이다. (이는 클래식 음악에 익숙하지 않은 사람에게 클래식 연주를 들려주는 것과 비슷하다. 듣는 사람은 클래식 음악의 패턴을 이해하지 못하기 때문에 클래식 음악을 지루하다고 생각하고, 음악에 귀를 기울이기보다는 혼자만의 공상에 빠지게 되기 쉽다.) 청각적 처리에 곤란을 보이는 걸음마기 유아는 들은 소리를 마음속에 유지하지 못하기 때문에, 간단한 지시도 따르지 못할 수 있다. 예를 들어, "이리 오렴."이라는 말에 유아가 당혹스러운 표정을 지을 수 있다. 하지만 유아를 가리킨 다음 자신을 가리키면서 "여기 여기."라고 말하면 유아는 이를 보고 당신의 손짓에 반응할 것이다. 두 살에서 두 살 반 정도가 되면 대부분의 아이들은 "접시를 집어서 엄마한테 줘." 같은 연속적인 두 가지 지시 사항을 이해할 수 있다. 하지만 청각–언어 처리에 곤란을 보이는 아이는 접시를 잡은 다음 멈춰 서서 당황한 표정으로 엄마를 쳐다볼 것이다. 그러면 당신은 "그것을 엄마에게 줘."라는 말을 반복해야 할 것이다.

　이런 아이가 학령전기가 되면 주위 사람들과 대화를 시작하고 마치는 데 어려움을 보일 수 있다. 예를 들어, 당신이 이 아이와 함께 놀면서 "왜 이 인형이 다른 인형을 때리고 있니?" 같은 말을 건네면, 아이는 혼란스러운 표정을 지으면서 방금 전에 자신이 했던 말을 단순히 반복할지도 모른다.

　이 아이가 학교에 들어가면 지시를 이해하는 데 곤란을 겪을 수 있다. 선생님이 "종이 한 장을 준비하고 연필을 꺼내서 이것들을 적어 봐라."라고 말했을 때, 아이는 한 번에 너무 많은 지시사항이 전달되었기 때문에 혼란스러워할 것이다. 주의가 산만해지면서 주변 일에 신경을 쓰지 않게 되고, 선생님이 이 아이에게 왜 연필과 종이를 꺼내지 않느냐고 물어볼 때까지 혼자만의 공상에 빠져 있을 수 있다. 또한 학교 수업 내용이나 전화번호를 기억하는 데 문제를 보일 수 있고, 주어진 단어에 맞는 발음을 잘 연결시키지 못하기 때문에 읽기 기술도 느리게 습득할 것이다.

　더 나이가 들면, 이 아이는 대화 중에 전달되는 추상적인 개념 이해에 어려움을 보일 수 있다. 추상적 개념을 나타내는 단어를 들었을 때 그것을 잘 이해하지 못하고, 행동이나 공간적 개념의 관점에서 그것을 생각하려고 할 수 있다. 예를 들어, 우리는 어렸을 때 새로운 단어를 들으면 그 의미를 파악하기 위해 그 단어와 관련된 다른 단어들을 떠올리게 된다. (한 아이가 생전 처음 '못마땅하다'라는 단어를 듣게 되었다고 하자. 부모가 '좋지 않다'와 같은 보다 단순하고 익숙한 단어를 통해 새로운 단어를 설명하면, 아이는 보다 단순한 일련의 단어들과 새로 배운 단어를 마음속에 유지하고 이들 사이의 관련성을 파악하게 된다. 이는 언어적 개념을 마음속에 유지하기를 어려워하는 사람에게는 꽤 힘든 일이 될 것이다.) 이와 비슷하게 책을 읽고 이야기의 의미를 파악하기 위해서는 글쓴이가 사용한 비유나 여타의 설명 기법들을 이해할 필요가 있는데, 언어 패턴을 쉽게 이해하지 못하는 사람에게는 매우 힘든 일이 될 수 있다.

언어적 처리에 어려움을 갖고 있는 많은 아이들이 나중에 자라서 유능한 번역가가 되기도 하고, 철학이나 사회학에서 학식을 갖추게 되기도 한다. 이들이 이렇게 될 수 있었던 것은 자신의 우수한 공간 능력을 사용하여 취약한 언어 이해 능력을 잘 보완했기 때문이다. 다시 말해, 한 부분을 읽고는 좀 더 시간을 들여서 그것을 마음속에 떠올리고 수학적인 정확성과 논리를 사용하여 이를 분석하는 것이다.

취약한 청각적 처리 기술을 가지고 있는 아이가 종종 훌륭한 분석적 능력이나 큰 그림을 볼 줄 아는 사고 능력을 가지고 있을 수 있다. 즉, 사소한 측면들에 대해서는 신경을 덜 쓰고 각 부분들이 어떻게 서로 어울리는지에 대해 보다 관심을 기울이는 것이다. 이 때문에 초기 학령기에는 기계적이고 암기에 중심을 둔 교육과정을 따라가기 위해 고생을 하지만, 고등학교나 대학교, 대학원에서는 개념이나 분석적 추론 기술이 보다 중요해지기 때문에 보다 수월하게 학업을 지속할 수 있다.

청각적 처리 능력이 저조한 아이는 때때로 자신의 생각을 표현할 적절한 단어를 찾아내는 단어 인출에 문제를 보일 수 있다. 어떻게 하루를 보냈는지 잘 설명하지 못하고, 질문에 대답하기를 어려워할 수 있다. 그리고 대화를 하는 동안 딴 데 신경 쓰고 공상에 빠져서 부모와 교사를 끊임없이 곤혹스럽게 만들 수 있다. 부모와 교사는 격앙되어 "너는 내 말에 집중하고 있지 않구나."라는 말을 반복하게 된다. 단어 인출에 어려움을 보이는 아이는 대화를 주고받는 것도 힘들어할 수 있다. 답은 알고 있지만, 그 답을 표현할 단어를 찾지 못한다. 단어 인출의 문제는 운동 체계와 관련된 문제일 수도 있고(이에 대해서는 뒤에서 간략하게 설명한다), 그 자체로 존재하는 문제일 수도 있다.

또 다른 처리상의 문제로 시·공간 영역의 문제를 들 수 있다. 즉, 아이가 자신이 본 것을 파악하는 데 어려움이 있을 수 있다. 예를 들어, 이러한 어려움이 있는 유아는 당신이 웃으면서 손을 흔들 때보다는 그냥 미소만 지을 때 당신을 보다 쉽게 알아볼 수 있을 것이다. 걸음마기에는 책 속의 그림이 너무 복잡하면 이를 외면하고 주의를 다른 곳으로 돌릴 것이다. 보다 단순한 그림을 볼 때 더 잘 집중할 수 있다. 학령전기에는 블록을 특정 형태로 맞추는 게임 같은 것을 할 때 혼란스러워할 수 있다. 학령기에는 공간상의 물체를 다루는 수학이나 지리학 같은 과목을 어려워할 수 있다. 또한 미로를 빠져나가거나 새로운 학교와 같이 익숙하지 않은 장소를 찾아가는 것을 어려워할 것이다.

경우에 따라 반대로 시·공간 능력이 상대적으로 취약한 아이가 청각-언어 자극을 처리하는 능력은 우수할 수도 있다. 그래서 미묘하고 세부적인 개개의 측면들은 예민하게 알아차리지만, 전체적인 그림을 보는 것은 어려워할 수 있다. 즉, 각 부분이 어떻게 서로 어울리는지 잘 파악하지 못한다. 예를 들어, 이런 아이는 수학을 배울 때 마음속에 그 개념을 떠올려 보기보다는 덧셈, 뺄셈을 암기하는 등 기계적인 방법으로 학습한다. 수량에 대한 감각을 갖고 있지 못한 것이다. 예를 들면, 단순히 8-2=6이라는 사실만을 기억할 뿐, 여덟 개의 사과에서 두 개를 제하면 여섯 개의 사과가 남는다는 식으로 마음속에 떠올리지 못한다.

이런 아이는 수학이나 과학적 개념과 같이 시각적인 연상이 요구되는 추상적 과제가 더 어려울 것이다. 예를 들어, 물리학에서 속도와 가속도의 개념을 이해하기 위해서는 단순히 공식을 암기하기보다는 여러 가지 운동 패턴들을 마음속에 떠올려 보고 시각적으로 연상해 보는 것이 필요하다.

대부분의 아이들은 강점과 약점을 모두 가지고 있다. 예를 들어, 시·공간 기술이 취약한 아이는 청각-언어 기술에 강점을 가지고 있을 수 있다. 취약한 시·공간 인지 기술로 인해 새로운 지역이나 학교에서 길 찾기를 어려워하는 아이는 아마도 다른 사람들의 말에 보다 주의를 기울일 수 있을 것이다. 미묘한 말의 차이나 섬세한 의미에 민감해서 작문이나 비평에 뛰어난 능력을 보일 수 있다. 반대로 시·공간 기술에 강점을 가지고 있는 아이는 과학이나 수학, 건축 등에 관심을 보이고 기계나 컴퓨터 작업과 같이 직접 손으로 조작하는 일을 즐길 것이다.

초등학교 저학년 때는 교육과정이 청각-언어 능력이 뛰어난 아동에게 유리하도록 편향되어 있음을 기억해 둘 필요가 있다. 말하고 읽고 쓰는 것을 배울 때에 언어 계통의 발달은 중요한 역할을 한다. 수학적 개념들을 머릿속에 그려 보는 것이 어렵더라도, 단순한 개념들은 쉽게 암기할 수 있기 때문에 저학년 때는 이를 잘 습득할 수 있다. 이처럼 저학년 때는 언어 체계가 매우 중시되기 때문에, 시·공간적인 능력을 주로 활용해서 학습하는 아이의 경우, 학습 능력이 부족하다고 여기기 쉽다. 이런 아이는 수리 개념을 이해하고는 있지만, 구구단 암기를 어려워하고 읽기와 쓰기에도 어려움을 보일 수 있다. 하지만 고등학교 이후에는 과학과 수학이 보다 어려워지고 영어나 역사 같은 과목도 사실적으로 설명하는 내용보다는 분석적인 측면에 보다 중점을 두기 때문에, (분석적인 능력을 가진) 시·공간 능력이 뛰어난 학생이 보다 우수한 실력을 보이기 시작한다. 이때가 되면 뛰어난 기억력에 지나치게 의존해 왔던 청각-언어 능력이 뛰어난 일부 학생은 개념이나 원리의 이해에 초점을 두는 학업에 어려움을 느끼기 시작한다.

아이가 가진 고유한 강점을 저학년 때부터 눈여겨봐 두고 그것이 아이에게 어떠한 영향을 끼치는지 잘 살펴볼 필요가 있다. 저학년 때는 학업에 어려움을 겪었지만 지금은 공부를 잘하는 학생을 두고 기대 이상으로 성공했다고 여기고, 저학년 때는 공부를 잘했지만 지금은 학업에 곤란을 겪는 학생은 게으르거나 노력하지 않은 것이라고 흔히들 생각한다. 하지만 이는 전혀 맞지 않는 말일 수 있다. '덜 똑똑했던' 아이가 갑자기 똑똑하게 되고, '똑똑했던' 아이가 갑자기 보통 아이가 되는 것이 아니다. 성공의 기준이 변화된 것뿐이다. 아이가 어릴 때부터 아이들이 가진 저마다의 다른 기술들을 존중해 줌으로써 그것이 무엇이든 관계없이 자신이 가진 강점이 무엇인지 파악할 수 있도록 도와주어야 한다. 한 번 방문했을 뿐인데 할머니 집에 가는 길을 기억해서 찾을 수 있는 아이는, 표지판을 보고 할머니 집에 찾아갈 수 있는 아이만큼이나 스스로를 똑똑하다고 느껴야 한다. 또한 저학년 때 보이는 아이의 고유한 능력을 우리가 존중할 수 있다면, 아이들이 가진 상대적인 약점에 대해서도 보다 관대한 태도를 가질 수 있을 것이다. 그리고 특정 교육 방침을 잘 따라가는 아이라 할지라도 '나는 모든 것을 잘해.'라는 과장된 생각을 성급히 갖게 되지 않을 것이다. 그런 생각을 가지고 있으면 나중에 대학교에 들어가 일부 영역에 대한 공부가 자신에게 매우 힘들다는 것을 깨닫게 되었을 때, 지나치게 낙심하고 상심할 수 있다. 그 대신 아이가 자신이 어떤 영역을 잘하고 못하는지를 파악할 수 있게 도와준다면, 아이들은 성장하면서 자신이 잘하지 못하는 영역에 보다 노력을 기울일 기회를 얻게 될 것이다.

아이들이 가진 다른 독특한 능력들도 청각-언어 추론 능력 및 시·공간 추론 능력과 관련이 있다. 자연 속에서 아름다움을 발견하고 이를 예술적으로 재창조해 내는 능력은 우수한 시·공간적 지각 능력에 의해 뒷받침될 수 있는데, 뒤에서 논의하겠지만 이는 운동 수

행과도 밀접한 관련을 갖는다. 단순한 언어 유창성과 대비되는 창조적인 작문 능력은 확실히 청각-언어 계통과 관련이 높지만, 창조적인 측면은 그 한 가지 기술로만 국한하여 바라볼 수는 없다. 음악 능력은 청각적 지각과 관련되어 있지만, 그것으로만 특징짓는 것은 지나치게 단순한 생각일 수 있다. 음악 소리에 담겨진 미묘하고 섬세한 부분들을 지각하는 능력은 섬세한 청각적 지각 능력을 가진 사람에게 더 잘 나타나지만, 다른 능력들도 관여하고 있다. 여기서는 청각-언어, 시·공간, 운동 등의 몇몇 넓은 영역들로 단순화시켜 구분했지만, 인간 재능의 많은 부분들이 이러한 기술들이 조합되어 있거나 아직 설명하기 어려운 고유의 특성들로 이루어져 있음을 기억해야 한다.

주의력 문제와 운동 체계

아동의 운동 체계는 주의를 기울이는 방식에도 영향을 미친다. 정보 처리 영역에서는 정보를 어떻게 받아들이는지를 다루지만, 운동 체계는 외부로 표현하는 것과 관련된 체계다. 즉, 자신의 생각과 견해를 세상에 어떻게 전달할지를 다룬다. 운동 체계는 행동을 어떤 순서나 양상에 따라 조정하는 데에 기여한다. 아동이 자기 몸이나 행동을 잘 조정하지 못한다면 주의를 기울이기가 어려워질 수 있다. 보고 듣는 행위 자체에도 조직적이고 목적을 가진 운동 패턴이 포함되어 있다. 서너 가지 활동을 순차적으로 이어서 하는 것이 어렵다면, 주의가 쉽게 산만해질 수 있다.

운동 체계에 어려움을 가진 아이는 다음 몇 가지 범주로 나눌 수 있다. 즉, 움직임과 관련된 '근긴장도(motor tone)'나 '운동계획(motor planning)', 어떤 형태를 보고 그리는 행동과 같은 '지각적 운동 과제(perceptual motor task)'를 하는 데 어려움을 보일 수 있다. 근긴장도는 굴근(무릎이나 허리를 구부리는 데 사용되는 근육)과 신근(똑바로 몸을 펴는 데 사용되는 근육) 사이의 조화에 의해 좌우된다. 높은 근긴장을 보이는 아동은 굴근보다는 신근이 더 발달되어 있고, 경직되고 어색해 보일 수 있다. 낮은 근긴장을 보이는 경우에는 굴근이 더 발달되어 있고, 느슨하고 심지어 휘청대는 것처럼 보일 수 있다. 유아기에는 머리를 위로 들어 올리는 걸 어려워했을 수 있다. 더 나이가 들어서는 지나치게 유연하다 보니, 걷거나 꼿꼿이 앉아 있는 것 같은 일상적 활동을 하는 데 힘이 많이 들고 쉽게 피곤해질 수 있다.

운동계획은 구르고, 앉고, 뛰어넘고, 단추를 끼우고, 신발 끈을 묶고, 글을 쓰는 것과 같이 일련의 신체 활동들을 수행하는 능력을 가리킨다. 간단히 말해, 일련의 활동들을 어떤 패턴에 따라 순차적으로 실시하는 것과 관련된 모든 활동들을 가리킨다. 여기에는 만날 때 하는 인사(안녕이라고 말하면서 손을 흔드는 것)와 헤어질 때 하는 인사를 비롯한 우리가 당연하게 여기는 순차적인 사회적 행동들이 포함된다. 이러한 사회적 행동들은 한 행동 뒤에 다른 행동이 뒤따르며 순차적으로 행동이 이루어진다. 하지만 운동계획에 어려움을 겪는 아이는 다른 아이들이 무의식적으로 하는 이런 행동들을 하기 위해 의식적인 생각을 해야 한다. 대화를 어떻게 시작해야 할지 생각하고, 상대의 공간을 침해하지 않기 위해 자신과 상대 사이에 얼마나 거리를 두어야 할지 생각하고, 언제 자기주장을 하고 중단해야 할지 파악하는 데에도 역시 운동계획이 필요하다.

지각적 운동 능력은 외부에서 정보를 받아들이고, 그 정보를 이해하여 적절한 운동 활동으로 바꾸는 것과 관련되어 있다. 예를 들어, 한 아이가 삼각형을 보고 따라 그리기 위해서는 우선 삼각형의 시각적 이미지를 받아들이고, 그 이미지를 이해하여 그 이미지에 근거한 신체 활동을 수행해야 한다. 지각적 운동상의 문제는 이러한 과정, 즉 이미지를 받아들이고 이해하여 그에 맞는 운동계획을 세우는 과정 어딘가에서 문제가 발생한 것이다. 운동계획을 실제로 수행할 때에 문제가 있는 것일 수도 있다. (말하자면, 원하는 것을 손으로 그리는 데 어려움이 있을 수 있다.) 어떤 아이들은 이를 두고 "눈에 보이는 것을 손이 따라가지 못해요."라고 이야기한다.

지각적 운동 기술은 운동계획과 관련되어 있기 때문에, 일부 전문가들은 이러한 모든 단계를 '운동계획'의 범주 안에 넣기도 한다. 그러므로 당신은 이러한 용어들이 때로 다른 의미로 사용될 수도 있다는 것을 알아 둘 필요가 있다. 하지만 이를 운동계획의 문제라고 하든 혹은 지각적 운동상의 문제라고 부르든, 부모는 자녀가 정보를 수용하고 이해하는 데 어려움이 있는지, 아니면 운동 반응을 계획하고 실행하는 데 어려움이 있는지 구분해서 파악하고 있어야 한다. 만약 행동을 실행하는 데 어려움이 있다면, 부모가 그것이 쓰기나 그리기와 같은 소근육 운동 기술과 관련되어 있는지 아니면 달리기, 도약하기, 기어오르기, 발로 차기와 같은 대근육 운동 기술과 관련되어 있는지 확인하는 것도 도움이 된다.

처음에는 순차적인 운동계획과 수행이 왜 주의력 문제에 영향을 미치는지 분명하지 않을 수도 있다. 하지만 앞서 말했듯이, '주의를 기울인다는 것'은 수동적인 과정이 아니라는 점을 염두에 두어야 한다. 그것은 능동적이고 역동적인 과정이며 대개는 특정 사람이나 대상과의 상호작용을 포함하고 있다. 예를 들어, 역할놀이를 하기 위해 장난감 자동차를 차고에서 꺼내어 친구의 집으로 이동시키려는 아이를 생각해 보자. 이 아이는 거기에서 승객을 태워 의사에게 데려가고, 자신이 간호사와 의사 역할을 맡아 승객들에게 여러 종류의 주사를 놓아 줄 계획을 세우고 있다. 하지만 운동계획 능력에 문제가 있기 때문에, 아이는 이처럼 잘 구성된 연극을 쉽게 행동으로 옮길 수 없었다. 제한된 순차적 처리 능력으로 인해 장난감 차고의 문을 들어올려 문이 닫히기 전에 차를 꺼내는 단순한 행동을 하는 게 이 아이에게는 너무나 큰 도전이었다. 차고에서 차를 꺼낼 수 없는데 어떻게 그 차로 여행을 떠날 수 있겠는가?

　이러한 상황은 두 가지 결과를 초래한다. 첫째, 많은 내용을 포함하고 있던 활동이 제대로 실행도 못해 본 채 금세 중단된다. 그 결과 그와 관련된 주의력 역시 단절된다. 처음에는 멋진 역할놀이를 기대하고 시작했지만 이제는 차고 문을 단순하게 쿵쿵 때리는 매우 단편적인 행동으로 바뀌어 버렸다. 마음이 원하는 대로 손이 따라가지 못하면 좌절감이 생기기 쉽고, 이는 종종 무질서하고 목적 없어 보이는 행동을 낳는다. 이와 같은 운동계획상의 문제를 가진 일부 아이들은 점차 능동적이고 조직화된 상상력을 발휘하는 것을 포기해 버릴 수 있다. 이는 마치 연필이나 종이, 타자기, 컴퓨터에 접근할 수 없기 때문에 자신이 구상한 탁월한 이야기를 대중에게 전달할 수 없는 작가와 비슷하다. 자신의 생각을 펼치지 못하고 피드백도 받지 못하게 됨에 따라, 아이는 이야기를 상상해 내는 것을 중단할지도 모른다. "사용하지 않으면, 잃어버리게 된다."라는 말이 있는데, 이 말은 거의 대부분의 경우에도 해당된다. 일부 아이들은 운 좋게도 그들의 생각이나 이야기에 대해 흥미를 가지고 관심 있게 들어 주는 부모나 교사가 옆에 있어서, 머릿속에 떠오른 이야기를 종이 위로 옮겨 놓지 않더라도 무엇을 하고 싶은지 말로 설명하고 이에 대한 타인의 피드백을 받아 볼 수 있을 것이다. 하지만 아이가 유창하게 말하는 것을 배우기 전이거나, 창의적인 생각이나 놀이에 주의를 기울이는 것을 중시하지 않는 학교나 가정에서 지내고 있다면, 자신의 창의적인 능력을 포기할지도 모른다. 특히 창의적인 계획을 행동을 통해 실현할 수 없을 경우에는 더욱 그러할 것이다.

나는 부모나 선생님이 보기에 상상력이 부족한 아이가 하룻밤 사이에 녹음기에 풍부하고 창의적인 생각들을 쏟아 놓아 다른 사람들을 놀라게 하는 것을 많이 보았다. 그 아이는 상상력이 부족한 것이 아니라 자신의 생각을 글로 표현하는 운동계획 능력이 떨어지는 아이였을 뿐이었다. 이는 힘들게 고생하며 한 글자씩 쓰는 대신에 기계에 대고 단순히 말하기만 하면 되었기에 가능한 일이었다. 단어 인출에 문제를 가진 아이도 말을 더듬거릴 때 생각을 표현할 적절한 단어를 찾을 수 있도록 부모나 선생님이 도와주면 덜 더듬거릴 것이다.

운동계획은 주의력의 핵심 요소다. 이것은 심지어 사고 능력에도 영향을 미칠 수 있다. 아이가 더 오랫동안 복잡한 운동 패턴을 유지할 수 있을수록, 주의력을 보다 잘 유지할 수 있다. 행동하려는 욕구를 불러일으키는 생각의 창의성과는 관계없이, 순차적으로 표현할 수 있는 행동의 범위가 제한될수록 주의력의 폭도 좁아진다. 앞에서 본 '차고에서 차를 꺼낼 수 없는' 많은 아이들이 있다.

농구공으로 슛을 하는 활동을 가지고 다시 한 번 살펴보자. 뛰어난 순차적 운동 기술을 가진 경험 많은 농구선수는 공을 몰고 들어가서, 골대에 공을 던질 것이다. 공을 드리블하고, 두 발로 땅을 굴렀다가 공중으로 점프하고, 공을 위로 들어 올리면서 한 손으로는 공을 밀고 다른 손으로는 공을 받치고 골대를 향해 던지는 과정이 부드럽게 이어질 것이다. 이 과정의 각 요소들은 분리되어 있지 않고 전체적인 순차적 운동의 한 단계로 행해진다. 운동선수가 한 번 이러한 운동 패턴을 시작하면, 각 요소들이 보다 큰 패턴의 일부로 행해지기 때문에, 조직적이고 집중된 방식으로 계속해서 움직이기가 어렵지 않을 것이다. 운동

선수는 마음속에서 각 요소들을 분리하지 않는다. 하지만 처음에 운동을 배우기 시작했을 때는 아마도 코치가 공을 드리블하고, 한 손으로 공을 들어 올리고, 팔을 위로 올리고, 손가락으로 공을 균형 있게 잡고, 골대를 향해 던지는 행동들을 분리해서 연습시켰을 것이다. 선수도 초보자 시절에는 하나의 자연스러운 움직임을 해내는 데 필요한 5~10초 정도의 주의력을 유지하기 위해 상당한 집중력이 필요했을 것이다. 각각의 분리된 요소들은 순식간에 이루어지지만, 숙달되어 있지 않다면 농구선수는 쉽게 집중력을 잃어버릴 것이다. 순차적으로 이루어지는 움직임을 부드럽게 이어 나가기 위해 의식적인 노력이 많이 들면 들수록, 두 가지 움직임 사이에서 주의력을 잃어버리게 될 가능성은 더욱 커진다.

  이와 비슷한 일이 운동계획에 어려움을 갖고 있는 아이가 'store' 같은 단어를 쓰려고 할 때도 일어난다. 이 아이의 운동 체계는 이 작업을 자연스럽게 이어지는 조직화된 운동으로 실행하지 못한다. 그 결과 연필을 종이에 대고, 커브를 그리면서 's'자를 적고, 다시 연필을 들어 올려, 't'자의 세로선을 긋는 등 각각의 요소를 할 때마다 주의력을 잃을 수 있다. 반면, 이러한 전체적인 과정을 의식적인 노력 없이도 해낼 수 있는 아이는 단어를 끝까지 쓰겠다는 생각조차 할 필요 없이 단어를 쓰기 시작할 것이다. 마치 한 가지 일을 하는 것처럼 자연스럽게 흘러가듯 전체 단어를 쓴다. 단어를 쓰는 법을 처음 배우는 게 아니라면, 's자를 썼으니, 이제는 t자를 써야겠네.'라고 멈춰서 생각할 필요가 없다. 이러한 움직임이 노력 없이 자연스럽게 이루어진다면, 주의력도 노력을 기울이지 않고도 쉽게 유지할 수 있다. 하지만 초보 농구선수나 힘들게 글을 써 나가는 젊은 작가처럼 이 작업을 일련의 분리된 행위로 바라본다면, 분리된 요소들은 저마다 고립된 채로 남아 있고 각각의 요소를 수행할 때마다 의식적으로 주의력을 기울여야 할 것이다.

지각적 운동 기술, 즉 교사가 칠판에 적은 내용을 공책에 옮기는 것과 같이 외부 사물을 지각하고 지각된 사물을 활동으로 전환하는 작업에 곤란을 겪는 아이 역시 비슷한 어려움을 가지고 있다. 지각적 운동 기술이 우수한 아이들은 별로 노력을 들이지 않고도 칠판에 적힌 내용을 공책에 옮겨 적을 수 있다. 각각의 철자와 단어들은 전체적인 하나의 지각적 운동 패턴의 일부로 간주되고 아이는 거의 생각을 하지 않고 이 작업을 해낸다. 하지만 지각적 운동 기술이 부진한 아이는 마음속에서 각각의 단계들을 분리해 내야 한다. 'cat'이란 단어를 본 다음, 그 단어를 마음속에 유지한 채 한 글자씩 적어 나가야 한다. 이 과정은 부드럽고 자연스럽게 이루어지지 않는다. 글자를 적어 감에 따라, c는 d처럼 보이고, a는 v처럼 적히고, t는 l처럼 쓰게 된다. 아이는 자신이 쓴 글자를 보면서 선생님이 칠판에 쓴 글자와는 모양이 다르다는 것을 알게 된다. 이 아이의 작업은 각각의 글자들을 보고, 그것들을 옮겨 적고, 실망하는 일련의 분리된 작업으로 이루어진다. 각각의 단계를 거칠 때마다, 지속적으로 의식적 노력이 들어가기 때문에 주의는 쉽게 산만해진다.

운동계획이나 지각적 운동 행동이 자연스럽고 자동적으로 이루어질 때는 주의력이 큰 단위로 묶여 유지된다. 그리고 이러한 큰 단위의 주의력들은 수분 혹은 수시간 동안 이어질 수 있다. 하지만 주의력이 작은 단위로 쪼개져서 유지되는 경우, 작게 분리된 활동들을 매번 의식적으로 수행해야 하기 때문에 주의력이 쉽게 흩어지게 되는 것이다.

주의력이 보다 작은 단위로 이루어져 있을 경우, 좌절감을 경험하거나 회피적인 반응을 보일 가능성이 더욱 커진다. 이는 물론 부주의함을 더욱 가중시킨다. 아이는 불편감을 느끼거나 확신이 서지 않을 때 보다 쉽게 주의가 산만해지고 하던 활동으로부터 도망치려고 할 것이다(이는 신체적인 외적 행동으로 나타나기도 하고 공상과 같은 내적 행동으로 나타날 수도 있다.).

근긴장이 높거나 낮음에 따라 그 양상에 다소 차이가 있겠지만 결과적으로는 비슷하다. 어떤 과제의 수행을 어려워하는 아이는 과제 수행이 중간에 중지될 가능성이 많이 발생하고 그만큼 좌절감을 느끼고 부주의해질 가능성도 커진다. 낮은 근긴장도를 보이는 아이는 칠판 앞에서 앞뒤로 움직이는 선생님의 움직임을 주시하기 위해 머리를 세우고 있는 것을 어려워할 수 있다. 높은 근긴장도를 보이는 아이는 문자를 적기 위해 섬세하게 연필을 조작하는 것을 어려워할 수 있다. 일반적으로 길을 걷거나, 글을 쓰거나 혹은 자전거를 타거나 신근과 굴근은 서로 조응해서 균형을 이룬다. 또한 근육은 자동적으로 움직인다. 하지만 신근과 굴근이 서로 적절히 조응하지 못했을 때는, 일반적으로 노력을 별로 기울일 필요가 없는 활동을 하는 데에도 상당한 의식적인 노력을 기울여야 한다. 예를 들어, 친구와 함께 정원을 산책한다고 상상해 보자. 대화에 몰입한 채 걸어갈 것이다. 이것은 노력이 들지 않는 이완된 작업이다. 하지만 난생 처음 스케이트장에 갔다고 상상해 보자. 매 순간 근육의 움직임에 신경을 써야 할 것이다. 여러분은 채 10분도 지나지 않아, 너무 열심히 생각하고 새로운 행동을 하도록 근육을 움직이느라 애쓴 탓에 심한 피로감을 느낄 것이다. 낮은 근긴장도를 보이는 아이도 이와 비슷한 어려움을 겪는다. 그런 아이에게는 글을 쓰는 것이든 혹은 머리를 들고 있는 것이든 새로운 모든 기술들이 마치 새로 스케이트를 배우는 것처럼 어렵게 느껴질 것이다. 이러한 각각의 움직임들이 자동적이기보다는 의식적으로 이루어진다. 그래서 매번 새로운 의식적 노력을 기울여야 하고, 그 와중에 집중력을 놓친다.

반응성 문제

주의력은 또한 아이가 감각 경험에 반응하는 방식 때문에 감퇴될 수 있다. 감각 경험에 대한 반응성이 낮거나 또는 반대로 반응성이 너무 높은 아이들은 주의를 기울이고 집중하기를 어려워할 수 있다.

4장에서 본 자기 몰입적인 아이와 같이, 외부 자극에 둔감한 아이에게는 많은 양의 정보 입력이 필요하다. 아이가 소리에 둔감할 경우, 반응하게 만들기 위해 큰 소리가 필요하다는 것이다. 그런 아이에게 말할 때는 계속 목소리에 힘을 주어 말해야 한다. 그렇게 힘을 주어 말하지 않으면 아이는 주의를 기울이지 않을 것이다. 아기나 걸음마기 유아의 경우에는 주의를 끌기 위해 부모가 계속해서 큰 소리로 말해야 할지도 모른다. 부모의 목소리가 너무 부드럽거나 조용할 경우, 아이는 흥미를 잃어버리고 시선을 딴 곳으로 돌릴 것이다. 학령전기에는 아마도 역할놀이를 통해 자기만의 세계에 빠져 있는 것을 좋아할 것이다. 이는 부모의 말에 관심이 없기 때문이 아니라, 부모가 명확하고 강한 목소리로 말하지 않으면 부모에게 주의를 기울일 수 없기 때문이다. 학령기에는 수업 시간 동안 자신의 공상이나 내적 생각에 몰두한 채 창밖을 응시하고 있을 수 있다. 만약 선생님이 다가와서 "세계사 책 53쪽을 펼치라는 내 말이 안 들리니?"라고 강하게 말하면, 아이는 그런 말을 들은 적이 없다는 듯 깜짝 놀랄 것이다.

공상에 빠져 있고 부주의한 아이가 다른 사람의 말을 듣고 싶지 않아서 의도적으로 주의를 기울이지 않는다고 여기기도 한다. 그래서 주변 사람들은 그 아이에게 "제발 내 말 좀 들어라." 또는 "내 말을 듣고 있지 않잖아!" 등의 말을 반복할지 모른다. 하지만 이런 아이의 주의를 끌기 위해서는 보다 큰 소리로 확실하게 말해야 하며, 자기 생각에 빠져 있는 아이가 말을 거는 사람에게 주의를 돌리려면 어느 정도 시간이 필요하다는 사실을 염두에 두어야 한다.

외부 자극에 시각적으로 둔감한 아이의 경우에는 그들의 주의를 끌기 위해 생생하고 강한 흥미를 불러일으키는 시각 자극이 필요하다. 그렇지 않을 경우, 아이는 계속 자기 생각에 빠져 있을 수 있다. 이런 아이는 유아기에 엄마의 웃는 얼굴이나 아빠의 싱긋 웃는 표정에 빨리 반응하지 못했을 수 있다. 주의를 끌기 위해서는 유아의 부모가 생동감 넘치는 얼굴로 크게 미소를 지어 줄 필요가 있다. 학령전기나 학령기에는 그들 앞에 놓인 사물에 주의를 집중할 수 있도록 보다 밝은 색깔과 눈에 띄는 디자인이 필요하다. 그렇지 않을 경우, 주의가 산만해질 것이다. 교사들은 때로 이런 아이들이 닌텐도 게임이나 액션 영화에는 그렇게 몰두하면서도 칠판에 적힌 글을 받아 적을 때는 왜 그리 집중을 못하는지 궁금해할 것이다. 이는 게임이나 영화에서는 빠르게 움직이는 이미지나 밝은 색깔들이 주의를 끄는 반면에, 칠판에 적힌 정적인 흑백의 이미지들은 주의를 끌지 못하기 때문이다.

이와 반대로 감촉이나 소리, 움직임, 광경 등의 외부 자극에 너무 예민해서 주의를 집중하는 데 곤란을 겪는 아이들도 있다. 3장에서 과민한 아이에 대해 설명할 때 말했듯이, 우리는 사람들이 주변 자극들을 모두 비슷하게 감각한다고 생각하는 경향이 있다. 하지만 광경이나 소리, 냄새, 감촉에 대해 사람들은 저마다 다르게 반응한다. 과민한 아이들은 대개의 경우 주변 자극에 너무 신경을 많이 쓴다. 여러 가지 감각 자극을 적절히 걸러 주는 필터가 이들에게는 없다. 다른 사람들이 즐거움을 느끼는 광경이나 소리, 냄새, 감촉에 대해 이들은 압도감을 느끼고 짜증스러워하며, 때로는 상당한 고통을 느낀다.

이런 과민한 아이들도 주의력 문제가 있을 수 있다. 예를 들어, 과민한 아기는 자신을 둘러싼 주변의 광경이나 소리, 냄새 등에 의해 쉽게

주의력 문제들 257

산만해지기 때문에 부모의 얼굴에 주의를 집중하기를 어려워할 수 있다. 새로운 풍경이나 소리가 들릴 때마다 주의가 분산되는 걸음마기 유아는 한 사람이나 하나의 장난감에 주의를 집중하기보다는 이리저리 둘러보느라 바쁠 것이다. 인형과 장난감을 가지고 역할놀이에 열중하는 학령전기에는 장난감 하나하나가 모두 주의를 끌기 때문에 계속 장난감을 바꾸면서 무엇을 가지고 놀아야 할지 결정하지 못할 것이다. 학령기에는 시끌벅적한 교실 분위기에 압도되어 집중하는 데 곤란을 겪을 수 있다. 의자에 앉아서 선생님의 목소리뿐만 아니라, 두 줄 뒤에 앉은 아이들의 키득거리는 소리, 속삭이는 소리, 학교 주차장에서 들리는 경적 소리, 복도에서 들리는 발걸음 소리, 옆에 앉은 아이가 종이를 구기는 소리에도 신경을 쓸 것이다. 심지어 자신의 생각까지도 무시하기 어려울 것이다. 얼마나 집중하기 어렵겠는가! 접촉에 민감한 아이라면, 체육 시간에 자꾸 몸이 스치는 다른 아이들 때문에 체육 선생님의 지시에 귀를 기울이지 못하거나 조회 시간에 교장 선생님의 말에 주의를 집중하지 못할 수 있다.

이처럼 과민한 아이들이 주의력 문제를 보이는 것은 한 가지 일에 집중하는 것을 고집스럽게 거부하기 때문이 아니라, 자신을 둘러싼 외부 세계에 있는 온갖 자극들에 민감해서 여러 방향으로 주의가 쉽게 분산될 수 있기 때문이다.

모든 과민한 아이들이 주의력 문제를 가지고 있는 것은 아니다. 이는 아이가 얼마나 예민한지 그리고 아이의 신경 체계가 그러한 예민함을 어느 정도 보상해 줄 수 있는지에 따라 달라질 수 있다. 앞으로 설명할 내용에서 나오겠지만, 아이의 양육 환경은 이러한 주의력 문제에 변화를 줄 수 있다. 부모와 선생님이 아이가 주의를 집중할 수 있도록 돕는다면(모든 방향으로 아이의 주의가 분산됨에도 불구하고), 아이는 어려움을 덜 겪을 것이다.

⋯ 정서와 주의력

아이들이 저마다 다른 방식으로 정보를 처리하고 감각 자극에 반응한다는 점에 대해 설명했는데, 이번에는 감정 또는 정동(특정한 종류의 감정 상태를 설명하기 위해 쓰이는 기술적 용어)이 주의력에 어떤 영향을 주는지 살펴보겠다. 정서적인 아이가 부주의하고 순간의 감정적 욕구에 따라 움직인다고 생각하는 경향이 있다. 하지만 우리가 무엇에 주의를 기울이고 어떤 사물에 관심을 쏟을지를 어떻게 결정하는지 생각해 보자. 실제로는 순간순간의 욕구나 감정이 우리의 주의를 어떤 방향으로 전환시킨다. 우리는 어떤 그림에 흥미를 보이고 어떤 차를 봤을 때 흥분을 느끼며 특정 음악을 즐긴다. 또한 어떤 이야기에 매혹되고, 특정 TV 프로그램에 마음을 빼앗기기도 하며, 때로는 선생님의 단조로운 강의를 듣고 몹시 따분해하기도 한다. 하지만 필사적으로 A학점을 받으려고 할 때는 스스로 주의를 공부에 의도적으로 집중할 것이다. 억지로 주의를 집중하는 상황을 포함하여, 이러한 모든 상황에는 주의력을 좌우하는 어떤 욕구나 감정이 있다. 사실, 주의를 기울인다는 것은 일면 동기가 고조되거나 욕구나 감정이 지속되는 상태로 볼 수 있다.

정서적 관심이 지속되면, 그것이 장난감이든 컴퓨터 게임이든 혹은 수학 문제든 간에 주의력이 지속된다. 그러므로 극단적인 경우에는 감정이 주의력을 방해할 수도 있지만, 일반적으로는 주의를 기울이는 데 중요한 역할을 한다. 이 사실은 많은 시사점을 제공해 준다. 예를 들어, 아이들이 오랫동안 주의력을 유지할 수 있도록 도와주려고 할 때, 아이들이 가장 높은 동기(감정적으로 충전된 마음 상태)를 보이는 것을 찾아서 이를 통해 주의력을 확장시켜 주는 것이 좋다. 방 안을 산만하게 돌아다니고 한 장난감에 몇 초 정도밖에 붙어 있지 않던 한 아이가 창문을 통해 밖으로 나가고 싶다고 말했다. 나는 그 아이의 정서적 흥미를 통해 주의력을 지속시킬 기회가 왔다고 생각했다. 나의 격려를 받아 그 아이의 아빠는 창문을 통해 밖으로 나가는 게 왜 신나는지, 밖으로 나가서 무엇을 하고 싶은지, 문을 통해 나가는 것보다 창문턱을 통해 넘어가는 것이 왜 더 재미있는지에 대해 아이와 대화를 하기 시작했다. 아이는 보채기도 하고 아빠를 밀치기도 했지만, 회기 동안에 아빠와 직접 대화를 나눈 것은 이번이 처음이었다. 그 아이는 7분 동안 주의를 집중할 수 있었다. 심한 주의력 문제가 있다는 진단을 받았고, 이전까지는 몇 초 이상 집중할 수 없다고 생각되던 이 아이가 7분 동안 집중력을 유지했을 뿐만 아니라, 논리적으로 목적을 가진 대화를 했던 것이다.

때로는 다른 무언가에 정신이 팔려 있어서 산만한 모습을 보일 수 있다. 다섯 살짜리 아이에게 노래를 따라 부르는 게임을 하게 만드느라 애를 쓰던 한 엄마에 대한 기억이 난다. 그 아이는 작은 파란색 장난감 자동차를 만지작거리느라 주의가 산만해져 있었다. 아이의 엄마는 나에게 이렇게 말했다. "보세요. 아이가 너무 산만해서 무엇 하나 제대로 시키기가 어려워요." 나는 이 경우 아이가 노래 부르기 게임에 참여하기를 고집스럽게 거부하는 것은 파란색 장난감 자동차에 관심이 가 있기 때문일지 모른다고 말했다. 그리고 실험을 해 보았다. 아이가 장난감 자동차를 가지고 노는 데 엄마가 함께 참여하게 했다. 아이가 장난감 자동차에 속력을 붙여 멀리 보내 버리자, 엄마는 장난감 자동차가 있는 곳으로 가서 그것을 집어 들고는 재빨리 호주머니 속에 감추었다. 그리고 노래를 통해 장난감 자동차가 어디 있는지를 아이에게 알려 주었다. 아이는 활짝 웃으면서 열심히 차를 찾았고 이번에는 자신이 자동차를 감추었다. 이 놀이를 중단시키기까지 5분 동안 장난감 자동차를 둘러싸고 집중된 게임이 계속되었다. 이 예에서 아이가 주의를 기울이지 않았던 것은 사실 다른 것에 정서적 흥미를 느끼고 그것에 주의를 집중했기 때문이다. 정서적 흥미가 아이의 주의력을 좌우했던 것이다. 이런 이유로 앞에서 제안했듯이 주의를 기울이는 것은 정서적 흥미가 지속되는 상태로 정의할 수 있다. 이는 정서적 흥미나 동기가 결여되면 주의를 기울이기 어렵다는 걸 의미하는 것은 아니다. 하지만 정서가 주의력에 있어 매우 중요한 요소임은 틀림없다. 정서적 흥미를 유지하는 것이 중요하다는 점은 우리로 하여금 주의를 기울이는 방식을 새롭게 이해하도록 해 준다.

··· 주의력과 학습의 어려움

수학이나 읽기와 같은 특정 영역의 학습에 어려움이 있어도 집중을 잘 하는 아이들이 있긴 하지만, 학습에 어려움을 겪는 대부분의 아이들은 주의가 쉽게 산만해지는 경향이 있다. 이는 특히 힘들어하는 학습 영역에서 두드러지게 나타난다. 전통적으로 우리는 학습의 어려움을 특정 과목과 관련지어 생각해 왔다. 예를 들어, 매튜는 읽기를 어려워하고, 레나는 수학을 싫어한다는 식으로 말이다. 하지만 이런 특정 과목에 대한 학업적 어려움을 앞에서 논의했던 세 가지 영역, 즉 '정보처리 어려움, 운동 문제, 외부 세계에 대한 둔감한 혹은 과민한 반응성'과 관련짓는 것이 도움이 될 수 있다(실제로 많은 교육자들이 이렇게 하고 있다.). 학업적 어려움의 많은 부분은 부분적으로 이와 관련되어 있을 수 있다. 예를 들어, 특정한 종류의 수학 문제를 푸는 데 곤란을 겪는 경우에 이는 종종 시각-운동 처리 능력과 관련되어 있다. 글쓰기에 곤란을 겪는 경우 종종 운동계획이나 지각적 운동 영역의 어려움을 갖고 있을 수 있다. 지시를 듣고 따르거나 이야기를 기억하는 데에 곤란을 겪는 경우, 이는 종종 청각적 처리 능력과 관련될 수 있다. 각각의 문제들은 보다 세부적인 측면이나 부분들로 쪼개서 생각해 볼 수 있다.

때로 조직화된 학습(숙제를 기억해 두었다 관련 교재를 찾아 숙제를 마치고 이를 선생님께 제출하는 일이나 아니면 자기가 책임지고 해야 하는 다른 자잘한 일들이 여기에 해당된다)에 어려움을 겪는 경우는 종종 운동계획이나 순차적인 문제해결, 청각적 또는 시·공간 영역에서 문제가 있기 때문일 수 있다. 또한 선생님이 내 준 숙제를 종이에 적고 숙제에 필요한 책을 집에 가져오는 것과 같이 행동을 순차적으로 수행하는 데 어려움이 있거나(운동계획) 또는 숙제를 기억하는 데(청각적 처리)에 문제가 있기 때문일 수도 있다.

⋯ 부주의한 아이에게 피해야 할 양육 방식

많은 부모들(그리고 교육자들)이 아이의 주의력 문제에만 너무 초점을 맞춘 나머지, 아이가 가진 다른 많은 강점들은 무시하거나 경시한다. 약점을 지나치게 강조하다 보면, 아이가 가진 약점을 보완해 줄 다른 능력을 제대로 길러 주지 못할 수 있다. 여러분이 성인기의 80%를 자신이 매우 어려워하는 일을 하면서 보낸다고 상상해 보자. 아니면 운동신경을 잘 조절하지 못하는 사람이 종일 농구 골대에 공을 던진다거나, 오른손잡이인 사람이 종일 왼손으로 글씨를 쓴다고 생각해 보자. 말할 것도 없이 집중하기 어려울 것이다. 공상에 빠지거나 심지어 도망쳐 버리고 싶을 수도 있다.

이것이 바로 이러한 어려움을 가진 아이들이 느끼는 것이다. 예를 들어, 수학은 잘하지만 책 읽는 것이 느린 아이의 부모는 아이에게 읽기 연습만 시킬 수 있다. 학교 선생님은 이 아이가 읽기를 연습할 수 있도록 아이에게 읽기 숙제를 내 줄 것이다. 이 아이가 이런 숙제를 할 때 집중을 못하는 것은 놀랄 일이 아니다. 자신에게 어려운 기술을 연마하는 데 대부분의 시간을 보내기 때문에 부주의한 모습을 보이는 것이다. 이 아이에게 전반적인 주의력 문제가 있다고 진단 내리는 것이 얼마나 잘못된 것인지 쉽게 알 수 있을 것이다. 이 아이의 주의력 문제는 사실 이 아이가 힘들어하는 영역에만 국한된 것일 수 있다.

부모나 교육자가 아이의 강점과 약점을 균형 있게 인식하지 못했을 때, 아이의 취약점이 지나치게 강조되고 취약한 영역에만 치중하게 될 수 있다. 또한 주의를 잘 기울이고 이해할 수 있는 영역에서도 능력을 제대로 발휘하지 못할 수 있다. 예를 들어, 청각적 처리 능력이 부진한 아이는 소리나 단어에 귀를 기울이는 것을 어려워하지만, 손으로 하는 작업이나 시각적 자극을 다룰 때, 상호작용하는 기회가 주어질 때는 주의를 잘 집중할 수 있었다. 그러므로 이런 아이에게 충고나 지시를 연속적으로 하는 것은 아이의 어려움을 더욱 가중시킬 수 있다.

부주의한 아이를 기계적이고 융통성 없는 태도로 다루는 것 역시 부정적인 결과를 초래할 수 있다. 부주의한 아이들은 생각이 부족하고 동기가 부족해 보이기 때문에, 무엇을 하라고 단순하게 지시하기 쉽다. 부모는 아이로 하여금 자신의 행동을 돌아보고 동기를 얻게 하기보다는 실랑이를 피하기 위해 '해라' '하지 마라' 식으로 아이를 다룰 수 있다. 이러한 태도는 아이가 더 나은 대처 전략을 찾을 수 있도록 자신의 행동을 숙고해 보게 하는 데 도움을 주지 못한다. 아이의 관심사를 지원하고 문제해결 능력을 고취시키기보다는, 융통성 없이 아이를 기계적으로 대하고 고정되고 반복적인 행동들을 강조하는 꼴이 된다.

나름대로 주의를 집중하려고 노력하지만 외적으로는 산만해 보이는 아이들이 많다. 이런 아이의 주의력을 길러 주기 위해서 나름의 독특한 방법을 개발할 필요가 있다는 것을 인식하는 대신, 비현실적인 기대를 함으로써 아이를 좌절시키고 창피하게 만드는 경우가 너무나도 많다. 부모는 자녀가 다른 아이들처럼 배우기를 원하는 경향이 있다. 정보처리나 운동상의 어려움을 보완해 줄 수 있는 특별한 강점을 개발하고 사용할 수 있게 돕기보다는 아이가 즉시 다른 아이들과 비슷하게 행동하기를 바라는 마음에서 아이를 기계적이고 융통성 없는 방식으로 행동하도록 내몰 위험이 있다.

⋯ 부주의한 아이를 어떻게 도울 것인가

주의력과 학습의 어려움을 가진 아이는 기본적인 정서적 능력이나 기술을 습득하기 위해, 다른 아이들보다 더 많은 노력과 연습이 필요하다. 오른손잡이인 사람에게 왼손으로 커브볼을 던지는 방법을 가르치는 것처럼, 그것은 가능한 일이기는 하지만 인내와 노력을 통해서만 이루어질 수 있다. 특히 이러한 아이는 약점을 극복하기 위해 자신의 강점을 사용하는 방법을 배울 수 있도록 도움을 받아야 한다. 그리고 일반적인 아이들보다 더 자신의 행동이나 감정, 버릇 등에 대해 돌아보는 반성 능력이 필요하다. 아이가 자신의 문제가 무엇인지 안다면 보다 쉽게 자신을 관찰하고 이를 보상해 주는 강점들을 개발할 수 있을 것이다. 아이는 또한 부모와 교사로부터 도망치거나 주의를 철회하는 대신 그들과 협력할 수 있어야 한다. 부주의한 아이는 아이 자신이나 부모가 자주 좌절감을 겪게 되기 때문에 다른 아이들에 비해 자기수용과 인내가 더 많이 필요하다.

강점 길러 주기

부주의한 아이의 부모가 해야 할 첫 번째 작업은 아이가 가진 타고난 강점들을 더욱 북돋아 주는 것이다. 모든 시간을 아이의 약점을 고치는 데 보내기보다는, 적어도 아이가 가진 강점을 길러 주는 데 시간의 반을 투자해야 한다. 다시 말해, 아이는 배우기 원해야 하는 동시에 즐겁고 유쾌한 일을 하면서 시간을 보내야 한다.

초기 유아기에도 주의력 문제에 주목하여 아이의 능력을 키우는 작업을 할 수 있다. 외부 세계에 초점을 맞추고 차분한 태도로 주시하고 귀를 기울이는 발달의 첫 단계에서, 부모는 아이를 산만하게 만드는 특정한 종류의 감각 자극들을 발견하게 될 것이다. 예를 들어, 청각적 처리 능력이 부진한 경우 재빠르게 말을 걸거나 노래를 부르면 아이가 산만해질 수 있다. 이런 경우, 말을 짧게 끊어서 천천히 차분하게 하면 아이가 집중하는 데 도움을 줄 수 있다. 아기에게 복잡한 노래를 불러 주는 것보다는 단순한 곡조의 음악을 흥얼거리거나 불러 줄 때 주의를 보다 잘 끌고 유지시킬 수 있다. 걸음마기에는 단순한 질문이나 지시를 하는 것이 좋을 것이다. 예를 들어, "트럭과 공을 집어서 장난감 상자에 넣어."라고 말하는 것보다는 "트럭을 집어 주겠니?"라고 말하는 게 더 낫다. 학령전기에는 보다 복잡한 '왜, 어떻게, 무엇을' 등과 같은 질문(예를 들어, "왜 너는 그것을 하고 싶니?")보다는 단순한 질문(예를 들어, "너는 무엇을 먹고 싶니?" 또는 "다음에는 무엇을 하고 싶니?")에 초점을 맞추는 것이 좋다.

청각적 처리 능력이 부진한 많은 아이들이 시각 영역에서는 뛰어난 능력을 보이는 경우가 있다. 이러한 점을 활용해서 아이에게 언어 정보를 전달할 때 시각 정보를 함께 사용할 수 있다. 아기의 경우, 생동감 있는 얼굴표정을 사용할 수 있다. 걸음마기에는 부모가 몸짓을 통해 많은 것을 전달할 수 있다. (예를 들어, 아이에게 "네가 좋아하는 커다란 컵에 오렌지 주스를 따라 줄까?"라고 말하는 대신, 그 컵을 들고 손가락으로 그 컵을 가리켰다가 다시 주스병을 가리킨 뒤에 "주스?"라고 물어볼 수도 있을 것이다.) 이 학령전기 아이와 놀 때는 시각적인 방법으로 아이와 의사소통할 수 있다. 예를 들어, 여자 인형으로 차를 운전하게 할 때, "나는 이 차를 타고 운전할 거야."라고 말하면서 인형으로 장난감 차를 가리키고 인형을 차 속으로 집어넣으면서 운전하는 몸짓을 할 수 있다. 이렇게 하면, 아이는 이 역할놀이를 보고 들어서 이해했기 때문에, 어쩌면 사자 인형으로 뒤를 쫓아가서 인형과 차를 집어삼키려 할지도 모른다! 더 나이가 든 아이의 경우에는 언어 교육에 시각적 설명이 더해졌을 때 학습 내용을 보다 쉽게 이해할 수 있을 것이다. 또한 수학 문제와 같은 숙제를 언어적으로뿐만 아니라 시각적 기호로 함께 설명하면 이를 보다 잘 이해할 수 있을 것이다.

이와 반대로 청각-언어 영역에 강점을 가지고 있고 시각적인 능력이 저조한 아이의 경우에는 시각적으로 보여 주는 것보다 대화에 초점을 맞출 수 있을 것이다. 아기의 경우, 말을 많이 걸고 노래를 불러 줄 수 있다. 걸음마기 유아에게는 보다 복잡한 문장을 사용할 수 있을 것이다("네가 좋아하는 커다란 컵에 오렌지 주스를 따라 줄까?"). 학령기에는 더 오랫동안 대화를 나눌 수 있을 것이다.

하지만 당신이 이 아이에게 놀이터로 가는 길을 그려 보라고 하거나 복잡한 구조물을 만들어 보라고 하면, 아이가 갑자기 부주의해져 버릴지도 모른다. 이럴 경우, 과제를 해결하는 방법을 말해 보도록 하는 게 도움이 될 수 있다. 다시 말해, 이 아이는 시각적으로 상상하거나 그림으로 잘 표현하지 못하기 때문에, 그림을 통해 길을 그리게 하기보다는 언어를 통해 놀이터로 가는 길을 표현하게 하는 것이 더 나을 수 있다. 그리고 언어적인 영역을 통해 시각적인 영역에 접근하도록 연습을 시킨다면, 아동의 공간적인 추론 능력을 강화시킬 수 있다. 예를 들어, 수학적 지식들을 잘 알고 있지만 수량에 대한 공간적 감각을 내적으로 갖고 있지 않은 아동은 '2 더하기 3은 5'라는 것을 기억해서 빨리 말할 수 있다. 그러면 이 아이에게 이렇게 말해 줄 수 있다. "네 손 위에 사과 두 개를 나란히 놓으면 얼마나 될지 나에게 보여 주렴. 이번에는 사과 세 개를 손 위에 놓으면 어떨지 보여 줘 봐. 그리고 이번에는 사과 다섯 개를 손 위에 놓는 거야." 그리고 이렇게 덧붙여 말할 수 있다. "이제는 눈을 감고 다섯 개의 사과를 연달아 놓는다고 상상해 봐. 그리고 그중에서 두 개를 덜고 세 개를 놓는다고 마음속에 떠올려 보는 거야."

이러한 연습은 언어 능력이 우수한 아이가 시·공간 영역에 주의를 기울이게 하는 데 도움이 될 것이다. 이러한 능력을 계발시키지 않을 경우, 문제를 해결하려 할 때 그림을 그려 보는 것이 필수적인 고난이도의 수학을 배우게 될 때 주의가 쉽게 산만해질 수 있다.

운동 기술, 예를 들어 운동계획이나 지각적 운동 기술에 취약점을 가진 아이의 경우에도 같은 원칙이 적용될 수 있다. 아이가 잘하는 영역(만약 운동 기술이 취약하다면, 청각적 기술이나 시각적 기술에 보다 강점을 가지고 있을 수 있다)을 찾고, 이러한 강점들을 발달상의 어려움을 극복하는 데 사용할 수 있을 것이다. 이 전략은 부모와 아이가 반복해서 좌절감을 겪지 않을 수 있도록 도와준다. 옷을 입거나 신발 끈을 매거나 칠판에 적힌 문장을 받아 적는 걸 어려워하는 아이는 이러한 일을 할 때 쉽게 포기하기 쉽다. 그리고 이런 모습에 좌절감을 느끼는 부모(혹은 선생님)와 그들의 말을 듣지 않으려는 아이 사이에 실랑이가 벌어질 수 있다.

부모 : 정신 차려! 신발 끈을 어떻게 매는지 1,000번은 보여 줬을 거다.
아이 : 못하겠어! 매다 보면 뒤죽박죽 엉켜 버려. 이 바보 같은 신발이 너무 싫어.
부모 : 비싼 돈 주고 산 신발이야. 그렇게 던져 버리면 어떡해!
아이 : 나는 그거 안 신어. 그 신발 맘에 안 들어.

언어 기술이 뛰어난 아이가 이러한 곤란을 겪지 않고, 아빠가 미리 알려 준 대로 혼잣말을 해 가면서 신발 끈을 묶는 것을 인상 깊게 본 적이 있다. "이제 오른쪽 끈을 오른손으로 잡고, 왼쪽 끈을 왼손으로 잡아야지." 그 아이는 신발 끈을 매기 위해 몸을 구부린 채 중얼거렸다. "그리고 오른쪽 줄을 왼쪽 줄 위로 교차한 뒤에 구멍에 집어넣어야지……." 시각적 능력이 뛰어난 아이의 경우에는 신발 끈을 매는 과정을 그림으로 보여 줄 수 있다. 그림 없이도 편안하게 신발 끈을 맬 때까지 그 그림을 보면서 신발 끈을 매게 할 수 있다.

여러분도 알다시피, 이러한 접근 방법은 주의력 문제를 가진 많은 아이들이 모든 영역에서 주의력 문제를 보이는 것은 아니라는 생각을 바탕으로 하고 있다. 오히려 특정 영역의 정보를 처리하는 능력에 따라 상대적으로 주의를 잘 기울일 수도 있고 잘 기울이지 못할 수도 있다. 부모가 융통성을 갖는다면, 아이들은 대개 취약한 영역의 일부를 보상할 수 있다. 아이가 어려워하는 분야를 할 때에는 무한한 인내와 연습이 필요하다는 것을 기억해야 한다. 상대적으로 잘하는 분야에서는 아이가 압력을 견뎌 낼 수 있지만, 취약한 영역을 하기 위해서는 인내와 연습이 필요하다.

앞에서 논의했듯이, 감각 경로를 통해 제시되는 정보에 과민하거나 둔감해서 부주의해질 수도 있다. 이런 경우, 부모는 아이가 받는 감각 정보의 종류나 수준을 조정해 볼 수 있을 것이다. 만약 아이가 둔감하다면, 부모는 마치 "얘야, 여기 한번 볼래?"라고 말하듯이 보다 활기차게 말하고 정보를 보다 풍부하고 눈에 띄게 제시해야 할 것이다. 과민한 아이의 경우에는 부모가 자극의 강도를 낮추어 주는 게 좋을 것이다. 그리고 보다 부드럽고 천천히 말하는 것이 좋다. 시각 정보의 경우에는 색깔 톤이나 밝기, 질감의 강도를 낮추었을 때 도움이 될 수 있다. 또한 항상 시끄러운 교실에서 공부하기보다는 일대일 교습이나 작은 집단에서 학습을 하게 하는 것이 바람직할 수도 있다.

때때로 주의를 잘 기울여 왔던 아이가 학령기에 들어서면서 갑자기 부주의해지는 경우가 있다. 이는 아이 자신은 변하지 않았지만, 이전까지는 일대일로 만나거나 이웃집 친구 두 명과 어울리다가 갑자기 복잡하고 시끄러운 교실에서 십수 명 이상의 아이들과 어울리게 되었기 때문일 수 있다. 아이가 접촉이나 소리에 민감하다면, 다른 아이들과 부대끼고 시끄러운 소리에 시달리는 것만으로도 쉽게 주의가 산만해질 수 있다. 매우 구조화된 활동을 할 때에도, 과민한 아이에게는 다른 아이들과 신체적으로 밀접해 있다는 사실만으로도 과도한 자극이 될 수 있다. 큰 집단을 작은 집단으로 나누는 것(예를 들어, 교실 구석에 한 명에서 세 명 정도의 아이들을 함께 있게 한다)만으로도 이런 아이를 차분히 가라앉히고 주의를 집중하게 하는 데 도움이 된다.

정서 활용하기

부주의한 자녀를 다룰 때 부모에게 가장 도움이 되는 정보원은 아이 자신의 감정과 욕구가 될 것이다. 하지만 이 점이 종종 간과되곤 한다.

아이의 자연적인 욕구나 감정을 고려하지 않은 채 단순히 지시를 내리거나 과제를 제시하는 것은 부정적인 결과를 야기할 수 있다.

운동계획 능력이나 청각적 처리 능력이 저조하거나 다른 이유로 주의력을 유지하는 데 곤란을 겪는 아이의 경우에는 행동적 또는 정서적 상호작용을 통해 주의력을 유지하게 돕는 것이 유용한데, 이는 아이가 보다 어려운, 상징어적인, 시각적인 또는 운동적인 활동을 뒤이어 하도록 이끌어 준다.

이런 아이에게 그냥 말을 걸려고 하면, 안절부절못하고 공상에 빠지고 창문 밖을 쳐다보거나 당신을 무시하고 놀이를 시작하는 모습을 보일 수 있다. 비슷하게 순차적인 운동 기술이나 시각적 처리 능력이 부진한 아이에게 가족 그림을 그려 보게 하면, 아이는 당신의 말을 신경 쓰지 않을지도 모른다. 하지만 당신이 아이와 함께 놀면서 아이가 가장 좋아하는 바비 인형을 훔친 뒤에 양탄자 밑에 감춘다면, 이전까지 언어적으로 부주의했던 아이가 언어적으로 집중하고 상호작용하는 모습을 보이기 시작할 것이다. "그 애를 나에게 돌려줘! 지금 당장! 그 인형은 내 거야!" 때로는 활기찬 다과회나 자동차 경주 놀이를 통해, 내가 고차원의 상징적 대화라고 부르는 것을 시작할 분위기를 조성할 수 있다. 행동을 통한 아이와의 상호작용을 고차원의 상징적 상호작용과 연결하는 작업은 주의력을 유지하는 데 도움이 될 수 있는데, 이는 앞서 언급했듯이 정서나 소망이 주의를 집중하는 데 있어 핵심적인 역할을 하기 때문이다. 아이에게 말을 걸었을 때 그 말에는 신경 쓰지 않고, 그 대신에 저녁 식사로 뭘 먹는지 궁금해하거나 또는 3일 전에 있었던 사건에 대해 말하거나, "이모가 지금 어디쯤 왔어?" 같은 질문을 하고 대화를 끊는다면 아이의 주의가 산만하다고 생각하기가 쉬울 것이다. 하지만 사실 이 아이는 당신이 말하는 주제와는 다른 생각에 주의를 기울이고 있는 것일 수 있다. 3일 전에 있었던 일이나, 자신의 배고픔이나, 이모의 방문에 주의를 기울이고 있는 것이다. 다시 말해, 아이의 욕구는 당신의 말에 있지 않고 다른 관심사에 가 있다. 내가 말했듯이, 주의력 집중은 부분적으로 욕구나 감정이 지속되는 것이다. 지금 하고 있는 활동이나 대화에 아이가 주의를 기울이기를 원한다면, 아이가 정서적으로 당신에게 관심을 가질 수 있게 해야 한다. 이를 위해 행동적으로나 감정적으로 상호작용하는 것보다 더 좋은 것은 없다. 우리가 다른 사람과 함께하면 할수록, 우리는 그 상황에 더 깊이 몰두하게 된다. 이야기와 그림, 게임 등은 주의를 분산시키지 않고 아이의 주의를 끈다. 나는 종종 수학에는 전혀 관심이 없는 아이가 좋아하는 TV를 얼마나 더 볼지를 두고 수학 선생처럼 협상하는 모습을 보게 된다. "아니에요. 5분으로는 충분하지 않아요. 적어도 그보다는 두 배의 시간이 필요해요. 왜냐하면 광고 시간만 해도 3분이 걸리고, 그 프로는 적어도 두 배 이상 많은 시간이 필요해요."

주의를 잘 기울이는 아이는 종종 '더 나은' 주의력의 폭을 가지고 있는 것처럼 여겨지기도 하지만, 사실은 주의력의 폭이 더 넓은 것이 아니고 부모를 기쁘게 하려는 마음이 많거나 또는 귀를 기울여 언어적으로 반응하는 것에서 큰 만족을 느끼기 때문일 수도 있다. 보다 부주의해 보이는 아이는 부모와의 대화가 아닌 딴 데에 신경을 쓰느라 부주의할 수 있다. 아이의 동기가 어디에 있는지에 보다 관심을 기울임으로써 아이가 주의를 기울이기에 충분히 흥미로운 상황을 만들어줄 필요가 있다. 듣기나 읽기보다는 손으로 하는 작업이나 능동적인 논쟁을 통해 학습할 때 능률이 더 많이 오르는 학생들의 예는 이러한 융통성 있는 접근법의 필요성을 잘 보여 주고 있다.

발달단계별로 주의력 증진시키기

부모는 아동기의 각 단계 동안 주의를 기울이는 능력을 촉진시킬 수 있다. 각 정서적 단계에서, 아이의 강점을 강화하고 취약한 영역에서는 아이가 한 번에 쉽게 주의를 기울일 수 있을 정도의 정보만을 천천히 제시해 주는 것이 좋다. 이 과정을 건너뛰려는 유혹에 빠지지 말아야 한다. 그렇게 하는 것은 아이에게 지나치게 어려울 수 있다. 예를 들어, 어떤 아기가 소리는 잘 듣지만 시각적으로 집중하는 것은 어려워한다면, 그 부모는 아기가 듣는 것은 좋아하고 보는 것은 싫어한다고 생각하게 될 것이다. 이 경우 부모는 아기에게 생동감 있는 얼굴표정을 보여 주는 데 치중하고 대화에는 시간을 덜 들일 수 있다. 하지만 보는 것이 익숙지 않은 이 아기에게는 시각적 초점을 유지하기 위해 자신의 강점을 활용한 연습이 보다 필요하다.

몸짓이 보다 중요해지는 상호적인 의사소통의 초기 단계에서는 특별한 연습이 필요하다. 예를 들어, 운동계획에 어려움을 보이는 걸음마기 유아는 엄마 손을 끌고 책장까지 와서, 책들을 훑어보고, 좋아하는 그림책을 손가락으로 가리키는 것과 같은 일련의 동작을 연이어서 하는 것이 어려울 수 있다. 그 결과 아이는 여기저기를 돌아다니면서 짜증을 내고 점점 더 산만해질 수 있다. 이럴 때 아이의 엄마가 이러한 연속적인 과정을 좀 더 단순한 행동들로 나누어 준다면 도움이 될 수 있다. 그리고 아이가 다음 단계의 행동을 할 수 있도록 적절한 단서와 신호를 제공해 주는 것이 좋다. 이러한 지원은 아이가 목적 지향적인 활동을 하게 만들기 때문에 주의를 집중하는 데 도움이 된다. 이런 일이 어떻게 이루어지는지 구체적으로 살펴보도록 하자. 예를 들어, 아이가 방 저쪽에 있는 책장을 바라볼 때 엄마는 "뭐?"라고 말하면서 책장을 손가락으로 가리킬 수 있다.

"뭘 원해?"라고 말하면서 궁금한 표정을 짓고 어깨를 으쓱한다. 그리고는 "나에게 보여 줄래?"라고 말한다. 이러한 격려를 받고, 아이는 일어나서 책을 향해 걸어가기 시작할 것이다. 하지만 걸어가다 멈추고는 혼란스러운 얼굴을 보일 수 있다. 이럴 때 엄마는 아이가 그런 상태에서 빠져나올 수 있도록 도와줄 수 있다. "저기?"라고 말하면서 소파를 가리킬 수 있다.

걸음마기 유아는 엄마가 준 단서에 대해 머리를 흔들고 책장을 가리킬 것이다. 엄마가 책장으로 걸어오면, 이 아이는 단순히 책장을 바라보고 있다. 그럴 때 엄마는 아이가 원치 않을 것으로 보이는 책을 손가락으로 가리키면서 "달님 책?"이라고 물어봐 줌으로써 다시 한 번 아이가 혼란스러운 상황에서 빠져나오도록 도와줄 수 있다. 이러한 엄마의 행동은 아이에게 자신이 원하는 것을 갖기 위해서는 대상을 가리킬 필요가 있다는 생각을 갖게 만드는 데 도움이 된다. 이 아이는 이제 자신이 아끼고 좋아하는 책을 손가락으로 가리킬 수 있을 것이다.

이러한 방식으로, 엄마는 운동계획과 운동-주의력에 곤란을 겪는 아이로 하여금 꽤 복잡한 일련의 행동들을 연이어서 할 수 있게 도울 수 있다. 아이가 할 일을 대신해 주지 않으면서도(즉, 엄마가 직접 책장으로 가서 아이가 원하는 책을 집어 주지 않으면서도) 몸동작이나 짧은 한 마디 말을 통해 다음 단계로 나아갈 수 있는 지침과 아이디어를 제공해 줄 수 있다. 이를 통해 부모는 몇 개의 운동 활동들을 종합하는 방법을 아이에게 가르쳐 준다. 각 단계에 단서를 제공해 줌으로써 아이 스스로 더 많은 행동을 할 수 있게 된다. 아이는 조금씩 보다 복잡한 일련의 행동들을 이어서 하는 방법을 배우게 될 것이다.

가상놀이가 중요해지는 정서적 개념을 배우는 단계에서 주의집중에 어려움을 보이는 아이는 가상놀이를 하는 것도 쉽지 않을 수 있다. 이러한 아이들은 전투 중인 요새나 다리 같은 이미지를 떠올릴 수 있을 만큼 오랫동안 자신이 원하는 것에 빠져 있는 것이 종종 어려울 수 있다. 그 대신, 자신의 충동을 쉽게 행동으로 옮기거나 다른 자기 생각에 빠져 버릴 수 있다. 이 단계에서 주의력 문제의 근원을 찾아보면 많은 경우 청각적 또는 시·공간적 처리 능력에 문제가 있음을 발견하게 된다. 다시 말해, 자신이 들은 말이나 눈으로 본 이미지를 일련의 작업 가능한 아이디어로 조직하지 못한다. 그 결과, 이들은 마음에 품고 있는 것을 역할놀이 같은 아이디어의 형태로 내놓거나 언어화하기가 어렵고 때로는 이를 그대로 행동화해서 실제로 누구를 때리기도 한다.

청각–언어 처리 능력이 부진한 아이는 예를 들어, 자신의 인형에게 말을 걸지 못할 수 있다. 그 대신 인형들을 주먹으로 치는 게 더 쉬울 수 있다. 유사하게 시·공간 영역에서 어려움을 보이는 아이는 장난감 집이나 인형을 적절히 조합해서 구성하는 데 어려움을 보일 수 있다. 예를 들어, 두 개의 성이 있고 두 개의 성 사이에 난 터널을 통해 착한 사람들이 나쁜 사람들의 뒤를 밟아 잠입해 들어가는 가상놀이를 구성하기가 어려울 수 있다. 이 상황이 서로 다른 3차원 구조물을 이어 주는 지하 통로라는 다소 복잡한 공간적 개념을 요구하기 때문이다.

부모는 놀이를 통해 공간적 개념과 언어적 개념을 모두 강화시킬 수 있으며, 이를 통해 아이의 주의력을 향상시켜 줄 수 있다. 예를 들어, 단어를 잘 이해하지 못하거나 언어적으로 의사소통하는 데 어려움이 있는 아이로 하여금 언어적 의사소통이 들어가는 게임을 하게 함으로써 도움을 줄 수 있다. 처음에 부모는 판다곰 인형을 통해 아이의 곰인형에게 단순한 말을 걸면서 시작할 수 있다. 예를 들어, "물?"이라고 할 수 있다. "컵 줘." "물이 충분하니? 더 많이? 더 조금?"과 같이, 역할놀이 과정에서 계속적으로 단어를 사용함으로써 아이 역시 단어를 사용하게 하거나 또는 부모의 말을 처리하게 자극할 수 있다. 단어를 통해 의사소통을 하고, 아이의 말에 반응하고, 아이의 어휘력을 늘릴 수 있게 함으로써 점차 보다 오랫동안 대화가 오갈 수 있게 되고, 그 결과 더욱 긴 시간 동안 주의를 집중하도록 도울 수 있다.

상대적으로 시각적 정보처리가 취약한 아이의 경우에는 그와 관련된 기술들을 향상시키는 데 유용한 놀이를 할 수 있다. 예를 들어, 파워레인저와 악당이 싸우는 놀이를 하면서 부모는 궁금한 표정으로 "악당이 어디에 숨으려고 할까?" "파워레인저는 어떻게 학교를 되찾을까?" 등을 아이에게 물어볼 수 있다.

정서 발달의 다음 단계인 정서적 사고는 주의력과 맞물려 있다. 감정적인 측면에 대해 생각하기 위해서는 많은 논리적인 개념들을 기억하고 서로 연결지을 수 있어야 한다. 예를 들어, 일찍 자지 않겠다고 우기는 아이는 이렇게 말할 수 있다. "하지만 나는 피곤하지 않단 말이에요! 침대에 깬 채로 계속 누워 있기보다는, 여기 앉아서 TV를 좀 더 보는 게 나아요." 서너 가지의 개념들을 논리적으로 연결한 이러한 문장을 만들기 위해서는 주의력이 필요하기 때문에, 주의력 문제를 가진 아이는 이러한 문장을 만드는 것이 어려울 수 있다. 그런 아이는 단순하게 이렇게 말할 것이다. "나는 늦게까지 자지 않을 거야." 부모는 논쟁과 상호적인 토의를 통해 논리적인 사고를 연마하고 동시에 주의력의 폭을 넓히도록 도와줄 수 있다. "왜 늦게까지 깨어 있으려고 하니?"라고 부드러운 목소리로 물어볼 수 있다. "나에게 두 가지 이유를 말해 주면, 함께 그것에 대해 살펴보자꾸나."

아이의 논쟁 기술을 촉진하고 여러 생각을 논리적으로 연결시키는 데에 있어 아이의 감정이나 욕구를 함께 관련지을 수 있게 하는 것도 중요하다. 자신이 옳고 부모가 틀렸음을 알리려는 건강한 논쟁만큼 아이를 자극하는 것은 없다. 잠드는 시간이나 음식, 예절, 옷 선택과 같이 아이와 부모 사이에 마찰을 일으키는 일을 두고 감정이 담긴 논의를 하는 것은 일부러 만들어 낸 정서적으로 공허한 논의보다 훨씬 효과적이다. 정서가 담긴 일련의 긴 토의를 통해 운동계획에 있어 중요한, 생각과 행동을 순서 있게 조직화하는 연습을 할 기회를 아이에게 제공해 줄 수 있다.

제3자에 자연스러운 관심을 기울이는 다음의 발달단계에서는 아이들로 하여금 자신의 행동이 다른 사람에게 어떤 영향을 끼치는지 생각해 보게 함으로써 보다 복합적인 사고를 자극할 수 있다. 예를 들어, 아이가 더 늦게 잠자는 것에 대해 엄마의 허락을 얻으려고 노력한다면 엄마는 이렇게 아이에게 물어볼 수 있다. "네가 1시간 늦게 자는 것에 대해 아빠는 어떻게 생각할 것 같니?" 제3자의 관점에서 생각해 보게 함으로써, 관계된 사람의 감정이나 생각뿐만 아니라 그 밖의 다른 사람에 대해서도 고려해 볼 수 있게 한다. 이와 비슷하게 아이가 어떤 친한 친구를 초대하면서 다른 친한 친구는 빼놓으려고 한다면, 이렇게 물어볼 수 있다(부정적이거나 비판적인 방식으로 물어보지 않는 것이 중요하다.). "네가 만약 알리시아만 초대한다면 클레어는 그걸 어떻게 생각할 거 같니?" 즉, 보다 긴 시간 동안 주의를 기울이게 할 뿐만 아니라, 복잡한 상황에 담긴 미묘한 측면에 대해서도 주의를 기울이게 하는 것이다. 이를 통해 아이가 자신이 직접 대면하는 사람뿐만 아니라, 그 관계에 결부된 제3자에 대해서도 두루 생각하는 법을 배우게 된다. 주의력은 이제 단순히 어떤 것을 얼마나 오랫동안 생각하고, 학습하고, 집중하는지에 그치지 않고 상황의 다양한 측면들을 얼마나 잘 고려할 수 있는지까지 포함하게 된다.

아이의 세계에 다른 아이들이 포함되는 그 다음 발달단계에서는 주의력이 특히 중요해지며, 심각한 어려움에 직면할 수 있다. 행동이나 활동의 순서를 계획하는 능력이나 청각적·시각적 정보를 받아들이는 능력은 이제 보다 심한 도전적인 환경, 즉 '놀이터 정치'에 직면하게 된다. 순차적인 운동 능력이 취약한 아이는 자연스럽게 다른 아이들과 어울리지 못할 수 있다. 이런 아이는 인사하고, "놀자."라고 말하고, 미소 짓거나 얼굴을 찌푸리는 각 단계의 행동을 의식적으로 계획해야 한다. 다른 아이들에게는 자동적인 일이 이런 아이에게는 노력이 들고, 피곤하고, 마음 죄는 과제가 된다. 예를 들어, 청각-언어 영역이 취약한 아이는 목소리의 어조를 잘 지각하지 못하여 다른 아이들이 화가 났는지, 짜증이 났는지, 행복한지 분별하는 것을 어려워한다. 또한 다른 아이들이 자신을 거부하는 태도를 보였을 때, 그게 장난인지 진지한 행동인지를 구분하기 어려워 어떻게 대처해야 할지 막막해할 수 있다. 그러한 평가를 내리기 위해서는 다른 아이들이 하는 이야기와 말의 어조 및 리듬, 미묘한 말의 순서, 정서적으로 강조하는 부분 등을 재빠르게 파악해야 한다. 많은 아이들이 집단 내에서 빠르게 말할 때, 청각-언어 영역이 취약한 아이는 압도감과 혼란감에 쉽게 사로잡힐 수 있다. 또한 청각적 자극에 과민한 아이는 잡음이 심해지면 심한 혼란감을 경험하고 상황을 왜곡해서 이해하기 쉽다. 이러한 혼란감에서 벗어나기 위해 아이는 전체 이야기에 관심을 기울이지 못하고 일부 아이들의 단편적인 소리들에 연이어 주의를 기울이려고 노력할 수 있다. 예를 들어, 줄리가 말하는 내용의 일부에 주의를 기울였다가, 제임스가 말하는 이야기로 주의를 돌리고, 다시 스테파니의 키득거리는 웃음소리에 신경을 썼다가, 몰리의 화난 목소리에 관심을 기울일지 모른다. 결과적으로는 매우 주의가 산만한 모습을 보일 것이다. 그러다 아이는 주의를 기울이는 것을 포기하고 겉으로 보기에는 덜 산만해 보이지만, 실제로는 자신의 내적 사고에 몰두하고 외부 자극에는 관심을 기울이지 않는 부주의한 모습을 보일 수 있다.

만약 이 아이가 시각적 지각 능력이 뛰어나다면, 부모는 아이로 하여금 시각적 주의력을 이용하여 다른 아이들의 얼굴표정에 초점을 맞추게 함으로써, 아이가 필요로 하는 정서적 단서를 얻고 귀로 들은 내용을 더 잘 이해할 수 있게 도와줄 수 있다. 반대로 시각적 지각 능력이 취약한 아이의 경우에는 다른 아이들을 이해하기 위해 청각적, 언어적 기술을 사용할 수 있게 도와줄 수 있을 것이다.

종종 아이들은 자극에 압도되어 부주의한 모습을 보일 수 있다. 과민한 아이는 일상생활의 여러 가지 자질구레한 일들에 사로잡혀 혼란스러워지게 되기 쉽고, 전체적인 큰 그림을 보기 위해 도움이 필요할 수 있다. 아이가 학교에서 돌아와 "바트가 나한테 화를 내요. 나를 싫어해요."라고 말한다면, 아이에게 지난 한 주 동안 바트가 어떻게 아이를 대했는지 물어볼 수 있다. 예를 들어, 아이가 하루는 바트가 자신에게 화를 냈고, 다음 날에는 잘 대해 주었고, 또 다른 날에는 무관심했다고 말한다고 하자. 그러면 당신은 아이에게 이러한 일련의 조각들을 어떻게 종합할지 물어볼 수 있을 것이다. 아이는 이렇게 결론을 낼지도 모른다. "글쎄요. 그 애는 자기 마음을 어떻게 결정할지 잘 모르는 것 같아요." 이는 상황을 전체적으로 보는 사고로 이전의 것과는 꽤 다른 결론이다. 이와 비슷하게, 보다 넓은 개념에 초점을 맞출 수 있게 도와주기 위해 이야기를 읽어 줄 때 "곰이 아침에 침대 밖으로 나와서 무엇을 할까?"라고 묻는 대신에 "이 이야기는 무엇에 대한 이야기니? 이 곰은 멋진 곰이니?"라고 물어볼 수 있을 것이다. 아이가 전체적인 이야기의 구조는 잘 잡지만, 세부적인 측면들은 잘 기억하지 못한다면, "그 곰이 잘 토라지는 곰이라는 걸 어떻게 알 수 있니?"라고 물어볼 수 있을 것이다. 큰 그림을 볼 수 있을 뿐만 아니라, 세부적인 측면들이 어떻게 큰 그림을 뒷받침하는지 이해할 수 있는 아이는 높은 수준의 주의력에 도달할 수 있다. 그러한 아이는 대부분의 성인들이 갖길 바라는 큰 그림에 대한 개념적 주의력과 시간의 경과에 따른 미묘하고 세부적인 뉘앙스에 대한 주의력을 가지고 있는 것이다.

다른 아이들과 관계를 맺는 데 필요한 다양한 의사소통 방식들에 주의를 기울이는 것이 어려운 아이들이 다른 아이들과 덜 어울리는 게 아니라 더 많이 어울려야 한다는 사실을 기억하고 있어야 한다. 대인관계에서 주의가 산만해지는 문제를 가진 아이의 부모들 중 많은 이들은 아이가 대인관계를 거북해하고 피하는 것을 그냥 내버려 둔다. 또는 부모 자신이 다른 아이들과 가족들을 피하기도 한다. 그럴 게 아니라 부모와 선생님이 아이가 집단 활동에 보다 많이 참여할 수 있도록 도와주어야 한다. 다른 또래들과 어울릴 수 있는 기회를 만들어 주기 위해, 축구나 소프트볼과 같은 집단 운동을 함께하게 할 수도 있다. 이를 통해 아이는 또래들과 상호작용하면서 다른 아이들의 언어적, 비언어적 의사소통에 관심을 가지고 주의를 기울일 수 있는 더 많은 기회를 갖게 된다.

아이가 더 나이가 들면, 아이의 주의력은 더욱 복잡해진다. 자기 고유의 가치를 형성하는 단계에서는 주의를 기울이는 능력이 새로운 차원으로 접어든다. 이때가 되면, 우리는 아이가 보다 많은 계획을 세우고 자신의 내적 소망에 대해 책임의식을 갖는 모습을 볼 수 있게 된다 (예를 들어, "나는 정말 프랑스어를 배우고 싶기 때문에 내년에는 우리 가족들이 프랑스에 갈지 몰라요." 또는 "나중에 좋은 직업을 얻기 위해 수학을 공부할 필요가 있어요."라고 말한다.).

아동의 가치와 목표 및 그러한 목표를 어떻게 이룰지 함께 논의하는 것은 아동의 주의력을 새로운 단계로 끌어올리는 데 도움이 된다. "이

걸 해라." 또는 "내가 너한테 말했지 않니?"라고 말하는 대신 어떤 행동을 하는 이유에 대해 함께 논의해 보는 것은 이 단계에서 특히 중요하다. 부모가 특정 행동의 저변에 놓인 원칙에 대해 생각해 보게 함으로써(예를 들어, "이 상황에서 네가 생각하기에 무엇이 공평하겠니?"라고 물어볼 수 있다), 아이의 추상화 능력을 촉진시키고 내적 원칙을 바탕으로 자기감을 형성할 수 있도록 도울 수 있다. 내적 가치와 목표를 바탕으로 계획을 세우는 능력은 나중에 논문 작성이나 엔진 조립, 음악 연습, 체육과 같은 일에 노력을 기울일 때에 오랜 시간 동안 주의력을 유지하는 데 도움이 될 것이다.

자기관찰과 자기암시

'자기관찰'과 '자기암시'는 다섯 살에서 열두 살 사이의 학령기를 거치면서 아이들이 계발하는 능력이다. 외부 세계를 자기 안에 떠올릴 수 있는 단계(stage of 'world inside me')에 이르면, 아이들은 스스로를 관찰하는 능력을 발달시켜 간다. 이는 발달적으로 진일보한 의식 형태(자신의 생각과 감정에 주의를 기울인다)일 뿐만 아니라, 대다수의 일상적인 주의력 문제를 극복할 수 있게 해 준다. 예를 들어, 주위의 풍경이나 소리에 의해 쉽게 주의가 산만해지는 매우 예민한 소녀를 생각해 보자. 왼쪽에서 그 소녀가 호감을 느끼는 소년이 그녀의 여자 친구에게 속삭이고 있고, 오른쪽에 앉은 아이들이 쉬는 시간에 할 일에 대해 수군대고 있다면 이 소녀는 선생님이 하는 말에 거의 집중하지 못할 것이다. 주변의 자극들에 신경 쓰느라 선생님에게 주의를 기울일 여유가 거의 없기 때문이다. 이에 더해 밖에서 비행기의 굉음 소리가 들리고, 복도에서 몇 명의 아이들이 이야기를 나누고 있다면, 이 소녀는 부주의하고 산만한 모습을 보일 뿐만 아니라, 마치 자신의 몸이 수많은 다른 방향으로 끌어 당겨지는 것처럼 의자에서 갑자기 일어날지도 모른다. 이때 이 소녀는 자기관찰 기술을 사용해서 자신에게 이렇게 말할 수 있다. "자, 한 번 살펴보자. 나는 지금 선생님을 제외한 다른 모든 사람들과 모든 일들에 귀를 기울이고 있어. 내가 지금 다시 선생님에게 주의를 기울이지 않는다면, 나중에 숙제를 어떻게 해야 할지 알지 못할 거야." 이러한 자기관찰 능력은 부모와 교사 또는 상담자와 함께 이러한 상황에 놓인 자신을 상상하고 어떻게 그런 상황을 헤쳐 나갈지 논의하는 과정을 통해 상당히 증진될 수 있다. 대부분의 어린아이들은 이러한 능력을 가지고 있지 않으며, 학령기를 거치면서 점차 습득하게 된다. 다른 모든 기술들과 마찬가지로, 이러한 능력 역시 계속 연습하고 사용함으로써 숙달되고 향상될 수 있다.

자기암시(self-curing)는 주의를 기울일 수 있도록 스스로를 일깨우고 이를 위한 전략을 세우는 일이다. 예를 들어, 몇 분마다 다음과 같은 말을 스스로에게 말하거나 종이에 적어 볼 수 있다. "방금 선생님이 뭐라고 말했지?" 처음에는 이러한 작업이 쓸데없는 일처럼 보일 수도 있다. 하지만 주의를 기울이도록 스스로를 꼬집는 것과 같은 이러한 내적 대화는 쉽게 산만해지는 아이에게 도움이 된다. 이는 외부의 정보에 의식적으로 관심을 기울일 수 있도록 능동적인 내적 과정을 창출한다. 많은 아이들이나 성인들에게 이러한 과정은 필요하지 않다. 그들은 수동적으로 들리는 말에 귀를 기울이거나 주의를 기울이면서도 선생님의 말을 자동적으로 머릿속에 기억한다. 하지만 부주의한 학생들은 보다 능동적인 내적 목소리가 요구된다. 즉, 연구하는 자세로 "선생님이 대체 무엇에 대해 이야기하고 있지?"라고 계속 자신에게 물어볼 필요가 있다.

자기암시는 부주의 때문에 '조직적인 학습 문제'를 보일 때도 유용할 수 있다. 이러한 문제는 학생이 집에 교과서를 가져오지 않거나, 교과서는 가져와도 숙제가 무엇인지는 잊어버렸을 때 나타난다. 또는 교과서와 숙제를 기억해도 다음날 숙제를 제출해야 한다는 것을 잊어버릴 수도 있다. 흔히 나타나는 이런 문제는 종종 더 큰 문제인 순차적으로 일을 처리하는 능력과 관련된 것일 수 있다. 부모와 선생님이 이러한 아이의 모습에 매우 좌절감을 느끼고 아이를 훈육하고 처벌하고 호통을 쳐도 아무 소용이 없을 수 있다. 부모와 선생님은 종종 이런 아이가 어른들의 말을 귀담아듣지 않는다고 생각할지 모른다. 하지만 어른들이 간과하고 있는 것은 책과 숙제를 챙기는 일을 아침에 양말과 신을 챙기는 것같이 일상적으로 받아들이는 다른 아이들과 달리, 이 아이에게는 그러한 일련의 행동들을 하기 위해 상당한 의식적 사고와 노력이 든다는 점이다. 흥미롭게도, 이런 아이의 부모들도 자신의 과거를 돌아보았을 때 옷을 입고 학교 갈 준비를 하고 숙제를 챙기는 등 순차적인 일상 활동을 익히는 걸 어려워했다는 것을 종종 기억하곤 한다.

이러한 조직적인 학습 문제에 있어 자기관찰과 자기암시는 매우 도움이 될 수 있다. 예를 들어, 연습을 통해 아이가 집 밖으로 나가는 문을 보면 "숙제를 챙겼니?"라는 신호를 연상할 수 있다. 많은 성인들도 자질구레한 일들을 기억하기 위해 냉장고에 메모를 붙이거나 조직화된 목록을 작성하는 등 자기암시 전략을 나름대로 사용한다.

··· 전문적 치료와 약물 복용 문제

주의를 기울이고 집중하는 데 곤란을 겪는 아이가 주의력 결핍 장애 진단을 받게 되면 종종 약물 복용을 권유받는데, 이에 대해 부모는 때로 어떻게 해야 할지 망설이게 된다.

부모는 판단을 내리기 전에, 이런 아이를 진단하고 치료하는 과정에서 많은 요인들이 간과되었을 수 있음을 인식할 필요가 있다. 한 가지 요인은 상황에 따른 아이의 주의력과 사고의 변화다. 예를 들어, 지지해 주고 격려해 주는 어른들과 함께 있는 최적의 상황에서 아이가 보이는 행동은 지친 선생님과 스물다섯 명의 아이들이 시끄럽게 북적거리는 교실에서 보이는 행동과는 차이가 있을 수 있다.

고려해야 할 또 다른 측면은 아이의 주의력 문제가 발달적 측면과 관련되어 있는지의 여부다. 우리는 아이가 주변의 감각적 자극이나 움직임들에 대해 어떻게 반응하고 그러한 정보들을 어떻게 처리하는지 주의 깊게 살펴볼 필요가 있다. 아이가 소리나 냄새, 광경에 대해 과민한 혹은 둔감한 반응을 보이는가? 아이가 소리나 단어를 듣거나 어떤 모양이나 쓰인 글자, 단어를 이해하는 데 어려움을 보이는가? 운동계획에 곤란을 겪는가? 이러한 질문들은 치료 계획을 수립하는 데에 매우 중요하다.

또 다른 요인은 아이가 집에서 스트레스를 받고 있는지의 여부다. 아이가 무언가에 몰두하거나 겁을 먹고 있거나 혹은 자극을 받고 있지는 않은가?

적절한 진단과 치료 방법이 결정되기 전에, 이러한 요인들이 모두 고려되어야 한다. 또한 전문가들은 아이의 생각이나 감정, 가족력뿐만 아니라 집이나 학교에서 어떻게 지내고 있으며 친구들과의 관계가 어떤지 등에 대해 고려할 필요가 있다. 적절한 평가를 내리기 위해서는 잘 훈련된 전문가와 여러 번 만나 볼 필요가 있다.

다음에 나오는 지침들은 여러분의 아이를 위해 최선의 방법이 무엇인지 결정할 때 도움이 될 수 있을 것이다.

- 아이가 일대일 관계와 같은 최적의 상황에서는 주의를 기울일 수 있지만, 큰 집단 내에서는 주의를 잘 기울이지 못한다면, 이는 아이가 주의를 기울일 수 있는 기본적인 능력을 가지고 있음을 시사한다. 그럴 때 당신은 우선 아이의 학습 환경을 아이의 능력에 맞추도록 노력하고, 아이가 성장에 맞추어 보다 융통성을 가질 수 있게 도와줄 필요가 있다.
- 만약 아이가 우리가 이야기했던 특정 감각에 대해서 둔감하거나 과민하게 반응하는 모습을 보인다면, 주의를 기울이고 사고하며 배우는 기술을 향상할 수 있도록 적절한 도움을 줄 필요가 있다. 예를 들어, 언어 치료사는 아이의 청각적 정보처리 문제에 대해 도움을 줄 수 있다. 작업 치료사는 운동 및 감각 반응과 이를 처리하는 능력상의 문제에 도움을 줄 수 있다. 특수 교사는 정보처리의 문제에 대해 도움을 줄 수 있다. 치료자들은 아이가 일상생활의 세부적인 측면에 사로잡히지 않고 큰 그림을 볼 수 있도록 새로운 대처 전략을 제시해 줄 수 있다.
- 아이의 가족 내에 정서적 문제가 있는 경우, 상담과 같은 적절한 치료 방법을 통해 도움을 받을 수 있다.

약물 치료를 고려하기 전에, 완전한 평가를 실시하고 다음 사항들을 충족하는지 살펴볼 것을 권장한다.

1. 아이가 최적의 일대일 상황에서도 주의를 기울이고 자신의 생각을 조직화하는 데 곤란을 겪는다.
2. 아이의 독특한 처리 능력을 활용해도 크게 도움이 되지 않는다.
3. 가족 문제와 정서적 요인들이 충분히 탐색되고 다루어졌다.

4. 치료 시도에도 불구하고(적어도 8~12개월 동안), 충분한 진전이 나타나지 않는다. 여기서 치료 시도는 아이가 건설적인 대처 방법을 습득할 수 있게 하고, 회피하고 도망치는 자신의 행동 패턴과 그와 관련된 감정들을 이해하고 다룰 수 있도록 돕는 데 초점을 맞추는 것을 의미한다.

약물 치료가 실시되는 경우, 정기적인 상담이 동반되어야 한다. 이를 통해 약물 없이도 주의를 기울이고 집중하며 논리적으로 사고하는 방법을 배우고, 대처 기술을 향상시킬 수 있게 도와주어야 한다. 약물을 복용해야 하는 아이에게도 상담은 자신의 감정을 다루는 데 도움을 줄 수 있다.

···루이사의 이야기

아홉 살 반인 루이사는 학교에서 보이는 매우 걱정스러운 행동 때문에 나를 찾아왔다. 루이사는 가만히 있지 못하고 공상에 잘 빠지는 소녀였다. 창밖을 바라보고 있고, 책상에 앉아 있어야 할 때 교실을 돌아다니고, 하루에도 열두 번씩 화장실을 들락날락했다. 학교 수업에 집중하는 걸 제외하고는 무엇이든 했다. 성적은 역시 안 좋았다. 대부분의 과목에서 C나 D를 받았다. 학교 수업을 들으면 머리가 뒤죽박죽이 되는 것 같다고 말했고, 숙제도 잘 기억하지 못했는데, 심지어 숙제할 내용을 기억해도 가만히 앉아서 숙제를 하지 못했다. 사실 루이사는 전혀 가만히 앉아 있지 못하는 것 같았다. 음식을 먹다가도 식탁에서 일어나 다른 곳으로 가 버렸고, 어른이 그녀에게 말을 할 때에도 대화 주제에서 벗어나거나 공상에 빠졌다. 시작한 일은 무엇 하나 제대로 끝내지 못했고, 지시에 따르거나 특정한 사실을 기억하는 데에도 어려움을 보였다. "잊어버렸어요." "지루해요." 같은 말을 많이 했다.

루이사는 학교에서 소근육 운동 기술이 지체되어 있고 청각적 처리 능력에 문제를 보이는 등 학습 능력이 부족하다는 진단을 받았다. 같은 보고서에는 지각적 운동 기술에도 경미한 문제가 있다고 보고되었다. 즉, 루이사는 교사가 말하는 것을 이해하고 단어나 형태를 모사하기를 어려워했다.

"루이사를 집중하게 만드는 건 매우 어려워요." 루이사의 엄마인 미리엄이 나에게 말했다. "내 질문에 대답하지 않고 그저 산만하게 돌아다녀요. 그리고 내가 그 애에게 부탁한 것을 결코 하지 않아요. 나는 항상 그 애를 따라다니면서 그 애가 어질러 놓은 것을 청소해야 해요."

미리엄은 남편인 라울 옆에 있는 의자에 뻣뻣하게 앉아 있었다. 그녀는 불안하고 억제된 사람처럼 보였다. 찬장에 가서 접시를 가져오라는 단순한 일에 대해서도 아이가 찬장으로 가다가 심부름을 잊고 이리저리 산만하게 돌아다닌다고 나에게 설명했다. 엄마의 말에 따르면, 루이사는 스스로를 '바보'나 '멍청이'라고 부르는 등 자신을 부정적으로 여기는 것 같았다.

라울은 자기 자녀에게 문제가 있다는 사실에 짜증이 난 것 같았다. 그는 자신에게 초점을 맞추는 걸 더 좋아했다. 라울은 계속해서 화제를 딸의 이야기에서 자기 이야기로 돌렸다. 라울은 이민자 출신 대가족 속에서 힘든 유년기를 보냈지만 지금은 잘 나가는 치과 병원을 개업하고 있다.

"루이사는 고생 없이 자랐어요." 그는 살짝 이질적인 악센트가 섞인 영어로 빠르게 말했다. 그는 잘 생긴 외모에 검은 머리와 크고 부드러워 보이는 눈을 가지고 있었다. "나는 어렸을 때 하루 종일을 가족을 위해 보냈습니다. 일찍 일어나서 밤늦게까지 일해야 했어요. 많은 압박을 받았죠. 하지만 루이사는 4학년 수준의 역사 과목만 기억하면 되잖아요. 내가 학교에 다닐 때는 밤에 음식점에서 아버지가 마룻바닥을 닦는 걸 도와야 했어요."

미리엄과 마찬가지로, 그는 말할 때 거의 움직이지 않았고 의자 위에 뻣뻣하게 앉아 있었다. 두 사람 다 성실한 부모이긴 했지만, 딸이 보이는 문제 행동 중 일부를 회피하고 싶어하는 것이 분명했다.

대화 중에 일에 중독된 생활 패턴을 드러내 보인 라울은 루이사의 행동에 대해 별로 신경 쓰고 싶어하지 않았다. 반면, 미리엄은 남편의 치과 병원에서 많은 일을 해야 한다는 이유로 루이사의 행동에 제한을 가하는 것에 대해 망설이는 모습을 보였다. 그녀는 일 때문에 네 명의 자녀들에게 충분히 신경을 쓰지 못한다며 염려했다.

"아이들은 스스로를 잘 챙길 수 있거든요."라고 미리엄은 말했다. 루이사는 막내였다. 위로 열한 살, 열다섯 살인 두 언니가 있었고, 고등학교 최고 학년인 열여덟 살의 오빠가 있었다. "하지만 그 애들이 학교에서 돌아왔을 때, 내가 집에 있을 수 없으면 기분이 편치 않아요. 라울은 저녁 식사 시간에 집에 오는 법이 없어요. 내가 퇴근했을 때 아이들이 집안을 어질러 놔도 잘 혼내지 않습니다. 집안 분위기를 괜히 망치고 싶지 않으니까요. 그래서 아이들이 어질러 놓은 게 있으면, 내가 그냥 치워 버립니다."

나는 라울과 미리엄에게 루이사의 어린 시절에 대해 물어보았다. 그들은 다른 아이들이 이미 셋이나 있기 때문에 자세한 일은 기억하기 어렵다고 말했다. 미리엄은 루이사는 대체로 말을 잘 들었고, 여기저기 둘러보기를 좋아했으며, 별로 요구가 많지 않은 아이였다고 했다. 하지만 어렸을 때부터 부모의 지시에 따르는 데 어려움을 보였다고 했다.

"엄마에게 컵을 주렴." 같은 단순한 지시에도 머리를 갸우뚱하고 흔들었다고 한다. 쉽게 주의가 산만해졌고, 다른 사람이 말을 걸면 쉽게 주의가 다른 곳으로 옮겨졌다고 한다.

"그 애는 언니나 오빠들처럼 가만히 앉아서 장난감을 가지고 놀지 않았어요."라고 미리엄은 말했다. 루이사는 쉴 새 없이 이 장난감에서 저 장난감으로 옮겨가곤 했고, 명백히 한 가지 활동에 집중하지 못했다고 한다.

말을 늦게 시작했지만, 일단 말을 하게 되자 문장으로 말하는 것을 금방 배웠다고 한다. 하지만 다른 사람의 질문에 대답하기보다는 자기 머릿속의 생각을 말하는 데에 보다 뛰어났다고 한다.

이후 학교에 들어가게 됐을 때, 형태를 모사하거나 이름을 쓰는 것 같은 자신에게 어려운 과제를 하게 되면 루이사는 이런저런 변명거리를 만들어 냈다. 시간이 지나면서 그러한 기술들은 그럭저럭 습득되었지만, 여전히 어려워했기 때문에 가능한 그런 과제를 피하려고 애썼다. 수업 시간에 화장실에 가야 한다고 말하곤 했고, 의자에 앉아 있지 못하고 수업 시간에 킥킥 웃어서 선생님과 계속 부딪히게 되었다.

몇 년이 지나면서, 루이사의 선생님들은 그녀의 학습 문제를 집에서 스페인어와 영어를 함께 사용하고 있는 탓으로 돌렸다. 한 선생님은 미리엄과 라울에게 "걱정하지 마세요. 아이가 더 나이를 먹고 영어에 보다 익숙해지면, 주의력이 향상될 거예요."라고 말했다. 하지만 루이사의 주의력 문제는 해가 갈수록 더욱 악화되었다. "그 애의 영어 실력은 뛰어나요." 미리엄은 고개를 흔들며 나에게 말했다. "그리고 스페인어로 말하거나 쓸 때도 같은 문제를 보여요. 언어 때문이 아니에요."

루이사는 나이를 더 먹었지만, 학교에서 상황을 계속 회피했고, 교실을 떠나서 30분에서 40분간 돌아오지 않는 것에 대해 변명거리를 만들어 냈다. 집에서는 부모에게 숙제나 해야 할 일을 하지 않는다고 혼나면, 자기 방에 들어가 헝겊 동물 인형을 가지고 놀았다.

라울과 미리엄은 루이사가 학령전기 동안 역할놀이에 열중했던 사실을 기억하지 못했다. 루이사는 지금보다 나이가 어렸을 때 할로윈 때 입는 요정공주 옷을 입기도 했다. 최근 들어 더 많은 시간을 헝겊 동물 인형을 가지고 놀기는 하지만, 예전부터 혼자 하는 공상에 자주 빠져 있곤 했다.

나는 라울과 미리엄을 만나면서, 그들이 쉽게 불안해하고 사고의 융통성이 부족하다는 생각이 들었다. 그들은 상상력을 사용하는 것을 편안해하지 않았고, 아이들에게도 상상력을 발휘하라고 격려하지 않았다. 미리엄은 딸들과 가깝게 지냈는데, 이것은 어느 정도 라울과의 거리감을 보상하기 위함이었다. 하지만 상상력과 공감을 사용하여 함께 이야기하고 놀기보다는, 아이들을 위해 무언가를 해 주거나 잔소리를 함으로써 친밀감을 표현했다.

부모와 만난 뒤, 루이사와 첫 회기를 가졌다. 루이사는 키가 크고 마른 소녀였으며 검고 굵은 긴 머리를 가지고 있었고 밝게 미소를 지었다. 색깔이 화려한 레깅스와 스웨터를 입고 있었다. 활짝 미소 짓고 있었지만 팔짱을 끼고 다리를 꼰 채 예민한 눈으로 나를 바라보며 '나를 귀찮게 하지 말아요.' 식의 분위기를 풍기고 있었다. 의자에 앉아 살짝 몸을 앞뒤로 흔들었다.

나는 어떻게 하면 내가 도움이 될 수 있겠느냐고 물어보았다. 그녀는 눈살을 찌푸렸다. "학교요."

"학교의 어떤 점이?" 나는 물어보았다.

그녀는 한숨을 쉬며 약간 화난 듯이 말했다. "학교 과제를 다 못 끝내겠어요."

"숙제를 다 하는 건 쉽지 않은 일이지." 나는 공감을 표현했다.

"선생님이 나에게 너무 많은 과제를 내 줘요." 그녀는 호소하듯 나를 바라보았다. "노력해 보지만, 항상 이렇게 긴 과제들을 해야 해요. 그리고 영어가 모국어가 아니라서 나에게는 작문이 어려워요."

그녀가 나에 대해 조금 긴장을 풀게 됨에 따라, 나는 학업적 부담에 대해 좀 더 말해 보게 했고 작문이 왜 어려운지 물어보았다.

"나는 정말 열심히 노력했다고요. 정말로요." 루이사는 다시 한 번 호소하듯 말했다. "하지만 선생님이 칠판에 아주 빨리 적으시고 내가 옮겨 적기 전에 그걸 지워 버려요. 그리고 때로는 아침에 엄마가 옷과 함께 내 숙제를 놓아두지 않아서 학교에 가져가는 걸 잊어버려요."

"엄마나 선생님이 너를 배려하지 않는다고 느끼는 것 같구나."

그녀는 고개를 끄덕였다. "그리고 나는 항상 선생님들이랑 엄마, 아빠하고 부딪혀요. 그분들은 내가 충분히 노력하지 않는다고 생각해요. 하지만 난 노력하고 있어요. 단지 기억할 게 너무 많아서 그래요."

"기억할 게 많았을 때를 한번 생각해 보겠니?" 나는 물었다. "한번은 집 가까운 데 사는 새로 알게 된 아이랑 대화하고 난 뒤에 책가방을 도서관에 두고 왔어요. 또 한번은 학교가 끝난 뒤에 아만다네 집에 갔어요. 근데 아만다가 내릴 버스 정류장을 깜박해서 급하게 버스에서 내려야 했어요. 그때 사회 공책을 두고 내렸고 결국 잃어버렸어요. 그리고 내 책가방을 챙기고 있는데 리아가 날 밀쳐서 그만 영어 공책을 빠뜨리고 왔어요…"

몇 분 안 되는 첫 만남 동안, 루이사가 나에게 편한 기분 상태와 따뜻하고 적극적인 모습을 보인 것이 인상적이었다. 명료하고 분명하게 말했고, 물건을 잃어버리거나 뭔가를 잊어버렸을 때 그것이 왜 자기 잘

못이 아닌지를 조곤조곤 설명하는 데서 보이듯이 한 가지 주제에 머무를 수 있었다.

하지만 나는 또한 약간의 슬픔과 압도당하는 느낌도 받았다. 이야기를 연달아 하며 말이 빨라짐에 따라, 논리가 잘 맞지 않는다는 걸 그녀 자신도 인식하는 것 같았고, 긴장감이 올라오는 것을 느낄 수 있었다. 그녀는 몸을 앞으로 기울인 채, 서둘러 설명을 하고 변명을 했다. 단호하고 긴장된 어조가 목소리에 끼어들었다.

첫 회기의 남은 시간 동안, 루이사는 혼란스럽고 지나치게 부담이 되었던 일들과 엄마와 선생님 같은 어른들이 어떻게 자신을 힘들게 했는지 설명했다.

두 번째 회기에서는 첫 회기 이후로 있었던 일들을 나에게 말했다. 다른 아이들이나 교사, 부모 때문에 무언가를 잊어버린 다른 예들을 상세히 설명하기 시작했다. 이런 일이 생길 때 기분이 어떠냐고 물어보자, 아이는 재빨리 반복하여 말했다. "그것은 내 잘못이 아니에요." 나는 누군가 그녀를 비난하고 탓할까 봐 두려워하는 그 애의 걱정에 대해 공감해 주었다. 스스로를 변명하는 그녀의 모습 뒤에는 어떤 실수에 대해서든 그녀를 몰아세울 준비가 되어 있는 내면의 가혹한 목소리가 있음을 느낄 수 있었다.

나는 그녀에게 "네가 정말 노력하고 있다는 걸 사람들이 알아 주고, 그들이 널 탓하지 않는 게 너에게 얼마나 중요한지 알 수 있을 거 같다."라고 말했다.

루이사는 잠시 동안 거의 울 것 같은 얼굴을 했다. 그리고 신발 끈을 느리게 묶는다고 그녀에게 간혹 소리치는 체육 담당 스톤 선생님에 대해 나에게 말했다. 그는 루이사에게 너 때문에 수업이 지체된다고 했다. 내가 집에서도 그렇게 소리치는 사람이 있냐고 물어보자, 아이는 의미심장한 표정을 지었다. 그리고 처음으로 아빠에 대해 이야기하기 시작했다. 때때로 아빠가 모든 사람에게 소리를 친다고 말했다. 엄마가 그녀의 숙제를 도와주고 있을 때 아빠가 들어와 자신과 엄마에게 고함을 치던 상황을 설명했다. 라울은 화난 목소리로 이렇게 훈계하곤 했다. "네가 공상에 빠져 있지 않거나 동물 인형과 놀지만 않아도 그렇게 시간이 오래 걸리지는 않을 거야."

내가 무엇이 아빠를 가장 화나게 하는 것 같은지 물어보았더니 최근 어느 일요일에 가족들이 교회 갈 준비를 하던 일을 이야기했다. 루이사는 자신의 멋진 구두를 찾을 수 없었는데, 이는 엄마가 엉뚱한 장소에 구두를 두었기 때문이었다. 아빠는 그때 정말 화가 나서 문을 꽝 닫았고 그 때문에 벽에 걸린 그림이 떨어졌다고 한다.

그리고 우리는 엄마와 형제들에 대한 이야기를 나누었다. 사람들로부터 비난받을까 염려하는 모습은 여기서도 계속되었다. 또한 엄마가 그녀를 의무적이고 융통성 없는 방식으로 과잉보호하고 있고 아빠가 그녀에게 가끔씩 짜증을 낸다는 사실도 확인할 수 있었다. 아빠가 루이사를 가족 중 가장 어린 딸이 누리는 지위인 작은 공주로 대하지 않는다는 사실도 확인되었다.

루이사는 영리한 아이였지만(그녀가 보여 준 상세한 설명들과 내세운 주장의 근거들을 고려할 때), 나는 그녀의 학업 능력이 어느 정도인지 확인하고 싶었다. 그래서 몇 가지 짤막한 게임을 했다. 몇 개의 숫자를 불러 주고 그것을 기억해서 그대로 쓰고 거꾸로 외워 보게 함으로써 그녀의 청각적 단기 기억력을 관찰했다. 그녀의 능력은 나이를 기준으로 할 때 보통 수준이었지만, 그녀의 전반적인 지능 수준에 비하면 상당히 낮았다. 그리고 나는 루이사에게 종이 위에 그려진 도형을 따라 그리게 함으로써 지각적 운동 기술과 소근육 운동 기술을 관찰했다. 그녀는 이 영역에서도 보통 수준에 현저하게 못 미쳤다. 루이사는 도형을 기억하거나 그리기가 어려웠다.

이러한 결과는 학교에서 보이는 학업 수행과 일치했다. 그녀는 보고 따라 그리는 과제나(예를 들면, 교사가 칠판에 적은 내용을 받아 적는 일), 언어로 많은 정보가 주어지는 과목(예를 들면, 사회 수업)에 곤란을 겪었다. 학교에서 쉽게 주의가 산만해지고 잘 잊어버리는 것도 어찌 보면 당연했다. 이런 기술에 상대적으로 취약한 아이들이 그렇듯, 루이사도 초등학교 시절을 보내기가 힘들 것이다. 이는 왜 그녀가 학교 과제하기를 피하고 선생님들이 아이가 수업을 귀담아듣지 않는다고 보고하는지를 설명해 준다. 그녀는 이야기를 지어내거나 과학 실험을 하는 것 같은 사고와 추론, 창의성이 요구되는 과목에 보다 뛰어난 능력을 가지고 있었다. 하지만 그러한 지식들은 고등학교나 대학교에 가서 공부하기 전까지는 그리 강조되지 않는다. 그래서 루이사 같은 아이는 낮은 학년을 보내기가 더 어려울 것이다. 사실 그녀에게는 대학이나 대학원보다 초등학교 시절이 가장 어렵고 좌절감을 느끼는 시간일 수 있다.

루이사는 학교생활에 대해 좀 더 이야기했다. 어떤 것을 잊어버렸던 경우를 계속 말하면서, 그것이 왜 자기 잘못이 아닌지 설명했다. "네가 어떻게 잊어버리는지 한번 살펴보자꾸나." 나는 이렇게 제안했다. "차근차근 살펴보렴."

루이사는 잊어버리게 되는 일련의 상황들을 대략적으로 설명했다. 집안에서 해야 할 허드렛일들과 만만치 않은 분량의 과제물에 대해 설명했다(루이사는 많은 숙제를 내 주는 학교에 다니고 있었다.). 처음에는 기억해야 할 게 너무 많다는 점만 말했다.

"내가 할 일들이 계속 쌓이고 쌓여서 산더미 같거든요." 그 말을 듣고 나는 그렇게 일이 많을 때 그녀가 어떻게 하는지 궁금해했다. 그러자 갑자기 아이의 얼굴에 미소가 크게 번졌다. 자랑스러워하는 기색을 보이며 그 애는 "때때로 나는 그곳에 없는 척해요."라고 말했다. 어떻게 그렇게 하느냐고 물어보자 이렇게 말했다. "잊어버리는 것과 비슷해요. 마치 그것을 꿰뚫어 볼 수 있는 것처럼 행동해요. 눈에 보이지 않게 만드는 것과 같아요."

나는 수백 개의 종이와 숙제, 교사의 메모, 엄마와 아빠가 기억을 상기시켜 주기 위해 루이사에 남긴 메시지들이 모두 갑작스레 사라져 버리고 그녀가 네버랜드로 날아가는 모습을 떠올릴 수 있었다.

나는 "내 생각에는 네가 그것을 그냥 못 본 척하려는 것 같은데."라고 말했다. "안 보이게 만들어요. 그게 핵심이에요." 보이지 않게 만드는 것은, 그것을 잊어버리는 것이든, 최소화하는 것이든 간에 루이사의 대처 방법이었다. 하지만 이러한 전략은 학업적 부담감을 더욱 가중시킬 뿐이었다.

보이지 않게 만드는 상황에 관해 좀 더 이야기해 가자 루이사는 미소를 지었고 얼굴에 긴장이 줄어들었다. 아이는 "나는 사물을 없어지게 만드는 데 능숙해요."라고 말했다.

나는 고개를 끄떡이며 동의를 표시했다. 그리고 감정에 대해서도 비슷하게 하는지 물었다. 그러자 그녀는 자발적으로 이렇게 말했다. "때로 누구에게 화나면, 그들이 보이지 않는 척해요. 그러면 그들을 볼 필요가 없잖아요."

감정을 감추는 다른 상황에 대해서도 물어보자, 그녀는 말했다. "학교에 있는 선생님들은 여자아이들보다 남자아이들을 더 좋아해요. 우리 담임선생님도 남자아이들을 더 많이 불러요. 그리고 남자아이들이 숙제를 안 해 올 때는 그 애들한테 그렇게 화내지 않아요. 때로 나는 담임선생님도 보이지 않게 만들어요."

이번에는 가족 내에서 어떤 일이 일어나는지 물어보았다. 그녀는 말했다. "집에서는 알리시아 언니가 나를 항상 부려 먹어요. 엄마는 언니 편을 들어요." 루이사는 엄마와 언니 사이의 동맹에 대해 설명하며, 마치 자신에게 두 명의 엄마가 있는 것 같고 둘 다 자신을 구박하고 지배하려 한다고 말했다. 그것이 그녀를 화나게 만들었다.

"아빠는 어떠니?" 나는 물었다. "내 생각에 아빠는 좀 더 공평한 것 같아요. 하지만 집에 별로 없는 걸요." 그리고 재빨리 덧붙여 말했다. "하지만 괜찮아요. 아빠는 우리를 위해 열심히 일하고 있어요. 엄마가 그렇게 말했어요. 그러니까 그건 그리 큰 문제가 아니에요." 그녀는 미소 지으면서 "중요하지 않아요."라고 스페인어로 말했다. 나는 이러한 감정들도 보이지 않게 만드는지 물어보았다. 그러자 루이사는 자기 방에 들어가 집 안에는 귀신들만 있고, 어떤 사람도 보이지 않으며, 헝겊 인형들만 보이는 것처럼 가장한다고 말했다. 그녀는 대개 외롭거나 화가 나거나 질투가 나거나 또는 아빠가 그리울 때, 이렇게 하는 것 같았다.

나는 이러한 모든 것들, 즉, 숙제나 불쾌하게 느껴지는 강한 감정들을 차라리 안 보이게 만드는 것이 그녀 입장에서는 더 쉬울 수 있다는 점에 대해 공감해 주었다. 그녀는 고개를 끄덕였다.

학교 적응의 어려움 때문에 나를 보러 오는 많은 아이들이 루이사와 비슷한 대처 방법을 사용한다. 특유의 취약성 때문에 이들은 외부의 요구에 대해 압도감을 느낀다. 거기에 대처하는 방법은 많은 상황들을 잊어버리거나 도망치는 것(물리적으로든 정신적으로든)이다. 이러한 대처 방법은 지속적인 문제를 야기할 수 있다. 이 아이들이 그들이 직면하고 있는 것(이러한 대부분의 아이들은 직면하지 못한다)을 인식하지 못한다면, 그들은 스스로를 보다 수동적인 피해자로 바라보게 될 수 있다(불

루이사의 이야기

공평한 일들이 자신에게 일어났다고 생각할 수 있다.).

　내가 느끼기에 루이사는 성격상 중요한 많은 요소들이 그 연령대에서 요구되는 수준에 부합하고 있었다. 다른 사람들과 관계를 가지고 함께 어울릴 수 있고, 다른 사람의 말에 귀를 기울일 수 있다. 또한 다른 사람의 몸짓과 얼굴표정을 읽을 수 있었다. 자신의 감정을 묘사할 수 있었고, 서로 다른 정서적 생각들을 연결 지어서 현실을 검증하고 충동을 조절할 수 있었다. 하지만 이와 동시에, 정서적 융통성이 부족했다. 예를 들어, 분노나 경쟁심, 슬픔의 감정을 다루는 것을 회피했다. 그녀는 또한 많은 숙제와 학습의 어려움과 관련된 과중감, 무능감, 비효율성 등의 느낌들을 다루는 것을 피했다. 친구나 형제, 엄마 또는 학교와 관련된 좌절감이 쌓여 화가 나고 슬퍼지면, 그 모든 것들을 보이지 않게 만들었다. 이는 하나씩 어려운 도전들을 숙달하기 위해 애쓰거나 자신의 감정을 (적어도 스스로에게) 언어적으로 표현하는 것과 같은 보다 적절한 대처 방법을 습득하기 어렵게 만들었다. 때때로 그녀 또래의 아이들은 다른 사람을 탓하거나 화내는 대신에 다른 사람을 경멸함으로써 자신의 감정들을 부인하려고 노력한다("나는 걔가 미워요."라고 말하는 대신 "걔는 바보예요."라고 하거나, "숙제를 할 수 없어요." 대신에 "선생님은 가르치는 방법을 모르고 숙제를 너무 많이 내 줘요."라고 말할 수 있다.). 하지만 그녀의 경우에는 무엇이 문제인지 적어도 인식하고 있고, 자신의 감정에 대해서도 대체로 알고 있다. 비록 상황을 합리화하거나 상황에 따라 인식의 차이를 보이지만, 루이사는 나름의 방식으로 대처하고 있는 것이다.

　루이사는 나름의 인지적 문제 때문에 학교 활동 중 일부와 읽기와 같이 언어 정보를 차례대로 처리하는 것과 관련된 숙제를 할 때 보다 많은 에너지와 주의력이 필요했다. 하지만 루이사는 노력을 더 많이 기울이지 않았다. 그녀는 자신의 어려움을 보상하는 데 유용한 '자기암시'와 같은 방법을 사용하지 않았다. 기억해야 하는 어떤 종류의 과제에 대해서든 그것을 '보이지 않게' 만들었다. 어쩌면 그녀가 자연스러운 흐름을 좇아갔다고 말할 수 있을지도 모른다. 즉, 많은 정보들을 보이지 않게 함으로써 잘 잊어버리는 그녀의 자연스러운 특성이 확대된 것일 수 있다.

자신의 취약성을 더 키우는 그녀의 태도가 이상한 것일까? 전혀 그렇지 않다. 대부분의 아이들은 자신이 가진 자연스러운 경향들을 대처 전략으로 전환시킨다. 일이 잘 풀리지 않을 때, 그러한 대처 전략이 부정적인 경우에도 거기에 매달린다.

다른 많은 사람들과 마찬가지로, 주의력 문제를 가진 아이들도 자연스럽게 생기는 일을 하는 것이다. 연속적인 언어 정보에 대해 뛰어난 기억력을 가진 성인을 생각해 보자. 그(녀)는 잊고 싶어도 잊을 수가 없을 것이다. 그(녀)는 모든 언어적 여운에 대해 과민하게 신경을 쓰고 언어 자극들을 모두 기억하기 때문에, 가족들에게 그들이 무엇을 해야 하는지 상기시켜 주느라 골치가 아플 수 있다. 그(녀)는 그러한 끔찍한 기억력을 가지고 있는 것을 피할 수 없다. 때로 그런 사람은 불안하고 과도한 부담감을 느낄 때, 자신과 가족들의 세세한 일상에 대해 더욱 예민하게 신경을 쓰게 될 수 있다. 그(녀) 역시 그(녀)가 가진 신경 체계의 피해자다. 그(녀)는 이완하고 싶고, 루이사처럼 사물을 보이게 않게 하고 싶을 수 있다. 하지만 그렇게 하지 못한다. 연속적인 언어 정보에 대한 기억력이 취약한 사람이나 뛰어난 사람이나 모두 같은 보트 위에 타고 있는 것이다. 사람은 스트레스를 받게 되면 자신의 자연적 경향에 더욱 의존한다. 따라서 스트레스를 받게 되었을 때, 보다 적응적인 대처 전략을 사용하는 방법을 습득하기 전까지는 자신이 자기에게 가장 큰 적이 될 수 있다. 루이사 같은 성향을 가진 아이들에게는 그들의 자연적 경향과 거꾸로 갈 수 있도록 도와주는 것이 치료목표가 될 수 있다.

우리는 루이사가 자연적인 경향으로 인해 정보를 보이지 않게 만들려고 할 때조차도 그 정보를 마음속에 담고 있을 수 있게 가르치는 것을 작업의 목표로 했다. 그녀는 두 가지의 서로 관련된 어려움을 가지고 있었다. 하나는 그녀의 신경 체계가 정보를 처리하는 방식과 관련되어 있었다. 다른 하나는 그녀가 자신의 신경 체계에 대처하는 방법, 즉 취약성을 보완하기보다는 그것을 더욱 확대시키는 대처 방식과 관련되어 있었다. 그러므로 우리는 이 두 가지 측면에서 루이사와 작업을 해야 했다. 문제를 악화시키는 그녀의 대처 방법에 대해 먼저 작업이 이루어져야 했다. 대처 전략을 다루지 않고 기저의 정보처리 문제만을 다루려고 하면, 이는 마치 경사면의 돌덩이를 언덕 위로 굴려 올리려는 노력을 하는 것이 될 수 있다. 우리가 루이사의 기저 문제를 극복하기 위해 시도하는 것들을 루이사는 회피하고 도망치려 할 것이다. 그러므로 두 수준 모두에서 작업할 필요가 있다.

··· 플로어 타임: 공감적 분위기 유지하기

루이사의 부모와 관련된 첫 번째 도전은 옷을 입히고, 밥을 주고, 숙제를 챙겨 주는 하루하루의 당면 문제들(이러한 일들은 양쪽 부모 모두 매우 잘하고 있다)을 넘어 딸에게 더 많은 관심을 갖는 것이다. 라울과 미리엄의 관계 역시, 분주한 대가족 내에 보다 편안하고 따뜻한 분위기가 감돌 수 있도록 조치가 필요했다. 주의력 문제를 유발하는 루이사의 학습 문제를 다루기 위해서는 아이들을 보다 따뜻하게 보살피는 가정 환경이 필요했다.

나는 루이사의 부모를 만나 아이와 부모의 관계뿐만 아니라 동시에 부부 사이의 관계도 향상시킬 필요가 있음을 강조하는 데 시간을 투자했다. 라울과 미리엄과의 회기에서 우리는 라울이 왜 저녁 8시나 그보다 늦게까지 집에 돌아오지 않는지에 대해 대화를 나누었다.

"내가 집에 일찍 들어오면," 라울은 아내를 향해 고개를 끄덕이며 말했다. "아내가 화를 낼 것 같아요. 왜냐하면 아내는 내가 아이들을 돌봐주지 않고 자기를 무시한다고 말하거든요." 라울은 늦게까지 사무실에 머물러 있는 것을 통해 가정의 평화를 유지할 수 있다고 느꼈다. 라울은 그가 집에 들어올 때쯤 되면 미리엄이 너무 지쳐서 자신을 성가시게 하지 않는다고 했다.

미리엄은 라울의 주장을 듣고 깜짝 놀랐다. "난 아이들, 집, 그 밖의 모든 것들에 대해 책임을 지고 있어요." 그녀는 계속해서 "그리고 당신이 일하는 걸 돕는 걸 포함해서 나 혼자서 그것들을 다 할 수는 없어요. 그래요, 물론 당신이 집에 오면 바로 당신에게 잔소리를 하죠. 왜냐하면 당신이 집에 결코 일찍 오지 않기 때문이에요."라고 말했다.

나의 제안에 따라 라울과 미리엄은 아이들이 잠든 뒤에 아이들 문제보다는 각자가 서로 무엇을 필요로 하고 원하는지 대화하려고 노력했다. 놀랍게도 많은 가정들이 특별한 일 없이 함께 시간을 보내는 것을 어려워한다. 라울과 미리엄은 그 시간을 특별한 일 없이 서로에게 공감적으로 귀를 기울이는 시간으로 만들기 위해 노력했다. 다른 말로 하면 그들은 그들 자신들을 위한 '플로어 타임'을 계획한 것이다.

얼마 지나지 않아 그들은 라울이 미리엄을 피하려 하면 할수록 미리엄은 가정의 책임을 혼자서 다 떠맡아야 한다는 것에 더욱 화가 나고, 그 결과 밤에 남편이 들어왔을 때 남편에게 잔소리하려는 마음이 더욱 커진다는 사실을 발견하게 되었다. 이러한 패턴은 라울과 미리엄 모두 그들이 원하는 만큼 가족 내에서 편안하고 따뜻한 태도를 보이고 있지 않다는 것을 의미했다. 그래서 협상을 했다. 라울은 저녁 약속을 잡지 않고 집에 왔고, 그 대신 미리엄은 아이들이 잠자리에 들어간 뒤에 부부가 매일 밤 갖는 30분 동안의 '비즈니스 미팅' 시간까지는 어떤 잔소리도 하지 않았다. 이러한 재협상 과정을 통해서 라울은 아이들과 어울리는 시간을 즐길 수 있게 되었다. 특히 루이사와 잘 어울렸다. 물론 이렇게 되기까지는 시간이 필요했다.

"나는 이런 일에 익숙하지 않아요." 라울은 루이사와 플로어 타임을 가지려고 몇 번 시도한 뒤에 이렇게 말했다. 라울과 루이사는 함께 무엇을 해야 할지, 서로에게 무슨 말을 해야 할지 잘 몰랐다.

나는 라울을 안심시켰다. "불편하고 긴장되는 감정도 친밀한 관계에서 경험될 수 있습니다." 나는 그에게 말했다. "그런 감정들을 참아내 보세요. 얼마 지나지 않아 두 사람을 편안하게 해 주는 어떤 일이 일어날 겁니다."

라울이 루이사의 방에 뻣뻣하게 앉아서 어색하게 시간을 보내던 어느 날, 루이사는 학교 과제로 제출하기 위해 자신이 생각해 낸 동물을 점토로 조각하고 있었다. 침묵이 길어지고, 루이사는 자신이 하고 있는 일에 더욱 몰두했다. 라울은 점차 흥미를 가지고 루이사의 작업을 지켜보게 되었다.

"아빠 생각에는 이게 뭐 같아요?" 루이사가 물었다. "공룡?" 라울은 추측했다. 루이사는 킥킥 웃고는 고개를 내저었다. "알 것 같아." 라울은 다시 시도했다. "그것은 아주 긴 꼬리를 가진 개야." 루이사는 좀 더 크게 웃고는 놀리듯이 고개를 흔들었다. "아니요. 그건 아니에요. 아빠. 이것은······." 그녀는 고개를 뒤로 젖히고 눈을 감은 채 생각에 잠졌다. "이것은 후스파예요. 일종의 공룡이지만 말처럼 긴 다리를 가지고 있어요. 이 녀석은 자기를 괴롭히는 누구로부터도 정말 빠르게 달려서 도망칠 수 있어요."

다음 몇 주 동안, 루이사는 계속해서 여러 다른 종류의 동물들을 만들었다. 각 동물은 이전에 만들었던 동물보다 더 빠르고 잘 도망쳤다. 위험으로부터 도망치는 주제가 계속 나타났다. 그녀는 자신이 가진 도망자로서의 대처 방법을 놀이를 통해 표현하고 있었다. 하지만 이는 루이사가 일상에서 보여 주는 회피 경향과는 결정적으로 다른 것이었다. 여기서의 도망은 창조적인 공상이었고, 그녀에게 가장 가혹한 비난을 하는 목소리이자 가장 피하고 싶었던 사람인 그녀의 아빠가 여기서는 그녀의 말 한마디 한마디에 귀를 기울이는 친근하고 지지적이며 공감적인 사람이었다.

부모들은 대개 조용하고 공감적인 자세로 그냥 아이 옆에 머문 채, 아이가 아이 자신과 부모 그리고 그들 사이의 관계에 대한 환상을 표현하게 하는 것만으로도 아이를 위해 놀랄 만한 일을 한다는 사실을 종종 인식하지 못한다. 아이들은 순간의 기분을 가지고 극단적이고 생생한 이미지를 만드는 경향이 있을 뿐만 아니라 현실 파악 능력이 빈약하기 때문에 종종 아이들이 표현해 내는 공상적 내용은 왜곡되어 있을 수 있다. 공감적인 부모가 곁에 차분히 머물러 줄 때, 아이는 자기 스스로 이러한 이미지들 중 일부를 재작업할 수 있다. 부모가 무엇이 진행되고 있는지 정확히 알아야 할 필요가 있는 것은 아니며, 심리치료자의 역할을 하거나 아이가 상연하는 드라마를 해석하려고 애쓰지 않아도 괜찮다. 부모의 따뜻한 태도는 부모와 아이가 그동안 갇혀 있던 부정적인 관계 패턴에서 벗어날 수 있게 해 준다는 점에서 도움을 준다. 예를 들어, 라울은 루이사가 필요할 때 정서적인 도움을 주지 못했고, 가혹하고 비판적인 역할만 해 왔다. 부모가 보여 주는 따뜻한 이해의 태도는 아이에게 새로운 심리적 영역을 탐색할 수 있는 자유를 주고, 아이와 새로운 관계를 맺을 수 있게 해 준다.

앞에서 설명했듯이 루이사는 문제에 대처하는 방법으로 도피하는 방식을 선호했다. 그녀는 자신을 화나게 만든 책이나 숙제, 사람들을 보이지 않게 만들곤 했다. 초기에 아빠와 놀 때, 그녀가 만든 동물들은 종종 특별히 빠른 다리를 가지고 도망치곤 했다. 라울은 루이사가 만든 여러 동물들이 얼마나 빠르고 놀라운지 지켜보고 그것에 대해 자신의 의견을 말했을 뿐이지만, 루이사는 천천히 그녀가 만든 동물들의 성격을 변화시켰다. 하루는 도망치는 동물을 만드는 대신에, 루이사는 이렇게 말했다. "얘는 자기를 쫓아오는 동물들을 먹어 치울 수 있는 크고 거친 이빨을 가지고 있어요."

시간이 흐르면서 라울과 루이사는 그들의 게임을 즐길 수 있게 되었다. 루이사가 점토로 어떤 형태를 만들면, 라울은 그것이 무엇인지 추측했다. 루이사는 많은 동물들을 만든 뒤에 그들이 얼마나 크고 무서운지에 대한 이야기를 만들어 내는 것을 좋아했다. 그녀는 '크고 거친 이빨'뿐만 아니라 거대한 발톱과 독니, 커다란 부리, 거대한 침 등을 표현했다. 이러한 환상들은 그녀로 하여금 공격적인 감정들을 표현할 수 있게 도와주었다. 이는 결과적으로 그녀에게 그런 감정을 이야기하고 생각해 볼 수 있는 융통성을 갖게 해 주었다. 루이사가 전에는 결코 편안하게 받아들이지 못했던 자신의 상상력을 이제는 유용하게 사용하고 있다는 점 역시 중요하다.

아빠와의 놀이와 여러 가지 '창조물'들은 루이사의 다른 대인관계에도 역시 영향을 미쳤다. 그녀는 점차 주장을 할 수 있게 되었고, 친구와의 관계나 일상적 사건에 있어 전반적으로 덜 회피하게 되었다. 친구와 논의하거나 토론할 때 자신의 관점을 보다 분명히 제안하기 시작했다.

미리엄이 루이사와 플로어 타임을 갖기 시작했을 때, 그녀도 장애물에 부딪쳤다. 라울과 마찬가지로, 미리엄 역시 처음에는 무엇을 하고 무슨 대화를 나누어야 할지를 어려워했다. 미리엄은 침묵을 싫어했기 때문에, 루이사의 학교 숙제나 루이사의 방 안에 있는 흥미로운 물건들에 대해 물어보면서 시간의 공백을 채우려고 했다. 이러한 대화는 불가피하게 학교 수업이나 방을 깨끗이 정리하는 게 중요하다는 설교로 흘러갔다. 그러면 루이사는 뒤뜰로 도망치거나 거실에서 TV를 보곤 했다. 미리엄은 자신이 염려하고 있는 것에 초점을 맞추어서는 플로어 타임이 성공할 수 없음을 깨닫기 시작했다. 그녀는 자녀들이 의사, 변호사, 학자로서 인생에서 확실히 성공할 수 있게 하려는 의도로, 계속해서 자녀들을 압박하고 잔소리해 왔음을 깨닫기 시작했다. 그녀와 라울의 가족들은 먼 곳에서 미국으로 이민을 왔다. 그래서 미리엄은 자녀들이 뒤처지게 만들지 않겠다고 결심했다. 하지만 우리의 대화를 통해 미리엄은 자녀의 성공에 대한 집착이 그렇게 심해진 것이 라울과의 관계에서 정서적으로 공허감을 느끼기 때문이기도 하다는 것을 깨닫게 되었다.

플로어 타임을 했던 어느 날, 미리엄은 침묵을 채우기 위해 무리하지 않았고 루이사는 자발적으로 길모퉁이에 살고 있는 소년에 대한 이야기를 엄마에게 들려 주었다. 루이사는 그 소년 조시가 자기를 좋아할지도 모르겠다고 느끼고 있었다. "그 애는 버스 정류장에서는 나한테 거의 주의를 기울이지 않았어요." 그녀는 엄마에게 말했다. "하지만 조시와 그의 친구들은 버스를 타고 학교에 가는 내내 나를 쳐다봤어요. 그리고 어제는 운동장에서 나를 따라다녔어요." 루이사는 그것이 기쁜 것 같았다.

미리엄은 처음에 루이사가 이처럼 자기에게 마음을 열었다는 것에 놀랐다. 나와 대화를 나누면서, 미리엄은 자기와 루이사가 늘 가까웠음을 새롭게 깨달았다. "그냥 그 애가 말하게 내버려 두었다면 그 아이가 나에게 남자아이들에 대해 말했을 것 같아요."라고 말했다.

루이사가 내놓은 작은 비밀을 들으면서 미리엄은 딸과 함께 시간을 보낼 때 침묵을 좀 더 견뎌 낼 필요가 있다는 걸 깨닫게 되었다. 미리엄은 루이사에게 어느 정도의 여백, 즉 원하는 것을 말하고 생각을 펼치는 데 필요한 시간을 주는 것이 중요하다는 것을 알게 되었다. 루이사와 미리엄은 저녁을 먹은 뒤에 함께 대화하는 시간을 기다리기 시작했다. 루이사는 대개 미리엄에게 학교에 있는 또래들에 대한 이야기를 했다. 미리엄은 지금껏 루이사에게 친구가 별로 없다고 생각했다. 하지만 루이사는 누가 자신에게 잘 대해 주고, 누가 자신에게 심술궂게 대하는지, 어떤 소년들이 자신에게 호감을 보이는지에 대해 말하기 시작했다.

미리엄은 루이사가 학교 친구들에 관해 말할 때, 루이사의 상상력을 이용하여 딸과의 대화를 풀어 나갔다. "내 생각에는 조시가 나를 좋아하는 것 같아요." 루이사가 한번은 이렇게 말했다. "조시는 그 사실을 아드리안에게 말했고, 아드리안은 산티아고에게, 산티아고는 나에게 말했어요." "네 생각에는 조시의 마음속에 어떤 일이 일어났을 것 같니?" 미리엄은 딸에게 물었다.

루이사는 이 소년들이 생각했을 것 같은 내용에 대한 이야기를 만드는 걸 좋아했다. "조시가 날 좋아하는 건, 내가 동물을 좋아하기 때문이란 걸 장담할 수 있어요." 그녀는 엄마에게 이렇게 말했다. "내가 주위에 가면 그 애는 소, 고양이, 개 울음소리를 흉내 내요. 그는 매우 재미있어요. 내 생각에는 그 애가 동물원이나 그런 비슷한 장소에 가고 싫어하는 것 같아요!" 루이사는 엄마와 함께 자신이 새끼 고양이가 되어 조시가 그녀에게 저녁밥을 주는 역할놀이를 했다.

미리엄은 자기가 끼어들어서 대화를 통제하려고 하면 루이사가 회피하고 도망친다는 매우 중요한 사실을 배우게 되었다. 반면에, 미리엄이 경청하고, 다정하고 수용적인 태도로 머물러 주면 루이사가 엄마에게 자신의 가장 깊은 비밀들을 보여 주었고, 자신의 상상력을 사용하여 따뜻한 돌봄을 받아들일 수 있었다.

흥미롭게도 루이사는 아빠와 함께하는 시간 동안에 자신의 공격적인 감정을 피하지 않고 다루어 갔다. 이는 그녀의 아빠가 가족 내에서 화를 내고 비판하는 사람이었기 때문에 의미가 크다. 엄마와는 남자아이들에 대한 감정뿐만 아니라 사랑과 보살핌의 감정들을 다루었다. 부모와 함께하는 시간을 통해 루이사는 회피하고 도망가던 모습에서 적극적으로 자신의 생각을 함께 나누는 모습으로 바뀌어 갈 수 있게 되었다. 앞에서 언급했듯이, 도망치는 스타일은 부분적으로 루이사의 학습 경향, 즉 정보처리 방식에 영향을 받은 것이고, 이로 인해 불쾌한 상황을 회피하거나 보이지 않게 만드는 게 그녀에게는 훨씬 쉬운 일이었다. 이제는 부모와의 새로운 관계를 통해 루이사는 새로운 심리적 대처 방법, 즉 자신의 감정과 소망을 적극적으로 표현하는 법을 익히고 있었다.

루이사와의 대화를 통해, 미리엄과 라울은 루이사가 자신의 생각에 몰두하는 경향이 있다는 점을 진지하게 인식하게 되었다. 저조한 청각적 처리 능력으로 인해, 아이는 외부에서 들리는 말들을 이해하기보다는 자신의 내부 생각에 귀를 기울이는 데 익숙했다. 이로 인해 루이사는 부모가 매우 공감적이고 정서적으로 관심을 가져줄 때조차도 종종 부주의한 모습을 보였다. 루이사의 부모는 공감적인 태도를 보이려고 노력하면서도, 루이사에게 질문하거나 루이사가 한 말에 대해 언급했을 때조차도 루이사가 자신의 생각 속으로 **빠져드는** 것 같다고 종종 불평했다. 예를 들면, 라울이 루이사와 함께 점토로 뭔가를 만들고 있을 때 말을 걸었는데 "루이사는 나로부터 멀리 떨어진 채 점토에만 신경 쓰고 내가 무슨 말을 하든 주의를 기울이지 않았어요. 내가 그 애가 만든 동물이 얼마나 빨라 보이는지 모르겠다고 말했는데도, 그 애는 점토를 쳐다보면서 동물 얼굴에 있는 자줏빛에 대해 이야기했어요."라고 루이사의 태도에 대해 이야기했다.

이와 비슷하게, 미리엄도 루이사가 학교에 있는 남자아이에 대해 말하기 시작했을 때 비슷한 좌절감을 느끼곤 했다. 미리엄이 소년의 이름에 대해 물어보곤 했지만, 루이사는 엄마의 질문을 마치 무시하는 것 같았고, 그 아이의 '멋진 티셔츠'에 대해서 말했다.

나는 이러한 일들이 청각적 처리 문제로 인해 루이사가 대화를 시작하고 마치는 데 어려움이 있음을 보여 주는 것이라고 생각했다. 나는 대화를 주고받을 때 부모가 인내심 있고 일관적인 태도로 루이사를 지원할 수 있도록 도와주었다. 아이가 부주의한 상태로 **빠져들** 때 그녀의 부모는 과거에 그랬듯 단순히 포기하고 뒤로 물러서는 대신, 일련의 질문들을 통해 대화를 이어 가고 구성할 수 있게 되었다. 루이사와 대화할 때 라울과 미리엄이 경험하는 느낌, 즉 루이사가 갑자기 사라져 버린 듯한 당혹감을 느끼는 것을 루이사가 이해할 수 있게 하려고 노력했다. 그럴 때면 가장 부드럽고 인정 어린 목소리로 그들은 "루이사가 어디로 갔지?"라고 말했다. 만약 루이사가 이런 부드러운 신호를 받은 뒤에도 이야기 주제로 돌아오지 않을 때, 부모는 약간 더 밀어붙였다. "……에 대해 네가 방금 이야기하고 있었는데."라고 말하거나 또는 "내가 방금 질문했는데, 약간 당황스럽구나."라고 말했다. 때때로 부모는 자신들의 상상력이나 동물에 대한 루이사의 관심을 이용했다. 그들은 "나는 길 잃은 작은 강아지야."라고 루이사에게 말했다. 그들은 루이사가 하던 대화를 마칠 수 있게 도왔다. 초기에는 루이사가 자신의 생각에서 빠져나와 질문에 대답하기까지 부모가 10~15분 정도 인내심을 발휘해야 했다. 부모 쪽에서 먼저 대화를 중단하지 않도록 주의했다. 설사 저녁 시간 전부가 소요되더라도, 루이사 쪽에서 부모를 향해 말을 걸어야 그 상황이 끝날 수 있도록 했다.

몇 달이 지나자 루이사는 부모로부터 오는 정보를 처리하는 데 필요한 여분의 집중력을 유지하는 데 꽤 능숙해졌다. 이는 청각적 처리에 문제가 없는 아이에게는 애써 노력을 기울이지 않아도 될 일이었지만 루이사는 부모와 보다 원활하게 대화를 주고받게 되었다. 도망치는 주제에서 공격성과 친밀감에 대처하는 것으로 공상이 변화했고, 의사소통하고 정보를 조직화하는 방식에 있어서도 주장적인 새로운 수준을 보일 수 있었다. 루이사는 정보처리의 어려움을 더욱 가중시키기보다는 그 어려움을 보완하는 방법을 배우고 있었다.

··· 문제해결 시간: 아이의 강점 활용하기

부모가 치료에 적극적으로 참여하고 아이를 따뜻하게 돌보는 분위기가 마련되면 다음에는 문제해결 시간 차례다. 여러분도 기억하겠지만, 이 시간에는 부모와 아이가 함께 문제에 대해 논리적으로 해결 방법을 찾아야 한다. 다양한 문제 상황들을 상정해서 함께 현실적인 해결책을 강구한다. 반드시 어떤 특정 시간이나 장소를 대상으로 해야 하는 것은 아니다. 미리엄은 루이사를 학교에서 데려온 다음에 이 시간을 갖기로 했다. 라울은 아침에 루이사를 학교에 데려다주는 시간을 활용하기로 했다.

　나는 미리엄과 라울에게 루이사가 직면한 문제들을 폭넓게 바라보고 어려운 상황에 대해 일반적으로 어떻게 대응해야 할지에 대해 루이사와 함께 대화해 볼 것을 권했다. 루이사의 경우에 문제해결 시간의 목표는 그녀를 난처하게 하거나 좌절시키는 상황을 그녀가 어떻게 회피하거나 도피하는지를 깨달을 수 있게 돕는 것이었다.

　아이에게 자신의 특징적인 행동 방식을 알게 하고 그것을 해결한다는 생각은 불가능하게 보일지도 모른다. 부모는 매우 난처해질 수도 있다. 하지만 작은 발전이라도 전혀 발전이 없는 것보다는 덜 실망스러울 것이다.

　문제해결의 첫 번째 단계는 아이로 하여금 어려움을 느끼는 상황을 살펴서 그럴 때 어떤 감정들이 올라오는지 예상해 보게 하고, 그러한 상황에서 대개 어떻게 대처하는지 함께 살펴보는 것이다. 이때 아이의 특정한 대처 전략에 대해, 설사 거기에 동의하지 않더라도 존중하고 인정하는 태도를 취하는 것이 중요하다. 이는 그것이 불편한 감정을 피하는 아이 나름의 방식이기 때문이다. 학습의 어려움으로 인해 주의력 문제를 보이는 아이와의 문제해결 시간은 아이의 약점뿐만 아니라 강점을 발견할 수 있게 해 준다. 아이는 자신을 관찰하는 방법을 배우고, 어떤 일이 보다 쉽고 어떤 일이 보다 어려우며 많은 노력이 드는지를 살펴볼 수 있게 된다. 이것이 가능해지면, '자기암시'와 같은 유용한 전략들을 사용할 수 있다. 예를 들면, 루이사는 학교 책상 위에 필요한 교과서 목록을 적은 쪽지를 붙여 두었다. 보다 복잡한 방법으로는, 교실 밖에 서 있는 나무를 보면 수업이 다 끝났을 때 선생님에게 숙제가 무엇인지 물어봐야 한다는 생각이 연상되게 했다. 또 루이사는 어떤 상황을 피해 떠나고 싶은 충동이 들거나 주의집중이 안 되는 상황에서

'불확실하고 불편하게 느껴지는 무언가가 있는 게 분명해.'라고 생각하도록 훈련했다.

루이사는 자신에게 압도적이고 좌절감을 주는 과제나 사람, 상황을 피하는 데 능숙했다. 그리고 그녀는 자신이 무력하고 과중한 부담을 안고 있다고 느끼는 데에 매우 익숙해져 있었다. 그래서 문제해결 시간 동안 미리엄과 라울은 루이사가 불편한 상황에서 얼마나 쉽게 도망치는지를 이야기했다.

"내 생각에는 네가 뛰어난 도망 예술가 같구나. 너도 그걸 알고 있니?" 하루는 미리엄이 루이사에게 이렇게 말했다. 루이사는 미소 지었다. 루이사는 도망 예술가로 불려진 것이 기분이 좋았지만 겉으로 티는 내지 않았다. "무슨 의미예요?" 루이사는 물었다. "글쎄, 너도 알다시피." 엄마가 대답했다. "이해 안 되는 어려운 수업 시간에 선생님이 보기 싫어 아이들이 창 밖으로 구름을 바라보기도 하잖니."

루이사는 자신이 구름을 잘 쳐다본다는 사실을 기꺼이 인정했다. 받아쓰기나 읽기 시간, 역사 시간에 구름을 쳐다보곤 했다. 루이사는 몇 가지 예를 들었다. "우리는 남북 전쟁에 대해 배우고 있었어요." 루이사는 계속 말했다. "커틀러 선생님은 우리에게 장군들의 이름을 불러 주었어요. 장군들이 너무 많았어요! 저는 창 밖을 바라보느라 그 이름들을 적는 걸 까먹었어요."

미리엄은 루이사의 대처 방식을 존중할 필요가 있다는 걸 떠올렸다. 미리엄은 이렇게 물었다. "구름 속에서 무엇을 봤니?" 루이사는 잠시 생각했다. "여러 가지 형태와 사물들을 봤어요. 원도 있었고 사각형도 있었어요. 심지어 사람이나 동물처럼 보이는 구름들도 있었어요. 어제는 아름답고 긴 가지를 가지고 하늘까지 뻗어 있는 나무처럼 생긴 구름을 봤어요." 확실히 그녀는 구름에 많은 주의를 기울이고 있었다. 그리고 그녀는 그러한 형태들 중 일부를 조형 작품으로 만들어 보고 싶다고 말했다.

이러한 공감적 대화 속에서, 부모는 루이사에게 그녀가 어떤 행동을 취하는지 스스로 관찰해 보게 했다. 교실 밖으로 나가는 방법인 '화장실' 수법뿐만 아니라, '잠에 빠진 발' 수법도 있었다. 루이사는 자신의 발이 잠에 빠지는 척하고, 발을 깨우기 위해 이곳저곳을 돌아다녔다. '물고기에게 먹이 주기'도 있는데, 이것은 갑작스럽게 교실 수족관 안에 있는 물고기가 배가 고프고 먹이를 줄 필요가 있다고 결정 내리는 것이다. 이러한 수법들에 대해 다 들은 뒤에 미리엄과 라울은 '루이사가 학교에서 자기 자리에 제대로 앉아 있은 적이 있었을까.' 하는 생각을 했다. 물론 루이사는 그녀의 발이 잠들지 않고 물고기가 배고프지 않다는 사실을 잘 알고 있었다. 그러나 자리에서 뛰쳐나감으로써 자신에게 난처한 상황, 글자 쓰기나 반복적인 필기 같은 잘하지 못하는 과제를 피하고 있었다.

이러한 사실들을 알게 된 뒤에, 루이사의 부모는 문제해결을 좀 더 진척시킬 수 있었다. 루이사로 하여금 피하고 싶은 상황에 대해 생각해 보게 하고, 그런 상황에 처했을 때 어떤 감정이 생기는지 예상해 보게 했다. 그리고 어떻게 행동할 것 같은지 예측해 보도록 했다. 미리엄과 라울이 그녀와 함께 어려움이 있을 것 같은 상황에 대해 처음 논의했을 때, 루이사는 어떻게 느낄 것 같은지 잘 모르겠다고 말했다. "그러면 이렇게 가정해 보자꾸나." 라울이 말했다. "나는 선생님이고 네가 오늘 배워야 할 다섯 개의 단어에 대한 철자를 설명하고 있는 거야." 라울은 영어로 빠르게 말하면서 칠판에 단어를 쓰는 시늉을 했다. 그러자 이걸 지켜보던 루이사는 점점 더 혼란스러워 했다. 이러한 상황을 네다섯 번 시연하자 루이사는 아빠를 쳐다보며 이렇게 말했다.

"아빠가 나를 놀릴까 봐 두려워요. 왜냐하면 나는 그 단어들을 모르겠고 다른 아이들이 모두 나를 비웃을 것 같거든요." 루이사는 태어났을 때부터 스페인어뿐만 아니라 영어를 말해 왔지만, 영어와 스페인어를 모두 어려워했기 때문에 자신의 문제를 예민하게 의식하고 있었다. 당황스럽고 창피한 감정은 다른 많은 초등학생들과 마찬가지로 루이사도 극히 두려워하는 두 가지 감정이었다.

"선생님이 그랬니?" 라울이 물었다. "아니요." 루이사는 인정했다. "하지만 언젠가는 그렇게 할 것 같아요."

나와의 논의를 통해, 부모는 이 시점에서의 목표는 그러한 감정들을 극복하는 것이 아니라 루이사로 하여금 그녀가 어떤 감정들을 경험하고 있는지 이해할 수 있게 하는 것이라는 점을 배웠다.

"감정을 두려워하는 것은 사람을 두려워하는 것과 비슷하단다." 그는 부드럽게 말했다. "네가 그 감정에 대해 잘 알면 알수록, 그 감정에 대한 두려움이 줄어들 거야."

후에 내가 루이사와 이러한 감정들에 대해 논의했을 때, 아이는 당황스러울 때 얼마나 화가 나는지 설명하면서 '화산' 같은 감정이 분출될 것 같다고 말했다. 어떤 패턴이 눈에 들어왔다. 교실에서 편치 않은 과목을 공부하게 될 때마다 루이사는 당황스러운 감정과 '화산과 같은' 감정을 경험하곤 했던 것이다. 이러한 불편감과 당황스러운 감정에 수반되는 분노감(화산의 이미지로 표현되는)을 피하기 위해 그녀는 자신의 도피 방법 중 하나를 택해서 그 상황에서 벗어나려 했다.

루이사는 여러 가지 힘든 상황들을 찾아보고, 그러한 상황들을 예상하는 방법을 배우기 시작했다. 이제 그녀의 회피 시도는 더 이상 그녀에게 갑작스레 일어나는 일이 아니게 되었고 그녀가 쉽게 설명할 수 있는 명확한 행동 방식의 일부가 되었다. 이러한 자기 인식 능력의 향상은 그 자체로 진전을 가져왔다. 대개 아이가 자신이 사용하고 있는 전략을 인식하게 되면 동일한 회피 전략을 사용하지 않게 된다. 물론 아이 '스스로' 자신의 행동을 인식할 필요가 있다. 부모들이 아이가 그것을 인식하게 만들 수는 없기 때문이다.

루이사와 그녀의 부모는 그런 어려운 상황에서 그녀가 취할 수 있는 다른 방법들을 생각해 보기 시작했다. 회피하거나 학습을 기피함으로써 스스로 더욱 악화된 상황에 빠지지 않으면서도 어떻게 하면 불편감을 피할 수 있을까?

어떤 대안적 대처 전략이 되었든 그것이 원래 행동이 추구하는 목적을 어느 정도 충족시켜야 한다는 것을 기억하는 것은 중요하다. 다른 말로 하면, 원래의 행동이 고통과 당황스러움을 피하기 위한 것이었다면, 새로운 전략 역시 아이로 하여금 고통과 당황스러움을 피할 수 있게 해 주어야 한다. 그렇지 않으면, 아이는 새로운 전략을 전혀 사용하지 않을 것이다.

많은 경우 최적의 해결 방법은 아이가 잘할 수 있고 자부심을 느끼는 특별한 기술을 찾아서 그것을 아이가 창피하게 느끼는 상황에 적용해 보게 하는 것이다. 이것은 생각만큼 그렇게 어렵지 않다. 루이사는 그림 그리기나 조각, 형태나 모양을 만드는 자신의 재능에 대해 자부심을 느꼈다. 하지만 언어와 작문을 어려워하고 두려움을 느꼈다.

"형태를 그리는 루이사의 뛰어난 능력을 언어 문제에 사용할 수 있게 도와주면 어떻겠습니까?" 나는 라울과 미리엄에게 제안했다. "그림 그리는 것을 가지고 글쓰기를 익히는 걸 어떻게 도울 수 있죠?" 그들은 물었다.

나는 이 문제를 루이사와 함께 탐색해 보도록 권유했다. 여러 번에 걸쳐 머리를 맞대고 궁리한 뒤에, 자신도 어렸을 때 비슷한 문제를 가지고 있었다는 것을 떠올린 라울은 해결책을 생각해 냈다. 그는 루이사에게 그림 그리기를 일종의 메모로 사용해 볼 것을 제안했다. 예를 들어, 교사가 어떤 이야기를 들려 주고 나중에 아이들이 그 이야기에 대한 질문에 대답해야 할 때, 이야기의 주된 내용을 그림으로 그려 보게 했다. 루이사는 자기 스스로 이야기에 나오는 인물들을 작은 동물들로 그리겠다고 결정했다. 예를 들어, 어떤 소년이 여동생과 갈등이 있다면, 루이사는 서로에게 화가 나 있는 두 고양이에 대한 그림을 그렸다. 그녀는 인간 형태보다는 동물 형태를 더 선호했는데, 이는 동물 형태가 더 그리기 쉽기 때문이다. 나중에 루이사는 종이와 사인펜 없이도 마음속에서 그림을 그릴 수 있다는 것을 발견했다. 곧이어 그녀는 단어나 문장을 기억할 때에 겪는 어려움을 보완하기 위해 자신이 가진 뛰어난 시각적 심상화 능력을 사용할 수 있게 되었다. 단어들을 시각적 형태로 전환시킴에 따라, 이해 능력도 향상된다는 걸 발견하게 되었다. 아이들이 TV에서 방영하는 시리즈 만화 내용을 마음속에 떠올리듯이, 루이사는 여러 가지 이야기들을 시각적으로 마음속에 떠올릴 수 있었기 때문에 이야기에 대해 논의하고 서로 다른 등장인물들이 어떻게 느낄 것 같은지 토론할 수 있었다. 외부의 정보를 이해하는 데 성공을 거두게 되면서 루이사는 안정감과 자신감을 갖게 되었다. 이러한 감정은 당혹감을 느끼고 도망치려 할 때 느끼는 것보다 훨씬 더 즐거운 감정들이었다.

이러한 접근법은 숙달되기까지 여러 달이 걸릴 수 있으며, 때로는 몇 년이 걸릴 수도 있다. 하지만 설사 몇 년이 걸리더라도 아이가 평생 동안 지니게 될 대처 능력을 얻을 수 있다는 것을 부모는 알고 있어야 한다. 많은 성인들이 그리 도움이 되지 않는 대처 전략, 예를 들어 회피하거나 무질서하게 행동하는 것과 같은 학령기 시절에 습득된 잘못된 전략에 계속 의존하곤 한다. 하지만 어떤 성인들은 어린 시절 운 좋게 배울 수 있었던 보다 유용한 대처 방법들을 사용하기도 한다. 여러분이 비교적 초기에 어려움을 발견하고 알아차리기 시작했다면, 시간은 당신의 편이다. 오래 가지 못하는 급히 만든 미봉책보다는 느리고 점진적이어도 실제적인 향상을 가져다주는 대처 방법을 습득하기 위해 노력하는 것이 보다 도움이 될 수 있다.

루이사는 저조한 청각적 처리 능력으로 인해 다른 사람의 말보다는 자신의 생각에 주의를 기울이는 것을 보다 편안해했기 때문에, 부모는 계속해서 그녀와 대화를 연습했다. 루이사가 대답을 하지 않거나 자신의 생각 속에 빠져 있으면, 그들은 혼란스러운 것처럼 행동했다. 그리고 길을 찾고 있는 길 잃은 작은 동물로 자신을 표현함으로써 자신들이 혼란스럽지 않을 수 있도록 도와달라고 루이사에게 부탁했다. 대화가 딴 데로 새거나 또는 학교에서 있었던 일에 대해 논의하다가 루이사가 도망치는 공상에 빠질 때, 루이사의 부모는 그들이 혼란에 빠졌음을 강조했다.

라울과 미리엄은 또한 공상 능력을 건설적으로 사용하도록 격려했다. 예를 들어, 루이사가 '말문이 막히는' 느낌에 대해 말할 때, 그 느낌이 마치 모래 속에 갇힌 달팽이 같다고 생각하면서 그 이유를 설명하기 위해 공상에 빠질 수 있다. 그러다 다시 돌아와 '말문이 막히는' 느낌에 대해 이야기한다면, 그녀는 문제를 상세히 살펴보고 해결하기 위해 공상을 사용한 것이다. 반면, 길 잃은 달팽이에 대해 이야기를 하다가 해변에서 예쁜 조개껍질을 주운 친구에 대한 이야기로 화제가 바뀌고 언제 친구가 다시 해변에 놀러가는지 궁금하다고 말하면, 이때는 루이사가 도피적인 공상을 하는 것이다. 그럴 때 그녀의 부모는 이렇게 말했다. "나도 그 해변에 대한 이야기를 하고 싶지만, 지금 나는 네가 말한 작은 달팽이 같은 느낌이 드는구나. 길을 잃어버린 느낌 말이야. 좀 전에 우리가 무슨 이야기를 했지? 어떻게 해서 이런 이야기를 하게 되었지?" 이렇게 하는 데 10분에서 15분이 걸리고 대화가 잘 안 되는 경우에도, 루이사의 부모는 지속적으로 이러한 대화를 계속했다. 대화가 보다 원활하게 이루어지게 되었을 때 루이사 자신과 친구들 그리고 학교생활에 대해 이야기하기가 더 쉬워졌다.

▸ 공감: 비판을 공감으로 대체하기

아이의 관점에서 세상을 바라보려고 노력하는 것이 도움이 된다는 것을 부모는 알아야 한다. 이런 공감적인 태도는 아이가 특정한 방식으로 행동하고 느끼게 만드는 자신의 기본적인 사고방식을 알아차리게 하는 데 도움이 된다. 미리엄과 라울은 루이사와 문제해결 시간을 갖는 동안 딸을 비난하기보다는 딸의 감정을 공감하는 법을 배웠다.

루이사는 취약한 감정을 느끼는 것은 잘못된 것이라고 생각했다. 그래서 특별히 어려운 상황이 닥치게 되면 그것을 보이지 않게 만들었고 취약한 감정을 느끼기보다는 그것으로부터 도망쳐 왔다. 루이사에게 취약한 감정을 느끼는 것은 가족들로부터 사랑받지 못하고 유대가 단절될 것이라는 두려움을 일으켰다. 부모는 루이사의 부주의함을 비난함으로써 그녀의 무력감을 가중시켰다.

외롭고 혼란스러우며 취약한 감정들에 공감하는 것은 많은 부모에게 그렇듯이 라울과 미리엄에게도 새로운 경험이었다. 그들 안의 비난적인 목소리는 그들에게 이렇게 속삭였다. "네가 좀 더 좋은 아빠나 엄마였다면, 네 아이가 그런 감정을 갖지는 않았을 거야." 하지만 모든 감정은 인간 삶의 한 부분을 차지한다. 나쁜 감정들 또한 좋은 감정들인 사랑, 자부심, 기쁨, 행복만큼이나 피할 수 없는 우리 삶의 한 부분이다. 우리 아이가 그런 나쁜 감정들을 경험하고 있다고 해서 부모로서의 우리 모습이 작아지는 것은 아니다.

라울이 자기 안의 취약성을 인식하게 된 것은 특히 중요한 일이었다. 그가 속한 문화에서는 남자가 취약함을 인정하는 것은 매우 어려운 일이었다. "나는 때때로 아빠 역할을 하는 게 편하지 않았던 것 같습니다." 그와 미리엄이 함께했던 회기에서 그는 이렇게 말했다. 그는 팔짱을 끼고 말했다. "나는 매우 유능한 치과의사예요. 하지만 아빠로서 나는……." 그가 적절한 구절을 찾으려고 애쓰는 동안, 이마에 땀이 배어 나오고 입술이 약간 떨렸다. "……미숙합니다. 좋은 아빠가 된다는 게 어떤 것인지 모르겠어요. 우리 가족이 이 나라로 이민 왔을 때 내 아버지는 매우 바빴습니다. 나는 아버지를 자주 보지 못했습니다. 그리고 지금 내가 잘하고 있는지 모르겠어요. 아이들을 좀 더 안아 주어야 할까요? 내가 아이들에게 '제대로' 하고 있는지 결코 확신이 안 섭니다."

미리엄은 종종 아이 하나하나에게 충분히 잘해 주고 있지 못하다는 느낌이 든다고 말했다. "아이가 네 명이나 되고 남편 사무실에서도 일해야 하기 때문에, 저는 항상 아이들에게 충분히 잘해 주지 못하고 있다고 느껴요." 그녀는 말했다. 이러한 감정들에 대처하기 위해, 미리엄은 아이들이 숙제를 잘 챙기고, 옷은 깨끗하게 입는지, 점심은 잘 챙겨 먹는지, 방은 단정한지와 같은 일상적인 걱정에 초점을 맞추었다. 그 결과, 그녀는 아이들에게 비판적인 태도를 보였다. 아이들에게 계속해서 이거 해라 저거 해라 하고 말하면서, 귀여워해 주거나 상상놀이를 함께할 시간은 거의 갖지 못했다. 또한 아이들을 충분히 잘 돌보지 못하는 것에 대해 자신의 기분이 안 좋다는 것을 생각할 여유를 갖지 못했다.

"아이들은 유아 시절처럼 동일하게 당신을 필요로 하는 것은 아닙니다." 나는 그녀에게 말했다. "하지만 그들은 학교에서 겪은 새로운 경험과 걱정들을 나누고 마음속의 감정들을 공감받기 위해, 당신과 시간을 함께 보내길 바랄 겁니다. 이것은 점심을 챙겨 주고 숙제를 도와주는 데 시간을 쓰는 것만큼 중요한 일이지요."

시간이 지나면서 미리엄은 아이들과 점점 균형 잡힌 관계를 맺어갈 수 있었다. 그리고 라울은 루이사가 감정적으로 취약한 점이 있다는 것을 자신이 좋은 아빠가 아니라는 의미로 받아들이는 대신에, 아이의 그러한 취약한 부분을 공감해 주게 되었다. 이는 그들로 하여금 아이들에 대해 덜 비판적인 태도를 보이게 만들었다.

··· 도전 단계 쪼개기: 주의력 증진시키기 '한 번에 한 걸음씩'

부모는 아이가 겪는 어려움을 작은 단계들로 쪼갬으로써 주의력 문제를 보이는 아이가 어려움이 있던 학업 영역에서 수행이 향상되도록 도울 수 있다. 아이에게 학습은 즐겁고 유쾌할 필요가 있으며, 부모와 선생님이 아이가 매우 빨리, 크게 향상되기를 기대해서는 안 된다는 것을 기억해야 한다. 여기서도 목표는 강점을 통해 약점을 보완하는 것이다.

루이사에 대한 우리의 처음 목표는 형태나 모양 또는 색깔에 대한 그녀의 관심을 이용하여 학습을 방해하는 감정을 조금이라도 표현할 수 있게 도와주는 것이었다. 라울과 미리엄은 실망이나 당황스러움과 같은 단순한 감정에서부터 시작했다.

"이러한 감정을 그림으로 표현한다면, 어떻게 그릴 수 있을까? 어떤 색깔, 어떤 형태로 그리겠니?" 미리엄과 라울이 말했다. 루이사는 약간의 당황스러움은 오렌지 계열 분홍색으로 표현하면 되고 매우 큰 당혹스러움은 매우 밝은 분홍색으로 표현하면 된다고 했다.

"당황스러움은 어떤 모양일 것 같니?" 미리엄이 물었다. 루이사는 살짝 미소 지었다. "그건 내 과학책에 나와 있는 아메바처럼 생겼을 거예요."라고 말했다. "둥그렇고 작은 게 몸 밖으로 나와 있어요. 그리고 당황스러운 감정처럼 자라나요." 루이사는 점차 다른 감정들도 색깔과 형태로 묘사했다. 분노는 밝은 붉은색으로 모서리가 날카롭고 끝이 뾰족한 형태로 묘사했다. 슬픔은 부드러운 파란색과 둥근 모양으로 묘사했다. 행복은 노란색과 구름 모양을 사용했다. 두려움은 침침한 갈색과 직사각형을 사용해서 표현했다.

다음 도전은 가벼운 실망이나 창피함을 느꼈을 때 이를 알아차리도록 돕는 것이다. 이러한 연습을 몇 주 하는 동안, 루이사는 집으로 돌아와 학교에서 '분홍색' 감정과 '붉은색' 감정을 느꼈다고 말하곤 했다. 그녀는 감정에 색깔과 형태를 부여하며 이를 재미있어 했다.

우리는 또한 읽기와 이해를 향상시키기 위해 언어적 개념에 대한 작업을 시작했다. 이 작업은 힘들었다. 언어적 개념을 어떻게 모양이나 형태, 색깔로 변화시킬 수 있겠는가? 루이사와 같은 어려움을 가진 아이에게 교실에서 들려 주는 이야기는 그저 단어들이 나열된 것으로 밖에 안 들린다. 그녀는 문장을 머릿속에 담고 있지 못하기 때문에, 이야기는 그녀에게 어떠한 줄거리나 의미도 전달해 주지 못한다. 루이사는 점차 이야기에 나오는 각 요소들에 색깔과 이미지를 부여하는 방법을 익히기 시작했다.

만약 이야기가 생생하게 잘 기술되어 있으면 루이사는 그 이야기를 마음속에 그려 보았다. 하루는 선생님이 해변에서 조개껍질을 찾다가 길을 잃은 소녀에 대한 이야기를 들려주었다. 소녀의 엄마가 소녀와는 반대쪽 방향으로 걸어 나가고 있어서 소녀가 화가 났을 때, 루이사는 분노를 묘사하는 밝은 붉은색을 이 부분에 대입시켰다. 그리고 소녀가 자신의 곤경에 대해 점점 두려움에 빠지게 되었을 때, 루이사는 갈색 계통의 색깔을 연상했다. 그녀는 이 이야기가 붉은색(분노)에서 갈색(두려움)으로 변화하는 소녀와 해변을 포함하고 있다고 기억했다.

선생님이 그녀에게 물었다. "루이사, 이것은 무엇에 대한 이야기니?" 루이사는 처음으로 대답했다. "해변에 앉아 있는 붉은 소녀가 갈색으로 변해요." 선생님은 어리둥절한 표정을 지었다. "이해를 못 하겠구나. 주제가 뭐니?" 선생님은 물어보았다. "해변에서 길을 잃고 엄마를 찾을 수 없는 소녀에 대한 이야기예요. 처음에 그녀는 정말 화가 났지만 좀 지나자 두려움을 느꼈어요." 선생님은 미소를 지었다. 루이사가 읽기 과제를 듣고서 이렇게 많은 내용을 기억한 건 이번이 처음이었다. "루이사, 선생님은 정말 감명을 받았단다."

루이사의 부모와 나는 루이사와의 작업을 계속해 나갔다. 이는 마치 영어와 쓰기 선생님들이 더 어렵고 복잡한 내용의 학습을 위해서 기초를 탄탄히 다져 주는 것과 같았다. 그녀의 강점(상상하고 심상을 떠올리기)이 약점(기계적 암기나 읽기)을 보완하기 위해 사용되었다. 루이사는 주어진 정보를 머릿속에 담고 그것에 대해 사고할 방법만 찾으면 명석하게 생각하고 주의를 잘 기울일 수 있었다.

이런 노력이 성공하기 위해서는 각각의 과제가 작은 단위로 세분될 필요가 있다. 그래야 아이가 각 단계에서 성취감을 맛볼 수 있게 되고 더욱 열의를 갖게 되어 계속해서 이런 작업을 할 수 있을 것이다. 만약 아이가 한 단계에서 지나치게 많은 도전을 해야 한다면, 그 단계를 더 작은 단위로 쪼개야 한다. 예를 들어, 루이사가 해변에 있는 소녀에 대한 이야기를 기억하기 위해 색깔과 이미지를 사용하는 데 익숙하지 않다면, 단순히 소녀가 보이는 한 가지 감정에 대해 한 가지 색깔만을 기억할 수 있게 하고(밝은 붉은색의 화난 소녀) 이후에 또 다른 색깔들을 기억하게 할 수도 있다.

아이의 진전이 예상보다 느려 때로는 참기 힘든 조바심을 느낄 수도 있다. 그럴 때일수록 부모는 자신을 격려하고 인내심을 가져야 한다. 나는 종종 아이가 몇 가지 특별한 도전들을 숙달하고 어느 정도 자신감을 얻은 뒤에야 호전에 속도가 붙는 것을 발견하곤 한다. 아무리 작더라도 각각의 단계는 중요한 성취이고 발전임에 틀림없다.

··· 제약 두기: 아이가 주의를 유지할 수 있도록 돕기

루이사의 경우에서 알 수 있듯이, 주의력 문제를 보이는 아이들은 오랜 세월에 걸쳐 다양하고 교묘한 전략과 빠져나갈 길을 마련해 놓고 있다. 제약 설정이 가져다주는 틀은 그런 아이가 보다 조직화되고 집중된 상태를 유지하도록 돕는다.

놀랄 만한 발전에도 불구하고, 회피적이고 사물이 보이지 않는 것처럼 여기는 부적응적인 습관이 간혹 다시 나타나기도 했다. 루이사는 친절하고 공격적이지 않은 아이였기 때문에, 공격성과 관련된 제약 설정은 거의 없었다. 그보다는 도망가는 패턴을 보일 때 그러지 못하도록 하고 하던 일을 지속하도록 하거나 대화 과정에 계속 머물러 있도록 하는 식의 제약 설정이 대부분이었다. 특히 루이사가 글쓰기가 많이 필요한 긴 숙제를 피해 도망가지 않도록 하는 데 신경을 많이 썼다.

루이사의 부모는 아이의 강점이 계속 발휘되도록 하고, 녹음기를 이용해서 그녀의 미숙한 소근육 운동 기술을 보완해 그녀가 자신의 생각을 빨리 정교화할 수 있도록 도왔다. 그리고 부모는 녹음된 내용을 루이사가 받아 적는 것을 도와주었다. 루이사가 좀 더 큰 다음에는 녹음된 내용을 컴퓨터 앞에서 타이핑하는 것을 도와주었다.

그녀의 부모는 융통성 있게 그녀를 지지해 주었지만, 그녀가 도전적인 과제를 회피하려 하면 그러지 못하도록 틀을 잡아 주었다. 예를 들어, 부모는 평일 동안에 루이사가 숙제를 끝마치지 않으면 그녀가 좋아하는 토요일 밤 TV 프로그램을 보지 못하게 했다. 시간이 더 필요한 경우에는 주말 동안에 보충하도록 했다. 하지만 아무리 보채고 불평하고 변명해도("손을 다쳤단 말이에요.") TV를 더 보게 하지는 않았다. 처음에 그녀는 동물 인형을 가지고 놀거나 공상에 빠지는 식으로 도망가는 모습을 보였는데, 그래도 TV 곁으로는 결코 갈 수 없었다. 그녀의 부모는 최근에 개봉한 영화를 루이사에게 얼마나 보여 주고 싶었는지 모른다고 말했다. 하지만 그녀가 할 일을 안 하고 동물 인형을 갖고 놀기를 더 좋아하면 미리엄은 이렇게 말했다. "그 영화 보는 건 미뤄야겠구나." 문제해결 시간 동안, 루이사가 회피적인 반응을 보이면 그녀가 좋아하는 일을 못하게 된다는 것을 예측할 수 있도록 도와주었다.

느리지만 여러 달을 거쳐서 루이사는 이러한 단호한 지침에 익숙해졌으며 숙제를 마치도록 자신을 동기화할 수 있었다. 녹음기 사용을 제안한 데서 보듯이 부모의 융통성 있는 태도는 그녀가 부모가 진정 자기 편이라고 생각하게 만들었다. 하지만 그녀는 또 잔꾀로 부모를 속일 수 없다는 것 역시 알게 되었다. 제약 설정을 둘러싼 타협이 잘 이루어지지 않을 때, 라울과 미리엄은 딸과 옥신각신하지 않고 그동안 계속해 온 플로어 타임을 늘림으로써, 숙제와 같은 어려운 문제를 두고서도 함께 해결책을 궁리할 수 있는 긍정적인 관계를 유지할 수 있었다.

앞 장에서 지적했듯이 제약 설정은 추가적인 플로어 타임과 함께 진행되어야 하는데, 이는 플로어 타임이 학습과 주의력의 문제를 극복하기 위해 필요한 협동적이고 보살펴 주는 분위기를 유지하는 데 도움이 되기 때문이다. 동의된 제약을 아이에게 강요했을 때 부모가 느끼는 죄책감을 덜고 안정감을 느끼기 위해서라도 플로어 타임의 증가는 필요하다.

제약 설정이 힘겨루기를 하는 식으로 변질되어서는 안 된다. 아이에게는 부모가 자신을 지지해 준다는 느낌이 필요하다. 특히 학습에 특별한 어려움을 보이는 아이에게는 더욱 그러하다. 자녀가 학습 문제로 인해 정서적 패배감에 빠지게 해서는 안 된다. 부모와 함께하는 따뜻하고 자유로운 시간을 통해, 아이들은 자신의 강점을 인정받는다고 느끼고 무조건적이고 안전한 소속감을 경험할 수 있어야 한다.

일반적으로 주의력 문제가 있거나 집중이나 학업에 어떤 다른 어려움을 보이는 아이를 대할 때, 다음의 원칙을 알고 있는 것이 유용하다: 아이의 취약한 영역을 개발시키기 위한 작업을 하되 아이가 재미있어 하고 만족감을 경험할 수 있는 방법을 찾도록 노력하라. 그것은 어떤 사람이 여러분에게 이름을 왼손으로 그것도 거꾸로 백 번 쓰라고 말하는 것과 비슷하다. 이러한 일은 당신의 신경 체계가 쉽게 해낼 수 없기 때문에 즐겁지 않은 것이다. 하지만 그것을 게임으로 만들어서, 왼손으로 한 글자를 쓸 때마다 초콜릿을 하나씩 주고 아흔아홉 개 이상의 단어를 적었을 때 장난감 자동차를 선물로 준다면, 고통과 어려움을 덜 느낄 것이다. 모든 학업적 도전에 이 같은 흥미로운 보상을 주기는 어렵겠지만, 이런 일반적 원칙이 적용될 수 있다. 우리의 신체는 신경 체계가 어려워하는 활동을 피하려는 자연스러운 경향을 가지고 있다. 이와 유사하게 우리의 신경 체계가 쉽고 재미있어 하는 활동은 반복해서 계속하려는 자연적인 경향이 있으며, 그 결과 숙달감도 빨리 경험하게 된다. 처음부터 책을 잘 읽는 아이나 능숙한 농구 선수에게는 책 읽기와 연습에 대해 격려를 많이 할 필요가 없다. 그리고 장거리 달리기 선수나 한 번에 8시간을 앉아서 공부할 수 있는 아이는 타고난 자신의 능력을 계발하기 위해 더 많은 노력을 기울이는 것이 그리 힘들지 않다. 만약 여러분이 전통적인 방식으로 아이에게 압력을 가하고 싶다면, 그것은 아이가 재능을 가진 영역에서만 효과가 있을 것이다. 나는 전통적인 접근법을 어떤 경우에나 사용할 것을 권장하지 않는다. 강점을 타고난 영역에서 아이들은 훨씬 많은 유연함을 보일 수 있다. 이러한 강점을 바탕으로 인내심을 가지고 아이를 지원할 때, 당신의 아이는 느리지만 확실하게 약점인 집중력과 학습 능력이 향상될 것이다.

07 활동적-공격적인 아이

반사회성이 심한 아이: 가족과 사회가 겪게 되는 도전
활동적-공격적인 아이는 어떻게 느낄까
활동적-공격적인 아이에게 피해야 할 양육 방식
활동적-공격적인 아이에게 유용한 양육 방식
반사회성이 심한 아이 돕기
스콧의 이야기
플로어 타임: 깊은 관계 형성
문제해결 시간: 공격적 감정을 예상하는 것 배우기
공감: 분노 이면의 취약성에 공감하기
도전 단계 쪼개기: 한 번에 하나씩 공격성 줄이기
효과적인 제약 두기

07 활동적-공격적인 아이

충동적이고 공격적인 아이는 끊임없이 움직인다. 걷는 대신 달리고, 말하는 대신 움직인다. 이런 소년과 소녀들은 무모하게 새로운 경험을 향해 뛰어든다. 먼저 뛰어들고 생각은 나중에 한다. 그들이 자신의 넘치는 에너지를 건설적인 방향으로 사용하는 방법을 배운다면, 활동적이고 창의적인 사람, 열정적이고 매력적인 사람이 될 수 있다. 운동선수나 조종사, 군인, 경영자, 정치가가 될 수도 있을 것이다. 학교에서 이런 아이는 소란을 일으키고 연필과 책을 여기저기로 던지고 다른 아이들을 부추겨 같이 떠들고 소리치도록 만들 수 있다. 특히 교사가 아이들을 조용히 시키려 할 때 이런 모습을 보일 수 있다. 하지만 이런 아이는 또한 쉽게 좌절하고 화를 잘 내며, 자신이 원하는 것을 얻거나 분노를 표현하기 위해 다른 사람을 때리고 치고 꼬집는 행동을 보인다.

부모에게 있어 화내고 공격적이어서 좌절감을 느끼게 하는 아이에게 대처하는 것보다 더 힘든 도전은 아마도 없을 것이다. 아이가 화가 나면, 우리의 감정적인 반응에 도전한다. 다시 말해, 공격적인 아이 때문에 어른 자신이 동요되고 이성을 잃을 수 있다. 많은 경우 그러한 반응들은 우리도 인간이기 때문에 일어난다. 우리는 당황하거나 화가 나면, 우리가 알고 있는 모든 것을 잊어버리게 될 수 있다. 나는 아이에게 고함친 적이 없거나 하지 말았어야 할 말을 한 번도 한 적이 없다고 말하는 교육자나 부모를 보지 못했다. 우리 집에서는 내 아이들이 나에게 이렇게 말할 때가 있다. "아빠, 또 살인자의 목소리로 말하고 있어요." 노력함에도 불구하고 일주일에 한 번은 나에게서 이런 목소리가 튀어나온다.

분노나 공격적인 감정은 아이든 어른이든, 우리 모두 피할 수 없는 것이다. 그러한 감정들은 초기 발달에서 큰 역할을 하며, 보이지 않는 곳에 밀쳐 둘 수 없다. 분노는 인간 본성을 다루는 연극에서 본질적인 부분을 차지한다. 그것은 심리적 성장에 있어 사랑과 따뜻함만큼이나 중요하다. 분노와 공격적인 감정도 친밀감이나 공감과 균형을 이루고 잘 조절되기만 한다면 매우 이로울 수 있다. 그것은 우리에게 힘을 주고 우리 생각에 가능하리라 여겨지는 것보다 더 많은 것을 해내도록 동기를 부여할 수 있다. 그것은 우리의 포부에 기름을 붓고, 스스로 목표를 세우도록 자극하고, 성취하고 이루어 낼 수 있도록 기운을 북돋워 준다. 그것은 심지어 자신이 누구이고, 자신의 경계가 어디까지인지와 관련된 자기감을 확립하도록 도와준다. 앞에서 언급했던 나의 동료 Peter Neubauer는 분노와 경쟁심이 우리 자신을 타인과 구별하는 데 도움을 준다고 했다. 기분이 상했거나 다른 누군가에 대해 경쟁심을 느낄 때, 나의 경계가 어디까지이고 다른 사람의 영역이 어디서부터 시작되는지를 확실히 알게 된다. 아이들은 분노를 포함한 다양한 범위의 감정들을 인식하고, 그러한 감정들을 발달 중인 자기감의 일부로 받아들일 수 있어야 한다. 이를 통해 다른 사람을 돌볼 뿐만 아니라 경쟁도

할 수 있고, 사랑할 뿐만 아니라 주장을 내세울 수도 있는 통합된 사람으로 성장해 갈 수 있다.

공격적인 성향이 있는 아이들은 과민하거나 자기 몰입적인 아이와 마찬가지로 매우 다양하다. 어떤 아이들은 예민하고 좌절감을 느끼기 때문에 공격적인 모습을 보인다. 다른 아이들은 감각적인 자극을 갈망하기 때문에 공격적인 모습을 보이는 것일 수 있다. 이유가 무엇이든 아이의 공격성은 우리 어른들을 극한까지 밀어붙이며 힘들게 만들 수 있다. 하지만 우리가 그런 아이의 기저에 있는 물리적·정서적 원인들을 이해할 수 있다면, 아이가 정서적으로 성장하고 발달하도록 돕는 기회로 삼을 수 있을 것이다.

⋯ 반사회성이 심한 아이: 가족과 사회가 겪게 되는 도전

감각을 추구하고 무모한 행동을 보이는 아이가 적절한 양육, 의사소통, 제약 등을 제공해 주지 않는 가정에서 성장하게 되었을 때, 심각한 문제가 발생할 가능성이 있다. 양육 환경이 성격과 복합적으로 작용하면서, 자신의 감정을 신체적으로 행동화하는 경향을 보일 소지가 있다. 이러한 아이는 따뜻한 양육을 받지 못할수록 더 큰 어려움에 빠져들게 된다. 예를 들어, 술을 먹고 폭력적인 모습을 보이는 아버지 때문에 아이의 가정이 스트레스를 받고 있다면 아이의 저돌적인 기질은 심술궂고 다른 아이들을 괴롭히는 모습으로 쉽게 바뀔 수 있다. 다른 아이들을 때리고 부모와 선생님에게 반항하며 이후에는 비행을 보여 법적인 제재를 받는 사람으로 성장할 수도 있다.

공격적이고 충동적인 아이가 가정 내에서 방임되고 학대받으면서 자랄수록, 그 아이가 폭력적인 모습을 보일 가능성은 더욱 커진다. 매우 공격적이고 다른 사람들에 대한 어떤 배려도 결여된 극단적인 모습을 보이는 아이들은 사회적으로 심한 우려의 대상이 될 수 있으며, 그런 아이들을 돕는 데 집중적이고 장기적인 접근 방법이 요구된다.

  우리 중 일부는 그런 아이들을 전혀 이해할 수 없는 존재로 취급하기도 하지만, 사실 요즘에 와서는 이런 아이들이 어떻게 해서 분노, 두려움, 폭력성을 보이는지를 넓게 이해할 수 있게 되었다. 다음은 이런 아이들 대다수가 공통적으로 보이는 특징들이다.

- 누구도 일관되게 그들을 좋아하지 않았기 때문에, 다른 사람을 좋아할 수 없다. 유아기에서 아동기에 걸쳐, 누군가에게 애착을 형성하는 과정은 인간적인 유대감, 동정심, 타인에 대한 염려 등을 발달시키기 위한 필수적인 토대가 된다. 유아기와 초기 아동기에 다정한 접촉을 갖지 못하면, 결코 아이의 내부에 인간적 유대감이 형성될 수 없다. 이런 아이는 다른 사람이 자신에게 방해가 된다면 그 사람을 넘어뜨리거나 없애야 하는 대상으로 생각할 수 있다.

- 의도적으로 자신의 욕구와 의향, 감정을 전달하지 못한다. 이 책 전반에서 볼 수 있듯이, 다양한 감정들을 의도한 대로 전달하는 능력(처음에는 비언어적으로, 나중에는 언어적으로)은 모든 아이들이 자신의 욕구를 충족시키기 위해서 반드시 숙달해야 하는 능력이다. 무관심하고 화가 난 부모는 걸음마기 아이가 안아 달라고 다가오면, 이를 공격적인 요구로 받아들이고 다음과 같이 말할지 모른다. "나를 혼자 있게 해 줘!" 그러면 아이는 혼란감에 휩싸이고 언어적으로 표현하지는 않지만 '사랑에 대한 나의 요구가 공격이었나?'라는 생각으로 고민하며 위축될 수 있다. 좌절감이 쌓이고 부모가 자신

의 욕구를 충족시켜 줄 것이라는 기대가 무너짐에 따라, 혼란스럽고 공격적인 행동을 보일 수 있다.

　기질적으로 좌절 상황에서 때리거나 할퀴는 등의 신체적 행동을 쉽게 보이는 아이들은 이러한 환경에서 특히 공격적인 행동을 보이기 쉽다. 비언어적인 방식으로 정서적 욕구를 표현하려 했을 때 어떠한 보상적인 반응도 받지 못했기 때문에, 이러한 아이들은 언어와 상징을 통해 자신의 욕구를 전달하는 데 더 큰 어려움을 갖게 된다.

- 내적 대화를 하지 못한다. 충동적이고 공격적인 사람에게 어떻게 느끼는지 물어보면, 그들은 아마도 자신의 감정을 전혀 표현하지 못하고 행위에 대해서만 말할지 모른다. 예를 들면, "당신은 어떻게 느끼나요?"라는 질문에 대해 "나는 화났어요."라고 말하는 대신 "나는 그 녀석을 여섯 번이나 쳤어요."라고 대답하는 것이다. 앞에서 살펴보았듯이, 소망과 감정을 내적으로 떠올릴 수 있는 능력은 18~30개월 사이에 발달하며 이후에도 복잡한 방식으로 계속 발달한다. 하지만 폭력적인 경향이 있는 많은 아이들이 자신의 감정을 마음속으로 떠올리는 능력을 습득하지 못했기 때문에, 미리 자신의 행동을 숙고하지 못한다. 그래서 도전을 받게 되면, 감정을 인식하고 선택하기보다는 때리는 것과 같은 충동적인 행동으로 반응한다.

활동적-공격적인 아이는 어떻게 느낄까

많은 공격적인 아이들이 신체적 자극을 열망하는 경향이 있다. 그들은 많은 감각에 과소반응을 보인다. 다시 말하면 많은 소음과 소리, 접촉 또는 다른 감각 자극을 필요로 하는 것처럼 보인다. 하지만 4장에서 소개했던 자기 몰입형 아이(이들 역시 감각에 과소반응을 보이지만 이들은 자기 안으로 철수해 버린다)와는 달리 이런 아이들은 운동 체계가 잘 발달해 있어 세상과 부대끼며 자신이 필요로 하는 것을 얻으려고 노력한다. 아홉 살이나 열 살의 아이는 아빠의 배에 자기 머리를 들이박는 것을 좋아할 수 있다. 걸음마기나 학령전기에는 곤두박질하며 미끄러지는 것을 즐길 수 있다. 항상 이것저것을 만져 보려고 하고 엄마의 머리카락이나 아빠의 코, 비싼 건축을 비롯한 눈에 보이는 모든 사물을 만지려고 하다가 가구나 귀중품을 망가뜨리는 일이 생길 수 있다. 이들은 물건을 항상 만지고 조작하려고 하기 때문에 물건을 자주 고장 내기도 한다.

좀 더 크면 야단법석을 떨며 돌아다니거나 다투는 모습을 자주 보인다. 다른 아이의 장난감을 가로채거나 예기치 않게 또래를 껴안을 수도 있다. 또는 계속해서 소동을 부리고 싸우려고 할 수도 있다. 다른 아이들보다 고통에 둔감하고 신체적 접촉을 좋아하기 때문에 다른 아이들과 부딪치는 것을 꺼리지 않는다. 부모들은 "작아도 물불을 가리지 않아요."라고 말할지도 모른다. 이런 아이는 끊임없이 움직인다.

항상 움직이고 활동하려고 하기 때문에, 주의가 산만하고 부주의해 보일 수 있다. 실제로 이런 아이는 청각적 처리 능력이 저조하고 언어를 듣고 이해하는 데 어려움을 겪는 등 부주의한 아이가 겪는 어려움도 가지고 있을 수 있다. 때때로 이런 경향을 가진 아이들은 순차적으로 움직이는 데(운동계획)도 곤란을 겪는다. 좁은 방에서도 기어오르고 뛰어오르며 달리는 등 격렬한 신체 활동을 하는 데서 흥미와 기쁨을 느낀다는 점을 감안할 때, 부모의 입장에서는 아이에게 운동상의 어려움이 있다는 사실이 역설적으로 생각될 수도 있다. 하지만 아이가 형태를 모사하고 그림 그리는 방법을 학습할 때 운동 순서를 면밀히 계획하는 것을 어려워할 수 있다. 아이가 정교한 형태를 그대로 모사할 수 있는지 아니면 잘못 그리는지, 연필을 움직이기 위해 애를 많이 쓰는지 등을 살펴볼 필요가 있다.

근긴장이 낮은 둔감한 아이에 비해, 매우 활동적이고 감각 추구적인 아이는 높은 근긴장도를 보이는 경향이 있다. 아이를 잡아 보았을 때, 근육이 말랑하기보다는 경직되어 있다. 근긴장이 낮은 아이는 웅크리고 있는 것 같이 구부리는 움직임을 더 많이 보이지만, 근긴장이 높은 아이는 어떤 것을 미는 것과 같이 근육을 펼치는 것과 관련된 자세나 활동을 선호한다. 이러한 아이는 손을 뻗어 아빠의 얼굴을 만져 보려고 할 수 있으나, 근육 통제가 불완전하기 때문에 조준이 제대로 안 되어 아빠의 코를 쳐서 아빠를 화나게 만들 수 있다. 이러한 운동계획상의 문제가 심각한 경우, 주변 사람은 아이의 행동을 의도적으로 때리려 한 것이라고 오해하기 쉽다.

과민한 아이가 압박을 받는 상황에서 더욱 조심하는 모습을 보이듯이, 활동적인 아이도 압박을 받을 때 그의 자연적인 행동 경향성이 더욱 증가된다. 불안감이나 당황스러움을 느끼거나 질책을 받았을 때, 공격적이거나 훼방 놓는 행동이 더욱 많아질 수 있다(상황이 안 좋아지게 되면 우리 모두는 우리에게 가장 손쉬운 대처 방법으로 후퇴한다.). 그리고 이러한 행동들은 대부분 어른들의 마음에 들지 않는 것이다. 때때로 역공포증적 행동(위협받으면 위축되기보다는 오히려 더 무모한 행동을 보이는 양상)을 보이는 아이들이 있는데, 이들은 두려워 위축되는 아이가 흔히 받는 동정심마저도 주변 사람들로부터 받지 못한다. 그러므로 이런 아이를 대하는 부모나 선생님, 전문가들은 아이와 적대적인 관계를 맺게 되지 않도록 특별히 주의해야 한다. 이는 아이가 자신의 행동에 책임을 질 필요가 없다고 말하는 것이 아니다. 그들은 책임을 져야 한다. 하지만 우리는 그들이 보다 새롭고 융통성 있는 행동을 익힐 수 있도록 돕기 위해 그들이 대처하는 방식을 이해해야 한다.

이러한 아이는 좌절하면 가만히 있지 않는다. 쉽게 좌절하고 분노하기 때문에 자신의 운동 체계를 자신이 원치 않는 것을 변화시키는 데 활용하는 경향이 있다. 장난감이 작동하지 않으면 그것을 부수고 싶어할 것이다. 엄마와 아빠가 자신이 원하는 것을 들어주지 않으면 부모를 머리로 들이박고 넘어뜨리려고 할 것이다. 다른 아이가 자신이 원하는 것을 가지고 있으면 그 아이를 꼬집거나 심지어 때려눕히고라도 그 장난감을 가지려고 할 수도 있다. 넘쳐흐르는 에너지와 자신이 원할 때 자신이 원하는 것을 하려는 강한 욕구로 인해 양 방향적인 의사소통에는 그다지 신경을 안 쓰고 자기 방식으로만 일방적으로 의사소통을 할 가능성이 높다.

앞에서 언급했듯이, 공격적인 모든 아이들이 이러한 신체적 특성들을 보이는 것은 아니다. 예를 들어, 공격적인 아이 중에는 감각 자극에 매우 예민한 경우도 있다. 예민한 아이와 마찬가지로, 이런 아이는 외부 자극에 과도하게 주의가 집중되어 있다. 그의 감각에는 적절히 여과해 주는 필터가 빠져 있는 것처럼 보인다. 다른 사람들에게 즐거움을 주는 광경이나 소리, 냄새, 접촉 등이지만 아이에게는 압도감을 주고, 화나게 만들고, 때로는 매우 고통스럽게 느껴질 수 있다. 심지어 자기 자신의 감정조차 부담이 될 수 있다. 나는 3장에서 감각 자극에 대해 까다롭고 신경을 많이 쓰는 '과민한 아이'에 대해 설명했다. 과민한 아이들 중에는 신체적, 심리적으로 과중한 부담감을 느꼈을 때 자신을 보호하려는 생각에서 공격적인 행동을 보이는 경우가 있다. 이러한 아이들은 다른 아이들보다 훨씬 더 두려움이 많다. 강도나 늑대, 괴물 등에 대해 여느 아이들에 비해 더 놀라는 모습을 보인다. 이들은 또한 다른 아이들의 공격성에 대해서도 보다 많이 두려워할 수 있다. 시끌벅적한 교실과 같은 과중한 부담이 느껴지는 상황에 직면하게 되면, 이들은 깨물거나 때리거나 꼬집거나 밀치는 행동을 보일 수 있다.

이러한 예민하고 공격적인 아이는 과민하기 때문에 자신이 두목인 양 주변 환경을 통제하고 조종하려고 시도할지도 모른다. 자신의 포크를 숟가락 옆에 가지런히 놓으려 하고 자신의 친구에게 정확히 세 발자국 떨어지는 곳에 서 있으라고 요구할지도 모른다. 트럭 장난감은 정해진 곳에 세워 두기를 바라고, 여러분에게도 특정한 어조로 말하도록 시킬 수도 있다. 누군가가 아이의 폭군 같은 행동에 이의를 제기한다면 흠칫 놀라면서 때리거나 무는 등 신체적으로 반응할 수도 있다.

···활동적 – 공격적인 아이에게 피해야 할 양육 방식

감각 추구적인 아이든 아니든, 어떤 아이에게든 양육의 부재는 공격적인 행동으로 이어질 수 있다. 활동적이고 감각 추구적인 아이의 경우에는 양육의 부재가 아이의 성향을 공격적인 행동으로 발현시킬 가능성이 더욱 높다. (사랑이 박탈된 다른 아이들은 그들의 외상을 무감동이나 위축된 행동 또는 자기파괴적인 행동과 같은 모습으로 드러낼 가능성이 더 높다.)

일부 양육 방식은 의도치 않게 미묘한 방식으로 공격적인 행동을 부추길 수 있다. 따뜻한 돌봄을 제공하는 부모 중에는 적절한 한계를 설정하는 것을 많이 어려워하는 사람들이 있다. 이들은 자녀가 보이는 활동적이고 감각 추구적인 태도에 당황해하고, 자신의 의도와 감정을 타인에게 전달하는 방법을 가르치기를 어려워할 수 있다.

우리는 학교나 어린이집, 집 등 어느 곳에서든 자신의 공격성을 잘 통제하는 아이는 어른들과 설정된 한계를 넘어서면 안 된다는 비언어적인 메시지들에 관한 세부적인 상호작용을 많이 하고, 보통 아이가 말을 안 듣거나 공격적인 모습을 보이면 주위의 어른들이 눈을 깜박이거나, 무서운 표정을 짓거나, 얼굴을 찡그리거나, 매섭게 쳐다보거나, 주먹을 움켜쥐거나, 발을 구르는 등 많은 경고를 보낸다. 경고하는 듯한 눈빛으로 아이를 돌아보거나 "안 돼, 그건 할 수 없어."라고 직접 말하기도 한다. 그러면 아이들은 물러나거나, 그렇지 않으면 적어도 어떻게 하겠다는 뜻을 부모에게 전달한다. 하지만 일부 가정에서는 그러한 경고가 전혀 주어지지 않는다. 아이와 부모가 좌절감을 느끼고 화를 내기 시작하면, 둘 중 어느 누구도 처음에는 그러한 감정을 내비치지 않고 몸이 경직된 채 무표정한 얼굴을 보인다. 예를 들면, 한 아이가 부엌 마룻바닥에서 종알거리면서 자동차를 가지고 잘 놀고 있다가 갑자기 엄마의 발을 꼬집었다. 그리고 부모와 아이는 갑작스레 폭발적으로 화를 내며 소리를 지르고 상대방을 때렸다. 부모와 아이 사이에는 그전에 어떠한 비언어적 '단서'나 경고도 교환되지 않았다. 그 대신에 두 사람 다 신체적 행위를 하는 단계로 건너뛰었다. 비언어적인 상호작용이 결여되어 있을 경우, 지나치게 활동적이거나 감각 추구적이지 않은 아이도 공격성과 관련된 문제를 보일 수 있다.

적극적이고 자기주장이 강하며 쉽게 화를 내는 자녀를 둔 부모가 흔히 보이는 또 다른 실수는 '좋은 사람'으로 행동하다가 갑자기 화를 폭발적으로 내고 다시 '좋은 사람'이 되는 등 일관적이지 않게 이랬다저랬다 하는 모습을 보이는 것이다. 물론 부모들은 좋은 사람으로 보이기를 원하지 화를 내는 것을 원하지 않는다. 그래서 차분한 목소리로 이렇게 이야기한다. "그래, 이리 온. 얘야. 그 플러그는 제발 건드리지 마. 내 말을 듣고 있지 않는 것 같구나. 제발 내 말을 들으렴……." 한편, 아이는 미소를 지을 뿐, 계속해서 플러그에 손을 댄다. 부모는 화내는 걸 주저하며 같은 어조의 목소리로 아이에게 간청하다가 결국 몹시 실망한 나머지 폭발적으로 화를 내게 된다. 이런 행동은 부모의 폭발적인 분노를 받아들일 준비가 되어 있지 않은 아이를 두렵게 만들 수 있다. 그러고 나면 부모는 분노를 통제하지 못한 것에 죄책감을 느끼고, 아이의 응석을 지나치게 받아 줌으로써 아이와 화해하려고 시도할 수 있다. 아이의 입장에서는 부모가 처음에는 잘해 주다가 갑자기 통제를 벗어난 분노폭발을 보이고, 그런 다음에는 다시 잘해 주는 예측할 수 없고 혼란스러운 환경을 경험하게 된다.

부모와의 비언어적인 의사소통 경험이 부족(또는 자신이 보거나 들은 것을 처리하는 능력이 저조하기 때문에)해서 이를 이해하지 못하는 아이는 당황하거나 상황을 오해할 가능성이 있다. 이런 아이는 교사가 진지한 표정을 지으면 장난친다고 생각하고 이에 대해 도발적인 행동을 계속 보일 수 있다. 이와 반대로, 선생님이 약간 짜증이 나 있는 것 같으면 선생님이 매우 화가 났다고 두려워하면서 자신을 보호해야 한다는 생각에 과격하게 대들 수 있다. 친구와 씨름을 할 때 친구가 그만하거나 계속하자고 말할 때 그것을 이해하지 못할지도 모른다. 또는 다른 아이가 사탕을 주기 위해 다가오려고 할 때 자신에게서 무언가를 빼앗아 가려 한다고 잘못 생각하고 주먹을 날릴지도 모른다.

아이가 정서적 개념을 배우기 시작하는 성장 단계에 이르게 되면 문제는 더욱 커질 수 있다. 얼굴표정이나 몸짓 등을 통해 정서적 요구를 전달하는 능력이 발달되지 못했기 때문에, 단어나 상징을 통해 요구를 표현하는 데에 더욱 큰 곤란을 겪을 수 있다. 활동적-공격적인 아이의 선생님과 부모는 한계 설정에 급급해서 아이가 행동 대신에 개념을 사용할 수 있도록 연습시키는 것을 놓치게 된다.

공격성에 대처해야 하는 상황에 부딪쳤을 때 역할놀이(정서적 개념의 발달을 촉진시킴)나 정서적 개념의 사용을 장려하지 않을 경우, 어려움이 더욱 가중될 수 있다. 이런 아이는 공격성을 신체나 행동을 통해 표현하는 것 이상으로 발전하지 못하고, 역할놀이와 이야기를 통해 자신의 감정을 개념적인 수준으로 향상시키는 방법을 배우지 못한다. 자신의 감정과 언어를 연결시키는 내적 대화를 어떻게 구성해야 할지 배우지 못하게 되는 것이다. 감정을 개념적으로 표현하는 능력을 배우지 못했기 때문에 미리 자신의 행동을 내적으로 숙고하는 데에도 어려움을 보인다.

일부 부모들은 자신이 자라온 교육 환경 때문에 생각과 행동을 동일한 것으로 여길 수 있다. 즉, '그것을 생각하면, 그것을 하게 된다'고 여기는 것이다. 그래서 그들은 역할놀이나 언어적 설명에서 어떠한 공격성도 보이지 않는 것이 최선이라고 믿는다. 아이가 인형놀이 중에 한쪽을 향해 총을 쏘면, 부모는 그렇게 하지 말라고 반응하거나, 다른 사람을 돌보는 놀이를 시키려고 할 수도 있다. "자, 이 군인들이 이제는 좋은 친구가 되었고 서로를 좋아해!" 우리의 아이들이 긍정적이고 다정한 생각만 하기를 바라는 마음은 이해하지만, 우리가 인간이기 때문에 우리들 모두가 사랑과 온정뿐만 아니라 분노와 공격성에 이르는 모든 범위의 감정들을 경험한다는 점을 깨달을 필요가 있다.

우리는 부모로서 선택권을 가지고 있다. 우리는 아이가 계속해서 행동 수준에서 분노를 표현하게 둘 수도 있다. 그러면 아이는 분노를 행동으로 표출하거나 또는 불안스럽게 그것을 억제하려고 노력하는 모습만을 보이게 될 것이다. 그 대신에 아이로 하여금 분노감과 다른 감정들을 개념의 세계로 불러들여 그 감정을 역할놀이(예를 들면, 장난감 군인들의 전투)나 언어("엄마, 나 화났어요.")를 통해 표현하도록 도와줄 수도 있다. 나중에 가서는 그러한 개념들이 추론적 사고로 이어질 수 있다("야, 나 화났거든. 내가 왜 화났는지 엄마한테 가서 말할 거야."). 자신의 감정을 표현하고 언어화하는 방법을 배움으로써, 아이는 합리적인 판단을 하고 이성적인 선택을 내릴 기회를 가지게 된다. 어떤 것을 입에 담는 것 자체가 실제로 그렇게 행동하는 것과 유사하다고 인식하게 되면, 아이는 자신의 감정 경험들을 언어적이거나 상징적인 형태로 표현하는 방법을 배우기가 어려울 것이다. 그렇게 되면 자신의 감정을 그대로 이야기하지 못하고 행동으로 표출할 가능성이 더 증가하게 된다. 생각하는 것과 말하는 것이 같다고 교육받아 온 부모에게는 아이가 이러한 변화를 거치도록 돕기가 매우 힘들 것이다. 왜냐하면 자녀를 돕기 위해서는 감정에 대처하는 부모의 방식도 변화되어야 할 것이기 때문이다.

개념을 사용하도록 돕는 일뿐만 아니라 아이들의 자기관찰 능력을 증진시키는 데에도 어려움이 있을 수 있다. 너무 엄격하거나(경직된 규칙들을 너무 많이 가지고 있는), 너무 허용적인(모든 측면에서 주려고 하는) 부모들은 자신의 감정을 돌아보는 태도를 아이에게 장려하기가 어려울 수 있다. 부모가 매우 고지식하고 규율과 질서만을 경직되게 고집하고, 이성적으로 생각하고 감정을 개념으로 변화시킬 수 있도록 노력하지 않는다면, 아이와 극단적으로 대립하기 쉽다. 이렇게 초래된 갈등과 투쟁은 아이를 더 공격적으로 만들 수 있다.

한 가정 내에 처벌적인 아빠와 허용적인 엄마가 함께 있는 것은 특이한 일이 아니다. 너무 엄격한 부모와 너무 허용적인 부모는 공통점을 가지고 있다. 어느 쪽 부모도 진정으로 자신을 돌아보는 반성적인 태도를 계발시켜 주지 못한다. 이런 부모는 아이가 자신의 행동을 살펴보고 그것을 이해하려고 노력하도록 돕지 못한다. 예를 들면, 비가 오고 몹시 추운데 밖으로 나가겠다고 아이가 고집을 부릴 때 엄격한 부모는 단순히 이렇게 말할 것이다. "지금은 안 돼. 불평해도 소용없어. 칭얼거리는 건 그만 멈추는 게 좋을 거야." 허용적인 부모는 이렇게 말할 것이다. "글쎄…… 좋아. 하지만 비옷을 입어야 돼." 자신의 감정을 돌아볼 수 있도록 도와주는 부모는 다르게 말할 것이다. "뭐가 그리 급하니? 왜 비 오는데 나가고 싶니? 길이 얼마나 미끄러운데. 밖에 나가서 뭘 하려고 하니?" 즉각적으로 금지하거나 허용하기보다는 뒤따르는 대화를 통해 자신의 소망에 대해 생각하고 논의할 수 있게 한다. 이러한 과정을 통해 아이는 많은 성인들이 가진 반성적 태도를 자기 능력의 일부로 갖게 된다. 즉, 자신을 관찰하고, 자신이 어떤 감정을 느끼고 있으며, 무엇을 원하는지 생각하고 미리 결과를 분석해 보는 능력을 가지게 된다.

⋯ 활동적-공격적인 아이에게 유용한 양육 방식

활동적-공격적인 아이는 에너지가 넘치기 때문에 많은 가능성을 가지고 있다. 그 에너지를 유용하게 사용하도록 도울 필요가 있다. 타인을 보살피고 돌보는 쪽으로 관심을 기울이고 문제해결을 위해서 사려 깊게 생각할 수 있도록 이끌어 주어야 한다. 무엇보다도 먼저 이러한 아이는 안전감과 온정, 관심을 필요로 한다. 둘째, 얼굴표정, 몸짓, 언어를 통한 의사소통을 계발시켜 주어야 한다. 셋째, 한계 설정과 구조를 필요로 한다. 넷째, 역할놀이를 통해 행동에 앞서 관념을 사용하는 방법을 배울 필요가 있다. 마지막으로 보호자와의 역할놀이나 열띤 토론 등을 통해 자신의 생각을 관련짓고 정교화하는 방법을 숙달할 필요가 있다.

이러한 아이는 생동감을 느끼기 위해 많은 자극을 필요로 한다. 때문에 감정을 가라앉히고 조절하는 것을 배우면서 동시에 주변 환경에 관심을 가지고 참여하는 것이 이들에게는 쉽지 않다. 이는 정서 발달의 첫 단계다. 여러분은 이 단계에서 아이에게 필요한 자극을 제공하면서 감정을 적절한 방향으로 표현하게 하고 그것을 조절하도록 도와주어야 한다. 동시에 마음이 정리되는 느낌을 경험할 수 있도록 도와야 한다. 아이가 접촉을 갈망하는 경우에는 찰흙을 가지고 무엇을 만들어 보게 하거나 손가락으로 구슬을 움직이는 놀이를 하도록 권할 수 있을 것이다. 아이가 활동적인 자극을 갈망하는 경우에는 매일 아이와 30분씩 뛰고 달리는 신체 활동 게임을 할 수도 있다. 운동 체계를 조절하는 것을 배우도록 돕기 위해서는 느린 움직임과 빠른 움직임이 섞여 있는 게임들을 해 보는 것이 좋다. 예를 들어, '사이먼 가라사대(Simon says)' 게임을 하면서 "사이먼이 빨리 달리라고 했다!" "사이먼이 천천히 달리라고 했다!" "사이먼이 보통 속도로 달리라고 했다!" "사이먼이 다시 빨리 달리라고 했다!" 같은 요구를 하는 것은 활동적인 아이들에게 즐겁고 유용한 활동이 될 수 있다. 또한 달리고 뛰는 활동뿐만 아니라 정교하게 움직이는 활동을 포함한 게임이나 상호작용을 하는 것은 원기 왕성한 아이가 움직임이나 연속적인 운동, 집중력 등을 조절하는 데 도움이 될 수 있다. 예를 들면, 뛰고 달리기, 구슬을 철사에 끼우기, 원과 사각형을 그리는 활동 등을 결합한 게임을 해 볼 수 있다(예를 들면, 보물찾기 게임).

타인에 대해 친밀감을 느끼는 것을 배우는 정서 발달의 두 번째 단계에서는, 공격적인 아이가 타인을 배려하고 돌보는 마음을 가질 수 있도록 보호자가 많은 노력을 기울일 필요가 있다. 아이가 따뜻하면서 깊이 있는 즐거운 관계 경험을 통해 공감하는 능력을 키울 수 있게 도와야 한다. 활동적인 아이들은 분주하게 이곳저곳을 뛰어다니기 때문에 아이의 주의를 붙들어 놓고 자신이 특별한 존재라는 사실을 알게 하려면 더 많은 노력이 필요하다. 그것은 여러 가지 작은 행동들을 통해 이루어질 수 있다. 아이가 여러분에게 무언가를 이야기하기 위해 다가왔을 때 여러분이 마침 다른 아이와 이야기하는 중이라면, 팔을 그 아이 어깨 위에 올려놓음으로써 당신이 아이를 의식하고 있다는 걸 알게 할 수 있다. 전화 통화 중이라면, 통화를 하는 동안 아이를 무릎에 앉혀 놓고 안아 줄 수도 있다. 엄마와 아빠가 대화하는 도중에 아이가 끼어든다면, 기다려야 한다는 사실을 알게 하기 위해 아이 어깨에 팔을 두름으로써 아이가 인내하고 기다리는 동안 당신의 따뜻하고 다정한 마음을 느끼게 할 수 있다.

아이에게 어떤 활동을 시키기 전에 플로어 타임을 갖는 것도 도움이 될 수 있다. 아이의 관심사에 맞추어 적어도 30분 이상 플로어 타임을 갖는다면, 당신의 요구에 아이가 보다 잘 부응할 수 있을 것이다. 아이가 열광하고 흥분해 있을 때는, 행복을 표현하는 아이의 말이나 행동을 받아 주면서 그런 상태에 좀 더 함께 머물러 줄 필요가 있다. 아이가 당신과 대화를 계속 하고 싶어하면, 다른 일이 있어도 참고 아이 쪽에서 대화를 중단하고 떠날 때까지 기다려 줄 필요가 있다. 아이가 특별히 즐거운 순간을 충분히 누릴 수 있게 해 주어야 한다. 그러기 위해서는 여러분의 급한 일을 잠시 미룰 수 있는 아량과 인내심이 필요하다.

이런 것들은 사실 플로어 타임에서 여러분이 노력하는 행동들이다. 이런 행동을 플로어 타임에서뿐만 아니라 아이와의 일상생활에서도 적용할 수 있어야 한다. 활동적-공격적인 아이와 함께 있을 때 급하고 과도하게 통제적이며 경직된 자세를 보이거나 거리를 두고 대하는 것은 여러분도 잘 알다시피 전혀 도움이 되지 않는다. 이런 아이에게는 온정과 사랑, 관심이 필요하고 여러분이 아이를 위해 있다는 사실을 인식시켜 줌으로써 안도감을 주어야 한다. 또한 일관되게 이어지는 사랑과 돌봄이 필요하다. 예를 들어, 낮 동안 어린이집에 맡기든, 아이를 돌봐 주는 사람이 집으로 찾아오든, 이상적인 견지에서 볼 때 생후 첫 3~4년간은 동일한 보호자가 계속 아이를 돌봐야 한다.

아이가 학령기에 한 선생님 밑에서 수년 동안 배울 수 있다는 것은 정서적 일관성의 원천을 가질 수 있다는 점에서 아이에게 매우 유익할 수 있다. 그게 허락되지 않는다면 대안적으로는 일상생활을 함께하는 절친한 동료나 선배가 있어서 아이와 지지적인 관계를 형성하는 것도 도움이 될 것이다.

공격적이고 반사회적 경향을 가진 아이들에 대한 연구와 임상 경험에 비추어 볼 때, 우리는 다음과 같은 사실을 확인할 수 있다. 그러한 아이를 기르는 데 있어 가장 중요한 요소는 이런 아이에게 보살핌과 공감, 존중을 경험시켜 주는 양육 관계였다. 가족으로부터 받는 애정 어린 지지와 보모, 보육교사, 학교 선생님이 보여 주는 일관성이 있는 돌봄과 사랑은 오랫동안 특별한 관계를 형성하고 유지할 수 있는 기회를 줄 것이다. 이러한 관계를 통해 아이는 안전감을 느끼고 공감 능력을 발달시키게 된다.

공격적인 성향이 있는 아이는 상호적인 의사소통을 위해서 타인의 신체 언어와 얼굴표정을 이해하는 방법을 배우는 것이 특히 중요하다. 이를 돕기 위해 당신이 매우 활발한 모습을 보일 필요가 있다. 이는 활동적이고 공격적인 아이가 부주의할 수도 있기 때문이다. 거의 무언극을 하듯이 활발한 몸동작을 보여 주고 매우 명확한 목소리로 말할 필요가 있다. 또한 대화를 주고받는 데에도 많은 연습이 필요할 수 있다.

　예를 들어, 활동적-공격적인 소년을 저녁 식탁에 앉히려고 할 때, 당신은 그에게 이렇게 말한다. "에반, 우리 이제 식탁에 앉아서 저녁 식사 할 준비를 하자." 에반은 당신의 말을 무시하고 계속 논다. 아이를 붙잡아서 억지로 데려오고 싶은 걸 참으면서 "여기 앉아!"라고 말하는 것은 아이가 당신의 얼굴표정이나 목소리 어조를 읽는 법을 배우게 하는 데 도움이 되지 않는다. 대신 이렇게 말할 수 있다. "에반, 에반, 내 말이 들리지 않니?" 먼저, 그의 주의를 끌 필요가 있다. 그 다음으로 아이가 당신에게 정서적 관심을 기울이게 만들 필요가 있다. 이를 위해 그가 어떤 음식들을 좋아하는지 언급하면서 오늘 저녁 식사로 뭐가 나오는지 말해 볼 수 있을 것이다. 진짜 메시지를 전하려면 아이를 당신 곁으로 끌어오기 위해, 아이가 재미있어 할 만한 무언가를 손 안에 감추고 있는 척해 볼 수도 있다. 움켜쥔 손을 앞으로 내밀고 장난스럽게 이런 말을 할 수도 있다. "여기에 뭐가 있는지는 결코 알아맞히지 못할 거야." 아니면 손 안에 뭐가 있는지 맞혀 보라고 물어볼 수도 있다. 이제 당신은 아이로 하여금 주의를 기울이고, 관심을 가지고 당신과 상호작용할 수 있게 했다. 이 세 가지(주의환기, 감정, 상호작용)가 모두 이루어졌기 때문에, 저녁 식탁에 앉으라는 당신의 요청을 아이가 이해할 가능성은 훨씬 커진다. 당신이 원한다면 이러한 말장난을 좀 더 계속함으로써, 저녁 식탁에 다가와서 앉게 하고 당신의 손 안에 무엇이 숨겨져 있는지를 발견하게 할 수도 있다. 이런 식으로 당신의 메시지를 다양한 측면을 가진 재미있는 대화 속에 녹아들게 할 수 있다.

　핵심은 주의를 환기시키고, 정서적 관심을 가지게 하고, 상호작용하는 다양한 측면에서 아이가 당신과 의사소통하게 하는 것이다. 자기를 표현하기 위해 공격성을 사용하는 아이와 소통하기 위해서는, 발달적 순서에 따라 하나씩 진행하는 것이 최선이다. 즉, 처음에는 주의를 끌고, 다음으로는 정서적으로 관심을 기울이게 하고, 세 번째로 상호작용하면서 당신의 메시지를 아이에게 전달한다.

목소리의 어조는 활동적-공격적인 아이가 자신의 행동을 억제하도록 돕는 데 있어 매우 중요한 신호가 될 수 있다. 아이들은 당신의 목소리 어조를 지각함으로써 당신의 메시지를 이해할 수 있을 것이다. 또한 당신의 얼굴표정을 살필 수도 있다. 처음에는 부드러운 목소리와 안심을 주는 얼굴표정에서부터 시작해서 표현의 강도를 점차 높일 필요가 있다. 표현의 강도가 낮았을 때 반응이 없다면, 표현의 강도를 천천히 증가시킨다. 나중에 가서는 군대에서 하사관이 제멋대로 구는 신병에게 내는 목소리와 표현, 몸짓을 보일 수 있다. '하사관' 정도의 강도에만 반응하는 아이에 대해서도 표현의 강도를 점차적으로 증가시키는 것이 좋다. 이는 좀 더 부드러운 분위기일 때 반응할 수 있는 기회를 아이에게 매번 줄 수 있기 때문이다.

자신의 감정을 즉각적인 행동으로 옮기는 대신(예를 들면, 때리고 밀치는), 감정을 단어나 사고로 바꾸는 정서적인 개념을 형성하는 능력을 발달시킬 수 있도록, 행동에 앞서 단어나 개념을 떠올리는 연습을 시키는 것은 활동적-공격적인 아이에게 도움이 될 수 있다. 즉, 아이가 자신의 감정을 즉시 행동화하기보다는 감정에 이름을 붙이고 어떤 감정이 생길 것 같은지 예상하게 하고 그것에 대해 생각해 보도록 돕는 것이다. 그리고 어떤 의도와 소망을 가지고 있었는지 인식할 수 있도록 도와주어야 한다.

활동적인 아이가 스스로를 돌아보는 태도를 기를 수 있도록 돕는 일은 매우 미묘한 방식으로 이루어질 수 있다. 아이가 금방이라도 행동을 취하려고 할 때(예를 들면, 자전거를 타야 한다고 하거나 또는 바로 앞에 있는 장난감을 가져야 한다고 할 때) 단순히 '된다' '안 된다'라고 응답하는 함정에 빠지지 말아야 한다. '된다' '안 된다' 양쪽 모두 아이가 멈춰 서서 스스로를 돌아보게 만드는 데 도움이 되지 않는다. '된다'는 그저 아이가 원하는 것을 즉시 얻게 만들 뿐이다. '안 된다' 는 아이를 단순히 저지시키거나 떼를 쓰게 만들 뿐이다. 이와 반대로 "서두를 게 뭐 있니?"라는 말은 아이로 하여금 곰곰이 생각하고 돌아보게 만든다. 아이가 불과 몇 초 주저하다 "나는 당장 나가야겠어요!"라고 말하거나 "나는 저걸 당장 가져야겠어요!"라고 한 뒤에 그것을 집어 든다고 해도, 당신은 성공을 거둔 것이다. 당신은 아이가 5초 동안 생각할 수 있게 도와준 것이다. 이는 말한 지 1초 만에 바로 행동에 옮기는 것보다 다섯 배는 더 낫다.

시간이 지나면, 잘 참지 못하는 아이에게 "서두를 게 뭐 있니?"라는 말뿐만 아니라 "자전거를 타고 어디로 가고 싶니?"와 "거기 가서 무엇을 하고 싶니?"라는 말을 비판적이지 않은 호기심 어린 목소리로 물어볼 수도 있다. 그곳에 가는 도중에 있는 재미있어 보이는 모든 것들에 대해 이야기를 나누거나, 그 장난감으로 무슨 게임을 하고 놀면 제일 재미있을 것 같은지에 대해 대화를 나눌 수도 있다. 이러한 대화를 통해 당신은 아이가 자신의 욕구를 즉각 행동으로 옮기게 하기보다는, 자신의 소망을 앞에 두고 무엇이 그것을 재미있고 흥분되게 만드는지에 대해 곰곰이 생각해 볼 수 있게 도와줄 수 있다.

결국 이러한 연습은 아이로 하여금 자신의 공격성과 분노를 숙고하게 하는 데 도움이 될 것이다. 얼마 지나지 않아, 아이는 스스로에게 '나는 왜 그렇게 화내지?' 또는 '내가 제이미를 밀어서 넘어뜨리면 어떤 일이 일어날까?' 같은 질문을 할 수 있게 될 것이다. 건강한 성인이라면 확실히 분노는 느껴도, 자신이 무엇을 느끼고 있는지 알기 위해 대체로 공상이나 생각을 사용할 수 있으며("그 여자애 야단 좀 치고 싶네!"), 그런 뒤에는 무슨 행동이 가장 적절할지를 전략적이고 합리적으로 결정한다. 이러한 사고는 아이와 성인으로 하여금 자신의 감정을 인식할 수 있게 하고, 공상이나 생각을 통해 공격적인 감정들을 배출하고, 자신과 다른 사람들에게 장기적으로 이익이 될 수 있는 행동을 선택할 수 있게 도와준다.

역할놀이 역시 매우 중요하다. 역할놀이를 통해 아이들은 단순히 분노 행동에 의지하기보다는 감정을 언어적으로 표현하고 관념을 사용하는 방법을 익히게 된다. 예를 들면, 역할놀이를 하면서 자신의 감정이나 극 중에 나오는 다른 등장인물들의 감정을 말하는 기회를 갖는다.

여러분도 알겠지만, 가정 분위기 역시 감각 추구적이고 공격적인 행동을 보일 수 있는 아이를 돕는 데 매우 중요하다. 만약 가족 성원들이 아이와 따뜻하고 믿을 수 있는 관계를 맺고 아이와 원활히 의사소통하면서 행동에 앞서 생각할 수 있게 지지해 줄 수 있다면, 공격적인 성향이 있는 아이는 활기차고 열정적이며 창의적인 태도로 사회에 기여할 수 있을 것이다. 반면, 가정이 이러한 아이에게 믿을 수 있는 관계를 제공해 주지 못하고, 분열되어 있고 강제적이고 무관심하고 학대적인 관계를 맺는다면, 그리고 직접적으로 또는 가정의 원래 분위기상 감정을 말로 표현하기보다는 행동을 통해 드러내는 것을 지지한다면, 위험스러운 공격 행동을 보일 가능성은 높아진다.

··· 반사회성이 심한 아이 돕기

경계를 침범하고 법과 마찰을 빚을 위험이 있는 아이에게는 사회가 개입해야 한다. 예방하기 위한 노력이 성공을 거두기 위해서는 이전에 이야기했던 것과 동일한 철학을 가지고 접근해야 한다. 즉, 인간적인 관계에 중점을 두고 돌보는 것이 중요하다. 먼저 돌보는 사람의 주도권을 키우는 것부터 시작해야 하는데, 이를 통해 취약한 부모가 아이를 더 잘 돌볼 수 있도록 도울 수 있다. 물론 이는 어려운 주문이다. 하지만 시라쿠스대학교 〈가족 발달 연구 프로그램〉에 의해 15년간 연구된 결과를 보면, 효과는 높다. 개별화된 양육 기술에 대해 연구하기 위해 아동발달 연구자들이 5년 동안 매주 저소득 가정을 방문했는데, 통제 집단의 22%와는 대조적으로 연구 집단에서는 6%의 아이만이 보호관찰을 받고 있었다. 소아과 의사 및 기타 건강관리 전문가는 신체적 안녕뿐만 아니라 유아, 아동, 가족의 정서 상태도 알고 있어야 한다. 미국 소아과 학회가 건강관리 전문가에게 제공하는 지침을 보면 아이의 심리적 발달이 중요하다는 것을 인식하고 있긴 하지만, 일상적으로 이루어지는 건강관리에서는 아이의 정서적 생활과 관련된 세부 사항에는 초점을 맞추고 있지 않다.

이전에 논의했듯이, 아이를 돌보는 사람은 아이와 지속적인 관계를 맺을 필요가 있다. 특히 아이가 위험에 처해 있을 때는 더욱 그렇게 해야 한다. 예를 들면, 어린이집의 관리자는 효율성을 위해 직원을 매년 교체하는 것이 아니라 한 직원이 유아기와 초기 아동기 내내 동일한 아이를 돌보도록 해야 한다. 이상적인 환경이라면 동일한 선생님이 위험군에 있는 아이를 그가 학교를 졸업할 때까지 계속해서 돌봐 줌으로써, 그 아이가 집에서는 결코 맛볼 수 없었던 관계를 선생님과의 관계에서 형성할 수 있도록 하는 것이 좋다.

매우 공격적인 아이에게 가정환경 때문에 가정위탁보호가 필요하다면 위탁 부모에게 특별한 훈련과 보상이 제공되어야 한다. 아이가 생물학적 가정으로 돌아갈 수 없는 경우, 이런 훈련과 보상을 통해 위탁 부모가 아동기 내내 아이를 돌볼 수 있다. 그리고 아이가 불안정한 가정 환경 때문에 반복적으로 가정위탁보호를 받아야 한다면, 이상적으로는 아이가 매번 동일한 위탁 부모에게 가야 한다. 지지와 훈련을 통해, 위탁 부모는 아이와 성공적으로 함께 지내는 것을 배울 수 있다.

이런 배경에서, 아이와 멘터 관계를 만드는 것은 아이가 살아가는 데 큰 차이를 가져온다. 가족 연구에 따르면, 결핍된 환경이나 학대적인 환경에서 살아남은 아이에게 중요한 것은 돌보고 지지해 주는 관계다. 때로는 가까운 가족, 친척 혹은 개입 프로그램의 멘터와의 관계가 중요하다. 또한 아동기와 청년기의 중요 시점에서—예를 들면, 학교에 결석하는 패턴이 분명해질 때나 최초 범죄 후에—아이를 위해 멘터와의 관계를 진전시키는 프로그램을 만들 필요가 있다. 여러 해 전에, Milton Shore와 Joseph Massimo가 운영을 맡았던 〈뉴턴, 매사추세츠 프로그램〉이 고등학교에서 퇴학 당한 직후의 비행청소년을 대상으로 진행되었다. 그 프로그램은 범죄로 인한 투옥률과 정신 건강 문제를 유의미하게 감소시켰다. 프로그램이 끝나고 20년 후 추적 연구에서 멘터가 없었던 집단의 80%는 형사상 처벌을 받거나 정신 건강 시설에 있었으며, 멘터가 있었던 집단의 80%는 직업, 가정 등 전반적인 측면에서 잘 지내고 있었다.

요점은 어떤 연령에서든 아이들은 도움을 받을 수 있다는 것이다. 하지만 핵심 요소는 관계이며, 관계를 통해 아이의 가치를 변화시키고 그들이 놓쳤던 정서적 기반을 재구축할 수 있다.

··· 스콧의 이야기

데버러가 나를 만나러 왔을 때, 그녀는 매우 절망스러워하고 있었다.

여덟 살 된 아들 스콧 때문에 삶은 너무나 혼란스러웠다. 학교 선생님과 방과후 주간 보호 프로그램 선생님은 스콧이 다른 아이들을 바닥으로 밀치고 소리를 지르고 주먹으로 치면서 공격한다고 불만을 토로했다. 스콧은 지난 6개월 동안 여러 번 싸워서 학교에서 집으로 보내졌고, 방과후 프로그램 감독자는 스콧이 이후에 또 문제를 일으키면 퇴학시키겠다고 위협했다. 집에서는 스콧과 열세 살인 형 브래드가 계속 싸웠다.

"스콧의 행동을 지적하면, 아이는 항상 나아지도록 노력하겠다고 이야기해요."라고 데버러가 말했다. "그러고 나면 또 스콧이 다른 아이를 때렸다고 선생님에게서 주의를 들어요."

데버러는 키가 크고 검은 머리카락을 가진 우아한 여성이었다. 데버러는 의자에 경직되게 앉아서 방어적인 눈빛으로 말했다. 스콧의 아빠 톰과 3년 전에 이혼했고, 무역연합의 전무 이사로 일하느라 바빴다. 데버러와 아이들은 워싱턴 근교의 큰 집에 살았다. 이혼 후에 법인 변호사인 톰은 시카고로 이사했다. 데버러는 스콧이 아빠를 닮아 간다고 걱정했다. 아빠와 아이들은 한 달에 한 번 주말에 만났다. 데버러는 이혼으로 힘들었으며, 톰이 아들들을 만나서 자신을 헐뜯는다고 믿었다. 데버러는 전남편이 아들을 매우 사랑하지만 폭발하는 기질을 가지고 있다고 기술했다. 데버러의 말에 의하면, 스콧은 아빠로부터 나쁜 기질을 받은 것이 분명했다.

데버러는 어린 시절에 스콧이 조숙한 아이였다고 회상했다. 그는 대부분의 아이들보다 빨리 앉고, 걷고, 말을 했다. 스콧의 초기에 대해 이야기하는 것을 보면, 데버러와 스콧은 정서적으로 잘 연결되어 있는 것 같았다.

그녀는 아들의 어린 시절을 떠올리며 약간의 미소를 머금었다. "매우 활동적이었어요."라고 그녀는 말했다. "나는 항상 아이를 쫓아 다녔어요." 스콧은 물건을 잡고 던지면서 계속 움직였다. 그는 공중에서 회전하는 것을 좋아했다. 좀 더 나이를 먹자, 형과 아빠와 레슬링하는 것을 좋아했다.

"스콧은 엄청난 에너지를 가졌어요."라고 데버러가 말했다. "나는 그 아이에게 지지 않을 수가 없어요."

데버러는 스콧이 과잉행동장애가 아닌지 잠시 걱정했었고, 검사를 받아 볼까 생각했었다. 데버러가 보기에, 아이는 뭐든 만지기를 좋아하는 것 같았다. 넘어지면 늘 벌떡 일어났다. 심지어 다칠 때도 그랬고, 타박상과 찰과상에 충격을 받는 것 같지도 않았다. 다른 영역에서도 역시 많은 자극을 원하는 것 같았다. 그는 큰 소리를 피하기보다는 즐기는 것 같았다. 예를 들면, 때로 라디오 소리를 최대로 높였다.

데버러의 기억에 스콧은 넘치는 에너지 때문에 다루기 힘든 아이였고 항상 가구, 사람들 그리고 그 밖에 무엇에라도 부딪쳤다. 그리고 모든 것에서 실수를 했다. 그녀는 약간 찡그리며 말했다. "톰은 스콧을 힘들게 했어요. 내가 생각하기에 톰은 스콧이 일부러 그렇게 하고 있다고 생각하는 것 같았어요." 데버러는 자신이 계속 스콧을 방어해 주었으며 톰의 엄격함 때문에 아들을 지나치게 마음대로 하게 둔 것 같다고 말했다.

데버러는 스콧이 가상놀이를 한 것을 기억해 낼 수 없었다. "내가 생각하기에 그는 단지 여기저기를 뛰어다니는 것으로 너무 바빴어요."라고 그녀는 말했다. "아주 신체적인 아이여서 아이가 상상놀이에 관심이 있었는지 잘 모르겠어요."

데버러와 톰의 결혼생활이 깨지기 시작할 때 스콧의 문제가 최초로 나타났다. 그들은 끊임없이 다투었고, 톰은 논쟁 끝에 거의 항상 집을 나갔다. 부부 사이의 긴장이 늘어나면서 세 살이었던 스콧은 점점 더 호전적이고 전투적이 되어 가기 시작했다. 그는 작은 자극에도 심한 투정을 부렸다. 다른 아이들의 장난감을 빼앗고, 아이들의 공격 신호에 매번 강하게 반응했다. 그의 엄마가 말한 것에서 추측해 보면, 스콧은 다른 아이들의 행동, 신체 언어를 읽는 데 어려움이 있었고 장난스럽게 밀치는 것도 자신을 공격한다고 오해하는 것 같았다. 그는 다음의 발달단계(생각을 소통하는 것을 배우는 것)로 옮겨가지 못했다. 가상놀이나 상상놀이에 관심이 없다는 것은 다른 정서뿐만 아니라 공격성을 표현하기 위해 생각을 사용하지 않음을 의미한다.

데버러가 "아이는 매우 거칠어서 다루기 어려웠지만 그래도 얼마 동안은 그럭저럭 지냈어요."라고 말했다. 데버러와 톰은 스콧이 다섯 살 때 이혼했고, 스콧이 6개월 때 시간제 근무를 했던 데버러는 이때부터 전일제로 일을 하게 됐다. 그녀는 일에 온 힘을 기울였고, 그 결과 조직의 관리자로 승진했다. 데버러는 일에 많은 노력을 쏟아야 하고 집에 밤 늦게 들어가며 때로는 출장을 가야 했다.

데버러는 나에게 "나는 스콧과 다툴 시간이 없어요."라고 말했다. "나는 요즘 너무 힘들고 스트레스가 많아요. 그리고 선생님을 만나기 위해 매번 자리를 비울 수도 없었어요."

데버러는 아들과 보내는 일상을 설명했는데, 매우 바쁜 것처럼 보였다. 아이와 깊이 있는 이야기를 나누거나 함께 놀 시간이 많지 않았다. 데버러는 출근하는 길에 아이들을 학교에 내려 주고 아이들은 저녁 6시까지 방과후 프로그램에 참여했다. 방과후 프로그램은 다소 혼란스럽게 들렸다. 스콧이 속한 집단은 대부분 스콧보다 나이가 많은 아이들로 이루어졌으며, 감독이 많이 이루어지지 않았고 주로 밖에서 놀았다. 내가 추측하기에, 스콧은 자신을 방어하는 데 많은 시간을 보냈을 것이다. 데버러는 스콧이 키가 컸다고 말했는데, 나는 스콧이 다른 아이들보다 어리기 때문에 쉽게 표적이 되었을 것 같다는 생각을 했다. 스콧은 학교와 방과후 프로그램에서 피상적인 친구들을 많이 사귀었지만 그 또래의 다른 아이들과 달리 친한 친구가 없었다. 가사도우미가 6시에 아이들을 차에 태워서 집에 데려와 저녁을 먹였다. 데버러는 약속이 없으면 대개 7시나 7시 반쯤 집에 왔다. 서둘러 저녁을 먹은 후 아이들은 숙제를 하거나 TV를 보았다. 주말에 데버러는 잠깐씩 서류 업무에 열중했고, 아이들은 TV를 보거나 밖에서 스케이트보드나 롤러보드를 탔다. 그들은 한 달에 한 번 아빠를 보러 비행기를 타고 시카고에 갔다. 그렇지 않은 토요일 저녁에는 대개 데버러가 영화를 보거나 외식을 하러 아이들을 데리고 갔다. 데버러와 교제 중인 폴도 가끔 같이 갔다.

생계 문제가 걸린 순간에는 압도되었을지라도, 데버러는 바쁜 일을 해 나가면서 아이들을 혼자서 키우고 있었고, 조직화되고 자녀에게 관심 있는 부모처럼 보였다.

데버러는 스콧과 스콧의 형이 자기 일을 혼자서 알아서 잘 한다고 이야기했다. "그들은 정말 스스로를 돌봐요."라고 말했다. "나는 애들에게 잘 시간이라고 말할 필요가 없어요. 애들은 피곤하면 침대에 가요. 가끔은 11시나 한밤중에 자기도 해요. 내가 생각하기에 그 애들은 잠이 많이 필요하지 않은 것 같아요."

데버러는 스콧이 자신에게는 공격성을 보이지 않는다고 말했다. 대부분 데버러는 아이에게 엄마가 원하는 것을 하게 한다. 하지만 스콧과 브래드는 계속 싸웠고, 브래드는 스콧이 항상 자신을 괴롭히고 싸움을 건다고 불평했다.

스콧은 학교에서도 문제가 있었다. 성적은 대부분 C를 받았고, 선생님들은 스콧이 선생님이 말하는 것을 듣거나 이해하지 않는 것 같다고 말했다. 하지만 스콧은 수학과 과학에서는 특별한 재능을 보였다.

나는 이런 배경을 안 후에 스콧을 만날 준비를 했다. 엄마는 대기실에 있고 스콧 혼자서 들어왔다. 그는 따뜻한 느낌의 갈색 눈을 가진 키가 크고 마른 소년이었다. 그는 빠르게 움직였다. 문을 열고 돌진하듯 들어와 내 반대편 의자에 미끄러지듯 앉았다. 그는 방을 둘러보고 의자에서 끊임없이 움직이면서 초조한 웃음을 보였다. 가만히 앉아 있기가 어려운 듯 보였다.

나는 다른 아이들에게 하듯이 웃으면서 스콧에게 "어떻게 지내니?"라고 인사했다. 나는 아이가 나와 새로운 환경에 어떻게 반응하는지를 보기 위해 처음에는 움직이는 것을 그냥 내버려 둔다. 그래서 스콧이 말하기를 기다렸다. 짧은 침묵 후에 그는 "무슨 말을 해야 할지 모르겠어요."라고 말했다. "무슨 말을 할지는 모르겠지만 이야기가 재미있을 것 같은데."라고 내가 말했다.

스콧은 내 사무실을 둘러보고 의자에서 초조하게 몸을 움직였다. 발은 카펫을 두드리고 있었다. 보통 나는 아이의 연령에 맞는 장난감이나 게임을 사무실에 준비해 둔다. 스콧을 위해 나는 몇 개의 공, 게임, 전투 인형을 준비해 두었다. 스콧은 그것들을 잠깐 훑어본 뒤 말하기 시작했다.

"우리 엄마가 내가 말썽 많이 피운다고 이야기했죠?" 그가 말했다. "언제 가장 많이 그러는데?"라고 내가 물었다. 그는 수줍게 웃으며 어깨를 으쓱했다. 그는 거의 즉각적으로 공격적인 행동을 보이기 때문에 이로 인해 문제가 생겼다. 나는 "말썽 부리면 어떻게 되니?"라고 계속 물었다. 그는 다시 어깨를 으쓱했다. "나는 잘 몰라요, 난. 그건 그저 우연히 일어난 거예요."

나는 어떤 일이 벌어지는지 이야기해 달라고 했다. 스콧은 학교에서 자신을 미는 어떤 남자아이에 대해 말했다. "난 그 애를 다시 밀죠. 그리고 그 애는 소리를 지르고, 그럼 선생님과 문제가 생겨요."

그가 말한 다른 이야기들에서도 동일한 주제가 나왔다. 집과 학교에서 스콧은 공격을 받는다. 하지만 그가 스스로를 방어하려고 할 때 선생님이나 엄마는 진짜 범인보다는 그를 붙잡는다. 집에서 브래드와 싸울 때 스콧은 브래드가 항상 자기를 밀거나 발로 차서 싸움이 시작된다고 말했다. 하지만 스콧이 거기에 대응하면 브래드가 엄마에게 소리를 지르고, 스콧이 문제를 일으킨 것이 된다.

나는 스콧에게 왜 다른 아이들 때문에 계속 화가 나는지, 그래서 스스로 곤경에 처하게 되는지에 대해 물었다. "글쎄요. 그 애들이 나를 괴롭히면 보복해야 돼요."라고 그가 말했다. 나는 "만약 너의 목표가 보복하는 것이라면 왜 좀 시간을 두고 생각해 보지 않니?"라고 호기심에 차서 물었다. "너의 말을 들어 보면 너는 너무 빨리 행동해서 더 힘들어지는 거 같은데." 나는 그가 스스로를 곤경에 빠지게 하는 경향이 있음을 인식하고 있는지 알고 싶었고, 그래서 좀 더 부드럽게 찔러 보았다. "넌 왜 다른 아이들이 잡히지 않도록 만드니?" 스콧은 머리를 흔들었다. "다른 아이들이 잡히게 하려면 너무 오래 기다려야 돼요."

학교에 대해 이야기하면서 학업 기술에 대해 탐색했다. 그는 읽은 것을 기억하거나 무엇에 대한 이야기인지 이해하기가 힘들다고 말했다. 들은 숫자나 낱말을 기억하는 것처럼 청각 정보처리와 관련된 몇 가지 연습을 해 보았다. 사실 그는 청각 정보를 처리하는 데 문제가 있었다. 하지만 동시에 그는 집중하고 추론하고 순간적으로 판단할 수 있었으며 수학 문제를 아주 빠르게 풀었다. 그는 분명히 숫자로 추론하는 것에 재능이 있었다.

나는 스콧에게 그림 몇 개를 그려 보라고 했다. 이건 내가 만나는 대부분의 아이들에게 시키는 것이다. 그런 식으로 나는 아이들의 미세 운동 기술(연필이나 크레용을 얼마나 잘 쥐고 조작하는지)과 공간을 어떻게 사용하는지(종이 위의 공간을 얼마나 잘 활용하는지) 관찰할 수 있다. 또한 어떤 아이들은 말로 하는 것보다 시각적으로 더 잘 소통한다.

스콧이 그린 그림은 흥미로웠다. 그는 얼굴을 약간 찌푸린 채 연필을 거북한 듯 잡고 그렸는데 미세 동작 통제를 잘하지 못했다. 그리고 그의 그림은 다소 공허했다. 아이는 차와 비행기를 운전하는 사람과 동물을 많이 그렸다. 하지만 동물과 사람들의 얼굴에 표정이 없었다. 그림은 공허하고, 감정이 없으며, 대부분 아이들이 그리는 것과 달리 풍부하지 않았다.

그리고 스콧은 나에게 이야기를 써 줬는데, 시간이 좀 걸렸다. "어느 날 에릭은 농구장에 갔어요. 그는 혼자서 농구를 하다가 어떤 아이를 보고 그 아이와 같이 농구를 하고 싶어졌어요. 그는 너무 반가워서 자기 농구공을 그에게 가져갔어요. 그리고 함께 농구를 했어요. 그리고 그들은 집에 돌아갔어요."

나는 그 아이들 사이에 이후에 어떤 일이 벌어졌는지 물었다. 그는 슬퍼 보였다. "아니요. 그들은 다시는 서로 안 봤어요."라고 대답했다. "그들이 그렇게 하길 원했던 거니?"라고 내가 물었다. 스콧은 대답하지 않았다. 갑자기 그는 이야기의 주제를 바꾸어서 TV에서 본 레슬링 경기에 대해 아주 자세하게 이야기했다. 그는 나에게 피투성이 부분(피 흘리는 코, 부러진 팔)에 대해 말할 필요가 있는 것처럼 보였다. 스콧이 말한 이야기에서 외로움이라는 주제로 다시 되돌아가게 하려고 할 때마다 그는 레슬링 경기에서 공격성을 더 강하게 묘사했다. 내가 보기에는 마치 새로운 친구를 다시 보지 못하는 소년이 전하는 외로운 감정에서 도망쳐서 외로움이라는 주제를 공격적인 주제로 **빠르게 대체하는**

것 같았다. 나는 이것이 전반적으로 그의 공격성에 얼마나 많은 영향을 미치는지 궁금했다.

우리는 또한 그의 아빠에 대해서도 이야기했다. 스콧은 가끔 자기에게 소리를 질러도 아빠를 보러 가는 것이 좋다고 말했다. 나는 스콧이 아빠에 대해 이야기하는 것에서 톰 역시 스콧의 에너지에 압도되었다는 느낌을 받았다. 기본적으로 스콧이 원하는 것을 하도록 내버려 두는 데버러와 달리, 톰은 스콧을 단속하려고 하는 것 같았다. 스콧이 좋아하는 활동 중 하나는 아빠와 함께 시카고 불스 경기에 가는 것이었다. 그는 마이클 조던의 경기를 보았던 때에 대해 말하기 시작했다.

하지만 스콧은 그러고 나서 말하는 걸 멈췄다. 잠깐 쉰 후에, 그는 나에게 레슬링 경기를 본 적이 있는지 물었다. 그리고 안절부절못하면서 다시 레슬링 선수가 링 줄에서 펄쩍 뛰어서 상대 선수에게 뛰어내리는 것과 같은 자신이 좋아하는 레슬링 기술에 대해 설명하기 시작했다. 그래서 나는 레슬링이 흥미롭다고 말할 수는 있지만 레슬링 이야기 바로 전에 그의 아빠와 함께 농구 경기를 보러 가는 것에 대해 이야기하고 있었다고 말했다. 그는 말하기를 다시 멈췄다. "집에 가야 할 때 나는 슬퍼요."라고 그가 갑자기 말했다. 그의 갈색 눈동자는 눈물로 가득 찼고, 그는 눈을 깜빡였다. "우리는 한 달에 한 번만 아빠를 보러 가요."

내가 "아빠를 더 많이 보고 싶구나."라고 말했다. 그는 고개를 끄덕였다. "한 달에 한 주 내내 보고 싶어요. 아빠가 엄마랑 같이 살거나 아니면 정말 가까이 살면 더 좋겠죠." 이것이 스콧이 자신의 감정에 대해 이야기했던 유일한 시간이었다. 슬픔이나 상실감이 올라오면 스콧은 바로 주제를 바꿔서 폭력적인 싸움이나 TV에서 본 레슬링 혹은 학교에서 아이와 싸웠던 일을 이야기했다.

스콧과 그의 엄마와 몇 회기 더 만난 후에 나는 다음과 같은 인상을 받았다. 데버러의 설명을 보면, 그는 많은 감각에 대해 반응성이 떨어지는 것으로 보였다. 이는 그가 다른 아이들보다 더 많은 자극, 심지어 신체적으로 고통스러울 정도의 자극을 필요로 한다는 의미다. 그래서 주먹으로 맞아서 생기는 신체적 불편함이 있어도 스콧이 싸움을 멈추지 못했을 것이다.

그는 다른 사람에게 집중하고 함께 할 수 있었다. 그는 몸짓, 생각, 단어로 분명하게 의사소통했지만 가끔 다른 사람의 의도를 이해하는 데 어려움이 있었다. 그는 꽤 자주 상황을 잘못 읽는 것 같았고, 공격받는 것이 아닐 때에도 공격받고 있다고 추측했다. 정서적 사고를 이용하는 능력을 조금 보이긴 했지만 한계가 있었다. 그는 공격성, 취약점 혹은 슬픔과 관련된 정서를 전달하기 위해 생각을 사용하는 것을 꺼렸으며, 생각보다는 신체를 통해 공격성을 다루었다. 이 외에 그는 논리적 사고를 조금 할 수 있었다. 그는 관계를 혼란스럽게 할 수 있는 경쟁과 음모에 대해서 조금은 파악하고 있었고 삼각관계의 세계로 전진해 나가는 것 같았으며 또래 집단의 세계로 깊이 파고들었다.

하지만 '놀이터 정치'에서 스콧은 타인에게 접근하는 것에서 한계를 보였다. 복잡한 집단 상황이나 경쟁적인 삼각관계에서 취약하거나 슬프다고 느낄 때마다 그 상황에 대해서 생각하거나 자신의 입장을 말로 표현하기보다는 공격적인 행동에 의지했다. 예를 들면, 그는 자신을 괴롭히는 사람이 스스로 곤경에 빠지거나 싸움에서 자신이 유일한 범인이 아니라는 것을 선생님이 관찰할 때까지 기다리기가 어려웠다. 선생님과 또래 집단의 관계를 진단하고 자신의 전략을 적절히 계획하기보다는 자신의 느낌을 가지고 맞기 전에 때렸다.

이는 그의 충동 통제 능력이 부족함을 의미할 뿐만 아니라 어떤 상황에서는 관계가 어떻게 작동하는지 곰곰이 생각하고 이해할 능력이 없음을 뜻한다.

내가 본 많은 아이들처럼, 스콧은 어떤 영역에서는 발달이 이루어지고 있지만 다른 영역에서는 한계가 있고 취약했다. 감각과 활동에 대한 그의 욕구, 통증에 대한 부족한 민감성, 이 모두는 반성하고 말을 사용하기보다는 분노를 행동화하는 경향을 강화시켰다. 더 나아가, 청각 정보처리의 어려움이 혼란을 야기하고 때로는 상황을 오해하게 만들었다.

하지만 성격이 불같다는 아이에 대한 일반적인 평에도 불구하고, 나의 직감으로 스콧은 친절하고 호감이 가는 아이였다. 스콧은 많은 것을 요구받고 있었다. 그는 바쁜 엄마, 다른 도시에 사는 아빠를 가졌고, 학교와 방과후 프로그램에서 대부분의 시간을 보냈으며, 거기서 그는 항상 다른 사람, 종종 나이가 더 많은 아이들과 관계를 맺어야 했다. 내가 생각하기에, 그의 체구 때문에 선생님과 방과후 프로그램의 감독자는 스콧을 도와주지 않았을 것이었다. 그는 아이지만 어른처럼 행동하도록 기대되고 있었다. 나는 그가 그렇게 자주 혼자 있어야 한다는 것에 대한 분노뿐만 아니라 내면에 깊은 외로움을 가지고 있다는 느낌이 들었다. 그런 내적인 외로움과 분노는 몇 가지 요인들(생애 초기 부모 사이의 관계 긴장, 그 나이에 있는 보통의 또래 집단이 경험하는 어려움들, 방과후 프로그램의 다소 난폭한 분위기)과 결합되어서 스콧에게 문제를 야기했다. 그는 그가 표현하듯이 스스로를 방어할 필요가 있다고 느꼈다.

이런 반응은 공격성의 문제를 가지고 있음에도 불구하고 좋은 잠재력을 가진 아이에게 매우 전형적이다. 그들은 여러 발달적 도전을 극복하지만 중요한 감정을 다룰 때 정서적 사고를 사용할 수 없다. 스콧과 그의 엄마는 서로를 아주 많이 사랑하지만 둘 사이에는 정서적 풍성함이 많지 않다. 그리고 스콧은 엄마나 아빠에게서 많은 것을 받지 못하고 있었다.

　지나치게 바쁜 가정에서 자라는 아이들은 스콧과 동일한 문제에 직면할 수 있다. 그들은 다양한 연령층의 아이가 참여하는 프로그램에서 하루 중 많은 시간을 보낸다. 환경이 잘 감독되지 않으면 아이는 쉽게 두려워하고 취약함을 느낄 수 있다. 부모가 너무 바쁘면 아이에게 이런 스트레스로부터 보호된다는 느낌을 주지 못하게 된다. 이전에 지적했듯이, 스콧의 어려움은 평탄하지 않은 정서적 기반, 신체적 경향, 가족역동(허용적인 엄마와 처벌적인 아빠)에 의해서 악화된 것이다.

　그런 상황에 있는 다른 아이들에게 하는 것과 같이 첫 번째 단계는 스콧에게 가장 중요한 관계를 향상시키는 작업을 하고, 그들의 테두리 내에서 스콧이 완전히 성취하지 못한 발달단계를 넘어서도록 돕는 것이었다. 우리는 스콧이 맺는(아빠와는 매우 어려울지라도) 아빠, 엄마와의 관계를 깊게 만들 필요가 있었다. 이전 사례에서 간략하게 설명했던 단계들을 이용해서 문제에 작업을 해 나가자, 스콧은 적절한 대처 능력을 발달시키는 데 필요한 많은 정서적 기반들을 발전시킬 수 있었다.

··· 플로어 타임: 깊은 관계 형성

　처음 데버러에게 플로어 타임의 개념에 대해 설명할 때, 그녀는 눈물을 흘렸다. 데버러는 이혼과 새로운 일에 대한 스트레스 때문에 부모가 됨으로써 얻을 수 있는 많은 즐거움을 놓쳐 왔다는 것을 깨달았다. 그녀는 저녁 식사 후에 아들을 위해 한 명당 하루에 30분씩 시간을 내기 시작했다. 매일 밤 한 시간 동안 그녀는 스콧과 브래드에게 헌신했다. 그들은 이야기하고 놀고 함께 있을 수 있었다.

　아들들과 함께할 수 있는 한 시간을 내는 것 자체도 힘들었다. 그렇게 하려면 보통 때보다 조금 일찍 일을 마치고 일에 대한 열정을 한 단계 아래로 내려야 했기 때문이다. 그것은 데버러에게는 힘든 싸움이었다. 그녀는 헌신적인 직업인이었으며, 매일 일에서 최선보다 조금 덜 한다는 생각에 불편해했다.

플로어 타임은 그녀에게 어떻게 아들들과 사귈 것인가 하는 또 다른 도전을 제시했다. 많은 부모들처럼, 데버러는 아이들과 매우 구조화된 시간을 계획하는 데 익숙했다. 플로어 타임은 쉽지 않았다. 첫 플로어 타임 동안 스콧의 방에서 스콧과 앉아 있는데 데버러는 무엇을 해야 할지 잘 몰랐다. 스콧 역시 몰랐다. 하지만 데버러가 스콧과 시간을 보낼 때마다 스콧이 이를 드러내고 싱긋 웃는 걸 보면 스콧이 이 30분을 소중히 여기는 것은 분명했다.

처음에 스콧은 엄마에게 학교에서 모은 농구 카드를 보여 주었다. 그것들 중 몇 개는 교환한 것이 아니라 다른 아이들을 속여서 얻은 것이었다. 데버러는 스콧이 반 친구들을 속인 것을 비난했지만 나는 데버러에게 아이의 관점에 초점을 맞추고 아이가 느끼는 자신감을 이해하면서 따뜻하게 반응하도록 제안했다.

아이가 하고 있는 것에 동의하거나 지지하지 않더라도 아이의 관점에 관심을 보일 수 있음을 아는 것이 중요하다. '네가 지금 하고 있는 것이 왜 즐거운지, 거기에는 충분한 이유가 있음을 난 알고 있다.' 라는 태도를 취하는 것이 아이의 행동을 허용해 주는 것을 의미하는 것은 아니다. 그것은 단지 여러분이 아이의 관점에서 보려고 노력하고 있다고 아이에게 말하는 것이다. 이와 같은 지지적인 반응을 보임으로써 아이로 하여금 자기 행동의 이유를 표현하도록 도울 수 있으며, 여러분은 아이가 자신에 대해 만족을 느낄 수 있는 다른 방식을 생각해 내도록 도울 수 있다. 만약 스콧이 데버러에게 뭔가 불법적이거나 위험한 일을 했다고 이야기한다면 데버러는 다르게 반응할 것이다. 여러분의 자녀가 그 선을 넘는다면, 여러분은 아이의 행동에 대해 엄격한 제한을 두어야 할 것이다. 하지만 동시에 여러분은 공감을 유지하고 아이의 관점에서 아이의 행동을 이해하려고 노력해야 한다.

매일 플로어 타임을 계속 가지면서, 데버러는 두 가지 주제가 도출되는 것을 보았다. 스콧은 자신이 영리한 사람이라는 걸 느낄 필요가 있었으며 엄마의 눈빛에 있는 강렬함을 느낄 필요가 있었다.

"스콧은 사실 더 큰 사람이 되려고 하는 작은 아이였을 뿐이에요."라고 데버러가 일대일 회기 중에 놀라서 나에게 말했다. 그렇게 이해함으로써 데버러는 학교, 집, 방과후 프로그램 센터에서 대장이 되고 싶은 스콧의 욕구와 불안전감을 인식할 수 있었다.

데버러와 스콧의 플로어 타임에서 계속 나오는 주제는 스콧이 아빠와 짧은 주말을 보낸다는 것이었다. 스콧은 나에게 말했던 것처럼 아빠를 아주 그리워하고 더 자주 보고 싶다고 엄마에게 이야기했다. 데버러는 아들이 아빠와는 가능하면 적은 시간을 보내기를 원했다. 데버러는 톰이 특히 스콧에게 너무 엄격하고 처벌적이라고 느꼈다. 데버러의 두려움에도 불구하고 나는 스콧이 아빠를 좀 더 많이 만나야 한다고 느꼈다.

데버러가 "그게 왜 그렇게 중요해요?"라고 물었다. 데버러는 분명히 그에 대해 많이 생각해 보지 않았다. "누군가 부모라면, 좋든 나쁘든 그는 부모입니다."라고 내가 설명했다. "어쨌든 그는 아이에게 중요하죠. 사실, 아이들은 자주 못 만나는 부모에 의해 더 영향을 받을 수 있습니다. 그건 아이들이 그를 잘 모르고 이상화하는 경향이 있기 때문이죠."

데버러는 망설이며 스콧과 브래드가 아빠를 좀 더 자주 볼 수 있도록 하는 데 동의했다. 데버러와 톰 사이에 경직되고 어색한 전화 통화가 있고 난 후, 톰은 정기적으로 워싱턴을 거쳐 올 수 있도록 그의 출장을 조정하는 것에 동의했다. 그는 지역의 한 호텔에 머물렀고 그 주말을 아이들과 함께 보냈다. 아이들을 만나는 것이 기쁜 톰은 학교 시간표가 허락한다면 매달 있는 주말 여행을 하루 또는 이틀 정도 연장하는 것과 여름마다 6주 정도 아이들을 데려오는 것을 제안하기도 했다. 아이들은 즐거워했다. 그로 인해 데버러가 얻게 된 부가적인 이득은 직장 일을 준비할 시간과 남자 친구인 폴을 만날 수 있는 여유가 생긴 것이다. 스콧은 아빠를 더 자주 만나게 되는 것에 대해 긍정적인 반응을 보였다. 아이는 정서적으로 아빠와 더 잘 통할 수 있게 되었고 그럼으로써 그에게는 관계를 맺을 수 있는 또 다른 강한 어른상이 생겼다.

가능하다면 아이가 부모 둘 다와 관계를 갖는 것이 좋다. 안전감과 보살핌을 받는다는 느낌은 비록 부모 사이의 관계가 그다지 따뜻하지 않더라도 아이가 각 부모와 관계를 가짐으로써 얻어지는 것이다. 아이들은 예리한 관찰력을 가지고 있다. 아이들은 손상되었지만 접근이 가능한 관계(예를 들면, 아빠나 엄마가 다른 쪽 부모의 방문권을 허용하지 않거나, 아이를 다른 쪽 부모로부터 소원하게 하려는 경우)와 접근이 불가능한 관계(예를 들면, 한쪽 부모가 멀리 떨어져서 산다거나 더 이상 생존하지 않는 경우)의 차이를 안다. 분명한 것은 만약 한쪽 부모가 아이를 학대한다면 다른 쪽 부모는 아이를 보호하기 위하여 할 수 있는 모든 것을 해야 한다는 점이다.

몇 달이 지나자, 스콧과 데버러는 플로어 타임 동안 진정한 라포를 경험하고 있었고, 스콧은 자신의 생활에서 남성적 존재의 혜택을 얻고 있었다.

••• 문제해결 시간: 공격적 감정을 예상하는 것 배우기

　문제해결 시간은 공격적인 행동 때문에 문제를 일으키는 아이들에게 특히나 유용하다. 그것은 아이들이 자신의 감정에 대해서 생각하고 말하는 법, 즉 자신의 감정을 정서적 개념의 형태로 표현하는 법을 배울 수 있게 한다. 그것은 또한 현저히 어려운 상황들을 예견할 수 있도록 도와주기도 한다. 플로어 타임보다 더 많이 하루에 여러 차례 시행함으로써, 문제해결 시간은 부모와 아이가 함께 문제들을 해결해 나갈 수 있는 기회를 제공한다.

　스콧의 첫 도전은 대화를 주고받는 법을 배우는 것이었다. 청각 처리에 어려움이 있었기 때문에, 그는 다른 사람에게보다 자신에게 더 귀를 기울이는 경향이 있었다. 그에게는 자신의 마음속으로부터 나오는 생각보다 바깥에서 들어오는 생각을 이해하는 것이 더 어려운 일이었다. 그는 또한 상황을 제대로 읽어 내지 못하기도 했다. 만일 놀이터에서 일단의 어린이들이 함께 웃고 있으면, 스콧은 그 아이들이 자신을 두고 웃고 있다고 생각하곤 했다. 한 친구가 장난스럽게 스콧에게 가라데 차기를 흉내 내면, 스콧은 자신에 대한 공격이라고 생각하고 주먹질로 맞받았다. 선생님이 스콧에게 눈살을 찌푸리며 자리에 앉아 집중하라고 하면, '선생님이 장난치는 거'라고 확신하고서는 낄낄거리며 공중에다 연필 던지기를 반복했다.

　데버러는 스콧에게 하루가 어땠는지 물어보는 것으로 문제해결 시간을 시작했다. 처음에는 쉽지 않았다. 대화는 다음과 같았다

　데버러: 오늘 학교에서 뭘 했지?

스콧: 아무것도 안 했어요.

데버러: 아무것도?

스콧: 글쎄요, 그냥 똑같아요.

데버러: 똑같다고? 그게 뭔데?

스콧: 알잖아요, 일상적인 거.

나는 데버러에게 실망하지 말라고 해 주었다. 그녀는 별로 말하지 않는 아이가 몸동작을 통해 자신의 의사를 전달한다는 것을 상기할 필요가 있었다. 즉, 팔짱을 끼거나 어깨와 목이 구부정한 채로 경직되게 앉아 있는 것이 그것이다. 그녀는 자신이 관찰한 것을 언급할 수 있었다. 그리고 그녀는 스콧이 단어 회상에 곤란을 겪고 있어 생각이나 어떤 것을 묘사하기 위해 적당한 말을 찾아내는 것을 어려워한다는 것을 기억할 필요가 있었다. 때로는 아이가 "아무것도 없어요." 또는 "생각이 안 나요."라고 말했을 때, 아이는 약간의 도움이나 힌트가 필요했던 것이다. 대화는 다음과 같이 진행될 수 있었다.

데버러: 때로는 학교에서 있었던 모든 것을 기억하는 것은 어렵지.

스콧: 네. 학교가 끝나면, 모두 다 기억에서 사라져 버려요.

데버러: 그래, 가만 보자. 보통 넌 쉬는 시간에 토니와 놀지. 오늘도 그랬니, 아니면 다른 걸 했니?

스콧: 아, 네. 같이 놀았어요. 하지만 그 애는 나빠요. 내가 공을 찰 때 나를 밀었어요.

간혹 데버러가 몇 가지 힌트를 주면 그게 단서가 되어 둘의 대화가 계속 진행되기도 했다. 그러나 때로는 그녀가 좀 더 노력해야 했다.

데버러: 목요일에는 점심 전에 보통 체육 시간이 있잖니? 오늘 체육 시간에는 무엇을 했니?

스콧: 킥볼이요. 내가 두 점을 올렸어요!

데버러: 대단하구나! 어떻게 그럴 수 있었지?

스콧: 몰라요. 그냥 볼을 찼어요.

데버러: 그래, 넌 참 빨리 달리지. 공을 차고 나서 빨리 달렸니?

스콧: 뭐 그런 것 같아요.

데버러: 누구한테 공을 찼지?

스콧: 데니스요.

데버러: 그리고 어떻게 됐지?

스콧: 아, 기억나요. 무지 재미있었어요! 데니스가 공을 집으려고 하는데 발을 헛디뎠어요. 그리고 나서 매튜한테 공을 던졌는데 공이 매카트니 선생님 머리에 맞았어요.

데버러는 스콧이 처음에는 단어 몇 개 정도만 말하려고 하고 문장으로 좀 더 길게 말하려면 6주나 그 이상 걸릴 수 있다는 것을 명심해야 했다. 그러나 큰 진전이 있었다. 스콧이 한 번에 한두 단어를 더 말하는 것도, 50~75%의 진전을 보인 것일 수 있다.

데버러는 문제해결식 대화를 계속해 나가기 위해 아침 식사 시간과 학교로 데려다 주는 차 안에서의 시간을 어떻게든 짜내었다. 완벽하지는 않았지만 아침을 잘 활용했고, 스콧과 일대일 문제해결식 대화를 위해 그 주 여러 날 동안 여분의 짬을 내려고 노력했다.

일단 스콧이 논리적인 대화를 해 나가는 것에 대해 좀 더 편안함을 느끼게 되면, 데버러는 다음 과제로 넘어갈 수 있었다. 공격적 행동을 보이는 많은 아이들처럼, 스콧은 자기 감정에 대해 말하는 것과 자신의 감정에 어떻게 대처해야 하는지 어려워했다. 아이는 자신을 곤란하게 만드는 상황을 구분할 수 없었고, 그래서 그에 대처하지 못했다.

　곤란한 상황에 훌륭하게 대처하는 사람을 보면, 그들은 자동적으로 그 상황을 미리 생각해 보고 예견하곤 한다. 그들은 그런 상황에서 어떻게 느낄 것이고 어떻게 행동할 것인지 미리 상상해 본다. 취업 면접을 보러 가는 성인을 예로 들면, 그는 미리 질문을 예상하고 그런 질문들에 대해 어떤 느낌을 갖게 될 것인지 미리 예상해 볼 것이다. 그리고 사전에 적당한 대답을 생각해 낸다.

　복잡한 상황을 인식하고 예견하는 것이 어려운 아이들과 성인들은 보통 눈을 감은 것과 유사한 상태에서 그 상황에 뛰어들곤 한다. 왜냐하면 그들은 문제해결을 위해 충분히 긴 시간 동안 생각이나 감정에 머물러 있지 못하기 때문에, 대신 공격적인 신체 행동 같은 반사 반응에 의존하게 된다. 이런 현상은 타인을 잘 오해하는 스콧처럼 신체적으로 활동적이고 둔감한 아이들에게 특히 잘 들어맞는다. 그리고 다른 많은 활동적-공격적인 아이들의 부모들처럼 데버러도 한계를 설정하는 데 바쁘거나 아예 단념해 버려서 아이가 행동 대신 생각을 하도록 만들지 못했다.

　데버러가 스콧에게 꾸준히 힌트를 주면서 단순히 하루가 어땠는지를 질문하는 것으로 시작했다는 점을 상기해 보자. 잠시 후에, 스콧은 문제가 되었던 장면들을 설명하기 시작했다. 아이의 엄마는 아이의 행동을 비판하지 않고 조용히 들어 주었다.

　며칠 후에 데버러는 "네가 다른 사람을 때리거나 밀치게 되는 상황에는 어떤 게 있는지 생각해 보자꾸나."라고 말했다. 처음에 그것은 스콧에게 매우 어려운 일이었다.

　아이는 "난 못해요, 엄마."라고 격분하여 말했다. "그냥 그렇게 된 거예요."

하지만 엄마는 "그럼, 지난번 일들은 언제 일어났는지 한번 생각해 보자꾸나."라고 말했다. "계속 이런 일이 벌어지게 하는 그 무엇인가를 알아내면 그 다음에 무슨 일이 일어날지 예상해 볼 수 있을 거야."

스콧은 마지못해 동의했으나 엄마에게 통고했다. "엄마, 다 똑같은 상황에서 일어난 게 아니에요." 아이는 학급에서 주먹을 휘둘렀던 최근 사건에 대해 이야기했다. "한번은 캐서린이 내가 쓰고 있는 연필을 가지려고 했어요. 난 그냥 내 책상에 앉아 있었어요, 엄마. 그리고 그 애는 내 손에서 연필을 잡아채려고 했어요."

아이가 자신을 위협하고 화나게 만들었던 비슷한 일들에 대해 이야기하는 것을 들으면서 데버러는 두 가지 패턴이 있음을 알게 되었다. 첫번째 패턴은 다른 아이로부터 위협받는다고 예상될 때 스콧이 그 상황이 전개되는 것을 기다리지 못하고 먼저 공격하려고 하는 것이다. 예를 들면, 스콧과 친구가 쉬는 시간 동안 누가 축구공을 사용할 것인지 말다툼을 벌이게 되면 스콧은 재빨리 주먹을 날려 논쟁을 중단시켜 버렸다.

두 번째 패턴은 스콧이 자신이 부당하게 대우받는다고 느끼면 매우 강하게 대응한다는 것이었다. 예를 들면, 만일 자신이 호명되어야 한다고 생각하는데 선생님이 다른 아이를 호명했거나 또는 사귀고 싶은 친구가 다른 아이와 다정한 모습을 보이는 그런 경우였다. 부당하다는 느낌은 늘 아이가 원하고 열망하는 것인 친밀감, 우정 또는 인정을 받고자 하는 소망과 관련이 있었다. 스콧은 자신이 무엇을 느끼는지에 초점을 두기보다는 불공평함에 초점을 맞추고 있었다. 다른 아이가 선생님의 관심을 받거나, 또는 자기가 친하게 지내고 싶은 친구가 다른 아이와 사귀는 것이 얼마나 부당한지 그런 것들이었다. 그리고 불공평하다는 이러한 느낌들이 스콧으로 하여금 싸움을 하도록 만들었다.

데버러는 스콧이 이런 상황을 인식하도록 도와주고자 했다. "누군가 너랑 싸우길 원한다고 생각할 때는 어떤 일이 일어나지?" 데버러는 물었다. "다른 사람들이 너한테 뭔가 하기 전에 네가 먼저 한 방 날리고 싶어하는 것 같구나." 스콧은 자랑스럽게 미소를 지었다. "확실히 그래요. 난 맞고 싶지 않아요." 데버러는 계속 물어보았다. "네 생각에 너를 곤란하게 만들고자 하는 애들이 있니?"

스콧은 지속적으로 자신과 문제를 일으켜 온 아이 세 명의 이름을 말했다. 데버러는 공격자로 추정되는 아이에게 그의 '방어용 미사일' 중 하나를 날려 버릴 때의 기분이 어떤지 궁금하여 물어보았다.

물론 그것은 스콧에게 큰 도전이었다. 아이는 감정을 표현하고 싶어 하지 않았다. 그래서 데버러는 다른 아이가 그의 연필을 가져가거나 축구를 하다 그와 부딪힐 때 무슨 일이 일어날지 함께 상상해 보자고 제안했다.

"그 다음에 무슨 일이 일어날까?" 그녀는 궁금해했다. 스콧은 이 가상놀이에 참여했고 몇 가지 흥미로운 이야기들을 떠올렸다. 스콧은 아이로 변장한 괴물이 지구인을 공격하는 것을 상상했다. 그 게임은 스콧이 처음으로 공포와 위험에 대한 느낌을 이야기하게 만들었다. 아이는 근육의 긴장, 팔과 배의 조임 그리고 번쩍거리며 순간적으로 경험되는 공포에 대해서 묘사했다. 괴물 중 하나가 막 지구인한테 달려들려고 할 때, 데버러는 물었다. "궁금한 게 있는데, 그 괴물의 기분은 어떨까?" "아, 괴물은 정말 화났어요, 엄마." 스콧은 대답했다. "그 지구인은 어떻지?" 데버러가 물었다. "그 사람의 기분은 어떨지 궁금하구나." 스콧은 "그 사람은 너무 무서워해요."라고 답했다. "왜 그렇지?" 데버러는 생각에 잠겨 말했다.

어느 날 스콧은 "그 사람은 괴물이나 자신을 비웃으려는 모든 사람에게 앙갚음해야 한다고 생각해요."라고 대답했다. 데버러는 "왜 모든 사람이 그를 비웃는지 궁금하구나." 부드럽게 말했다. 스콧은 머뭇거렸다. "왜냐하면 그가 너무 무서워한다는 것을 알게 될 것이기 때문이에요." 데버러가 "무서워한다는 것이 잘못되었니?"라고 물었다. "그러면 모든 사람들이 그를 바보라고 생각해요." 아이는 데버러가 겨우 알아들을 수 있는 작은 목소리로 대답했다.

두려움 때문에 달려든다는 스콧의 고백은 데버러에게 전남편의 욱하는 성질을 떠올리게 했다. 그 순간 그녀는 그만 손을 놔 버리고 스콧의 모든 문제들과 관련하여 남편을 비난해 버리고 그리고 아무것도 하지 않고 싶은 충동을 느꼈다.

"이게 내가 아이들이 그를 더 자주 만나길 원하지 않는 이유예요." 그녀는 좌절하며 나에게 말했다. "아이들이 배우는 모든 게, 어떻게 하면 화내고, 소리 지르고, 탁자를 때려 부수는지 그런 거예요."

심사숙고한 후, 데버러는 스콧에게 중요한 문제는 아빠를 방문하는 것이 아니라 그 자신의 감정을 파악하는 법을 배우는 것이라는 점을 알게 되었다. 그럼으로써 아이는 더 쉽게 아빠에 대한 정확한 그림을 그려 낼 수 있을 것이었다. 데버러는 스콧과 계속 작업을 해 나가야 하고, 포기하지 말아야 하며, 전남편을 비난하지 말아야 한다는 것을 깨달았다.

스콧은 서서히 분노감의 기저에 깔려 있는 두려운 감정들을 포함해서 이야기 속 인물들의 감정을 인식하는 것이 향상되어 갔다. 형과의 갈등에 있어, 스콧이 외로울 때마다 형을 괴롭히곤 했다는 것을 깨달았다. 그래서 스콧과 그의 엄마는 불편한 감정을 떨쳐 버리기 위해 다른 사람을 때리는 대신 아이가 무섭거나 외로울 때 할 수 있는 다른 일들을 생각해 보기 시작했다.

　대화를 나누면서 점차적으로 그들은 스콧이 늘 문제를 일으키는 아이로 간주되는 사실에 대해서 이야기를 나누었다. "어제처럼 조회 시간에 제임스가 나를 벽으로 밀고 내가 다시 제임스를 밀어붙일 때, 노튼 선생님은 나만 봤어요." 아이는 말했다. 스콧은 자신을 괴롭히는 아이는 적발되지 않는데 자신은 늘 괴롭히는 아이로 찍힌다는 것을 깨닫기 시작했다.

　"너를 괴롭히는 아이들한테 대처할 만한 다른 방법들을 생각해 보겠니?" 그의 엄마는 물었다.

　닌텐도 게임을 잘하기 때문에 스콧은 재빠르게 반응하고 그와 동시에 두세 단계 미리 앞서 나가 생각하는 것이 유리하다는 것을 잘 알고 있었다. 그러나 아이는 그런 전략을 다른 아이한테도 사용할 수 있다는 것은 생각해 본 적이 없었다. 앞서 생각하기 위해 잠시 멈춘다면 그것은 스콧에게 자신의 감정을 경험하고 그것에 대해 생각해 볼 수 있는 시간을 줄 것이다. "메이가 내 책을 가져가서 몹시 화가 났어요." 또는 "제임스가 나를 치고 나서 내가 제임스를 치지 않는다면 다른 애들이 나를 바보라고 생각할까 봐 겁나요." 그렇게 하고 나면 아이는 문제를 일으키지 않고 자신이 원하는 것을 얻어 내는 데 도움이 되는 대처 방법을 생각해 낼 수 있었다.

　스콧은 스트레스 상황이 발생할 때마다 정해져 있는 행동 방침에 따라야 할 필요가 없었다. 그러나 아이는 적어도 신체적인 폭력을 행사하는 것의 대안을 고려하는 능력을 습득해 나가고 있었다. 자기 감정을 포함하여 그 상황을 신중하게 숙고하는 능력을 키우는 것이 그가 주로 성취해 낸 부분이었다. 흔히 우리는 아이의 문제를 즉각적으로 해결해 주어야 한다고 잘못 생각한다. 아이에게 문제에 접근하는 '방법'을 알려 주는 것이 훨씬 바람직하다. 이번의 경우에, 스콧은 충동적인 행동 대신 숙고하고 생각하는 것으로 대처하는 법을 배웠다. 머지않아 이것은 좋은 해결책이 나오도록 이끌어 줄 것이다. 그러나 그동안에는 행동보다 생각을 함으로써, 시간을 벌고 적어도 잠시나마 문제 상황에서 벗어날 수 있다는 것을 배워 가고 있었다.

다시 한 번 말하지만, 이 과정은 사다리로 묘사되는 정서 발달단계를 하나씩 밟고 올라가는 것으로 볼 수 있다. 스콧과 많은 다른 공격적인 아이들에게 중요한 문제는 '행동' 수준에서 '생각' 수준으로 옮겨 가는 것이다. 어떤 감정(분노 같은)이 느껴졌을 때 그에 맞는 행동으로 즉시 옮겨 가는 대신, 스콧은 일단 한 번 쉬고 생각하는 것을 배우고 있었다. 스콧이 나약함 혹은 공격성에 슬픔을 감추고 있다는 사실을 안다는 것이 중요할지도 모른다. 그러나 스콧에게 그보다 더 중요한 것은 행동하는 것이 아니라 생각을 다루는 정서적 기술을 배우는 것이다. 이러한 능력은 아이가 그의 수많은 깊은 감정들을 이해할 수 있게 할 것이었다. 어쨌든 지금까지 스콧은 일단 늦추고, 심사숙고하고, 자신의 감정과 동기들을 탐색함으로써 훌륭하게 첫걸음을 떼었다.

••• 공감: 분노 이면의 취약성에 공감하기

부모가 아이의 관점에서 세상을 보려고 노력할 때, 아이가 특정 방식으로 느끼고 행동하게 만드는 기본 가정이 무엇인지 인식할 수 있게 도울 수 있다.

함께하는 시간 동안, 데버러는 다른 아이가 자신을 이길 것이라는 스콧의 두려움을 이해해 주었고 아이가 드물게 외로운 감정을 표현할 때 그러한 감정들을 공감해 주었다. 하루는 스콧이 엄마에게, 쉬는 시간에 운동장으로 반 아이들을 이끌고 나가는 일을 맡기를 몹시 원했는데도 선생님이 스콧이 아닌 다른 아이를 지목했다고 이야기했다. 아이는 엄마에게 '정말 정말 열심히' 손을 흔들어 댔고 "소리를 지르거나 고함을 치거나 그 외에 다른 어떤 것도 하지 않았다"고 이야기했다. "난 정말 착하게 굴었어요."라고 스콧은 덧붙였다. 그러나 그가 선택되지 않자, 그는 다른 아이의 머리에 연필을 집어 던지며 거친 행동을 보였고 그 벌로 쉬는 시간에 실내에 남겨지게 되었다. "노튼 선생님은 내가 학급 친구들을 통솔해서 바깥으로 나갈 수 있다고 했어요!" 스콧은 말했다. "선생님은 약속했단 말이에요! 불공평해요!"

다행스럽게도 데버러는 그동안 아이와 일대일로 충분한 시간을 이야기함으로써 아이가 뭔가 불공평하다고 불평할 때는 대개 아이가 가진 기본적인 욕구나 절실한 바람이 이루어지지 못했음을 의미한다는 것을 알게 되었다.

"정말 속상했을 거야." 그녀는 공감하며 말했다. 스콧은 잠시 동안 슬퍼 보였다. "난 정말 학급 리더가 되고 싶었어요. 있잖아요." 아이는 데버러를 향해 말했다. "노튼 선생님은 나를 미워해요." 데버러가 스콧의 말 이면에 담겨 있는 정서적 메시지에 귀를 기울이는 동안, 아이가 간절하게 선생님에게 인정받고 싶어한다는 사실을 확인했다. 데버러는 '그가 나를 미워한다'는 메시지를 되짚어 보았고 그 안에서 스콧의 슬픔과 실망을 들을 수 있었다. "누군가 너에게 약속을 했는데 그것이 지켜지지 않는다는 것은 정말 괴롭지, 그렇지 않니, 애야?" 그녀는 말했다. 예전 같으면, 그녀는 거기에 다른 학생들이 얼마나 있었는지를 지적하면서, 의도치 않게 스콧보다는 좀 더 선생님 편을 들었을 것이다. 그러나 이번에 데버러는 객관적 현실에서 살짝 비껴 났다. 그녀는 아이에게 떼쓰지 않아야 한다고 훈계하지 않았고 그 대신, 아이의 불쾌감과 불공평하다는 인식 이면에 실망과 약간의 슬픔이 있다는 것을 알도록 도와주었다.

비록 여러분의 가장 중요한 목적이 아이에게 현실을 직시하도록 하는 것이라 할지라도, 무심결에 선생님 쪽이든 아이 쪽이든 어느 한편의 입장을 편들었다면 여러분은 이런 태도가 결과적으로 아이의 분노와 좌절을 더욱 부채질한 것이라는 것을 깨달아야 한다. 공격적인 아이를 둔 부모는 자신이 지속적으로 반대 입장에서만 있어 왔다는 것을 쉽게 알아낼 수 있을 것이다. 그러나 여러분의 아들이나 딸의 감정에 공감함으로써, 여러분은 적어도 잠시 동안은 반대 입장에서 벗어나서, 친한 친구처럼 "이런, 기분 고약했겠다."라고 말해 줄 수 있게 된다. 그러나 중요한 것은 일부러 어떤 의도를 가지지 않아야 한다는 것이다. 그냥 자연스러운 태도로 배려하는 모습을 보여라.

횟수가 줄기는 했지만 스콧이 형과 겪는 갈등은 계속되었다. 데버러는 스콧이 겪는 어려움에 공감했다. 그녀는 어렸을 때 언니와 겪었던 싸움들을 생각해 냈다. "때로는 형이 있다는 게 참 괴로운 일이지, 그렇지 않니?" 그녀는 말했다.

종종 스콧은 그녀가 형을 두둔하는 것을 비난했다. "내가 시작하지 않았어요!" 아이는 반복해서 말했다. "엄마가 일 나갔을 때 형이 내 인라인스케이트를 가져가서 숨겨 놓았는데, 아직까지 못 찾고 있어요. 그래서 형을 찼어요!"

스콧과 논쟁하거나 그냥 포기해 버리는 대신에, 데버러는 그녀가 브래드를 두둔하고 있다고 불평하는 아이의 말을 들어 주었다. 그녀는 아이가 혼란스러운 상황에 처했을 때 자기는 혼자라는 느낌을 받으면 형과의 갈등이 촉발된다는 것을 알아챘다. 그녀는 이러한 대화를 통해 스콧이 세상에 대해서 확신하고 있는 어떤 가정이 있다는 것을 깨달았다.

아이는 세상이 위험한 장소이고 자신을 보호하기 위해서는 외로워하거나 두려워해서는 안 된다고 믿고 있었던 것이다. 데버러는 이러한 사고방식이 아이 아빠한테서 나온 것이라고 믿었다. 그녀는 톰이 이런 감정에 직면하는 것을 상당히 어려워한다는 것을 알고 있었다. 그리고 그녀는 한부모로서 가족을 이끌어야 한다는 조급함으로 인해, 자기 자신의 외로운 감정과 아이들이 아빠한테서 배웠을지도 모를 나쁜 성질들에 대한 두려움을 감춰 왔다는 것을 어렴풋이 깨달았다.

하루는 스콧이 데버러에게 그녀가 느끼는 두려움에 대해서 물어보았다. 그리고 그녀 역시 겁날 때가 있다는 것을 아이에게 알려 왔음에도 불구하고 두려워하는 모습을 결코 보이지 않았음을 지적했다. 아이는 미소를 지으며 그녀에게 말했다. "엄마는 무서울 때면 꼭 독단적으로 행동해요." 스콧은 가치 있는 교훈을 배운 듯했다. 그것은 때로 어떤 감정이 다른 감정으로 위장될 수도 있다는 것이었다.

⋯ 도전 단계 쪼개기: 한 번에 하나씩 공격성 줄이기

우리는 앞서 데버러가 어떻게 스콧이 더 잘 의사소통할 수 있도록 점진적으로 도와주었는지를 살펴보았다. 아이가 새 장난감을 갖는 것이나 형을 때리고 나서 자신을 방어하는 것과 관련된 이야기가 아닌 학교나 선생님 등에 대해 이야기하게 만드는 것은 마치 이를 뽑는 것처럼 어려운 일이었다. 데버러는 아이가 보고 있는 TV 프로그램에 대해서 물어보는 식으로 지금, 여기에서 일어나는 일에 초점을 두어 시작했다. 그리고 그녀는 그날 학교에서 있었던 일처럼 바로 전에 있었던 사건에 대해 물었다. 그리고 감정에 대해서 아이와 이야기를 나누었다. 그녀는 처음에 스콧이 한 번이나 두 번 정도 대화를 주고받을 수 있을 것이라고 예상했고 그 다음에는 셋 또는 넷, 그 다음에는 다섯 또는 여섯 이런 식으로 예상했는데, 무엇보다도 처음이 가장 힘들었다. 이런 식으로 아이가 덜 공격적이 되도록 돕는 것은 순차적으로 이루어질 필요가 있다. 대화를 주고받는 데 있어서는 많은 진전을 보인 반면에, 학교에서는 여전히 문제를 겪고 있었다. "가끔 난 무슨 일이 일어나는지 모르겠어요." 아이는 설명하려고 애썼다. "그냥 그렇게 돼요."

공격적인 아이의 행동 방식을 변화시키려고 할 때 흔히 야단치고 벌주는 것이 성공하곤 한다. 그러나 이러한 접근법은 세상에 대한 아이의 근본적인 인식을 변화시키지는 못한다. 사실, 그것은 세상이 위험하다는 아이의 가정을 강화시킬 뿐이다. 우리는 이 기본적인 가정을 변화시키는 데 집중해야 하고, 아이가 원하는 것을 얻을 수 있게 새로운 방법을 습득하도록 도와주어야 한다. 그리고 우리는 아이가 자신의 새로운 기술을 이용하도록 격려할 필요가 있다.

스콧은 매일 문제 상황에 직면하기 때문에 아이가 늘 그 상황을 비껴나 있으리라고 기대하는 것은 오히려 비현실적일 수 있었다. 운동장은 아이에게 특히나 문제를 일으키는 장소였다. 스콧은 야외에서 어른 한 사람이 지켜보고 있을 때 다른 아이들과 이리저리 뛰어다니다 보면 문제 상황에 더 취약해지는 것을 느꼈다. 그보다 좀 더 체계가 있고 관리가 이루어지는 교실에서 아이는 좀 더 안정감을 느꼈다.

그래서 데버러와 스콧은 이야기를 나누었다. 그들은 일주일에 하루는 좋은 날, 그러니까 선생님으로부터 징계나 주의를 받지 않는 그런 날을 갖도록 하자는 데 동의하면서 현실적인 목표에 대해 대화를 나누었다. 성공할 때마다 그들은 아이가 좋아하는 피자 전문점이나 오락실에 갔다. 일주일에 하루 좋은 날을 갖는 것이 스콧에게 수월해지자, 적응 시간을 충분히 갖도록 하면서 그들은 이틀, 그리고 사흘, 이런 식으로 좋은 날을 늘려 갔다. 물론 좀 더 평화로운 날들을 달성해 나가는 스콧의 능력을 지지하기 위해 단호한 제재뿐 아니라 규칙적인 플로어 타임, 문제해결 시간 그리고 감정 이입이 지속되어야 한다는 점은 매우 중요하다.

··· 효과적인 제약 두기

공격적인 아이에게 제약을 둔다는 것은 물론 중요한 것이다. 그러나 많은 부모와 교육자들은 제약만 가하는 실수를 범하고 있다. 제약을 가하는 것이 효과적이려면 반드시 내가 계속 설명해 온 지지적인 양육을 병행해야 한다.

우리는 늘 속담에 있는 것처럼 당근과 채찍을 함께 사용할 필요가 있다. 우리 대부분은 어느 한 방향으로만 나아가려 한다. 당근은 아이가 행동의 결과에서 도망칠 수 있도록 하는 과잉보호적인 양육으로 변질될 수 있다. 채찍만 사용하면 기껏해야 뒤에서는 분개하는 복종을 만들어 낼 뿐이다. 그러나 만일 애정이 깃든 온정과 단호한 제재를 함께 사용한다면, 아이가 더 잘 행동하도록 만들고자 하고 제재를 둔 이유들을 이해하기 때문에 더 잘 동기화된다.

당신은 공격적인 아이에게 행동에 따른 결과가 무엇인지 확실히 알려 줘야 한다. 그러면서 당신의 의사를 분명히 할 필요가 있다(언어뿐만 아니라 신체 언어, 목소리 톤을 통하여). 공격 성향이 있는 아이들은 비언어적인 메시지를 잘못 해석하기도 한다는 것을 기억하라. 단호한 몸짓, 분명한 얼굴표정, 심각한 목소리 톤을 사용하는 것이 중요하다.

데버러는 아이 아빠의 엄격함을 보상하기 위한 방법으로 스콧의 응석을 너무 받아 주고 있다는 사실에 직면해야 했다. 그것은 혼란스러운 결혼생활의 잔재였다. 또한 다른 바쁜 부모들처럼, 그녀는 아이와 함께 하는 그 짧은 시간을 망치고 싶지 않았기 때문에 아이들을 벌하는 것을 망설였다. 그래서 스콧이 싸움 때문에 학교에서 집으로 보내졌을 때 데버러는 아이에게 고함을 지르고는 그대로 내버려 두었다.

스콧(그리고 데버러)에게 동기를 부여하기 위해, 우리는 몇 가지 규정을 분명하게 정했다. 그 규정들은 엄마가 아이의 공격성을 억제시키는 것을 중요하게 여기고 있음을 스콧에게 강조하기 위함이었다. 또한 그 규정들에는 구조화된 규칙이 있어 아이의 엄마가 스콧을 봐주려고 하거나 아이의 용납할 수 없는 행동을 지나쳐 버리고 싶어 할 때마다 의지할 수 있게 해 주었다.

동시에 데버러는 스콧과 함께 보내는 플로어 타임을 늘려 나갔다. 부모는 아이들에게 많은 시간을 내줄 수 없지만, 애정을 가지고 상호작용을 하며 시간을 보내게 되면 자연스럽게 아이의 행동을 제재할 수 있는 권위를 발휘할 수 있다. 게다가 호되게 벌한 것으로 인해 느끼는 죄책감도 줄일 수 있다.

스콧과 함께, 우리는 규제가 두 가지 방식으로 이루어져야 한다고 결정했다. 첫째, 아이는 엄마처럼 어른이 아니고 어린이라는 것을 확인시키기 위해 적당한 시간에 잠자리에 들 필요가 있었다. 스콧은 비록 어른처럼 굴기를 원했지만, 또 한편으로는 어른처럼 되어야 한다는 것에 분개하기도 했었던 것이다. 둘째, 스콧과 엄마는 스콧이 문제 상황을 벗어날 수 없을 때마다 효력을 보일 몇 가지 자율적인 벌칙에 대해 토론했다.

데버러는 신중하게 사용할 벌칙의 유형을 생각해 보았다. 그녀는 벌칙으로, 아이가 잘못을 할 때마다 저녁 시간에 TV 보는 것을 금지하기로 결정했다. 스콧은 TV 시청 금지, 특히 농구 시즌 동안에 금지 당하는 것을 싫어했다. 또 다른 벌칙으로는 선생님으로부터 경고문을 받을 때마다 30분씩 집안 허드렛일을 하는 것이었다.

다행스럽게도 스콧은 누군가 곁에서 보살펴 주면 고분고분했다. 어떤 아이들은 지시받는 것을 그저 거부하려고만 하기 때문에 벌칙을 이행하는 것이 어렵게 되고 결국은 더 큰 벌칙을 받게 된다. 이런 경우 아이에게 무언가 하도록 강요하기보다는 TV 시청처럼 아이가 하고 싶어 하는 것을 못하게 하는 것이 더 쉽다. 그러나 스콧은 실수에 대해 대가를 치루고자 했다. 처음에는 네다섯 시간의 집안일을 하고 일주일 동안 TV 시청을 금지당했다. 이와 동시에 데버러는 잠드는 시간을 저녁 9시 30분으로 정해서 단호하게 시행했다.

처음에는 데버러와 스콧의 힘겨루기가 쉽지 않았다. "엄마 미워!" 스콧은 화장실 세면대를 청소하면서 소리를 지르기도 했다. "엄마는 더럽고, 치사하고, 비열해!" 간혹 데버러는 스콧에게 잡일을 추가적으로 시키느라 소리를 질러야 하기도 했다. 그러나 그녀는 아이와 플로어 타임을 보내려고 했고 제재를 가하는 것과 친밀감, 신뢰, 존중 간에 균형을 맞출 수 있었다. 스콧은 점점 자신의 발전에 자랑스러워했다. 그는 주변 사람들에게 좀 더 협조적이고 공감하는 태도를 보이는 것, 공격성을 억제하는 것 그리고 자신의 감정을 좀 더 알아 나가는 것을 배웠다. 그는 예전 같으면 뛰어들어서 충돌을 일으켰을 상황을 어떻게 피해 갔는지 자랑스럽게 이야기했다. 그는 엄마에게 국어 시간에 다른 아이가 자신의 손에 있는 연필을 잡아채서 약 올릴 때, 필통을 열어 다른 연필을 꺼냈다고 이야기해 주었다. 그러는 동안 노튼 선생님이 고개를 들어 다른 아이가 스콧의 연필을 들고 있는 것을 보았고 그 아이가 곤경에 처했다는 것이다. 쉬는 시간에 한 아이가 스콧을 약 올리려고 할 때, 스콧은 다른 아이들에게 가서 놀았다. 아이는 곤란을 벗어나기 위해 머리를 쓰는 것에 자긍심을 느끼기 시작했다. '내가 어떤 곤경에 처해 있는지 봐라.'라는 아이의 태도는 '싸우지 않고 일주일을 보냈다.'라는 자부심으로 대체되기 시작했다.

스콧은 몇몇 학교 친구들과 가까운 사이를 형성하기 시작했다. 이전에는 많은 아이들과 놀았지만 가까운 친구는 거의 없었다. 그러나 지금은 특히 조이, 앰리드와 이야기하고 노는 것을 즐겼다. 그들은 학교에서 과제를 함께해 나갔고 선생님, 다른 아이들과 의견을 나누었다.

스콧은 또한 우선순위를 변경했다. 아이는 농구와 축구를 할 때 자신의 기술을 발휘하는 것에 더 큰 만족감을 보이는 대신 우두머리가 되어야 한다는 말은 점차 하지 않게 되었다.

이 기간 동안, 스콧은 엄마의 스케줄에 대해 불평하기 시작했다. 엄마에게는 어려운 일이지만, 그것은 아이의 발전에 매우 중요한 것이었다.

"우린 함께 뭘 하거나 어디에 가지를 않아요." 어느 날 아이는 데버러에게 말했다. "공평하지 않아요! 엄마는 하루 종일 일만 해." 과로하고 있는 아이의 엄마로서 스콧의 불평을 깨끗이 잊어버리는 것이 쉬운 일이겠지만, 아이가 자신의 느낌을 솔직하게 말해 주었기 때문에 그녀는 그 말을 이해할 수 있었다. 아이는 이제 다른 아이들을 때리는 것이 아니라 엄마나 자신의 감정에 직접 대처해 나가고 있었다.

데버러는 아이의 비판에 주의를 기울이고자 했다. 그녀는 함께 여행을 많이 못했음을 인정했다. 부모들은 아이들의 기대에 부응하지 못하는 때가 종종 있다. 그러나 그것이 아이의 소망이나 감정의 존재 자체를 부정한다는 의미는 아니다. 현실적으로 만족시킬 수 없다 하더라도, 아이의 소망과 감정에 공감하는 것, 그것은 여러분이 아이가 느끼는 것을 존중하고 그것에 대해서 신중하게 생각하고 있으며 여러분이 무언가 할 수 있기를 바라며, 여러분이 할 수 없는 것에 대해서 슬프게 생각하고 있다는 것을 아이에게 전달해 준다. 여러분의 아이는 아마도 여전히 좌절해 있고 심지어 떼를 쓰기도 할 것이다. 그러나 아이는 자신이 원하는 것을 여러분이 알고 존중해 준다는 것을 앎으로써 많은 이득을 얻게 된다. 이렇게 아이의 소망과 희망을 존중해 주는 것은 결과적으로 아이가 얻을 수 없는 것을 인정하도록 하는 데 도움을 준다. 아이의 분노는 결국 실망으로 바뀌고 아마도 슬픔 그리고 최종적으로는 용인하는 것으로 바뀔 것이다. 관대한 관심을 받고자 하는 아이의 바람을 부정하거나 무시하는 것은 여러분의 아이를 더 화나게 하고, 역설적이게도 꽉 막혀 있는 감정을 개선하기보다는 더 강화시킨다.

데버러는 아이들과 특별한 활동을 할 수 있도록 시간을 내고자 했다. 그녀는 아이들을 농구 경기에 데려갔다. 아이들은 매우 흥분했고 엄마와 농구에 대한 열정을 나누는 것을 즐겼다. 그녀는 또한 가능하면 아이들 각자와 일대일 시간을 많이 가지려고 했다.

데버러와 스콧의 관계는 더 열린 관계로 발전해 나갔다. 그녀는 직장과 해야 할 일에 대해서 더 많이 이야기했고 스콧의 말을 계속 들어 주었으며 그녀와 충분한 시간을 함께 보내지 못하는 것에 대해 아이가 불평할 때 아이의 감정에 대해 이야기를 나누었다.

시간이 지나면서, 스콧은 학교와 집에 더욱 협조적이 되어 갔고, 자신에 대해 더 긍정적으로 느끼고, 자기 자신과 다른 아이들의 감정, 즉 행복, 슬픔 그리고 분노를 이해하고 말할 수 있다는 점에서 실질적인 대처 전략을 발전시켜 나갔다.

08 환경과 식생활이 아이의 행동에 미치는 영향

식생활 통제

화학 물질 찾기: 탐정처럼 접근하기

08 환경과 식생활이 아이의 행동에 미치는 영향

지금까지 우리는 아이의 신체적 기질, 부모와의 상호작용이 어떻게 정서적 발달과 행동에 영향을 미치는지에 대해 살펴보았다. 하지만 다른 요인들도 아이가 느끼고 행동하는 방식에 영향을 줄 수 있다. 어떤 어린이들은 음식, 화학 물질, 오염 물질 등과 같은 환경 물질에 더 민감하다. 이와 같은 환경 물질에 대한 민감성은 학습 부진과 행동 문제의 원인이 될 수 있으며, 접촉이나 다른 감각에 대한 민감성, 성장 수준, 기분에도 영향을 미칠 수 있다.

분명 이는 논쟁의 여지가 있는 영역이다. 특히 유제품, 설탕, 첨가물, 보존료, 밀 혹은 다른 음식에 대한 민감성은 최근에 뜨거운 주제가 되었는데, 이는 부분적으로는 자칭 전문가란 사람들의 지나친 요구 때문이기도 하다. 음식에 대한 민감성이 아이의 행동에 많은 영향을 미칠 수 있다고 믿는 사람들은 확신을 갖고 결과를 보고하지만, 음식에 대한 민감성이 아이의 행동에 큰 영향을 미치지 않는다고 믿는 사람들의 주장 역시 만만치 않다. 사실 음식물과 환경적 민감성에 대한 연구 결과는 아직 명확하지 않다. 일부 연구들은 음식이 행동에 미치는 영향을 보여 주고 있는데, 어떤 음식물 섭취를 줄이면 과잉행동과 편두통 같은 증상을 경감시키는 데 도움이 된다고 한다. 음식과 행동 간에는 연관성이 없다고 주장하는 연구들도 있다. 하지만 통계적 증거는 강하지 않지만, 소수의 아주 민감한 사람들의 경우 이런 연관이 실제로 존재한다고 보고하는 연구들이 점점 더 많아지고 있다. 그런 사람이 연구 결과에 영향을 미칠 만큼 충분히 많지 않다고 해도, 매우 예민한 소수 집단은 전체 인구 중에서 무시할 수 없는 수를 차지한다.

페인트 독성, 포름알데히드, 석유화학 제품으로 만든 용제, 세척액 등의 물질들은 아이의 행동과 기분에 영향을 미치는 것으로 의심되어 왔다. 누구나 페인트 독성이나 강한 세척액 냄새에 한동안 노출된 후에 두통, 공동(空洞) 문제, 민감성, 주의산만, 몽롱한 사고를 경험한 적이 있거나 그런 경험을 해 본 적 있는 사람이 주변에 있을 것이다. 실내 오염은 최근에 언론의 많은 관심을 받고 있다. 하지만 연구 결과들은 일관적이지 않고 서로 상반되는 결과를 보인다. 명확한 결론을 얻기 위해서는 더 많은 체계적인 연구가 필요하다.

그렇다면 아이가 먹는 음식과 아이가 들이마시는 화학 물질이 아이에게 미치는 영향에 대한 모순된 정보들을 어떻게 이해해야 하는가? 최근에 만난 의사의 말이나 최근에 읽은 과학적 연구 자료를 믿는 것이 마음 편할 수 있다.

이렇게 논쟁이 있는 영역에서 해법을 찾는 가장 쉽고 효과적인 방법은 광범위한 음식이나 화학 민감성이 어떠한지에 대한 전반적인 주제에 대해서는 주의를 덜 기울이고, 한 개인인 내 아이에게 초점을 맞추는 것이다. 그러면 음식과 화학 물질 민감성에 대해 섣부른 결론을 내리지 않아도 된다. 당신은 단지 아이의 행동과 정서 발달에 영향을 미치는 민감성이 있는지를 알고 싶어할 것이다. 결정적인 연구가 이루어지면 납중독을 단속하거나 모든 아이에게 위협이 되는 환경 요소와 식품 요소를 적극적으로 예방할 수 있을 것이다.

만약 아이가 어떤 음식이나 물질에 민감성이 있는 것으로 의심되면 부모 스스로 철저하게 음식물 통제를 시키면서 아이에게 문제를 야기할 수 있는 물질에 대해 조사해야 한다. 즉, 음식과 환경 탐지가의 역할을 해야 한다. 딸의 행동을 관찰하고 아이가 무엇을 먹는지, 아이의 환경에 어떤 독소가 있는지 추적해야 한다. 때로 부모들은 "생일 파티 후에 아이가 흥분했어요." 혹은 "내가 집 청소를 하는 날마다 아이의 행동이 달라지는 것 같아요."라고 말한다. 그런 단서에 유의함으로써 아이를 폭발시키는 음식이나 화학 물질을 정확하게 짚어 낼 수 있다.

식생활 통제

어떤 식품이 행동이나 학습 문제를 일으키는 것으로 의심되면 아이가 10일에서 2주 정도 그 음식을 먹지 못하도록 해야 한다. (만약 모유 수유를 하는데 여러분이 먹은 무언가가 아이에게 문제를 야기하는 것으로 의심되면 그때도 동일하게 음식 통제를 해야 한다.) 이 기간 동안에는 아이의 행동이나 학습의 개선을 기대하지 마라. 행동에 영향을 미치는 다른 많은 요소—정서 패턴, 가족 패턴, 다른 음식 혹은 화학 물질—가 있을 수 있다. 하지만 그 다음에 금지했던 것을 아이의 식사에 1~3일 동안 다시 넣고 많이 먹게 한다. 아이가 그것에 민감하다면 행동이나 학습 부진이 심해질 수 있음을 명심한다. 그리고 태도, 활동 수준, 민감성, 수면 습관, 식사 패턴, 기분, 충동 통제 능력, 좌절에 대한 인내력 혹은 다른 행동에 변화가 있는지 살펴본다. 적은 양으로도 부정적인 변화를 일으킬 수 있는 식품이나 화학 물질이 있고, 하루 이틀 동안 아주 많은 양을 먹어야 부정적 변화가 나타나는 것들도 있다. 대상 식품이 원인이라는 확신이 들지 않으면 그 과정을 반복할 수 있다.

물론 초등학교 중학년 정도 이상의 아이에게 아이스크림이나 초콜릿처럼 아이가 좋아하는 음식을 제한하기는 어렵다. 하지만 어떤 사람들은 가장 좋아하는 음식에 민감할 수 있다. 그러므로 이 나이의 아이에게는 그 이유를 설명하고 음식이 분명히 문제를 일으키지 않는다면 그걸 다시 먹을 수 있다고 설명해 준다. 어린아이에게는 음식 통제 기간 동안 선생님, 아이 돌보는 사람의 협조를 얻어서 아이를 돌봐주는 사람의 집이나 어린이집 혹은 학교에서 그 음식이 아이에게 주어지지 않는지를 알아둘 필요가 있다.

조직이고 효율적으로 음식 통제를 실시하기 위해서는 식품을 집단으로 구분해야 한다. 10일에서 2주 동안 특정한 집단의 식품을 아이 식단에서 뺐다가 다시 넣는다. 아이의 행동이 달라지면 원인을 정확히 알아내기 위해 그 식품 집단을 하나하나 분리한 후 식단에서 제외해야 한다.

음식 통제를 하기 위해 식품을 집단으로 구분하는 데는 여러 가지 방법이 있다. 다음은 내가 생각하기에 효과적인 방법이다.

첫째, 정제 설탕, 카페인, 화학 물질(첨가물, 보존료, 식품 착색제, 식품 염료)을 함유한 식품을 단일 집단으로 검사해 본다. 그러려면 식품의 성분 분석표를 면밀히 살펴봐야 한다. 설탕 집단에는 옥수수 시럽, 과당, 자당, 꿀, 시럽이 포함된다. 카페인은 초콜릿뿐 아니라 여러 종류의 청량음료에도 있다. 첨가물, 보존료, 식품 착색제와 염료는 여러 가지 조리 식품에 있다. 그렇기 때문에 식단에서 화학 물질을 배제하는 동안 가족의 식사는 크게 달라진다. 만약 아이가 이 식품 집단에 민감함을 보인다면 그것을 분리하고 한 번에 한 항목을 제거해 보는 식이다. 예를 들면, 2주 동안 정제된 설탕을 빼고 식단을 짰다가 후에 다시 넣는다. 다음에는 화학 첨가물로 옮겨 가는 것이다. 화학 물질을 제거했다가 다시 넣었을 때 아이에게 반응이 있으면 그 범주를 더 나누어야 한다.

두 번째 집단은 천연 살리실산염이 들어 있는 식품이다. 어떤 아이들은 살리실산염에 민감한데, 이것은 토마토를 비롯한 대부분의 과일과 주스에 있다. 살리실산염은 사과, 오렌지, 딸기류의 열매에 있고, 바나나, 멜론, 파파야, 망고, 자몽, 파인애플 통조림에는 없다.

세 번째 집단은 유제품—치즈, 우유, 아이스크림, 요구르트—이다. 우유는 크림을 넣은 야채, 소스, 조리된 식품을 포함해서 매우 다양한 음식에 들어 있기 때문에 성분 분석표를 주의 깊게 읽어야 한다. (만약 아이가 우유에 민감한 것으로 드러난다 하더라도 요구르트는 괜찮을 수 있다. 유제품에는 민감하게 반응하지만 요구르트는 괜찮은 사람이 많이 있다. 하지만 요구르트를 다른 유제품과 함께 제거하는 것부터 시작하고, 다시 그것을 첨가했을 때의 반응을 살펴야 한다.) 경우에 따라 우유 단백질이 콩 식품에도 첨가될 수 있으므로 성분 분석표 읽기는 중요하다.

검사해 봐야 할 다른 식품 집단은 (땅콩버터를 포함해서) 견과류다. 곡물(특히 밀)과 효모도 검사해 볼 수 있다. 마지막으로 가족력이 있거나 아이의 반응을 관찰했을 때 의심이 가는 다른 식품들도 제거할 수 있다.

물론 이 과정은 고생스럽다. 그리고 대개 먹는 음식만이 아이의 행동을 극적으로 변화시키는 것은 아니다. 하지만 아이가 어떤 식품에 민감하다면 그걸 제거하거나 줄이고 이 책에서 논의한 다른 단계를 해 나가야 효과가 있다.

∙∙∙ 화학 물질 찾기: 탐정처럼 접근하기

세척 용제, (새 카펫에서 발견되는) 휘발성 유기화합물, 천연가스, 살충제, 페인트 독성, (마룻바닥이나 가구를 마감할 때 사용되는) 폴리우레탄 그리고 다른 석유화학 제품 같은 화학 물질이 아이(그리고 성인)에게 문제를 야기할 수 있다. 하지만 환경 화학 물질이 아이의 문제를 야기하고 있는 것으로 의심되면 대개 음식에서처럼 간단히 그 제품을 제거하고 다시 넣기가 어렵다. 이런 경우에, 행동에 영향을 미칠 수 있는 물질을 색출하려면 탐정이 되어야 한다. 아이가 좋은 날과 안 좋은 날이 있는지 패턴을 찾고 그런 패턴이 변화될 그 즈음에 집 주변에서 사용된 물질에 영향을 받는지 살펴보라. 예를 들면, 아이가 월요일마다 화를 잘 내고 까다로운데 월요일에 암모니아가 많은 세제를 사용해서 정기적으로 집안 청소를 했다면 아이가 나아지는지 보기 위해 몇 번은 다른 세제나 물로 청소를 해 본다. 아니면 집에 페인트칠을 하는 동안 아이가 갑자기 예상 외의 행동을 했다면 페인트를 의심해 봐야 한다.

만약 아이에게 부정적인 영향을 주는 식품이나 화학 물질을 확인할 수 있다면, 알레르기가 있다고 할지라도 그것을 알레르기라고 가정하지 마라. 어떤 어른들이 카페인이나 페인트 독성에 강하게 반응하는 것처럼 많은 경우에 아이들이 어떤 식품이나 향에 그저 과도하게 민감한 것일 수도 있다.

식품과 화학적 민감성이 기분과 행동에 어떤 영향을 미치는가 하는 주제는 여전히 많은 과학적 연구가 필요하다는 것을 다시 한 번 강조한다. 여러분의 관심은 아이가 잠재적으로 영향을 받고 있는가 하는 것이다. 예를 들면, 유제품을 제거함으로써 아이가 얻는 것이 있는가? 아니면 집에서 순하고 휘발성이 덜한 세제를 사용했더니 아이의 기분이 나아지는가? 식품, 화학 물질과 행동 간의 관계에 대한 중요한 의문을 명확히 밝혀 주는 연구가 나오기를 기다리는 동안에도 아이에게 최선의 환경을 제공하기 위해 노력할 수 있다.

09 우리 아이의 성격 유형 찾기

과민한 아이
자기 몰입형 아이
반항적인 아이
부주의한 아이
활동적-공격적인 아이

09 우리 아이의 성격 유형 찾기

우리는 이 책에서 아이들이 기본적인 성격 형성의 바탕이 되는 신체적 특질을 어떻게 갖고 태어나는지, 얼마나 많은 아이들이 그들의 타고난 능력을 제대로 발휘하지 못해 어려움을 겪고 있는지에 대해서 이야기했다. 자신에게 주어진 상황과 싸워 가면서 아이들은 점점 까다로워지고, 신경질적이 되며, 부정적으로 변하거나 자기 몰입적으로 되어 갈 수 있다. 우리는 또한 부모 및 양육자가 신체적 특질을 다루는 방식에 따라 어떻게 아이의 최종적인 성격이 부분적으로 결정되는지도 살펴보았다. 키우기 힘든 아이들은 더 즐겁고 유연한 사람이 될 수 있다. 세상에서 느끼는 소외감을 줄이고 세상을 보다 신뢰하고 안전하게 느끼게 되면서, 함께 사는 것이 더 수월해질 수 있다. 앞에서도 언급했듯이, 키우기 어려운 아이와의 삶이 끊임없는 전쟁터가 될 필요는 없다.

이 장에서는 아이의 성격 유형과 그에 대한 당신의 반응을 분류해 보고자 한다. 비록 대부분의 아이들이 하나의 범주에 딱 들어맞지는 않겠지만 당신의 자녀가 어떤 특성에 가장 가까운지 알아보는 데 도움을 줄 것이다.

　키우기 어려운 까다로운 아이들은 그날그날의 기분과 상태에 따라 크게 달라질 수 있음을 잘 알고 있어야 한다. 어느 때는 아이들이 성숙하고 공손하며 동정적으로 보이기도 한다. 같은 날이라도 탁자 밑을 기어 다니고 보채고 매달리고 떼를 쓰며 주변 사람들에게 이래라저래라 하기도 한다. 그렇기 때문에 일부 행동을 가지고 아이를 분류해서는 안 된다. 일정 시간을 지켜보면서 패턴을 찾아야 한다. 무엇보다도 아이가 전혀 달라지지 않는 것처럼 보인다고 해서 실망해서는 안 된다. 때가 되면 아이는 나아질 것이다. 단지, 간혹 눈으로 확인하기 어려울 뿐이다.

··· 과민한 아이

행동

　과민한 아이들(3장)은 특정 유형의 행동을 보이는 경향이 있다. 가장 일반적인 것은 '두려움'과 '신중함'이다.

　유아기의 예민한 아이는 일상적 틀을 벗어나는 것을 싫어하고 특히 새로운 환경에서 의존적으로 된다. 아이는 탐색할 수 있는 범위를 제한해 버리고, 그것이 필요한 상황에서도 자기를 주장하는 것을 회피해 버린다. 어릴 때에는 과도한 두려움과 걱정 때문에 힘들어하고, 친구 관계를 형성하고 낯선 어른과 상호작용할 때 수줍음을 드러낸다. 아동기 후기에는 걱정 또는 공황 상태를 경험하고 감정 기복을 보일 것이다. 아이는 우울해져 갈 것이다. 아이는 정서적 상태나 대인관계에서 벌어지는 일에 대해 과도한 부담을 경험하곤 할 것이다.

　또한 과민한 아이는 주변에서 벌어지는 일들을 지나치게 예민하게 지각하는 경향을 보인다. 아이는 자기 세계에서 나타나는 모든 여운과 미묘한 것을 감지해 내며, 다른 사람의 감정에 대해서 대단히 예민하다. 아이는 타인의 표정, 신체 언어, 목소리 톤으로 다른 사람을 읽어 낼 수 있다. 예민한 아이들은 주변 세상에 신경을 매우 많이 쓰기 때문에 자신이 보고 듣고 경험한 세세한 것들에 주의를 두려는 경향이 있다.

신체 구성

예민한 아이들은 접촉, 큰 소음, 밝은 빛에 과민하게 반응할 수 있다. 다른 사람들이 즐거워하는 광경, 소리, 특정 냄새, 촉각 경험은 그들을 압도하고 자극하며 때로는 상당한 고통을 줄 수도 있다.

일부 과민한 아이들은 공간 개념을 다루는 것을 어려워한다(즉, 그들 주변에 있는 공간에 관한 정보를 처리하는 데 어려움을 느낀다.). 예를 들면, 그들은 쉽게 길을 잃는다. 그들은 거리를 감지하는 것을 어려워할 수 있다(예를 들어, 엄마가 방을 나갔을 때 바로 옆방으로 갔는지 아니면 거실을 가로질러 나갔는지 제대로 감을 잡지 못한다.). 결국 그들은 다른 아이들보다 안정감을 덜 느끼고 부모가 자리를 떴을 때 매우 당황스러워할 수 있다.

이러한 공간 능력과 관련된 문제와 함께, 과민한 아이는 운동계획, 즉 양말을 신거나 축구공을 차는 것과 같이 일련의 운동을 순차적으로 실행하는 것을 어려워할 수 있다. 만일 당신의 아이가 말을 제법 잘하더라도 일련의 행동 또는 움직임이 포함된 무슨 일을 해야 하는데 어찌할 바를 몰라 한다면, 아이가 겪는 어려움이 운동계획 능력과 관련될 수 있음을 인식해야 한다. 아이가 강점을 가진 영역에서는 매우 조직화된 모습을 보이지만 취약한 영역에서는 혼란스러운 모습을 보일 수 있다.

과민한 아이들은 외부 사건뿐 아니라 내적인 힘들에서도 과도한 자극을 받을 수 있다. 그들은 자신의 감정을 매우 강렬하게 경험한다. 아이는 실망감에 목메어 울기도 하고, 기쁨에 소리를 지르며 펄쩍펄쩍 뛰거나, 분노로 벽을 치며 소리를 질러 댈 수도 있다. 이러한 정서적 민감성은 신체 영역으로까지 확장되기도 한다. 아이는 근육통, 복통이나 그 밖의 다른 고통들에 대해 괴로워할 수 있다. 특히 사춘기 때는 그 자체가 주는 낯선 느낌들 때문에 겁을 낼 수 있다.

부모가 반응하는 법

기술한 행동 양상들은 어떤 때는 지나치게 관대하고 과잉보호적이다가 또 어떤 때는 처벌적이고 강제적인 태도 사이를 오가며 갈팡질팡하는 부모나 양육자에 의해 무심결에 강화될 수 있다. 가장 좋은 접근은 부모와 양육자가 아이에게 지속적인 공감을 보여 주는 것이다. 매우 부드러우면서도 단호한 제약 설정이 필요하다. 마찬가지로 새로운 경험을 개척해 나가도록 점진적이고 지지적인 격려도 제공되어야 한다.

••• 자기 몰입형 아이

행동

자기 몰입형 아이(4장)는 '무관심' 해 보이고 쉽게 지쳐 보인다. 유아기 때는 조용하다 못해 심지어 우울하고 사람과 대상을 탐색하는 데 흥미가 없어 보일 수 있다. 이러한 아이는 접촉이나 소리, 그 밖의 다른 자극들에 빨리 반응할 수 없다. 학령전기에는 세상을 탐색하려고 하기보다는 수동적으로 앉아 있으려 할 것이다. 대부분의 유아들과는 달리 틀에 박힌 일상을 더 좋아할 수 있다. 좀 더 자라 십대가 되면, 아이는 자기 몰입적이 되고 세상에 대한 흥미를 잃어버릴 수 있다. 그러나 상상력과 자립 능력은 아이가 성장할 때 큰 자산이 될 수 있다.

신체 구성

과민한 아이와는 달리 자기 몰입형 아이는 많은 자극을 필요로 한다. 즉, 소리를 알아채려면 큰 소리가 나야 하고, 압력을 느끼려면 강한 접촉이 필요하며, 활동에 따른 즐거움을 느끼려면 많은 운동이 필요하다. 차 문을 닫는 큰 소리, 진공청소기 소음, 시끄러운 형제들, 이런 소리들은 아이의 주의를 쉽게 끌지 못한다. 이처럼 자기 몰입형 기질을 갖고 태어난 아이의 부모는 20초에서 40초 정도는 열성적으로 이야기해야 겨우 아이가 인지한다는 것을 깨닫게 된다. 그들은 아이가 밝은 빛, 큰 소리, 많은 움직임 그리고 속도(그네타기, 짜릿한 놀이기구)를 열망한다는 것을 알게 될 수 있다.

자기 몰입형 아이는 바깥세상보다는 자신만의 생각과 공상을 더 선호하는 것처럼 보일 수 있다. 외부 자극에 반응을 잘못하기 때문에, 아이에게는 자기 몰입적이 되는 것이 훨씬 쉬운 일일 것이다.

약한 근력, 서툰 균형과 집중력을 가지고 있기 때문에 아이는 기어다니고, 장난감을 밀고, 몸을 쭉 뻗고, 뛰고 기어오르는 데 더 많은 노력을 기울여야 한다. 또한 일련의 신체적 움직임(운동계획)이 요구되는 기술들과 관련해서 곤란을 겪는다. 그림을 그리고, 신발 끈을 매며, 사다리를 오른다거나 또는 흩어져 있는 물건들에 부딪히지 않고 부엌을 빠져나오는 것이 여기에 포함될 수 있다.

그리고 아이는 청각 언어 처리와 표현 언어(생각을 말로 표현하는 능력)에 장애를 보일 수 있다. 아이는 천천히 말하다가 나중에는 자기 생각을 말한다는 것이 어렵다는 것을 알게 된다. 아이에게는 자기가 무엇을 했고, 무엇을 느꼈으며, 무엇을 원하고 있는지 설명할 수 있는 단어들을 찾아내는 것이 어려운 일이다.

부모가 반응하는 법

부모가 이런 아이를 아예 무시하거나 포기해 버리는 것은 너무 쉬운 일이다. 아이의 관심을 끌고 마음을 점유하기 위해서는 부모, 다른 양육자들, 선생님들이 강렬한 정보를 입력해 주어야 한다. 아이와 가까운 사람들의 목소리 톤과 말의 리듬이 약하거나 무감동하다면, 아이는 그 사람들에 대해서 신경을 쓰지 않을 것이다. 부모와 그 외 사람들은 아이가 주는 신호(아무리 희미하다 해도)에 반응하면서 아이가 세상에 개입하고 참여하며 상호작용하고 세상을 탐색하도록 돕기 위해 적극적으로 접근할 필요가 있다.

┅ 반항적인 아이

행동

반항적인 아이(5장)는 '거부적이고 고집스러우며 남을 통제하려' 한다. 아이는 타인이 기대하거나 요구하는 것과 반대로 행동하려 한다. 변화에 어려움을 보이고 반복적인 것이나 느리게 변화하는 것을 더 선호한다. 아이는 완벽을 추구하면서도 강박적인 성향을 보인다.

유아기 때, 이런 아이는 소란스럽고 까다로우며 일상에서 벗어나는 변화에 저항적일 수 있다. 걸음마기 때 일반적으로 대부분의 아이들이 말을 잘 듣지만, 반항적인 아이는 그 나이 또래의 다른 아이들에 비해 더 많이 화를 내고, 더 크게 반항하며, 고집스러운 반응을 보인다. 그러나 이런 아이도 어떤 때는 기쁨에 넘친 모습을 보이기도 한다. 좀 더 성장한 반항이나 반항적인 성인은 따지기 좋아하고 힘겨루기를 자주 한다. 아이는 적응 전략으로 소극적으로 반항할 수 있고, 곤란한 상황을 아예 회피해 버리려고 애쓸 수 있다. 걱정이 많고 신중한 과민한 아이들과는 달리, 아이는 압도되었을 때 쉽게 혼란스러운 상태에 빠지지 않는다. 그 대신 가급적 굳게 자신의 세계를 통제하려고 한다. 적절히 계발된다면 아이의 완벽주의와 대담함은 학생으로서 또 나중에 일을 해 나가는 데 있어 도움이 될 수 있다.

신체 구성

반항적인 아이는 과민한 아이들처럼 접촉, 소리, 시각, 운동에 민감할 수 있다. 그러나 과민한 아이와는 달리 반항적인 아이는 상대적으로 시·공간적 능력이 더 우수한 편이다. 즉, 아이는 자기가 보고 들은 것을 다른 아이들에 비해 마음속으로 더 잘 체계화할 수 있다. 자신이 경험하고 있는 것에 압도되지 않기 위해 아이는 이런 우수한 능력을 사용한다. 이는 자신의 생각을 주장하고 고집스러운 모습을 보임으로써 주변 환경을 많이 통제하려고 할 수 있음을 의미한다.

부모가 반응하는 법

반항적인 아이들을 보면 화가 나기 때문에 간섭하고, 처벌적으로 대하고 싶어진다. 화를 돋우는 행동에 이런 식으로 반응하는 것을 이해는 하지만, 이것은 아이의 문제 행동을 오히려 악화시킬 수 있다. 마음을 진정시켜 주고, 공감해 주며, 서서히 점진적으로 나타나는 변화를 지지해 줌으로써(또한 힘겨루기는 피하면서) 반항적인 아이들이 좀 더 유연한 태도를 가지도록 도와주어야 한다.

··· 부주의한 아이

행동

부주의한 아이(6장)는 한 장소에 계속 머문다거나, 동시에 한 가지 일에 집중하는 데에 어려움을 보인다. 침착하지 못하고, 이곳저곳 이 장난감에서 저 장난감으로, 이 활동에서 저 활동으로 휙휙 오가기 때문에, 주의력 결핍 장애로 잘못 진단되는 경우가 종종 있다. 또 아이는 잘 잊어버리고, 대화에 흥미를 갖지 못하기도 한다. 이 주제에서 저 주제로 옮겨 가곤 하기 때문에 대화를 계속 진행해 나가는 것이 어려울 수 있다.

신체 구성

아이들이 집중을 못하는 데에는 다양한 기저의 신체적 원인이 있다. 어떤 아이들은 보고 듣는 것을 처리하는 방식 때문에 어려움을 보이고, 또 다른 아이들은 움직이는 방식, 즉 신체를 이용하는 방식 때문에 어려움을 보인다. 어떤 아이들은 몸이 세상에 반응하는 방식 때문에 어려움을 겪는다. 둔감한 아이들과 과잉반응하는 아이들 모두 무엇인가 주변 상황에 관심을 기울이고 집중하는 데 어려움을 겪는다. 예를 들면, 시각적으로 둔감한 아이들에게는 주의를 끌기 위해서 선명하고 강렬한 것이 필요하다. 그렇지 않으면 아이는 자기 자신만의 생각 속에 빠져들게 된다.

부모가 반응하는 법

아이들이 주의를 기울이지 않을 때, 부모는 아이의 짜증스러운 모습에만 초점을 두기 쉽다. 문제를 보안할 만한 전략을 개발해서 아이를 도와주기보다는 "이건 해도 돼." "이건 하면 안 돼." 이런 식으로 아이들을 호되게 다루는 것이다. 이보다 나은 접근법은 아이가 자신의 행동을 심사숙고하도록 유도하여 한 가지 주제에 대해 집중하도록 도와주는 것이다. 부모와 교육자들은 아이가 어떤 영역에서 겪는 어려움을 다른 영역에서 보이는 강점을 통해 보완할 수 있도록 격려해 줄 필요가 있다. 일단 아이들이 집중하는 것을 배우면, 부주의한 아이들이 가지고 있는 다른 기술들과 능력들은 꽃을 피우기 시작한다.

⋯ 활동적-공격적인 아이

행동

활동적-공격적인 아이(7장)는 많은 상황에서 매우 충동적이고 신체적으로 반응하는 경향이 있다. 이러한 아이는 바쁘게 끊임없이 움직이려고만 할 뿐 생각하려고 하지 않는다. 아이는 앞뒤를 가리지 않고 새로운 경험에 뛰어든다. 일단 뛰어들고 나중에 생각한다. 아이는 학급에서 소란을 일으킬 수 있다. 이런 아이는 쉽게 좌절하고, 화를 내며, 원하는 것을 얻거나 분노를 표현하기 위해 주변 사람이나 물건을 발로 차고 주먹으로 때리고 꼬집는다. 반면에 아이의 상태가 좋을 때에는 열성적이고 창조적이 될 수 있다.

신체 구성

지나치게 충동적인 아이는 낮은 운동 조절 능력(부모와 그 외 사람들이 공격성이라고 흔히 해석해 버리는)을 보이는 경향이 있다. 아이는 접촉(또한 고통에도)에 둔감하여 촉각 경험이나 다른 신체적 접촉을 강렬하게 원할 수 있다. 소리에도 둔감하기 때문에 큰 소리를 즐길 수 있다. 간혹 아이는 일련의 운동을 순차적으로 실행하는 데에 어려움을 보이기도 한다.

부모가 반응하는 법

부모나 양육자들은 좋은 사람이었다가 화를 폭발시키는 식으로 행동함으로써 아이의 문제 행동을 증폭시키곤 한다(흔히 아빠는 법과 질서를 내세우는 반면에 엄마는 허용적이다. 그렇지만 아이는 이런 식의 서로 다른 접근법을 우유부단함으로 받아들인다.). 공격적인 아이가 따스한 보살핌을 받지 못할수록, 아이는 더 많은 어려움에 직면하게 된다. 안정된 구조와 규칙을 제공하는 동시에 일관되고 따뜻한 관계를 아이와 많이 가짐으로써 아이가 가진 긍정적인 재능을 강화시킬 수 있다. 또한 단순히 화난 행동에만 의존하게 하기보다는 자신이 원하는 것을 얻기 위해 감정을 언어적으로 표현하고 정서적 개념들을 사용할 수 있도록 머릿속으로 생각해 보도록 격려할 필요가 있다. 부모나 양육자들은 아이에게 다정하고 믿을 수 있는 관계를 제공하고, 관찰한 것과 자신의 생각을 주변 사람들과 의사소통할 수 있도록 이끌어 주기 위해 노력해야 한다. 일단 아이가 생각하고 어느 정도 제어하는 것을 연습하게 되면, 아이의 에너지와 카리스마는 강력한 자산이 될 수 있다.

많은 아이들이 하나의 범주 안에 완전히 부합되지 않는다는 것을 유념할 필요가 있다. 여러분의 아이는 이들 성향들 중 둘 또는 그 이상이 섞여 있을 수 있고, 여러 장면에서 상황에 따라 다양한 성향을 보일 수도 있다. 책 전반을 통해 대략적으로 그렸고 다음 장에서 요약하는 양육의 원리들, 특히 공감 및 인내심을 가진 경청은 당신이 아이 성격의 윤곽을 잡게 하고, 아이의 문제에 대처할 수 있도록 도우며, 아이의 개인적인 강점을 드러내는 가장 좋은 방법을 배우도록 격려할 것이다.

10 자녀양육의 어려움에 맞서기

원리 1: 부모가 되는 것에 현실적으로 임하라
원리 2: 아이에게 가장 값진 선물인 당신의 시간을 주라―플로어 타임
원리 3: 아이의 신체 구조에 민감해져라
원리 4: 문제해결 방향으로 작업하라
원리 5: 아이에게 공감하라
원리 6: 차근차근 진행하라
원리 7: '당근'과 단호한 제재를 사용하라

⑩ 자녀양육의 어려움에 맞서기

나는 이 책을 통해 양육의 일반적인 철학과 여러분의 아이에게 있을 수 있는 문제에 대한 몇 가지 특별한 제안들을 소개했다. 아이가 자신의 잠재력을 발휘하도록 돕기 위해서는 부모가 아이 고유의 특성을 이해하고 함께 작업해야 하며 또한 정서 발달이 그 다음 단계로 넘어갈 수 있도록 지원해 주어야 한다. 물론 이러한 원리는 어려움을 갖고 있는 아이뿐 아니라 모든 아이들에게 해당된다.

왜 어떤 부모들은 다른 부모들보다 이런 것들을 더 성공적으로 해내는 것일까? 어떤 부모는 아이들이 꽤 많은 도전거리들을 가지고 있을 때에도 건강하고 건전한 방식으로 아이를 성장시킬 수 있는 접근법과 태도를 가지고 있다. 그리고 어떤 접근법과 태도들은 아이들의 문제를 지속시키고 심지어 아동기를 지나면서 더 많은 문제를 야기시키기도 한다. 여기에서는 부모가 아이들이 도전거리를 극복할 뿐 아니라 자라면서 더 다정하고, 긍정적이고, 융통성 있으며, 자기주장적이고 창의적인 사람으로 자랄 수 있도록 만드는 몇 가지 접근법과 태도에 대해 간략하게 언급하고자 한다.

··· 원리 1: 부모가 되는 것에 현실적으로 임하라

때때로 여러분이 할 수 있는 최선의 것이 최선책에 미치지 못할 수 있다. 부모, 특히 둘 이상의 자녀를 가진 부모가 처음 직면하게 되는 도전거리들에는 어떻게 하면 아이들과 배우자가 정서적으로 풍족함을 유지해 나갈 수 있는 충분한 시간을 확보할 것인가, 어떻게 그들 자신의 필요에 응할 것인가, 어떻게 재정적으로 가족에게 기여할 것인가, 그리고 어떻게 하면 잠을 좀 잘 수 있는가다! 대부분의 분주한 가정에서 시간은 적이다.

어느 정도 일에서 출세하고 물질적으로 성공한 부모들은 하나의 충격적인 현실에 직면하게 된다. 난생 처음으로 가정과 일 모든 부분에 A 또는 A+를 받는 것이 불가능한 상황에 직면하게 된다. 몇 년 전만 해도 대학 또는 첫 직장에서 더 열심히 일하고 더 노력하면 더욱 잘해 낼 수 있었다. 가족, 상사, 배우자에게 칭찬을 받으면서 그들의 성취감은 커 나갔다. 밤을 새고 공부해서 셰익스피어 문학 시험에서 A를 받아 축하를 받고 자랑스러워했다. 주말에 해변에서 시간을 보내지 않고 시간을 들여 만든 뛰어난 마케팅 보고서는 동료들의 감탄을 이끌어 냈고 커다란 만족감을 느끼게 했다.

그러나 지금, 그 장면을 바꾸어 보자. 그 마케팅 보고서는 만기가 되었고 그 대신 당신에게는 세 명의 아이들이 있는데, 모두 열 살이 안 되었고 당신의 관심을 끌기 위해 와글와글 떠들어 대고 있다. 당신의 남편 혹은 아내는 대화나 친밀감을 위한 시간이 없다고 불평하고 있다. 그 이후의 48시간을 미리 내다보면, 당신에게는 아이들과 놀아 줄 시간이 없고, 배우자와의 친밀감을 돈독하게 하기 위해 편한 시간을 마련할 길이 없는데다, 마케팅 보고서에서 A⁺를 따낼 방법도 없다는 것을 깨닫게 된다. 당신은 가혹한 선택에 직면하게 된다. 즉, 리포트에서 A⁺를 받는 것을 선택하고 배우자와 아이들에게는 F를 받든가, 아니면 아이들과 배우자로부터는 A⁺를 받지만 마케팅 보고서에서는 F를 받고 심지어 해고될 위험을 무릅써야 한다. 나는 세 번째 대안을 제시하고자 한다. 어느 정도 균형을 가지고 모든 사람의 비위를 맞추어 주는 것인데, 당신의 아이, 배우자, 상사에게 B를 받는 것이다.

뭐라고? 일부러 B를 받기 위해 애쓰라고?

결혼의 흥분과 부모로서의 충만감을 막 느끼기 시작할 때는 대부분의 사람이 이러한 현실을 받아들이지 못한다. 만일 여러분이 모든 사람에게 똑같이 잘하기를 원한다면, 즉 자녀, 배우자, 상사 모두에게 소홀하지 않으려고 한다면, 여러분은 괜찮은 수준에서 만족하려고 의식적으로 노력해야 한다. 가족과 직장 환경에 따라 다르지만 실제 생활에서 아이들에게 건강하고 좋은 부모가 된다는 것은 배우자와 아이들이 자신들의 정당한 몫을 차지할 수 있도록 보장하기 위해서 한쪽으로만 치우쳐 최선을 다하는 일이 없도록 여러분이 의식적으로 노력해야 함을 의미한다.

많은 가정에서 이것은 그다지 문제가 되지 않는다. 그 대신 부모는 취미 및 휴식과 관련해서 가정과 직장 생활에 수용할 수 있는 수준의 우선권을 두는 것이 필요하다. 또는 버려지는 시간을 줄이고, 직장과 집에서 보다 효율적이 되어야 한다. 경우에 따라 아이나 배우자와 함께 시간을 보내는 법을 찾는 것이 문제가 되기도 한다. 여러분은 초등학교 2학년짜리 아이를 하버드대학교에 입학시키기 위해서 철저히 가르치는가, 아니면 주말까지 공부를 미루고 아이와 성 쌓기 놀이를 즐기는가? 내가 둘 중 무엇을 추천할지 여러분도 알 것이다.

이와 유사하게 일에 쫓겨 바쁜 한 주를 보내고 나서 여러분 부부는 회사 투자자의 초청을 받아 큰 파티에 가는가, 아니면 함께 지내기 위해 은근슬쩍 시간을 빼놓는가?

시간 사용에 대한 이런 결정들이 단순하든 복잡하든, 핵심은 참된 부모가 될 기회를 찾는 것이고 이는 진정한 친밀감을 나누는 기회를 갖는 것이다. 이는 시간과 일관성을 요구한다. 여러분이 책임져야 할 다른 일들이나 기쁨들과 나란히 놓고 그 기회에 정직한 시선을 갖도록 노력할 필요가 있다. 예상하고 계획하라. 그리고 당신의 일이 많다고 가족이 원하는 것을 주는 데 소홀히 하지 말아라.

⋯ 원리 2: 아이에게 가장 값진 선물인 당신의 시간을 주라 – 플로어 타임

진정한 양육, 그것은 돈, 선물, 책 또는 값비싼 학교와는 아무런 상관이 없으며, 그보다는 사람에게 훨씬 필요한 것을 포함하고 있다. 즉, 당신의 지지와 공감이 지속적으로 유지되도록 하는 것이다. 이것은 양육의 본질일 뿐 아니라 당신이 하려는 나머지 모든 것들, 즉 당신이 가르치는 기술, 당신이 거는 기대들, 당신이 제한해야 하는 것들의 근본이 된다. 유지한다는 것은, 주말만도 아니고 일주일에 두 밤만도 아니고 날마다, 즉 매일매일 하는 것이다.

이 시간을 함께 보낼 수 있는 가장 좋은 방법은 '플로어 타임'이다. 이것은 여러분과 아이들 하나하나를 위해서 따로 챙겨 놓은 비구조화된 아주 특별한 시간이다. 최소한 하루에 30분 정도를 아이와 함께 바닥에 앉아서 아이한테 맞춰 주는 것이다. 물론 좀 더 큰 아이와 함께라면 그냥 바닥 위에 있지는 않을 것이다. 중요한 것은 당신이 어디에 있고 무엇을 하든, 아이가 이끄는 그대로 따르고 아이가 즐거워하는 것에 맞춰 준다. 플로어 타임의 의도는 아이의 방식대로 주의 공유, 상호작용, 대화가 일어나는 따뜻하고 믿을 수 있는 관계를 확립하는 것이다.

내가 부모에게 이 개념을 설명할 때 간혹 양육에 이미 많은 노력을 들이고 있다고 주장하는 부모들도 있다. 그들은 1년에 두 번 혹은 1년에 네다섯 번 정도, 가족은 함께 즐거운 시간을 보낼 수 있는 멋진 곳에서 휴가를 보낸다. 내가 일상적인 양육에 관한 내용을 물으면, 많은 부모가 아주 멋졌던 휴가와 거기서 그들이 이룬 친밀감을 이야기한다. 내가 좀 더 설명해 줄 것을 요구하면, 종종 이런 휴가가 정말 부부의 관계에 도움이 된다는 점을 발견하기도 한다. 그러나 그런 가족의 아이들과 이야기해 보면 보통은 다른 이야기를 듣게 된다.

"우린 근사한 휴가를 보냈어요." 그들은 말한다. "그래서 엄마 아빠 두 분은 잘 쉬었고, 우리는 즐거웠어요. 하지만 내가 필요할 때 엄마 아빠를 본 적이 없어요. 내가 학교에서 좌절했을 때, 친구들이 나를 괴롭힐 때, 내가 무섭고 걱정할 때, 외로울 때 말이에요. 그때가 내가 엄마 아빠를 필요로 할 때인데 말이에요."

어떤 한 아이는 체념한 듯 한숨을 쉬고 말했다. "엄마 아빠 없이 사는 법을 배울 수 있을 것 같아요." 흥미롭게도 그 아이의 엄마는 양육에 엄청난 노력을 기울였다고 주장했다. 그녀는 일주일에 적어도 하루는 다 함께 저녁을 먹고 토요일과 일요일에는 주말 활동을 한다고 이야기했다. 그러나 그녀는 동시에 매우 바쁜 한 주를 보내며 주중에는 저녁 7시에 퇴근하고 남편은 8시나 8시 반에 집에 온다고 이야기했다. 숙제를 간단하게 도와주고, 빨리 먹고, 샤워하고 잠자리에 드는 시간밖에 없었다. 아이 엄마는 자랑스러워하면서 주중에 한 번도 함께 저녁을 먹지 못하고 주말에는 함께 무엇을 하지 못하는 이웃들과 비교해서 매우 잘하고 있다며 힘주어 강조했다. 나아가 그녀는 많은 다른 아빠들이 주중에 여행을 다닌다고 지적했다. 그녀와 남편은 늦게이기는 하나, 거의 매일 저녁 집에 있었다. 이어서 내가 자랄 때와는 기준이 바뀌었다고도 말했다. 그때에는 사람들이 매일 저녁 가족을 위한 시간이 있어야 한다고 생각했었다. 그러나 지금은 더 이상 그런 기준이 없다는 것이다. 그러나 그녀의 아들은 여전히 외롭고 우울해하며, 체념하고 '부모 없이 살기'로 한 것처럼 보였다.

아마도 일부 아이들은 이렇게 변화된 기준, 즉 바쁘게 움직이고, 돈이 많이 드는 도시에 살고, 가족들이 저녁 식사 시간이 지나서야 집에 돌아오는 일이 비일비재하며 맞벌이를 하는 경우에 흔히 적용되는 기준에 대처할 수 있을 것이다. 하지만 우리가 관심을 갖고 있는 키우기 어려운 아이들은, (심지어 그렇지 않은 아이들 중에서도 많은 수가) 이 새로운 스케줄에 적응할 수 없다. 부모로서 우리 자신을 우리가 재정의하듯이, 우리는 아이들에게 귀를 기울여야 할 필요가 있다.

최근 아이들이 가장 필요로 하는 부모 역할, 즉 부모의 양육 가용성을 평가절하하는 경향이 있다. 하지만 아이의 성격과 특별한 어려움에 따라, 일부 아이들은 예외적일 정도로 이를 필요로 한다.

내가 만났던 한 가족과의 감동적인 경험은 이 점을 잘 말해 준다. 부모가 모두 전문직 직장인이었고 그들의 아이는 자기 몰입형 유형에 해당했다. 아이의 근긴장도는 약했고 수용성 언어 장애도 다소 있었다. 마르고 허약하지만 사랑스럽고 쉽게 움츠러드는—장난감 몇 개만 반복적으로 가지고 놀고 거의 말을 하지 않는—천사 같은 조그만 소녀였다. 아이는 요구라는 것을 거의 하지 않았다. 처음에는 언어 발달이 지연되고 또래 관계에서 위축되는 경향이 문제가 되어 아이를 만나게 되었다. 4장에서 소개한 것처럼 이런 유형의 아이를 돕기 위해서 세밀하고 적극적인 프로그램을 실시했으며, 아이는 빨리 외향적이고 행복해하며 말을 잘하게 되었다. 이는 무감동적이고 자기 몰입하는 경향 이면에 밝고 창의적인 아이가 숨어 있었음을 보여 주는 것이다.

그녀는 부모가 이사를 결정할 때까지는 안정적인 발전을 보였다. 그러나 이사를 하면서 부모가 짐을 싸고 푸는 것에 열중하는 동안, 아이는 퇴행하기 시작했다. 그들은 아이가 심각하게 퇴행한 것에 놀라, 아이를 내게 데리고 왔다. 아이를 다시 만나 보았을 때, 나 역시 매우 걱정스러웠다. 발전이 진척된 모든 것이 원점으로 돌아와 있었다. 아이는 혼잣말을 하며 자기 내부를 향해 돌아서 있었다. 이제는 날 보게 만들고 나에게 말하게 하기도 힘들 정도였다. 아이의 부모는 집에서 아이가 거의 말도 없이 얼굴을 찡그리고 있으며 인형한테만 두서없이 떠듬거리며 말한다고 했다.

나는 아이 부모에게 새로 이사 간 집에서 '가족 휴가(family vacation)'를 보내도록 부탁했다. 아이 아빠는 출장차 3주로 예정된 여행을 떠나려던 참이었다. 나는 그에게 어렵더라도 그 여행을 취소할 것을 요청했다. 그는 딸과 플로어 타임을 보다 일관되고 강력하게 가질 필요가 있었다. 아이의 엄마에게는 이 '가족 휴가'에 참여하기 위해 몇 주 동안은 짐 푸는 일과 직장 일을 접어둘 것을 요청했다.

그 가족은 이 제안을 받아들였고, 3주 후에 내 치료실을 다시 찾았다. 나는 아이가 생기가 넘치고 열정적인 새로운 자아를 찾았을 뿐 아니라 퇴행하기 전보다도 언어 사용이 더 많아지고 의사 표현이 분명하고 정교해진 것에 놀라움을 금치 못했다. 그녀의 부모는 아이의 퇴행이 일시적이라는 것에 안도하며 자랑스러움에 겨워 밝은 미소를 지었다. 그러나 지금 그들은 새로운 딜레마에 직면했다. 그들은 그들이 가지고 있던 힘과 자신들의 양육 역량을 보았다. 아이 아빠는 이제 미루어 왔던 여행을 떠나야 할 상황이었다. 엄마는 새 집을 정리할 뿐 아니라 직장으로 돌아가야 했다. 그러나 그들 둘 다 그들의 딸이 이렇게 빨리 회복될 수 있을 것이라고는 생각하지 못했다고 말했다. "아이는 오히려 이사 전보다 더 빨리 배워 나가고 있어요." 그녀의 아빠가 말했다. "우리와 함께한 많은 시간 동안 아이가 어떻게 반응하는지 봐 왔기에 이제 우리가 어떻게 해야 할지 모르겠습니다."

여전히 아빠는 직업상 잦은 여행을 해야 했다. 이후에도 이 가족은 딸의 문제를 악화시킬 수 있는 위험을 무릅쓰고 부모가 직업과 관련된 일을 예정대로 할지 말지를 고민하는 어려운 시간을 계속해서 가져야 했다. 부모는 자신들의 온정과 가용성(availability)으로 만들어 낸 이례적인 급성장을 계속 유지하기 위해 애써야 할지 말아야 할지를 고민했다.

당신이 그들의 처지라면 어떻게 하겠는가?

이 이야기의 요점은 아이들이 특수한 어려움을 가지고 있을 때, 부모가 선택을 한다는 것이 쉽지 않다는 것이다. 가족 휴가가 영원히 계속될 수는 없지만, 부모는 자신이 가진 잠재력과 가능한 선택들에 대해 알고 있어야만 한다. 그런 식으로 그들은 모든 요인들을 저울질해서 현명한 선택을 할 수 있다.

▪▪▪ 원리 3: 아이의 신체 구조에 민감해져라

이미 언급했듯이, 아이들은 독특한 신체 구조를 가지고 있다. 이러한 구조, 그것 자체가 아이의 성격을 결정짓지는 않는다. 그러나 아이의 행동과 여러분의 반응 방식에 중요한 영향을 미친다. 여러분이 반응하고 아이와 상호작용하는 방식은 아이가 어떤 유형의 사람이 될지를 결정하는 데 중요한 역할을 할 것이다. 아이의 독특한 신체적 특성을 더 많이 알수록, 여러분은 온정, 자발성, 상호 존중감을 길러 주는 방향으로 아이와 더 많이 관계를 맺게 되고, 이는 아이와 여러분의 자존감과 안전감을 높여 줄 것이다. 여러분은 아이의 민감성, 특징적인 반응들, 취약성, 강점 등을 잘 알고 있을 필요가 있는데, 그래야 아이의 감정에 공감할 수 있고 서로 소통하는 방법을 찾아 즐길 수 있기 때문이다.

여러분은 아이의 독특한 민감성을 머릿속에 떠올릴 수 있는가? 이 책에서 계속 언급했듯이, 접촉, 소리, 시각, 냄새에 대한 아이의 반응 그리고 움직임에 대한 아이의 반응은 아이가 여러분이나 자기 세계의 다른 부분과 어떤 방식으로 관계하는지를 결정하는 데 큰 역할을 할 수 있다. 예를 들면, 어떤 아이들은 몸싸움 놀이처럼 강한 압력에 더 잘 반응한다. 어떤 아이들은 빛과 어루만지는 감촉을 더 좋아한다. 여러분이 직접 실험해 볼 것을 권한다. 다른 강도의 음과 리듬을 가지고 시도해 보라. 예를 들면, 큰 소음에 지나치게 민감한 아이라면 콧노래나 부드러운 음악에 더 잘 반응할 것이다. 어떤 아이는 일반적인 목소리보다 더 큰, 그런 극적인 소리에 더 잘 반응한다. 어떤 아이들은 저음을 좋아하는 반면, 어떤 아이들은 고음을 더 좋아한다. 여러분의 아이가 어떻게 반응하는지 지켜보라. 만일 아이가 불쾌해하고, 놀라거나 혼란스러워 한다면, 이는 여러분에게 많은 것을 말해 준다. 들은 것을 처리하는 데 어려움이 있는 아이라면, 이 능력이 뛰어난 아이에게 사용하는 것보다 단순한 단어와 문장을 사용해서 소통해야 한다.

시각과 관련하여 실험해 볼 수도 있다. 방 안의 밝고 어두운 정도, 채도, 얼굴의 생기조차 시각에 예민한 아이에게 영향을 미칠 수 있다.

또 아이와 함께 다른 신체 활동을 시도해 볼 수 있다. 어떤 아이들은 회전하거나 부드럽게 흔들기 같은 느리고 규칙적인 움직임을 좋아한다. 어떤 아이들은 뛰기나 미끄럼틀 타기 같은 **빠른** 움직임을 더 좋아한다. 움직임에 민감한 까다로운 아기는 등을 꼭 누르고 흔들면서 당신의 무릎 위에 엎드리게 해야 누그러질 것이다. 어떤 아이는 바로 세워서 머리를 당신의 어깨 위에 올려놓고 가슴에 기대게 하는 것이 더 좋을 수 있다. 좀 더 큰 아이들은 이리저리 돌아다닐 때 집중을 가장 잘하고 어떤 아이들은 가만히 있을 때 가장 잘한다. 예를 들어, 어떤 아이들은 그들이 움직이고 있는 동안에만 학습할 수 있다. 이 아이들은 높이 뛰기나 깡충깡충 뛰는 것 같은 대근육 운동에 몰두하는 동안에 더 잘 집중할 수가 있다. 어떤 아이들은 침대나 트램펄린에서 뛰는 것으로 집중력과 주의력을 향상시킬 수 있다. 다른 어떤 아이들은 반대로 얌전히 앉아 있는 동안 가장 집중을 잘한다.

접촉, 소리, 빛 또는 움직임에 매우 민감한 아이들은 그 상호작용 패턴을 제어할 수 있을 때 가장 집중할 수 있다. 이들은 통제력을 많이 가지고 있을수록 경험하는 모든 감각들을 더 잘 조절하고 감독할 수 있으며, 그래야 압도되지 않는다.

여러분이 아이의 운동력과 운동계획 능력을 머릿속 그림으로 그려 나갈 수 있다면 그것도 도움이 된다. 6장에서 언급했듯이, 높거나 낮은 근긴장도를 가지고 있거나 연속적인 행동을 계획적으로 수행하는 데 어려움이 있는 것은 어린아이가 자기를 둘러싼 세계에 주의를 기울이는 것을 어렵게 할 수 있다. 예를 들면, 높은 근긴장도를 보이는 아이는 자기 손을 입으로 가져가는 것이 어려울 수 있다. 걸음마기 아이라면 무언가 붙잡으려고 할 때 그 물건들 위로 엎어질 수 있다.

낮은 근긴장도를 보이는 아이는 쉽게 지치는데, 이것은 아이가 일상적인 활동을 할 때에도 많은 노력이 든다는 것을 의미한다. 엎드려 누워 보트처럼 몸을 만들거나(허리를 활처럼 휘어 앞뒤로 흔드는 것) '새 놀이'(발을 부모의 허리에 둘러 감고 허리를 활처럼 휘어서 부모가 빙글빙글 도는 동안 팔로 펄럭거리는 것)를 하는 것 같은 운동은 근력, 힘, 체력을 증진시킨다.

운동계획은 일련의 행동이 포함된 간단한 게임으로 향상시킬 수 있다. 예를 들면, '흉내 내기'나 '사이먼 가라사대' 또는 특정 장소에 물건을 갖다 놓거나 끄집어내는 게임을 할 수 있다. 쫓기 놀이처럼 아이가 재빨리 방향을 바꾸는 그런 게임 역시 도움이 된다.

만일 여러분이 아이가 감각에 반응하는 방식, 감각을 처리하는 방식, 행동을 계획하고 이를 연결시키는 능력을 잘 알고 있으면, 즐겁게 상호작용하는 방법을 찾아 자긍심과 존중감뿐만 아니라 상호적인 유능감도 길러 줄 수 있을 것이다. 또한 아이의 특징적인 측면들을 여러분 개인과 결부시켜 과도하게 바라보려는 경향도 줄어들 것이다("얘는 성질이 더럽고 고집이 너무 세." "얘는 나를 싫어해." 또는 "얘는 아빠만/엄마만 좋아해.").

대신 여러분은 아이를 더 잘 이해하고 공감할 수 있게 될 것이며 필요한 경우 틀과 한계를 규정해 주는 것도 더 잘할 수 있을 것이다. 이러한 능력은 진정한 발전과 가족의 화목을 위한 기초가 될 것이다.

▪▪▪ 원리 4: 문제해결 방향으로 작업하라

여러분은 아이가 예상하고, 연습하고, 느리더라도 어려워했던 행동과 활동들을 확실히 숙달하도록 돕고 싶어한다. 민감한 아이들, 즉 앞에서도 언급했던 영역 어디에서든 조절 문제를 보이는 아이들은 취약한 영역에서 특별한 예상과 연습이 필요하다. 만일 이들이 촉감, 소리, 냄새 또는 움직임 패턴에 민감하면, 이것들이 바로 애정을 담아 아이를 연습시킬 필요가 있는 영역들이다.

  이 책에서 소개한 키우기 어려운 아이와 부모의 여러 사례에서 살펴보았듯이, 부모와 아이가 매일 문제해결식 대화를 나누는 것은 매우 유용하다. 예를 들면, 다음 날 학교에서 일어날 일에 대해 이야기를 나눌 때, 아이가 느낄 만한 감정과 아이가 그 감정에 대한 반응으로 대개 어떻게 행동할지를 예상해 보도록 도울 수 있다. 그러면 여러분은 미래에 일어날 일을 짐작하기 위한 방법으로 아이가 자신의 감정과 흔히 하는 행동을 그려 보도록 요청할 수 있다. 이것은 놀라움이나 충격을 줄여 아이를 미리 준비시켜 주는데, 불편한 상황과 감각에도 준비를 할 수 있도록 도울 수 있다.

  부모, 선생님, 정신 건강 전문가들은 이렇게 하고 있다. 하지만 그들은 단지 상황과 행동에만 초점을 맞춘다("둘러앉아 이야기를 나눌 때 너는 구석에 혼자 앉아 있는 거 같아."). 이들은 아이의 감정을 알아내는 것을 잊고 있다("둘러앉아 이야기할 때, 너는 기분이 어때?"). 두려운 감정을 이야기할 수 있는 아이는("숨을 쉴 수 없을 것 같아요." 또는 "머리가 돌아가지 않는 것 같아요.") 상황이나 행동만 이야기하는 아이보다 매우 유리하다. 아이가 어떤 상황에서 어떻게 '느끼는지'를 이해하고 말로 표현할 수 있다면 그 상황에서 훨씬 유연하게 적응해 낸다. 아이가 자신의 감정을 그려 내도록 도와주는 것은 쉽지 않다. 흔히 우리는 아이가 우리가 느끼는 것처럼 혹은 우리가 아이가 이렇게 느꼈으면 하고 바라는 대로 아이가 느끼기를 기대한다. "화내지 말고, 잘 살펴서 생각해 봐라." "밝은 면을 봐라." 하지만 실제 아이 마음속에 있는 것을 표현하도록 도와주는 것이 훨씬 도움이 된다. 예를 들면, 몰리가 출장 중인 아빠를 보고 싶어한다면, '다른 것'을 생각해 보게 하거나 안심시키기 위해서 아빠가 아이를 얼마나 사랑하는지를 성급히 알려 주기보다는 아빠가 하고 있을 것과 아이가 아빠를 얼마나 보고 싶어하는지를 떠올려 보게 하는 것이 (엄마가 꼭 안아 주면서) 훨씬 더 도움이 된다.

한 아이는 아빠가 가고 있는 곳을 블록으로 만들어 보고 아빠를 만나기 위해 가상 비행기를 타고 날아가거나 아빠가 무엇을 하는지 상상해 보곤 했다. 게다가 아빠는 매일 밤 전화를 걸어 아이와 통화를 했다. 아빠의 실제 목소리가 주는 안전감은 상상 속의 방문과 결합되어 성공적인 문제해결을 위한 초석을 만들었다. 마음속으로 예상하는 것뿐 아니라 실제로 경험해 보는 것도 도움이 될 수 있다. 운동장에서 하는 어려운 대결, 빠른 축구 경기, 교실에서 큰 소리로 말하기 같은 힘든 과제를 실제로 해 보게 하는 것은 아이에게 확실히 도움이 된다. 예를 들면, 소리나 신체 접촉 때문에 집단에 속하기 어려워하는 학령전기 아동은 세심한 준비가 요구된다. 아이는 먼저 한 아이와 놀이를 많이 해서 편안해질 필요가 있다. 그러고 나서 한 명의 아이를 추가로 접촉하게 하고, 이어서 세 명 그리고 마지막에는 더 큰 집단으로까지 넓혀 한다. 이런 식으로 아이는 많은 아이들이 밀치고 떠들어 대는 것에 익숙해질 수 있다. 부모가 있는 상태에서 집에서 안전하게 소규모 집단과 연습해 보는 것도 그 상황을 예상해 보는 데 도움이 될 것이다. 집에서 몇몇 아이들과 실제로 원을 만들고 앉아서 이야기를 듣게 하는 것도 유용할 것이다. 그러고 나면 부모 없이 학교에서 아이들 무리 속에 앉아 있어야 할 때, 그전에 미리 연습해 보고 문제들을 예상할 수 있는 기회를 가졌기 때문에 아이가 더 편안하게 느낄 것이다. 보다 큰 집단에 참여하기 전에 놀이방에서 소규모 집단과 함께 연습해 볼 수도 있다. 움직임이 너무 많고, 공간이 너무 넓어 여기에 압도되어 혼란감을 경험하는 여덟 살 아이의 경우, 뒤뜰에서 아빠와 엄마, 그 외의 한두 사람이 더 참여하는 소규모 경기를 많이 가져보는 것이 도움이 될 것이다.

일반적으로, 상상이나 현실 속에서 이런 문제해결식 준비를 통해 아이들을 도울 때, '무한한 인내와 연습'이라는 말을 꼭 기억하라. 글자를 잘못 쓰는 아이, 읽는 데 시간이 너무 오래 걸리는 아이, 농구에 서툰 아이, 사람을 멀리하고 수동성이 강한 아이(낮은 운동근력을 갖고 있을 수 있어서 노력하지 않는 것처럼 보일 수 있다) 등, 이 모든 경우에 무한한 인내가 필요하다. 여러분의 기대치가 높고 아이가 충분히 열심히 노력하지 않아 이것이 참기 힘들다면, 자신에게 다음과 같은 질문을 던져라. 아이가 지금 하는 일에 타고난 소질이 있는가 아니면 이 일이 이 책에서 소개한 어려운 도전에 해당되는 것인가? 만일 도전거리를 내포하는 것이라면 완벽하려는 당신의 소망을 새로운 종류의 완벽주의, 즉 완벽한 공감과 인내에 대한 욕구로 바꾸라. 인내란 아이가 도전거리들을 회피하게 그냥 내버려 두는 것을 의미하는 것이 아니다. 그것은 아이가 어려운 것을 실행할 수 있는 창의적이고 유쾌한 방법을 찾아내도록 돕는 것이다. 여러분이 도전거리들에 대해서 아이를 압박하고 긴장감을 유발한다면, 아이는 더욱 자신에 대해서 확신이 없어지고 자기 몰입적이 되고, 수동 회피적이 되고, 혼란스럽고, 두렵고, 슬프고, 반항적이 되어 갈 수 있다. 반면에 여러분이 즐거운 도전거리를 주고 인내를 가지고 접근하여 아이를 고무시킨다면, 아이는 협조적이고 숙련된 모습을 보여 줄 것이다. 아이가 어려운 문제들을 극복하기 원한다면, 여러분은 지지적이고 참을성이 있어야 하며, 아이가 '연습하고 연습하고 또 연습하도록' 도와주어야 한다.

••• 원리 5: 아이에게 공감하라

여러분이 동일한 민감성을 가지고 있지 않다면, 과부하된 감각 경험을 하고 있는 아이가 느끼고 있을 압도감, 해체감, 분열감을 상상하기 어려울 것이다. 압도감을 느낄 때, 아이는 흔히 민감한 감각과 관련된 환상을 만들어 내곤 한다. 예를 들어 소리가 지나치게 크면, 아이는 사람들이 자신을 해치려 한다고 생각할 수 있다. 아이가 말과 몸짓을 해석하는 데 곤란을 겪는다면, 아이는 사람들이 자기를 조종하거나 속이려고 한다고 느낄 수 있다. 여러분이 아이의 환상과 아이가 압도감을 느끼고 있다는 사실을 이해할 수 있음을 아이가 알게 하는 것이 중요하다.

여러분은 말뿐 아니라 행동으로도 이해하고 있음을 보여 줄 수 있다. 그것은 특히나 아기나 걸음마기 아이에게 유용하다. "무섭다는 거 알아."라고 안심시켜 주는 얼굴은 겁먹은 아이에게 큰 안도감을 줄 것이다. 그렇다고 아이가 공격적인 행동을 할 때 단호해지지 말라는 것은 아니다. 하지만 그럴 때조차도 여러분은 단호한 한계 설정과 기저 감정의 공감을 적절히 균형 맞출 필요가 있다. 예를 들면, "모두가 네게 비열한 짓을 하고 있다고 느끼는 것 같구나. 너도 똑같이 그들에게 되갚아 주고 싶겠지. 어떤 말도 도움이 되지 않는다는 거 나도 알아. 하지만 누군가를 때리거나 다치게 하는 것은 잘못된 거야." 이렇게 말이다. 때로는 제약과 해도 되는 것을 분명히 함으로써 한계를 명확히 정해 줄 필요가 있다. 친밀감에 대한 아이의 욕구나 아이의 두려움을 확인하는 것은 그리 어려운 일이 아니다. 분노와 격노를 공감해 주는 것이 더 어렵다. 신체적 경험이 여러분과 매우 다른 아이의 입장이 되어 보는 것은 특히나 더 어렵다. 그러나 시간이 지나면 아이의 말을 세심하게 귀담아듣고 아이의 얼굴표정과 몸짓을 관찰함으로써, 아이가 느끼고 있는 것을 여러분도 알 수 있게 될 것이다. 이는 여러분의 아이에게 보다 많은 도움이 될 뿐만 아니라 두 사람의 관계도 한층 깊게 발전시킬 것이다.

··· 원리 6: 차근차근 진행하라

예민한 아이는 많은 작은 단계들을 필요로 한다. 아이는 처음에는 발가락 하나만 살짝 담궈 볼 필요가 있다. 첫 단계에서 어려움을 느낀다면, 그것을 열 개의 더 작은 단계로 쪼갤 수 있다. 키우기 어려운 아이들에게 결정적으로 중요한 도전은 여전히 변하지 않는다는 것 또는 심지어 뒤로 퇴행하고 있다는 느낌(이는 흔히 여러분의 느낌이기도 하다)을 극복하는 것이고, 부적절하고, 무능하며, 압도된 느낌을 아이가 받아들여야 한다는 생각을 없애야 한다는 것이다. 여러분은 아무리 작은 걸음이라도 어느 정도 앞으로 나아감으로써 아이가 성취감을 느낄 수 있기를 바란다. 아이가 앞으로 나아가기만 한다면 보폭이 얼마나 좁든 그것은 중요하지 않다. 도전거리가 어려우면 어려울수록, 단계를 더 작게 여러 개로 나눠야 한다. 부모는 이겨 내기 어려워 보이는 도전에 직면했을 때 조금이라도 앞으로 전진해 나갈 수 있도록 단계를 충분히 작게 만드는 기술을 발휘해야 한다. 계단이 너무 높아 아이가 걸음을 옮기기 힘들어하면, 계단 수를 늘리더라도 계단을 더 낮게 만들어 주어야 한다.

··· 원리 7: '당근'과 단호한 제재를 사용하라

대부분의 키우기 어려운 아이들의 경우, 일반적으로 틀(structure), 책임감 갖기, 훈육 등과 함께 '온정과 양육(당근)'도 필요하다. 키우기 어려운 아이들에게 있어 훈육이 엄격하면서도 항상 친절하고 존중하는 마음으로 이루어지는 것이 특히 중요하다.

대부분의 가족들은 극단적인 모습을 보이는 경향이 있다. 훈육을 강조하면 분노와 짜증이 양육과 지지보다 더 두드러지게 되고 '당근'에 초점을 맞추면 대개 제재를 두는 것과 훈육은 소홀히 하게 된다. 전형적으로 하나가 증가하면, 다른 것은 감소한다. 이는 아이에게 득이 되기 때문이 아니다. 이는 화가 나 있으면 '당근'을 주는 것이 매우 어려우며, 사랑스럽다고 느끼거나 죄책감을 느끼고 있을 때는 단호하게 훈육하는 것이 어렵기 때문이다. 그러나 키우기 어려운 아이들 대부분은 '당근'과 단호한 제재, 이 둘 모두를 필요로 한다. 아이들이 극복해야 할 문제들의 특성상, 이 같은 두 종류의 정서적 경험이 부가적으로 필요하다.

지지와 양육, 틀과 훈육을 함께 증가시키는 것은 쉬운 일이 아니다. 일관된 노력과 함께 부모 스스로 이 점을 계속 상기해야 한다. 한쪽 극단에 치우쳐 있다고 느껴지면, 이 원칙을 다시 상기하고 다른 쪽을 신경 쓰려고 노력을 기울여야 한다. 여러분의 아이가 키우기 어려울수록, 여러분이 아이에게 더 많은 것을 요청하고 있음을 기억하는 것이 도움이 된다. 여러분이 아이에게 더 많이 요청하고 더 많이 기대할수록, 여러분은 아이에게 더 많은 것을 '베풀' 준비가 되어 있어야 한다. 여기서 베푼다는 것은 틀과 훈육뿐 아니라 공감, 온정, 융통성도 의미한다.

이 책 전체에서 제안하고 있는 것뿐 아니라 앞에서 고찰한 원칙들을 보았다면, 어려운 일이긴 하지만 아이들 앞에 놓여 있는 문제들은 동시에 놀라운 기회도 제공해 주고 있다는 내 믿음을 알게 되었을 것이다. 그 도전을 다룸으로써, 부모는 아이의 인격과 독특한 개성을 성장시켜 나갈 수 있다.

아이가 특정 장애물을 극복하도록 도와주는 것 이상으로 더 많은 것을 하도록 만드는 나의 접근은 아이가 단지 독립된 특성, 민감성, 행동으로 이루어진 구성체가 아니라는 인식에 기초하고 있다. 아이는 단순하게 공격적이거나 충동적이거나 겁이 많거나 슬퍼하거나 압도되거나 부주의한 것이 아니다. 이는 개별적인 특징들로, 더 크고 보다 깊은 차원의 성장 중인 한 인간의 일면이다. 이 책에서 추천하는 모든 노력들은 아이들의 온정과 관계 능력, 침착성과 안전감, 상상력 활용 능력, 나이에 맞는 감정들을 폭넓게 경험하는 능력 그리고 논리적으로 숙고하고 좋은 판단을 할 수 있는 능력 등을 향상시키기 위한 것들이다.

정신 건강과 정신질환에 대한 나의 이해는 이처럼 성장하고 있는 개인에 대한 폭넓은 인식에 기인한 것이다. 나이에 맞는 관계, 사고, 활동을 할 수 있고, 사랑과 온정에서부터 주장성에 이르기까지 삶에서 중요한 모든 감정들을 포용할 수 있는 사람은 정서적으로 건강하다. 때로 내향성이나 외향성, 조심스럽거나 억제적인 것 혹은 대담하고 위험을 무릅쓰는 것 등과 같은 특별한 특징들은 정신 건강이나 질환의 신호로, 혹은 그 자체가 목적인 양 잘못 이해되기도 한다. 이런 식으로 생각하게 되면 우리는 정신 건강과 인간성을 정의하는 더 큰 경험과 능력들, 즉 사랑하고 공감하는 능력, 감정을 풍부하게 경험하는 능력, 환상과 현실 사이의 경계를 명확히 알며 오갈 수 있는 능력 등을 제대로 보지 못하고 넘길 수 있다. 우리가 제한된 특징들만을 목표로 삼게 되면, 우리는 독립된 행동만 붙들고 작업하는 개입 전략을 발전시켜 나가게 된다. 사람이 어떤 상황에서는 조심스럽고 사려 깊다가도 다른 상황에서는 열광적이고 적극적이 될 수 있다는 사실, 혹은 외향적이고 대담하면서도 타인에게 깊은 애정을 보이고 민감할 수 있다는 사실을 간과하기 쉽다. 우리가 부모로서 얼마나 잘 수행하고 직장에서 얼마나 잘 기능하는지는 우리의 조심스러움이나 대담함보다는 정서적인 융통성과 전반적인 대처 능력에 더 많이 좌우될 것이다. 우리가 융통성이 크면 클수록, 보다 독립적으로 생각할수록, 우리는 상황에 따라 그에 맞는 특질들을 발휘할 수 있을 것이다. 물론 개인에 따라 접근에서 차이를 보일 수는 있다.

일부 심리학자들은 수줍음이 많고 억압되어 있는 사람이 사교적이고 외향적인 사람에 비해 기질적으로 더 취약하다고 주장하기도 했다. 억압이 심하고 수줍음이 많은 개인이 불안이나 우울을 더 많이 경험한다는 연구 결과를 이를 지지하는 근거로 제시하기도 한다. 그러나 이들은 외향적이고 사교적인 개인이 우호적이지 않은 가족 환경 속에서 자라났을 때 어떤 일이 일어나는지에 대해서는 간과하고 있다. 사교성이 높은 개인들은 스트레스를 받으면 과속 주행을 하거나 성급한 결정을 하는 것과 같은 행동화(acting-out) 경향을 보이기 쉽다. 게다가 행동화 경향을 보이는 개인이 압력을 받게 되면, 겉으로는 개방적으로 행동하지만 사실은 더욱더 자기 몰입적이 되거나 자기도취에 빠지기도 한다. 이들은 친밀감과 관계 형성에 문제가 있을 수 있다.

또한 어떤 특질은 나이에 따라 다르게 평가된다는 점을 유념해야 한다. 분명히 초기 아동기에는 집단에 섞이는 데 어려움이 있으며 수줍어하고 생각이 많은 아이가 사교적이고 자신감에 넘치는 아이만큼 긍정적으로 비쳐지지는 않는다. 그러나 12년 후 대학에서는 부끄러움 많고 내향적인, 이제는 젊은이라 불러야 할 이 아이가 A 학점을 받고 타인을 공감하고 이해하면서 따뜻한 관계를 즐기며 생활할 수 있다. 아이는 높은 수준의 집중력과 정신 활동을 보일 수 있다. 사교적이고 앞에 나서기를 좋아했던 아이는 침착함을 유지하는 것, 성찰을 하는 것, 학업 등에서 어려움을 보이고 친밀한 관계 형성에 둔감할 수 있다. 이 단계에서는, 민감하고 사려 깊은 사람이 행동 지향적이고 사람 좋아하는 사람보다 더 높게 평가된다.

나는 이 책에서 강조를 위해서 극단적인 사례를 많이 들었다. 우리는 개인의 성격 '특질(trait)'과 더 크고 포용적인 개념인 성격 '역량(capacities)'을 혼동해서는 안 된다. 우리를 정서적으로 건강하게 만들어 주는 역량들은 친밀감과 온정을 주고받고 친밀한 관계에서 공감하고 넓은 범위의 감정을 서로 소통하는 능력, 정서적인 유연성 등과 관련이 있다. 물론 문제해결 능력과도 관련이 있다. 가족 환경과 발달 경험이 좋으면, 수줍음이 많고 내향적인 개인과 외향적이고 사교적인 개인 모두 이 같은 건강한 역량을 잘 발달시킬 수 있을 것이다. 우호적이지 않은 경험들은 이 두 유형의 개인 모두에게 스트레스를 겪게 해서 이들이 우울, 불안, 행동화, 자기 몰입적 행동 등의 건강하지 못한 대처 전략에 의지하게 만들 것이다.

흥미롭게도 각각의 특질들은 어떤 일들을 더 쉽게 그리고 또 어떤 일들을 더 어렵게 만들곤 한다. 각 유형별로 개인은 최적의 융통성을 발휘하기 위하여 자신에게 가장 어려운 것이 무엇인지 숙달해 놓아야 한다. 예를 들면, 민감하고 수줍어하는 개인은 적절한 경험을 통해 자신의 강점인 자기관찰 능력과 숙고 기술을 유지함과 동시에, 좀 더 개방적이고 자신감 있는 태도로 임하는 법을 배울 수 있다. 개방적이고 행동 지향적인 개인은 자기 자신과 타인의 감정에 민감해지는 것, 집중하여 높은 정신 활동에 참여할 수 있도록 자기 자신을 진정시키는 법을 배울 수 있다.

민감성과 활동 지향은 두 가지 가능한 성격 특질일 뿐이다. 나는 또한 자기 몰입적, 반항적, 부주의한 경향을 보이는 아이들에 대해서도 기술했다. 각 아이들의 경우 나이에 맞는 감정, 생각, 관계를 폭넓게 가질 수 있는 역량과 함께 가정, 학교, 또래 관계 등에서 필요로 하는 능력들을 발달시킬 수 있는 통로가 있다. 중요한 점은 성장하고 있는 개인은 어떤 하나의 특질 그 이상이며 사람마다 주의를 두고, 의사소통하고, 관계하고, 공감하고 그리고 창조적으로 생각하는 것 등의 매우 중요한 역량을 발달시킬 수 있는 방법이 제각기 다르다는 것을 기억하는 것이다.

  내가 지금까지 제안해 온 원칙들을 지키는 것이 많은 부모에게 벅차게 여겨지겠지만, 우리는 부모로서 자녀와 함께 성장하고 있다는 점을 기억해야 한다. 각각의 도전들, 각각의 새로운 발달적 사건들은 아이의 성장뿐 아니라 우리 자신의 성장을 위한 하나의 기회이기도 하다. 인간이기에 우리는 완벽하지도 자동화되어 있지도 않다. 정서야말로 우리가 타고난 능력이다. 그리고 이 정서는 어떤 때에는 우리를 어찌할 바 모르게 만들다가도 또 다른 때에는 우리를 감동시킬 것이다. 일상적인 일, 시련, 기쁨 그리고 인생의 즐거움을 통해 아이와 함께 우리가 성장해 나갈수록, 우리는 스스로에게 하나의 단순한 요구를 할 수 있다. 그것은 바로 우리의 경험으로부터 배워야 한다는 것이다. 우리는 강렬한 정서가 우리가 저지르는 많은 실수의 기본이 되기도 하지만, 동시에 승리의 초석이 되기도 한다는 점을 잘 알고 있어야 한다.

• 저자 소개 •

Stanley I. Greenspan

현재 조지워싱턴대학교 의학대학 신경정신과, 소아과, 행동과학연구소에서 임상교수로 재직하고 있으며, 아동신경정신과 개업의로 활동 중이다. 또한 워싱턴 정신분석센터의 아동정신분석 슈퍼바이저이기도 하다. 국립정신건강연구센터 소장과 국립정신의료원의 임상 아동발달 프로그램의 팀장을 역임하였고, 아동정신의학 연구와 미국 정신의학에 기여한 탁월한 업적을 인정받아 미국정신의학회의 Ittleson Prize와 Strecker Award를 비롯한 수많은 상을 수상하였다. 100편이 넘는 연구 논문을 발표하였으며, *First Feeling: Milestones in the Emotional Development of Your Baby and Child*, *The Essential Partnership: How Parents and Children Can Meet the Emotional Challenges of Infancy and Early Childhood*, *Playground Politics: Understanding the Emotional Life of Your School-Age Child* 등을 비롯한 20여 권의 다양한 자녀양육 분야의 전문서를 집필하였다.

Jacqueline Salmon

〈Washington Post〉지의 편집자이자 두 아이의 엄마로, 'Ms., Self, Seventeen, and American Baby'라는 사설을 연재하고 있다.

● 역자 소개 ●

◆ 서수균

서울대학교 심리학과를 졸업하였고, 동 대학원에서 임상심리전공으로 석사학위와 박사학위를 받았다. 서울대학교병원에서 임상심리 수련과정을 마쳤으며, 임상심리전문가, 정신보건임상심리사(1급), 상담심리전문가 자격증을 취득하였다. 서울대학교 대학생활문화원에서 전임상담원으로 근무하였고, 서울디지털대학교 상담심리학부 교수를 거쳐 현재 부산대학교 심리학과 교수로 재직 중이다. 저서로『분노와 관련된 인지적 요인과 그 치료적 함의』(한국학술정보, 2005),『불면증』(학지사, 2000) 등이 있으며, 역서로『제이콥 모레노』(학지사, 2008),『합리적 정서행동치료』(공역, 학지사, 2007),『심리도식치료』(공역, 학지사, 2005) 등이 있다.

◆ 송호정

이화여자대학교 심리학과를 졸업하였고, 서울대학교 심리학과에서 임상심리전공으로 석사학위를 받았다. 아주대학교병원에서 임상심리 수련과정을 마쳤으며, 임상심리전문가로 가톨릭대학교 성빈센트병원을 비롯한 다양한 병원에서 재직한 바 있다.

◆ 정지현

중앙대학교 심리학과를 졸업하였고, 서울대학교 심리학과에서 임상상담전공으로 석사학위를 받았다. 계요병원에서 임상심리 수련과정을 마쳤으며, 임상심리전문가, 정신보건임상심리사(1급) 자격증을 취득하였다. 서울대학교 대학생활문화원 전임상담원을 거쳐 현재 서울대학교 전기공학부 학생생활연구실에서 재직 중이다.

◆ 김성준

고려대학교 컴퓨터학과를 졸업하였고, 아주대학교 심리학과에서 임상심리전공으로 석사학위를 받았다. 서울대학교병원에서 임상심리 수련과정을 마쳤으며, 현재 메티스신경정신과에서 정신보건임상심리사로 재직 중이다. 역서로『우울증이 주는 선물』(공역, 시그마프레스, 2008)이 있다.

조금 다른 내 아이 특별하게 키우기
-현명한 부모의 자녀코칭-
The Challenging Child

2009년 6월 5일 1판 1쇄 발행
2023년 9월 20일 1판 7쇄 발행

지은이 • Stanley I. Greenspan · Jacqueline Salmon
옮긴이 • 서수균 · 송호정 · 정지현 · 김성준
펴낸이 • 김 진 환
펴낸곳 • (주) **학지사**
　　　　04031 서울특별시 마포구 양화로 15길 20 마인드월드빌딩 5층
대표전화 • 02) 330-5114　　팩스 • 02) 324-2345
등록번호 • 제313-2006-000265호
홈페이지 • http://www.hakjisa.co.kr
인스타그램 • https://www.instagram.com/hakjisabook

ISBN 978-89-6330-029-0 93180

정가 13,000원

역자와의 협약으로 인지는 생략합니다.
파본은 구입처에서 교환하여 드립니다.

이 책을 무단 전재 또는 복제 행위 시 저작권법에 따라 처벌을 받게 됩니다.

출판미디어기업 **학지사**
간호보건의학출판 **학지사메디컬** www.hakjisamd.co.kr
심리검사연구소 **인싸이트** www.inpsyt.co.kr
학술논문서비스 **뉴논문** www.newnonmun.com
원격교육연수원 **카운피아** www.counpia.com